Senhores dos trilhos

FUNDAÇÃO EDITORA DA UNESP

Presidente do Conselho Curador
Marcos Macari

Diretor-Presidente
José Castilho Marques Neto

Editor Executivo
Jézio Hernani Bomfim Gutierre

Conselho Editorial Acadêmico
Antonio Celso Ferreira
Cláudio Antonio Rabello Coelho
Elizabeth Berwerth Stucchi
Kester Carrara
Maria do Rosário Longo Mortatti
Maria Encarnação Beltrão Sposito
Maria Heloísa Martins Dias
Mario Fernando Bolognesi
Paulo José Brando Santilli
Roberto André Kraenkel

Editores Assistentes
Anderson Nobara
Denise Katchuian Dognini
Dida Bessana

ÁLVARO TENCA

Senhores dos trilhos
Racionalização, trabalho e tempo livre nas narrativas de ex-alunos do curso de ferroviários da antiga Paulista

© 2006 Editora UNESP

Direitos de publicação reservados à:
Fundação Editora da UNESP (FEU)
Praça da Sé, 108
01001-900 – São Paulo – SP
Tel.: (0xx11) 3242-7171
Fax: (0xx11) 3242-7172
www.editoraunesp.com.br
feu@editora.unesp.br

CIP – Brasil. Catalogação na fonte
Sindicato Nacional dos Editores de Livros, RJ

T281s

Tenca, Álvaro
  Senhores dos trilhos: racionalização, trabalho e tempo livre nas narrativas de ex-alunos do curso de ferroviários da antiga Paulista / Álvaro Tenca. São Paulo: Editora UNESP, 2006

  Inclui bibliografia
  ISBN 85-7139-723-6

  1. Companhia Paulista de Estradas de Ferro. 2. Ferroviários - São Paulo (Estado) - Estudo e treinamento. 3. Eficiência industrial. 4. Ferrovias - Brasil - História. I. Título. II. Título: Racionalização, trabalho e tempo livre nas narrativas de ex-alunos do Curso de ferroviários da antiga Paulista.

  06-4225.   CDD 371.425
                                                CDU 377.354

Este livro é publicado pelo projeto *Edição de Textos de Docentes e Pós-Graduados da UNESP* – Pró-Reitoria de Pós-Graduação da UNESP (PROPG) / Fundação Editora da UNESP (FEU)

Editora afiliada:

Em memória de

Adalberto Tenca, meu pai, exímio soldador.

José Vergaças, meu avô, ferroviário da Douradense.

Para Sueli, companhia e carinho de todos os momentos.

AGRADECIMENTOS

Este trabalho foi apresentado como tese de doutoramento à Faculdade de Educação da Universidade de São Paulo, em 2002, sob o título *Nos trilhos da memória*: racionalização, trabalho e tempo livre nas narrativas de velhos trabalhadores, ex-alunos do Curso de Ferroviários da Companhia Paulista de Estradas de Ferro. Compuseram a banca examinadora as professoras Carmen Sylvia Vidigal Moraes (Orientadora-USP), Zeila de Brito Fabri Demartini (Unicamp), Maria Inês Rauter Mancuso (UfsCar) e os professores Sedi Hirano (USP) e Newton Antonio Paciulli Bryan (Unicamp).

Registro, aqui, os meus agradecimentos:

À Profa. Dra. Carmen Sylvia Vidigal Moraes, pela orientação, sempre gentil e competente, que tornou possível a estruturação do trabalho como tese de doutorado; ao Prof. Dr. Sedi Hirano, do Departamento de Sociologia da Faculdade de Filosofia, Letras e Ciências Humanas da USP, pelas orientações e sugestões nos primeiros anos de desenvolvimento do projeto; aos Profs. Drs. Newton Antonio Paciulli Bryan e Maria Inês Rauter Mancuso, pelas contribuições muito úteis no exame de qualificação; ao professor e amigo Wenceslao Machado de Oliveira Jr., pela leitura cuidadosa, pelas sugestões e pela "'força" – ajuda valiosa para a retomada e conclusão do trabalho; ao também professor e amigo Antonio Carlos Carrera, pelos produtivos e agradáveis momentos de reflexão sobre memória e história oral; ao professor Luiz Marcelo de Carvalho, amigo sempre presente desde os primeiros dias de Unesp, em Rio Claro, pelo estímulo e pelas caminhadas interdisciplinares, prazerosas e enriquecedoras, nas trilhas da educação ambiental; às bolsistas do Núcleo de Ensino da Unesp, câmpus de Rio Claro: Gislaine Aparecida Antonio, professora de História, Maria Isabel Nunes e Rosana Tessuto, alunas, na época, do curso de pedagogia do Instituto de Biociências (IB) do mesmo câmpus, pela participação na gravação das primeiras entrevistas; aos colegas, amigos e amigas do Departamento de Educação do IB da Unesp de Rio Claro, pelos afastamentos a mim concedidos, pela compreensão e pelo companheirismo; aos alunos dos cursos de Pedagogia e de Educação Física, pela paciência, pelo afeto e pelo estímulo à pesquisa e à reflexão; aos meus familiares, sobretudo aos mais velhos, pela compreensão e carinho; ao CNPq, pelos incentivos materiais.

A minha gratidão a Sueli Cotrim Tenca, esposa e companheira de longa jornada: pela paciência e compreensão; pelas palavras de entusiasmo; pelo carinho e pela cumplicidade; pelos ouvidos sempre disponíveis e muito atentos com que acompanhava as minhas intermináveis histórias sobre o tempo do trabalho, do ócio e dos trilhos; pelas observações críticas e sugestões preciosas da socióloga e pesquisadora; pelo cuidado, delicadeza e sensibilidade no trato com as pessoas e com as coisas do mundo, sempre me alertando para as dimensões estéticas do conhecer.

E, por último, uma gratidão especial a todos os entrevistados, velhos trabalhadores, pela atenção, generosidade e entusiasmo que demonstraram ao narrar passagens significativas de suas vidas: André Serrano Júnior, Clóvis Paes de Oliveira, Benedito Guilherme Filho, Euclides Guilherme, Renato Stabelini, Valdomiro Moreira, Walter Lucke, José Guilherme, Roberto Guilherme, José Maria Vizeu, Sebastião da Luz, Thélio Paroli, Antonio Denardi.

São Paulo, setembro de 2006.

Sumário

Prefácio 11
Introdução 17

1 O tema da racionalização do trabalho:
   administração, controle e confisco do tempo 25
       Racionalização: o tempo e o lugar 25
       Necessidade e liberdade: trabalho e tempo livre
       na produção e preservação do mundo dos homens
       e das coisas 44
       Tempo do fazer; tempo do cuidar; tempo do
       contemplar 61
2 A ação racionalizadora da Companhia
   Paulista de Estradas de Ferro 69
       Considerações iniciais 69
       O Curso de Ferroviários da Companhia Paulista
       de Estradas de Ferro: Rio Claro 79
           A estrutura e funcionamento do curso 82
           O processo de seleção 83
           A fase inicial: das salas da Escola Profissional
           para as oficinas 85

O ensino profissional na escola pública e na escola da Paulista   87
Formação racional e controle do processo de trabalho   90
Da escola para a fábrica: racionalização – seu tempo e seu lugar   94
Uma característica peculiar da Paulista: a formação racional para postos de comando   98
Autonomia como princípio de racionalização e controle do processo de trabalho   100
Racionalização, autonomia e prática política: CFESP, Paulista e Senai   101

3 Narrativas   107
Narrativa do Sr. Walter Lucke   107
Narrativa do Sr. Clóvis Paes de Oliveira   140
Narrativa do Sr. Valdomiro Moreira   160
Narrativa do Sr. Benedito Guilherme Filho   185
Narrativa do Sr. André Serrano Jœnior   208
Narrativa do Sr. Renato Stabelini   245
Narrativa do Sr. Euclides Guilherme   264

4 Nos trilhos da memória: aprendizado, trabalho e tempo livre   291

Referências bibliográficas   327

Prefácio
Tempo livre para trabalhar

Ao pesquisador que se dispõe a utilizar a história oral reserva uma tensão adicional ao trabalho com as fontes: torná-las outras, desvirtuá-las de sua linguagem original, feita de sons encadeados no tempo e impregnados nos gestos e ritmos da fala. Ao trazer as entrevistas orais para o universo acadêmico, a linguagem escrita se impõe. É nessa última que as obras dos pesquisadores vêm a público; é nela que ganham existência.

Aos que assumem esse desafio, no entanto, resta o trabalho adicional, tempo extra para buscar preservar no documento escrito o sopro da oralidade. Ao apresentar as entrevistas em forma de narrativas, algo desse sopro se manifesta: repetições, dúvidas, mesclas de assuntos que se sobrepõem, retomadas mais adiante, adiamentos, perguntas e respostas dadas a seguir. O ritmo de quem fala, do narrador que busca incluir o ouvinte, tornando experiência do outro aquilo que era antes somente seu.

Nas narrativas dos velhos que recheiam este livro, estão grafados escritos com o cadenciamento de quem fala tendo diante de si ouvidos mais jovens, bem como está grafada a fala daqueles cujo tom de voz no encadeamento das palavras é o da necessidade de dar existência a algo que perdeu sua materialidade de escola, oficina e ferrovia.

Antes e depois deles, porém, uma outra forma textual se impõe. Será a tradição acadêmica a alinhavadora dos escritos. Nela habita uma racionalidade estranha, permissiva a inúmeros momentos em que estamos livres do fazer. Mais que isso, nela o ócio é necessário para que as idéias se aconcheguem umas às outras em escritos que dêem existência àquilo que não existia até eles se fazerem escritos.

Será com essa racionalidade plena de trabalho e tempo livre que o autor buscará construir um argumento, colocar em dúvida outros, propor um olhar para o mundo onde reinou outra racionalidade, a da organização racional do trabalho.

Racionalização e vida

A vida de cada um não é passiva aos processos sociais desencadeados em cada época. Na carne e nas memórias vão se impregnando outros sentidos que não aqueles discorridos pelas análises mais generalizantes das ciências sociais.

Na obra que prefacio, a racionalização é tomada como mais uma das facetas da investida do capital e da ciência na regulação da vida.

Se o texto destaca a inserção da organização racional do trabalho nas práticas desenvolvidas pelo capital, ele também deixa transparecer quanto a ciência – tomada como discurso – se reforça com as realizações nas fábricas dos acréscimos de produtividade do dinheiro, dos ganhos financeiros dos trabalhadores, da relativa tranqüilidade política dos regimes ocidentais assentados na democracia representativa.

Num parágrafo em que o autor relaciona a exportação da organização racional do trabalho com o medo da guerra e do socialismo, podemos ler em meio aos escritos: "Os Estados Unidos forneciam um aparato 'científico' para que os demais países pudessem se proteger da, também 'científica', revolução russa, que teria posto fim ao capitalismo".

Percebe-se aí a ciência tida como o único caminho capaz de levar a vida a ser melhor. Ao colocar-se como discurso neutro porque objetivo ou objetivo porque neutro, a ciência e seus cientistas aparecem como os grandes portadores da verdade em um mundo que iniciava a dividir-se em dois pólos. Nessa mesma citação, fica claro quanto de neutralidade e objetividade os cientistas e a ciência que eles produzem podem ter: parca ou, sendo sincero, nenhuma.

O texto destaca a apropriação pelo capital desse novo *modo de agir* oferecido pela organização racional do trabalho. Uso o verbo genérico *agir* em vez do verbo menos amplo *trabalhar* para sintonizar-me com os escritos de Álvaro Tenca que, no parágrafo de abertura da bela segunda parte do primeiro capítulo, nos diz:

> A *razão* do trabalho invade o espaço do tempo livre, reino da liberdade. Sem um tempo livre para contemplar, pensar, rememorar, sonhar, confrontar, desenhar utopias, a ação de oposição à ordem *racional* dominante também tende a desaparecer. (grifos do autor)

O mergulho nas reflexões de Marx, Marcuse e Arendt sobre o tema do trabalho é uma retomada da discussão do alcance do reino da liberdade ainda nas atividades que compreendem o *work* arendtiano. Nas entrelinhas reconheço certo apreço pela proposição marcuseana que apontava para a possibilidade de se considerar o trabalho já no reino da liberdade, conquistado no próprio ato de trabalhar, desde que esse se realizasse na produção de objetos para um mundo pensado como morada. O trabalho como meio de conquista do tempo... livre. No ato de trabalhar os materiais, as mãos humanas dão forma aos artefatos com os quais a liberdade é buscada em cada lugar, em cada corpo, em cada gesto, em cada objeto produzido.

Se a liberdade nos é confiscada em forma de tempo não disponibilizado, essa é a dor que cruza o texto, subjacente à esperança das palavras que nos incitam a preservar o mundo como morada. Palavras resultantes do trabalho acadêmico do autor em ouvir os velhos, em ler autores, em refletir sobre os ensinamentos e surpresas presentes em cada depoimento oral, em cada escrito teórico.

Cuidar para que eles se façam paralelos, a principal tarefa política, afinal, nas linhas e entrelinhas nota-se a opção do autor pela vida vivida em suas racionalidades diversas, tantas delas tidas como irracionais. Notadamente aquelas manifestadas no tempo livre assim o são, sendo elas fundamentais para a produção e preservação do mundo como morada dos homens e das coisas.

Em meio a um mundo onde os produtos do trabalho – *work* – vão sendo levados a participarem do *labor* em razão de sua descartabilidade, as narrativas presentes nesse trabalho trazem a preservação dos trilhos que já não mais existem no chão paulista.

Com as narrativas, Álvaro Tenca inverte esse sentido da maioria dos objetos produzidos na sociedade de consumo em massa. Retira as lembranças dos velhos – voláteis e fadadas a desaparecerem com o desaparecimento dos mortais que as preservam em seu corpo – do mundo consumido no *labor* da própria vida; insere-as no mundo produzido pelo *work*, aquele que se preserva para além dos mortais que o produziram.

Ao assumirem materialidade escrita, as memórias dos velhos trabalhadores conservarão seus mundos do desaparecimento total. Com sua publicação, essas memórias vêm a público e passam a participar do mundo onde a *ação* se dá, aquele inerente à pluralidade dos diferentes sujeitos da história.

A *ação* a que são dedicadas as transcrições dessas entrevistas orais em narrativas escritas é a de preservar o mundo como morada dos homens e das coisas. Rememorar é a *ação* a que se quer levar os leitores.

Se os ensinamentos da organização racional do trabalho educavam seus seguidores a pensar apenas no futuro, o trabalho de dar ouvidos aos velhos e, de suas palavras, produzir narrativas nos educa a pensar o passado.

Páginas de memórias para trilhos que não mais existem

Cada linha lida nas narrativas dos velhos ferroviários é um trilho que vai sendo posto na estrada que nos liga, hoje, ao passado vivido por eles.

A matéria da memória não nos permite que essa estrada nos leve direto ao destino. Enquanto os caminhos de ferro da Paulista ligavam, indiferentes, o porto de Santos ao café produzido nas terras do interior rioclarense, os caminhos feitos de lembranças têm inúmeros desvios, ausências de trilhos. Esquecimentos que dão a essa estrada trilhada pela via da história oral a possibilidade de seguirmos até as oficinas de Rio Claro, passando por São Paulo, Londres, Jundiaí, São Carlos. Espaços que se deslocalizam no tempo de rememorar.

Na matéria em que a memória se faz, lugares e objetos ocupam o mesmo espaço e vão sendo postos ao longo da estrada feita de lembranças e esquecimentos. Trilhos improváveis de nos levar aonde queremos.

Idas e vindas são freqüentes, pessoas da família, vizinhos, governadores e chefes são chamadas para dentro dos vagões e conversam sobre assuntos variados: caixas de ferramentas, Senai, viagens, promoções, salários, consertos feitos em casa, trabalhos diversos nos vagões que levam a eles mesmos de um mundo onde os trilhos eram o centro da vida para um mundo onde os trilhos não mais existem.

Esses velhos trabalhadores falaram muito do trabalho. Orgulhosos de seus feitos, contaram aos ouvidos atentos suas glórias naqueles dias em que "fazíamos os vagões de madeira, fazíamos gaiolas, gôndolas, esse gamelãozinho, de madeira, também. Tanto da estreita como larga. Mas agora, ultimamente, tudo acabou".

Pouco falaram do tempo do ócio. Tempo em que habitavam quando foram entrevistados: aposentadoria. Mesmo quando falaram dos dias que se seguiram à saída da Paulista rumo à aposentadoria, falaram dos afazeres que continuaram a realizar.

Esses velhos trabalhadores e alunos do Curso de Ferroviários da Paulista nos trazem em suas palavras não só as marcas do processo social implementado a partir das idéias presentes na organização racional do trabalho. Revelam também as contradições engendradas por essas mesmas idéias quando encontravam a vida concreta diante de si: impossível passar despercebido o relato sobre as caixas de ferramentas produzidas por cada aluno ao longo de sua formação e certamente muito pouco utilizadas em todos aqueles anos de trabalho nas oficinas.

Nas caixas de ferramentas guardadas com cada um desses ex-ferroviários, a memória encontra seus trilhos rumo aos momentos vividos em sua confecção. Irônicas com o mundo, ao não serem utilizadas, as ferramentas guardaram em si o tempo em que foram fabricadas, tempo de estudo. Para serem amparos à memória tiveram que se tornar inúteis no trabalho, na reprodução do próprio mundo para o qual foram fabricadas, um mundo onde a produtividade e a formação técnica estavam em crescimento, desfazendo-se rapidamente daquilo que elas mesmas criavam...

Contempladas hoje, as ferramentas, ainda novas e sem uso no mundo atual, revelam a obsolescência do mundo do qual falam os velhos em suas narrativas. Lembram-nos que nosso mundo não foi feito em poucos dias e está sempre em risco de desaparecimento; que é preciso, para além de *um tempo do fazer*, *um tempo do cuidar* e *um tempo do contemplar*, para que o mundo seja preservado, para que a rememoração, a imaginação e o ócio possam assumir seu papel, político sobretudo, de poder discordar dos processos hegemônicos, encontrando argumentos e utopias nas marcas deixadas pelos excessos produzidos e não consumidos no próprio movimento do mundo e de suas incontáveis vidas.

Wenceslao Machado de Oliveira Jr.
Estação dos ipês – quase primavera 2005

Introdução

Desde nossa participação no projeto de pesquisa "Velhos mestres das novas escolas: um estudo das memórias de professores da Primeira República em São Paulo" (Demartini, 1984), desenvolvido entre 1983 e 1984, preservação, memória e registro de narrativas de velhos começaram a se colocar como temas dominantes na definição de possíveis novos trabalhos. Envolvido, na época, com a questão da racionalização do trabalho e com os feitos do Instituto de Organização Racional do Trabalho (Idort), objeto de meu mestrado, como ouvinte dos relatos de vida daqueles velhos professores eu encontrava momentos de reconfortante refúgio que me faziam esquecer das coordenadas e abscissas dos racionólogos da razão industrial, partilhando, muitas vezes, da atmosfera carregada de fortes emoções que certas lembranças provocavam.

Concluído aquele estudo em 1984 e, pouco depois, o mestrado, *memória* e *racionalização do trabalho* foram aos poucos se aproximando e acabaram por apontar, em conjunto, o caminho para o projeto de doutorado que tinha como objetivo inicial estudar o processo de racionalização no setor de transporte ferroviário no Brasil, a partir do relato de velhos trabalhadores com passagem por curso de formação profissional específica.

Partindo de um conceito mais amplo de racionalização, entendida como prática política voltada para a busca do exercício efetivo do poder por parte do capital, consideramos o investimento em formação profissional como parte integrante dessa prática.

Este trabalho pretende falar da ação racionalizadora da Companhia Paulista de Estradas de Ferro que, a partir de 1934, reforçava o seu arsenal voltado para o controle do processo de trabalho com a criação do Curso de Ferroviários, mantido pela própria empresa. Para isso, decidimos colher o depoimento de velhos trabalhadores que foram alunos desse curso, no período compreendido entre 1935, quando se constituiu a primeira turma, até 1948.

Agora se tratava de dar ouvidos àqueles que se constituíam como objeto principal de preocupação por parte dos representantes da grande indústria paulista da época, setor que caminhava para a hegemonia do capital no Brasil. Mais do que buscar identificar, na fala dos velhos trabalhadores, marcas da ação do capital na busca do efetivo exercício de dominação política – e que passava pelo processo de formação profissional –, pretendíamos registrar o outro discurso, a outra prática, a outra vida, ou, simplesmente, o olhar diferente daquele que o discurso dominante procura excluir da memória do universo *público*.

Diga-se, desde logo, que não se trata de procurar dar existência a algo que estivesse ausente do mundo dos homens, ou de falar por eles, pelos velhos e trabalhadores. Aqui, o trabalho do pesquisador é o de registrar os feitos de indivíduos construindo o mundo dos homens e das coisas. Nesse estudo das memórias não procuramos "dar vozes" a eles, que já as têm, embora muitas vezes emudecidas no processo de luta, mas, sim, oferecer ouvidos, sempre atentos, para registrar e analisar pedaços da sua trajetória com que eles, cuidadosamente, compõem suas narrativas.

Buscar o depoimento de ferroviários, privilegiar na pesquisa a fala do educando/trabalhador não significa perseguir uma orientação mecanicista compreendida como a ação de um sujeito ativo, numa ponta, e, na outra, o componente passivo, objeto do processo de socialização. Pelo contrário, essa opção metodológica pode permitir uma melhor compreensão da prática do educando/trabalhador como sujeito ativo, interagindo nesse processo, criando ou recriando elementos constitutivos de um dado modo de ser social, seja no âmbito escolar, seja no cotidiano do trabalho, nas atividades de lazer ou mesmo nas relações familiares.

Assim, a atividade de formação profissional aparece, aqui, tanto no lugar do ensino quanto no lugar do trabalho, como uma relação social, como um processo de luta por meio do qual uma vontade política procura se impor sobre outra. Ou o investimento disciplinar e normatizador do universo fabril – visando ao exercício de dominação política – decorrente do conflito capital/trabalho. E, como relação social, revela a presença do educando-trabalhador também como sujeito, implementando, a partir do aprendizado na escola, como aluno, instrutor e trabalhador, ações que tanto transformam a rotina de trabalho na empresa como ajudam a dar forma e conteúdo à estrutura de formação profissional definindo, com maior clareza, os objetivos do próprio curso.

O trabalho com história oral, contudo, tem uma característica muito própria e especial, que é a de criar um documento ou, melhor dizendo, a de contribuir para preservar os olhares de diferentes sujeitos da história. Preservação essa que julgamos ainda mais importante quando se trata de memória de velhos trabalhadores da realidade brasileira.

No processo de constituição do mundo urbano que se observa no Brasil, de forma mais acentuada, a partir da segunda metade da década de 1960, os valores característicos da sociedade de massas foram se solidificando. Fomos nos aproximando, ainda que de maneira um tanto caricatural, de um dado universo cultural cujo comportamento se orienta para o consumo irracional, alimentando o culto do descartável. Nessa realidade, que se agrava no caso brasileiro, considerando o expressivo contingente excluído da sociedade, o velho, como bem o demonstra Ecléa Bosi (1979), é cada vez mais marginalizado do meio social onde vive. Esse isolamento, essa exclusão do velho, tornando também objetos descartáveis as suas lembranças, são marcas características de um jeito de ser social que parece cada vez mais distante da possibilidade de procurar garantir os elementos fundamentais para a produção e preservação do mundo, entendido como morada dos homens na terra, como pensava Hannah Arendt.

Quero registrar, também, uma motivação de ordem bem mais afetiva. Vivi boa parte da minha infância e adolescência no interior de São Paulo, na região da Paulista. Meu avô paterno trabalhou como foguista da Douradense (Estrada de Ferro incorporada pela Paulista), num pequeno ramal que chegava até o município de Dourado (SP), e que, vítima de uma sociedade que parece não suportar a própria memória, desapareceu sem deixar trilhos nem dormentes. Com meu avô materno, que se aposentou na Paulista, no município de Novo Horizonte (SP), na função de examinador, cuidando da manutenção de máquinas e vagões, passei um longo período da minha infância. Muitas viagens juntos nos carros "de 1ª classe", assentos de "palhinha" com encosto protegido por capas de tecido branco, sempre marcadas por fagulhas expelidas pela chaminé da maria-fumaça. Com ele aprendi a "tirar o ar" e examinar as mangueiras dos vagões que compunham o sistema de freios e, também, transportar lenha, que a Companhia "dava", para uso doméstico (do fogão). E cuidar da horta, da plantação de milho, mandioca, feijão e até grão-de-bico, cultivados nos terrenos em torno da estação, que a Companhia também "emprestava". Participei por duas vezes do mutirão, em família, espremendo laranja para a produção do saboroso vinho, processo cuja receita ele aprendera com o pai, oriundo de Portugal, e que, por não ter sido registrada, perdeu-se quando ele se foi. Infelizmente, para este trabalho, não pude mais contar com o depoimento nem de um nem de outro.

O grupo de ferroviários entrevistados foi sendo constituído ao longo do trabalho. Num primeiro momento, foram ouvidos trabalhadores que ingressaram na Companhia Paulista de Estradas de Ferro antes de 1945, egressos ou não do Curso de Ferroviários (criado em 1934), e que eram indicados por pessoas conhecidas da Universidade Estadual Paulista (Unesp), câmpus de Rio Claro (professores, alunos e funcionários administrativos), e pelos próprios entrevistados. A disponibilidade maior, evidentemente, era de aposentados que não tinham formação profissional escolar.

Foram gravadas vinte entrevistas: treze delas com trabalhadores que concluíram curso profissional e sete sem formação profissional escolar. Pudemos contar, ao todo, com cerca de 36 horas de gravação, além das anotações registradas durante as entrevistas.

Dos que passaram por curso profissional, três estudaram na Escola Profissional Secundária de Rio Claro e ingressaram na Companhia Paulista de Estradas de Ferro logo após concluído o curso. O primeiro tornou-se oficial de ferreiro, antes da criação do Curso de Ferroviários. Mais tarde, a partir de 1937, trabalhou também como instrutor nesse curso, nos ofícios de ferreiro e ajustador mecânico. O segundo demitiu-se três anos após seu ingresso na empresa, passando a trabalhar como instrutor no Serviço Nacional de Aprendizagem Industrial (Senai), em São Paulo, onde se aposentou. O terceiro passou pela mesma Escola Profissional, iniciou na Paulista como aprendiz e, nessa função, ingressou no Curso de Ferroviários em 1935, numa turma especial composta por funcionários da empresa, qualificando-se como marceneiro. Os demais ex-alunos, dez, do total de treze, assim se distribuem segundo o ano de ingresso no Curso de Ferroviários da Companhia Paulista de Estradas de Ferro: quatro no ano de início da primeira turma, em 1935; um em 1936; um em 1937; um em 1938; um em 1939; um em 1941, e um em 1945.

Todos eles foram admitidos na Paulista, na função de aprendiz, imediatamente após a conclusão do curso. Com exceção de dois deles – um que, tornando-se instrutor desde o início das atividades, se demitiu depois de vinte anos de exercício, e outro, já referido, que deixou a Paulista três anos após a posse, ingressando no Senai –, todos os outros ex-alunos se aposentaram na Companhia. Também com relação aos sete entrevistados que não tinham formação profissional escolar, apenas um deixou a empresa antes da aposentadoria, depois de quatorze anos de trabalho.

Ainda com relação aos ex-alunos, dois dados interessantes a registrar. O primeiro refere-se à carreira: seis se tornaram instrutores (um desses, como instrutor chefe, chegou a dirigir a Escola de Ferroviários de Jundiaí); quatro foram chefes de turma; um, chefe de Seção de Pessoal; um, chefe de Seção Técnica; um, chefe de Escritório; um aposentou como ajudante de mestre-geral; e outro, como mestre-geral.

O segundo registro refere-se ao número de membros da família que também foram funcionários. Dos treze entrevistados, doze tiveram o pai, além de irmãos, avós e outros parentes, trabalhando na Companhia Paulista. Apenas um deles, o que foi mais longe na carreira, aposentando como mestre-geral, não tinha parentes ferroviários.

Segundo as ocupações, os entrevistados dividem-se em: ajustador mecânico (quatro); ferreiro (dois); mecânico (dois); marceneiro (três); eletricista (três); desenhista projetista (um); torneiro (um); feitor (um); auxiliar administrativo (dois); trabalhador (um). Para a realização da entrevista foi elaborado um roteiro, com o qual procuramos garantir a obtenção das informações consideradas necessárias para a consecução dos objetivos propostos. Os itens, divididos em quatro blocos, visavam contemplar todos os tópicos considerados significativos. No primeiro, procuramos listar dados pessoais como origem, escolarização etc. Em seguida, informações sobre o Curso de Ferroviários. Com o terceiro bloco, procuramos registrar os dados relativos ao trabalho desenvolvido na Companhia Paulista. E, no último, a preocupação em anotar dados mais gerais do cotidiano e outros que não tivessem sido relatados ao longo da gravação. Contudo, esse roteiro foi utilizado como instrumento auxiliar durante a entrevista, já que, quando da gravação, era solicitado ao entrevistado que fizesse um relato de sua vida, desde sua origem, sua infância, bem como a origem dos pais. Somente quando se faziam necessárias é que algumas intervenções aconteciam, com indagações sobre um ou outro tópico cujas informações eram consideradas insuficientes. Assim, em muitos casos, os depoimentos se apresentavam sob a forma de narrativas, com características de história de vida.

No desenvolvimento deste trabalho, composto por quatro capítulos, privilegiamos os relatos daqueles trabalhadores que concluíram curso de formação profissional, num total de treze, como registrado antes. Um deles fez o Curso de Ferroviários da mesma Companhia Paulista de Estradas de Ferro, na cidade de Jundiaí, aposentando-se depois de longa atividade naquele curso nas funções de docência e de direção. Todos os demais estudaram e trabalharam em Rio Claro.

No Capítulo 1, procuramos, na primeira parte, explicitar o conceito de racionalização do trabalho, as diferentes formas de manifestação e as determinantes históricas, assim como uma discussão do caso brasileiro, no período analisado. Na segunda, relacionando os dois temas – racionalização e memória –, atrevemo-nos a tentar aproximar dois universos de pensamento distintos na reflexão sobre trabalho e tempo livre, necessidade e liberdade, categorias indispensáveis quando se trata de refletir sobre a produção e preservação do mundo como morada dos homens na terra. Referimo-nos a Marx (e Marcuse) e Hannah Arendt.

No Capítulo 2, apresentamos uma descrição do Curso de Ferroviários da Companhia Paulista de Estradas de Ferro construída com trechos recortados de relatos de diferentes entrevistados e, em seguida, uma reflexão, a partir dessa descrição, sobre a natureza e a importância desse curso na estruturação do ensino profissional industrial representado pelo Serviço Nacional de Aprendizagem Industrial (Senai). Mantivemos a determinação inicial do projeto de apresentar, como documento, *apenas* a fala dos próprios trabalhadores, ex-alunos, alguns desses, também, ex-instrutores daquele curso.

No Capítulo 3, reproduzimos, integralmente, sete das narrativas gravadas com trabalhadores aposentados, ex-alunos do Curso de Ferroviários, que julgamos as mais significativas, considerando os objetivos propostos para este trabalho. Buscamos, com isso, contribuir, de alguma forma, para a preservação da memória de parte da história vivida no *fazer* do mundo ferroviário, num determinado tempo, numa região do interior do Estado de São Paulo. Assim procedemos, também, para tentar proporcionar ao leitor a oportunidade de elaborar a sua própria leitura.

E, finalmente, no Capítulo 4, conclusivo, procuramos destacar, daquelas narrativas apresentadas no Capítulo 3, as atividades desses trabalhadores construindo e reconstruindo o mundo da ferrovia nos diferentes lugares: no ensino, nas oficinas, nos trilhos. Atividades essas que, embora ocupassem a maior parte do tempo dos trabalhadores, incorporando as horas extras no cotidiano do trabalho, não eram suficientes para garantir a sua sobrevivência e a dos seus, forçando-os a buscar a complementação do salário fora da empresa, privando-os do tempo livre, ao ampliar, sobremaneira, o reino da necessidade.

1
O TEMA DA RACIONALIZAÇÃO DO TRABALHO: ADMINISTRAÇÃO, CONTROLE E CONFISCO DO TEMPO

Racionalização: o tempo e o lugar

No vasto e formidável campo de reflexões que os agitados anos da década de 1960 provocaram, *sociedade industrial* e *trabalho* aparecem como dois dos temas que povoaram a cabeça de técnicos, políticos e estudiosos, sobretudo de filósofos, historiadores, cientistas sociais e educadores.

Já eram fortes, então, as críticas contra os "descaminhos" da experiência socialista soviética que, entre outras coisas, parecia reproduzir as formas mais despóticas de organização do trabalho das sociedades capitalistas.

Marcuse, que em *Eros e civilização* já tinha recolocado de maneira mais forte a questão da relação entre trabalho e repressão, continuava incomodando os chamados setores mais conservadores da esquerda quando, retomando Marx, reafirmava, de maneira enfática, que a construção da sociedade comunista passava necessariamente pela eliminação do trabalho alienado. E, com suas reflexões sobre a realização da utopia da sociedade livre, retomando as discussões sobre trabalho e tempo livre, reino da necessidade e reino da liberdade, em Marx – tema que procuraremos explicitar na segunda parte deste capítulo – surge, a meu ver, como um dos principais pensadores que acabaram por reorientar os debates em torno da constituição e organização da sociedade industrial capitalista e do chamado trabalho moderno.

Já no fim dos anos 60, e sobretudo a partir da segunda metade da década de 1970, o debate em torno do tema ganha força. Ensaios, relatos de pesquisas, teses acadêmicas começam a aparecer em grande quantidade, discutindo desde questões técnicas internas ao processo de trabalho até as formas de resistência operária e lutas sindicais em torno do controle do trabalho, passando por discussões sobre a divisão sexual – o trabalho das mulheres –, bem como as condições de trabalho de menores.

A *fábrica* começa a ressurgir como um dos pontos centrais dessas discussões. A fábrica entendida como uma forma de organização do trabalho historicamente datada: da sociedade capitalista. Como uma forma de organização do trabalho – disciplinado, hierarquizado, vigiado –, a fábrica, como afirma Edgar de Decca retomando Thompson, Marglin e Gorz, não pode ser vista como um simples aparato técnico, mas como produto de um processo de luta de classes que levou homens, mulheres e crianças pobres a produzirem para a figura do capitalista. Compreendida dessa forma, a fábrica precede, por assim dizer, a indústria mecanizada ou a grande indústria. Aliás – e essa é a tese de Marglin (1976) –, as máquinas começam a entrar na fábrica como resultado desse processo de luta. Com a entrada das máquinas, produz-se um parcelamento contínuo de tarefas na elaboração do produto retirando do produtor direto, em processo ininterrupto, *o saber fazer*. A máquina surge, portanto, como a principal "arma" na expropriação do saber, o que garante, juntamente com a expropriação dos meios de produção, a submissão efetiva do trabalhador ao capital.

Essa divisão social do trabalho – o fazer do produtor direto se acumulando nas mãos do capitalista – coloca, desde logo, a luta, no lugar mesmo da produção, em torno do controle do processo de trabalho. Essa luta, que resulta na efetiva separação entre trabalho intelectual e trabalho manual, bem como o parcelamento contínuo do processo de trabalho, foi objeto do estudo feito por Henry Braverman

(1977) no seu *Trabalho e capital monopolista* – a degradação do trabalho no século XX. Em artigo publicado na *Revista Brasileira de História*, o historiador Edgar de Decca (1984) retoma a discussão, apontando para possíveis pesquisas na realidade brasileira.

Nesse artigo, o autor procura mostrar que, pela constituição das "ciências do trabalho" que vêem, no interior da fábrica, apenas uma realidade técnico-produtiva e não relações sociais de produção, a luta política pelo controle do processo de trabalho desaparece. E chama a atenção dos pesquisadores, sobretudo daqueles preocupados com o estudo da classe operária, para esse fenômeno da despolitização da fábrica. É nesse sentido que ele retoma a discussão em torno do taylorismo norte-americano. Para ele, as experiências de Taylor no fim do século XX nos Estados Unidos resultam não em um conjunto de técnicas voltadas para o aumento da produção, mas, sim, em uma verdadeira estratégia de luta contra o controle de trabalho exercido, então, pelos trabalhadores:

> A mais valiosa contribuição de Taylor em sua época foi ter percebido que os processos de trabalho nas fábricas americanas, longe de se caracterizarem por uma anarquia, estavam solidamente organizados e propiciavam um enorme controle dos trabalhadores dentro da fábrica [...] Taylor jamais lutou contra a anarquia na produção. Muito pelo contrário, ele se investiu contra um controle muito particular dos trabalhadores no interior da fábrica. (Decca, 1984, p.67)

A observação de Edgar de Decca traz, sem dúvida, uma contribuição significativa para os que se preocupam com o tema no Brasil, transformando-se em elemento motivador para o incremento de novas pesquisas nessa área. Autores menos atentos, no entanto, partindo dessa ênfase dada à luta pelo controle do processo de trabalho e desconsiderando os resultados efetivos de aumento da produção e de ampliação do mercado de consumo, acabaram por difundir conclusões equivocadas ao nomear as manifestações trabalhistas, de modo generalizado, como formas de resistências operárias, como estratégias de luta contra o capital, ou então estabelecendo relações mecanicistas quando consideram, apressadamente, certos *discursos* patronais de racionalização do trabalho no Brasil, como *efetiva* intervenção racionalizadora no processo de trabalho. Como já procuramos demonstrar, ainda que rapidamente, em dissertação de mestrado (Tenca, 1987), é preciso estar atento quando se utilizam termos e expressões como *taylorismo, fordismo, racionalização do trabalho, organização científica do trabalho,* pois eles se referem, quase sempre, a práticas datadas e localizadas. Os investimentos na chamada Organização Científica do Trabalho – expressão atribuída às experiências de Taylor nos Estados Unidos no fim do século passado e primeiros anos do atual – em diversos países europeus e americanos, a partir dos anos 20, referem-se a práticas diferenciadas, embora digam respeito, como a originária, às relações entre capital e trabalho. As experiências de Taylor, ainda que ele mesmo observasse desde logo que elas somente se efetivariam à medida que alcançassem o universo social como um todo, se desenvolveram primeiramente a partir do intramuros da fábrica. Além disso, nos Estados Unidos, os ensinamentos tayloristas foram disseminados de forma independente com relação ao poder estatal. Na Itália, na Alemanha e na União Soviética dos anos 20 e 30, ao contrário, elas se apresentam diretamente como práticas estatais.

Em discussão mais recente a esse respeito, desenvolvida em *Viagem ao país de Taylor,* o historiador Adalberto Marson (1995) retoma esse tema, trazendo novos elementos para se repensar o trabalho de pesquisa nessa área, na realidade brasileira. Partindo da análise do livro do russo Eugene Zamiatin, *Nós,* ficção do gênero utopia escrito em 1920-1921, que retrata uma sociedade soviética futura onde a racionalização atinge limites quase inimagináveis, Marson problematiza algumas questões centrais relativas ao estudo da racionalização do trabalho, chamando a atenção para os equívocos decorrentes de afirmações apressadas ou descuidadas com relação a algumas pesquisas realizadas no Brasil nos últimos anos. Destaca-se aqui, entre outros tópicos elucidativos, a questão mais específica sobre o que é taylorismo, ou da dificuldade, como ele afirma, de "saber o que não é taylorismo". O autor, fundamentando sua análise em estudiosos do método Taylor, critica as posturas equivocadas e simplistas que nomeiam de taylorismo qualquer atitude racionalizadora.

Marson refere-se ao "movimento politicamente construído" – que já se estruturava a partir da edição da obra clássica de Taylor, *Princípios de administração científica*, "cuidadosamente preparada" com "nada menos que dez revisões antes de vir a público" e bem-sucedida nos seus objetivos, popularizando seu autor e criando bases sólidas para o fortalecimento desse movimento:

> Taylor granjeou uma popularidade que o projetou para além dos círculos de profissionais do ramo, e foi rapidamente transformado por seus seguidores em símbolo de um movimento quando os resultados práticos ainda eram muito pequenos e discutíveis.
>
> No interior desse movimento politicamente construído, foi-se delineando a linha mestra que caracterizaria a maioria das versões: a idéia de um taylorismo difuso e universal. A partir daí não interessava mais saber se determinada solução administrativa ou de técnica de produção provinha de algum outro método, parecido com o de Taylor, porém distinto e talvez até rival. Uma questão bizantina querer distinguir claramente o que era e o que não era devido a Taylor e seus discípulos. (Marson, 1995, p.30)

O tom irônico da última frase nos dá uma idéia da firme e pertinente advertência que Marson faz com relação aos estudos sobre o tema no Brasil. Lembrando sempre a necessidade de se observar o rigor conceitual e analítico no trabalho de pesquisa, afirma:

> se o historiador quiser manter-se fiel a uma regra básica do ofício, deve procurar entender a trajetória do taylorismo nas contingências de seu tempo e no cotejo de outras propostas do mesmo teor. "O tempo humano há de ser sempre rebelde tanto à implacável uniformidade quanto ao seccionamento rígido do tempo do relógio", recomendava um bom artífice. Essa exigência tão elementar do ofício poderia evitar a confusão aceita e até aperfeiçoada por certos comentadores: a praxe de identificar, como de origem tayloriana, toda e qualquer preocupação de diretores ou de patrões, visando a obter ganhos de produtividade mediante a introdução de procedimentos "científicos". (ibidem, p.30-1)

Neste estudo, as reflexões sobre a chamada Organização Científica do Trabalho procurarão se orientar com base em dois pontos elementares. O primeiro refere-se ao conceito que utilizamos, de forma mais ampliada, na abordagem do tema da racionalização do trabalho, concebido, aqui, como a busca contínua do exercício do poder político por parte do capital. Prática totalizadora fundada no controle ou domínio do tempo do trabalhador, seja o tempo vivido no lugar da produção, tradicionalmente entendido como tal, seja aquele vivido na esfera do lazer, para muitos compreendido, equivocadamente, como tempo livre. Nesse sentido, o efetivo exercício do poder político na sociedade capitalista não deve ser procurado somente no espaço restrito do intramuros dos palácios, considerado, muitas vezes, o lugar privilegiado a partir do qual emana.

O segundo ponto, que acreditamos ser decorrente do primeiro, refere-se a uma preocupação com as formas diferenciadas de manifestação desses processos de racionalização. Partimos do princípio de que as expressões que nomeiam tais processos são datadas historicamente e devem guardar especificidades não só decorrentes do tempo, mas também do lugar onde se efetivam.

O discurso da Organização Científica do Trabalho, no Brasil, ganha força somente no fim da década de 1920, e passa a ser disseminado de maneira mais efetiva a partir de 1931, com a criação do Instituto de Organização Racional do Trabalho (Idort), logo após a criação, em 1928, do Centro das Indústrias do Estado de São Paulo (Ciesp), pólo aglutinador da grande indústria. Constituiu-se o Idort numa das principais agências na luta pela imposição de uma vontade política particular: a da grande indústria paulista. E, a meu ver, de forma singular, já que se apresenta como prática estatal, embora conduzida, sobretudo nas décadas de 1930 e 1940, por uma instituição de iniciativa privada (Tenca, 1987).

Ao disseminar, no Brasil, sobretudo nos anos 30 e na primeira metade de década de 1940, e de forma exemplar, o tema da racionalização, entendida como culto da eficiência e da razão pragmática, a ação idortiana caracteriza-se como uma prática político-pedagógica de largo alcance:

> O conceito de trabalho do IDORT deriva da grande indústria mecanizada, da indústria moderna, portanto entendida como *fator traba-*

lho. Com a grande indústria, o trabalho, despojado de sua materialidade, transformado definitivamente em mercadoria e apresentando-se como a-histórico, na sua forma abstrata, penetra no social nomeando, agora, todo fazer humano como trabalho. Se tudo é trabalho, é possível aplicar os seus princípios racionalizadores em cada uma das múltiplas formas do fazer. (Tenca, 1987, p.89)

E os médicos, engenheiros, industriais e educadores idortianos vão redesenhando a nova sociedade brasileira do mundo urbano-industrial, rearticulando eugenia, ensino e trabalho num todo homogêneo, normativo e disciplinador do universo social.

Embora não seja tarefa fácil para o pesquisador encontrar, no lugar mesmo do processo de trabalho, experiências com implementação de técnicas da chamada Organização Científica do Trabalho – derivadas do universo taylorista – nesse período da industrialização no Brasil, como já constatara Nilton Vargas (1985), há de se ter cuidado para não relativizar os elementos determinantes desses processos racionalizadores: a acumulação e o controle do trabalho por parte do capital.

Retomemos Vargas (1985, p.57):

> Do exposto, a análise do Taylorismo não se restringe somente ao estudo de processo de trabalho mas, também, à sua articulação com os condicionantes sociais e políticos fora da fábrica (e no seu interior), em particular a formação dos assalariados e o papel intermediador do Estado.

E, logo em seguida, a respeito das origens do taylorismo e do fordismo, afirma:

> As crises políticas e econômicas que o capitalismo enfrentava desde o final do século passado e o impacto da Revolução de Outubro exigiam do capital uma resposta não só a nível do modo de acumulação e de gestão da força de trabalho, mas também a nível de hegemonia sobre a sociedade. O Taylorismo e, posteriormente o Fordismo, foram algumas das respostas que o capitalismo americano ofereceu às sociedades industrializadas. (ibidem)

Quanto à primeira observação, cabe lembrar que, como dissemos anteriormente, o próprio Taylor afirmava que os princípios científicos que ele defendia se irradiariam para todo o universo social, e isso, aliás, garantiria a sua plena implementação no lugar do trabalho propriamente dito. A partir da segunda citação me permitiria algumas observações.

A Primeira Guerra Mundial e a Revolução Russa são os dois marcos mais importantes da crise aqui referida. E são, também, marcos importantes no processo de transformação do velho Estado liberal ortodoxo, fundado num pretenso não-intervencionismo. Pretenso porque, na verdade, "a história do capitalismo é generosa em demonstração de que a doutrina do não-intervencionismo do Estado pouco ou nada se cumpriu. O Estado capitalista sempre vem intervindo de alguma maneira na sociedade, na economia, no mercado de capitais e de força de trabalho, evidenciando ele próprio a desnaturalização deste mercado e do capital" (Vieira, 1992, p.76).

A criação da Liga das Nações – um Estado acima dos Estados – e da Organização Internacional do Trabalho (OIT), em especial esta última, enfraquecia os defensores da ortodoxia liberal. Depois de mais de um século de conflitos, agora, a partir das orientações de um organismo internacional, o mundo capitalista deveria estabelecer políticas públicas voltadas para aqueles que, por serem proprietários somente do próprio corpo, nem sempre conseguiam, pelo seu uso, obter os bens e serviços necessários à sua sobrevivência. Como lembra Munakata (1981), a defesa de uma reorientação no tratamento das questões trabalhistas em nível mundial, como propunha a OIT, visando garantir a "paz e a harmonia universais", era motivada pelo medo diante de dois grandes perigos:

> De um lado, há o perigo latente que representa a miséria dos trabalhadores: afinal, foi no bojo da Primeira Guerra Mundial e em meio a grande miséria que ocorreu a vitória da Revolução Russa (1917). Daí, propõem-se preventivamente medidas de proteção ao trabalhador. De outro lado, essas mesmas medidas representam um grande risco: como a legislação trabalhista significa maior ônus ao capital, os produtos dos países que a adotarem serão mais caros que os daqueles que não o fize-

rem: nessa medida cria-se uma situação de competição desigual entre os países no comércio internacional - o que pode gerar uma guerra mundial. Por isso, a condição para a implantação das leis trabalhistas é a sua aceitação por parte da maioria dos países (senão todos). (Munakata, 1981, p.31)

A defesa do Estado dirigente ou do dirigismo econômico começa a ganhar mais adeptos, e o keynesianismo vai aos poucos se impondo, sobretudo a partir das experiências soviéticas e da Alemanha nazista, cujas economias, embora afetadas, não sofreram os fortes abalos decorrentes da grande depressão dos anos 30. O planejamento econômico e a intervenção generalizada do Estado em ambas as realidades, em que pesem as especificidades de uma e de outra, contribuíram para enfraquecer ainda mais, na época, a defesa da velha ortodoxia liberal.

Foi no período anterior a essa depressão, entretanto, que as experiências de Taylor, e mesmo as de Ford, aconteceram nos Estados Unidos. O primeiro, como se sabe, começa os seus trabalhos na década de 1880 e, em 1911, quando publica o seu *Princípios de administração científica*, já se tornara famoso. O universo fordista teria se desenvolvido a partir da década de 1910, com a implementação da linha de montagem na fábrica de automóveis. Como a economia americana experimentou um crescimento significativo nesse período com uma expansão impressionante do parque industrial e nos índices de produtividade, fortalecendo-se ainda mais após a Primeira Guerra, o *american way of life* passa a ser referência, especialmente no campo produtivo, e o taylorismo-fordismo aparecia como a chave do cofre.

Embora o próprio Taylor, como dissemos antes, propusesse o culto da eficiência nos mais diferentes lugares da sociedade, defendendo mesmo essa generalização como forma de garantir o sucesso da reorganização do trabalho no lugar da produção, cabe ressaltar que a gestação disso que ele chamou de ciência do trabalho se dá, com suas experiências, no intramuros da fábrica. Com relação a Ford, essa característica é ainda mais forte, tendo gerado mesmo uma das expressões largamente utilizadas para indicar a livre acumulação do capital: o fordismo. Por fordismo poder-se-ia entender, por exemplo, o controle do trabalho pelo capital sem nenhuma ingerência do Estado. Ou, é claro, a garantia da intervenção do Estado para fazer respeitar o contrato particular na compra e venda de força de trabalho, o que poderia acontecer nos movimentos grevistas. E, nesse caso, com a força policial.

Em trabalho mais recente, Giuseppe Cocco (1999), ao utilizar as conceituações da chamada "Escola Francesa da Regulação" para desenvolver as suas idéias sobre a "relação salarial fordista", caracterizadas pelas "dinâmicas sociais e institucionais que asseguravam uma real distribuição da renda", não pôde deixar de se referir àquela característica do fordismo nascente. Afinal, o Estado norte-americano sempre esteve muito mais próximo do universo liberal do austríaco Hayek do que da social-democracia européia. Ao lembrar que nos Estados Unidos, "apesar da enorme importância que o orçamento público ia ter nas políticas macroeconômicas, a intervenção estatal direta sempre ficou muito limitada", Cocco afirma:

> Por isso é que o conceito de *fordismo* tornou-se mais apropriado para a caracterização do longo período de crescimento regular e sustentado que ia marcar o segundo pós-guerra. Por quê? Por ser esse termo mais adequado à qualificação da regulação econômica *a partir dos elementos internos aos processos de trabalho* e, mais particularmente, à própria relação salarial. (Cocco, 1999, p.13 – grifos nossos)

A afirmação anteriormente citada de Nilton Vargas estaria correta. O medo da guerra e o medo do socialismo pós 1917 ajudaram a exportação da chamada Organização Científica do Trabalho. Quando ela chega à Europa, e mesmo no Brasil, nos anos 20 e 30, passa a ser difundida também como organização racional do trabalho ou, simplesmente, racionalização. Os Estados Unidos forneciam, assim, um aparato "científico" para que os demais países pudessem se proteger da, também "científica", Revolução Russa, que teria posto fim ao capitalismo. Quando, porém, os ensinamentos de Taylor começam a se colocar de maneira mais efetiva para fora do território norte-americano, vai encontrar um mundo capitalista administrado por uma nova concepção de Estado. Na Europa, nos países onde o culto da eficiência e da racionalização tiveram forte presença, a estrutura de Estado distanciava-se muito da ortodoxia liberal não-intervencionista, ou do universo fordista, em especial a Itália fascista, a Alemanha nazista e a Rússia bolchevique. É interessante observar, também, que, nesses citados países, as técnicas derivadas da nova organização do trabalho originárias de Taylor já encontravam adeptos logo após a Guerra, antes, portanto, do agravamento da crise a partir de 1929:

> De uma maneira geral, no começo do pós-guerra, são as correntes as mais recentes, as mais sincréticas e talvez as mais extremistas do campo político europeu, que foram seduzidas pelos modelos de administração social de essência tecnocrática, ou derivadas da engenharia. Na Itália, são os sindicatos nacionalistas e os fascistas que se tornaram os mais receptivos; na Alemanha, os "conservadores revolucionários" e os "socialistas conservadores" bem como os *soi-disant* liberais de esquerda em busca de uma mediação entre democracia burguesa e social-democracia; e, por fim, os dirigentes soviéticos. (Maier, 1978, p.96-7)

Quero aqui enfatizar essa observação, retomando uma passagem da discussão feita no meu trabalho de mestrado:

> Essa tendência verificada já no início dos anos 20 – a de uma maior aceitação do "ideário do americanismo" por parte dos setores políticos mais radicais – e que se confirma efetivamente na década seguinte, com a racionalização das formas totalitárias do fascismo, nazismo e stalinismo, evidencia a natureza distinta dessas experiências. Não se pode esquecer que, por americanismo, entendia-se a realização do progresso através do aumento da produtividade que, gerando a abundância, eliminaria os conflitos de classe e garantiria uma organização democrática da sociedade. E, no entanto, foi justamente em países onde se considerava que as formas democráticas de governo funcionavam mal que esse ideário teve uma aceitação maior. (Tenca, 1987, p.74)

Assim, se nos Estados Unidos, no início do século, o confronto capital/trabalho fazia gerar, no lugar mesmo da produção, com os experimentos de Taylor, estratégias patronais de controle (Decca, 1984) que acabam provocando profundas mudanças no universo social como um todo, em outros países, nas décadas de 1920 e 1930, as investidas no campo da racionalização do trabalho passariam desde logo por uma política estatal globalizante, como exemplificam bem os casos da Alemanha, da Itália e da União Soviética.

Se o medo do socialismo foi fator importante na adoção de novas técnicas de organização do trabalho, por que Lenin (s. d.) importara engenheiros americanos para fazer frente ao "democratismo" da produção dos soviets? "Como lembra Maier, não deixa de ser curioso o exemplo soviético. Se no Ocidente o taylorismo reforçava o ideário que negava a existência de luta de classes, na Rússia bolchevique Lenin vai lançar mão de suas técnicas no momento em que o resultado da luta parecia já estar definido" (Tenca, 1987, p.75).

O processo revolucionário de outubro de 1917 na Rússia é, sem dúvida, referência constante no processo de implementação das técnicas ditas tayloristas voltadas para a garantia da acumulação e controle do capital. Ele aparece com maior força ainda quando a ação se apresenta mais na forma de disseminação desse ideário, como se pode verificar na prática idortiana no Brasil nos anos 30 e 40. Aqui, o fantasma do comunismo estava sempre presente. Era o grande perigo que ameaçava a ruptura da ordem. E o universo "taylorista", fundado na harmonia entre as "classes produtoras" (patrão e empregado), decorrente da despersonificação do conflito capital/trabalho, possibilitado pela ação da "gerência científica", aparecia como a grande arma contra a ameaça vermelha.

Mas o sucesso que os russos já vinham experimentando, desde Lenin, no controle do trabalho e na expansão da produção – para o qual contribuíam a utilização de técnicas desenvolvidas por Taylor e outros racionólogos – começa a atrair os olhares do capitalismo dito ocidental. E, sobretudo a partir da crise do fim dos anos 20, a chamada Organização Científica do Trabalho parecia reforçar a velha máxima atribuída a Marx, *o capitalismo não tem pátria*: a planificação soviética passa a exercer influência importante na acumulação capitalista nos demais países.

Com aspectos diferenciados, a racionalização do trabalho, como forma de controle do trabalhador e garantia da expansão da acumulação capitalista, incorporando elementos da planificação soviética, ganha destaque nos principais países com níveis distintos de industrialização e de organização do poder. Ao se referir à influência que a experiência bolchevique exerceu a partir do sucesso obtido com o "rigoroso centralismo" que "permitiu atingir espetaculares taxas de crescimento", João Bernardo (1992, p.398) afirma:

> Mediante o corporativismo, as classes capitalistas nos restantes países tentaram adaptar o que puderam do modelo de planificação soviético, evitando no entanto as convulsões sociais e procurando manter o quadro da apropriação burguesa tradicional. Nas sociedades em que se precipitou uma ruptura nas esferas dominantes destinada a preservar a situação econômica adotaram-se versões fascistas do corporativismo. As suas versões democráticas, o New Deal e o keynesianismo, puderam ser aplicadas onde as classes dominantes conseguiram uma elevada continuidade social.

Com feições mais democráticas ou nas formas fascistas do corporativismo, a acumulação e o controle do capital, no período pós 1929, fortaleceram, sobremaneira, a ação do Estado – e, evidentemente, com isso também potencializaram o seu domínio político – por meio das múltiplas práticas que compõem o amplo universo da racionalização do trabalho.

No Brasil, como dissemos no início deste trabalho, a disseminação desse ideário da racionalização fez do Idort a principal agência do capital na luta pela imposição da vontade política da grande indústria paulista.

Uma visão, digamos, estatista da história poderia afirmar que o governo Getúlio Vargas fez pela grande indústria o que os seus representantes diretos não teriam sido capazes de fazer. Encastelados no intramuros da fábrica, observando com rigor o credo fordista, os industriais, afirma Luiz Werneck Vianna (1976), não foram capazes de implementar um projeto que os levasse diretamente ao exercício do poder político, entendido, aqui, como o controle do Estado. O universo fordista, refratário à interferência direta do Estado na esfera econômica – considerado lugar sagrado do privado –, orientava a burguesia industrial no período de sua constituição como classe diferenciada. Esse período corresponde à chamada Primeira República, marcada pelo domínio da oligarquia agrário-exportadora, com uma estrutura de poder caracterizada como Estado liberal ortodoxo ou Estado liberal clássico. Um Estado que não pode intervir no mercado, especialmente no que diz respeito às relações capital/trabalho. Por isso, lembra Vianna, a questão social era mesmo um caso de polícia: o Estado somente poderia intervir quando houvesse ameaça à propriedade, como na greve. E, nesse caso, com a força policial, uma vez que se tratava de uma dupla afronta à propriedade, considerando os princípios fundamentais da doutrina liberal clássica. Não trabalhar significava deixar de cumprir o contrato particular de compra e venda da força de trabalho e, por se constituir em ação coletiva, a recusa ao trabalho seria, também, o princípio da relação individual de troca entre livres proprietários. Por isso a repressão aos trabalhadores nesse período, no Brasil, fazia parte das determinações legais do Estado liberal clássico. Legal, mas não democrático. O liberalismo, como expressão do capitalismo, é, por natureza, autoritário, afirma Vianna. Totalitário (o capitalismo), enfatiza Bernardo (1992).

Essa visão do espaço privado do poder explicava, em parte, as resistências iniciais dos industriais, quanto à aceitação do trabalho de engenheiros com a gerência científica, que teria marcado os primórdios do taylorismo nos Estados Unidos (Bendix, 1966). Uma das principais preocupações da *Revista IDORT*, nos anos 30, era procurar quebrar resistências dessa natureza entre empresários brasileiros.

O caminho trilhado por Luiz Werneck Vianna, na leitura que faz das lutas políticas em torno de 1930, em especial com relação ao que ele chamou de "via prussiana", acaba por relativizar a prática política da grande indústria paulista, sobretudo nos anos 30 e 40, ao colocá-la à margem do exercício do poder político na ditadura Vargas:

A ruptura da ortodoxia liberal, promovida pelos próprios setores oligárquicos que a implantaram, e a pressão operária pela intervenção legal do Estado sobre o mercado de trabalho suprimiram o espaço para a passagem do projeto fordista da facção burguesa industrial. Incapaz de pensar fora do universo da fábrica e dos postulados constitutivos do liberalismo clássico, mostrou-se impotente quando a guerra pelo controle da vida social passou de "posição" a "movimento", para usar uma imagem hoje em voga. (Vianna, 1976, p.85)

Os empresários desgarraram do modelo fordista, logo que constataram que a coerção deveria vir do Estado, já que não tinham meios para impor a disciplina do industrialismo a partir da sociedade civil. (ibidem, p.126)

A busca da imposição de um mundo urbano-industrial, que deixou suas marcas nas lutas travadas pelas elites brasileiras nos anos 20, levou, contudo, os representantes da grande indústria paulista a diversificar as suas práticas políticas, sobretudo a partir da criação do Ciesp, em 1928 (Decca, 1981). O Idort, criado em 1931, embora já praticamente organizado em 1929, surge, com a bandeira da racionalização do trabalho, como a grande agência responsável, direta ou indiretamente, pela multiplicação de inúmeras outras voltadas para a busca da realização da acumulação do capital, pela intensificação da exploração do trabalho, numa ampla cruzada pela ocupação e controle do tempo do trabalhador.

Essas instituições apareciam diretamente em estruturas governamentais ou em esferas privadas, sempre voltadas para a consolidação do exercício do poder político segundo a razão industrial. Apenas para exemplificar, quanto ao primeiro grupo (governamentais), pode-se destacar o Departamento de Administração do Serviço Público (Dasp) estruturado no Estado Novo, em 1938. Para dar aparência científica, muito em moda na época, à burocracia nos serviços públicos, foram convidados, para o desenvolvimento do projeto que resultou na criação daquele Departamento, técnicos do Idort, especialistas em organização racional do trabalho derivada do universo fabril. Mais tarde, com a criação dos chamados "daspinhos" (Departamento do Serviço Público Estadual), o engenheiro

Aldo Mário de Azevedo, fundador e presidente de honra do Idort, foi nomeado diretor-geral desse serviço no governo de São Paulo (Tenca, 1987).

Na educação, o Instituto de Organização Racional do Trabalho exerceu um papel dos mais importantes na vasta empresa voltada para o controle do tempo do trabalhador, em âmbito regional e nacional. Das inúmeras atividades desenvolvidas nessa área, penso ser importante citar, considerando o tema deste trabalho, a Escola Livre de Sociologia e Política e os cursos voltados diretamente para a formação de trabalhadores.

No discurso de inauguração dessa Escola, em 1933, Roberto Simonsen, o principal articulador desse empreendimento, presidente da Federação das Indústrias do Estado de São Paulo (Fiesp) e sóciofundador do Idort, não deixava dúvidas quanto aos seus objetivos:

> E essa escola tem que possuir um tal programa que possa, além de seu curso normal, esboçar um plano de pesquisas sociais e coordenar a documentação já existente, dirigindo a formação de estatísticas adequadas, promovendo publicações periódicas de monografias e inquéritos, pesquisando os casos especiais pela aplicação dos métodos de observação e inquirição diretos, incentivando a formação de operadores capazes de tais cometimentos e enfim *coordenando tudo quanto possa interessar ao perfeito conhecimento do meio em que vivemos e dos elementos necessários à solução dos problemas de governo.* (Simonsen, 1932, p.13 – grifos nossos)

Quanto à formação de trabalhadores, cabe lembrar a já mencionada presença do educador Lourenço Filho e, principalmente, a de Roberto Mange, desde os trabalhos da comissão encarregada da criação do Idort. Mange foi diretor do instituto e, como dissemos anteriormente, responsável direto pela implementação dos cursos de ferroviários, atividade que vinha desenvolvendo no Liceu de Artes e Ofícios, de forma mais sistematizada, a partir do curso de mecânica em 1923, e que serviu de base para a criação do Senai, em 1942. O engenheiro e educador suíço foi o primeiro diretor do Senai em São Paulo, permanecendo no cargo até 1955, quando faleceu.

As instituições voltadas para o controle do chamado tempo livre do trabalhador – o Serviço Social da Indústria (Sesi) e o Serviço Social do Comércio (Sesc), criados em 1946 – têm suas raízes nos projetos sobre serviço social, disseminados na *Revista IDORT*, sobretudo a partir de 1938, depois da viagem que o então presidente do instituto, o médico Antonio Carlos Pacheco e Silva, fez à Alemanha, de onde voltou fascinado com a racionalização do trabalho implementada na era Hitler.

A presença do Idort, a partir dos anos 30, foi marcante: na reorganização do ensino profissional no Brasil; na estruturação do Departamento de Administração do Serviço Público (Dasp); na criação do Sesi e do Sesc; na Reorganização Administrativa do Governo do Estado (Rage), em São Paulo; em iniciativas vinculadas direta ou indiretamente à Fiesp, como na criação da Escola Livre de Sociologia e Política, em 1933, antecipando-se mesmo à constituição da Universidade de São Paulo, criada em 1934, no governo Armando de Salles Oliveira, que foi um dos fundadores e o primeiro presidente do Idort em 1931. Esses fatos indicam a interferência direta dos representantes da indústria paulista na implementação de políticas sociais, de um lado, e, de outro, o investimento na reestruturação da burocracia, tanto no setor privado como em instituições governamentais.

Assim, num momento em que uma nova configuração do Estado, a partir do golpe de Vargas, em 1930, parecia dificultar, ainda mais, a realização da vontade política dos representantes da grande indústria, esses reforçavam as suas estratégias de luta, antes, durante e depois do Movimento de 1932. A partir da prática idortiana observa-se o início de um processo de crescimento do aparato burocrático, orientado segundo os princípios da racionalização do trabalho, reforçando o caráter "científico" da "nova" administração que, segundo os seus mais fiéis defensores, transformava a atividade estatal em ação conduzida por *imperativos técnicos* e não por *interesses políticos*. Vieira (1983, p.12) chama a atenção para esse ideário tecnocrático da burocracia governamental brasileira responsável pela implementação da política social nos governos posteriores:

Com o correr dos anos, tal burocracia governamental, voltada para a aplicação da política social, tornou-se pouco a pouco mais complexa. Tendo-se avolumado quantitativamente, através de organismos de todos os níveis de importância dentro do Poder Executivo, esta burocracia veio a receber ainda eflúvios da mentalidade tecnocrática e científica, a fim de exibir maior modernidade e eficiência.

A busca do controle do aparato burocrático, bem como da definição e implementação da política social, tem marcado as lutas em torno do exercício do poder político, de maneira mais acentuada a partir do desenvolvimento industrial. Política social, como observa Vieira, ao analisar o período compreendido entre 1951 a 1978, "consiste numa estratégia utilizada pelo Estado brasileiro" visando ao "chamado desenvolvimento econômico":

> Considera-se, portanto, que qualquer política social aplicada pelo governo representa de certa maneira as relações entre o Estado e a Economia, durante a época em questão. Assim como a política econômica, também a política social revela, em seu nível lógico e em seu nível histórico, as transformações havidas nas relações de apropriação econômica e no exercício da dominação política, presentes na sociedade brasileira [...] De outra parte, através de ambas aquelas políticas, é possível evidenciar-se a atuação do Estado no sentido de incentivar e ampliar o capitalismo monopolista no Brasil. Porém, embora constituindo um todo, elas formalmente se distinguem e às vezes dão a enganosa impressão de que tratam de coisas bem diferentes. (Vieira, 1983, p.10)

A política social bem como a política econômica aparecem, pois, como partes constitutivas do processo de desenvolvimento econômico ou de manutenção ou ampliação da estrutura capitalista de produção. Nesse sentido, o Estado brasileiro, no referido período, reorganiza o seu aparato burocrático como instrumento necessário para a continuidade do processo de industrialização. As indagações de Lefort (1983, p.154-5), nas suas reflexões sobre burocracia, parecem bastante pertinentes à questão aqui tratada:

> Na teoria marxista insinua-se a tese de que a burocracia, considerada em sua totalidade, é um fenômeno parasitário. Na realidade, a buro-

cracia é *necessária* no quadro da sociedade capitalista e a crítica terá de situar-se se pretende ser eficaz, no mesmo nível que o da organização capitalista. Mas não parecerá, então, que existe uma dialética da dominação na sociedade capitalista que se manifesta pelo acréscimo de uma camada social destinada a dispor e aperfeiçoar as condições de dominação à medida que o trabalho industrial invade todos os setores da vida social e à qual deve-se subordinar a vida das massas? Não parecerá, enfim, que o processo de burocratização, tão visível nos quadros do Estado, se efetua ao mesmo tempo fora deste quadro, dentro daquilo que Marx chamava de sociedade civil?

O investimento na Organização Científica do Trabalho, ou racionalização do trabalho ou, simplesmente, racionalização, indica a ação do poder do capital se esparramando pelo universo social como um todo. Fundado na busca do controle do tempo do trabalhador, num processo contínuo e crescente de exploração da mais-valia, os detentores e/ou gestores do capital exercem seu domínio político fora dos lugares tradicionalmente consagrados ao poder.

O estudo da prática racionalizadora dos anos 30 e 40 mostra como a grande indústria paulista buscou reorientar a sociedade brasileira na constituição do mundo urbano-industrial, por meio de suas próprias agências de poder, e também a partir da direção que impunha à ação política de instituições governamentais.

É com essa perspectiva que trabalhamos o tema da racionalização. Consideramos o Curso de Ferroviários da Companhia Paulista de Estradas de Ferro como uma prática racionalizadora que faz parte de uma política mais ampla implementada pelas grandes empresas do estratégico setor que representava, na época, o transporte ferroviário.

Embora criado no fim de 1934, logo após a estruturação, no mesmo ano, do Centro Ferroviário de Ensino e Seleção Profissional (CFESP), a partir de estudos desenvolvidos no Idort pelo engenheiro e educador Roberto Mange, o Curso de Ferroviários da Paulista apresentava características diferentes dos demais. Enquanto em outras empresas a ênfase era dada aos cursos de curta duração, característica mais forte em Mange – como já enfatizara Moraes (1990) – e que se efetivaria mais tarde no Senai, aqui se buscava formar, em período de quatro anos, como procuraremos mostrar mais adiante a partir dos relatos de ex-alunos e ex-instrutores, "mestres e artífices" para ocupar postos intermediários na estrutura de mando da companhia.

A autonomia do curso da Companhia Paulista de Estradas de Ferro, criado, mantido e administrado pela própria empresa, tornou-se, contudo, paradigma dos confrontos entre industriais – sobretudo paulistas –, e o Estado, da era Vargas, durante todo o processo que resultou na criação do Senai, em 1942. E, como dissemos anteriormente, Mange foi o primeiro diretor do Senai em São Paulo, cargo que ocupou até sua morte, em 1955.

Necessidade e liberdade: trabalho e tempo livre na produção e preservação do mundo dos homens e das coisas

O processo histórico marcado pelo aumento contínuo da produtividade que pode ser observado já a partir da revolução industrial do fim do século XVIII tem sido acompanhado de uma, também contínua, diminuição do tempo livre, resultando na sobreposição do tempo do trabalho, reino da necessidade. A *razão* do trabalho invade o espaço do tempo livre, reino da liberdade. Sem um tempo livre para contemplar, pensar, rememorar, sonhar, confrontar, desenhar utopias, a ação de oposição à ordem *racional* dominante também tende a desaparecer. Quando se manifesta, é desqualificada por aqueles diretamente interessados na manutenção do exercício do poder, como também por grande parte daqueles que, buscando construir uma nova ordem, reproduziram os componentes da estrutura dominante. Assim é o que acontece com o conceito de trabalho, que continua sendo entendido muito mais como algo inscrito na ordem moral, como dever, obrigação, e menos como condição para ampliar o reino da liberdade, para a conquista do tempo... livre.

Uma discussão sobre organização racional do trabalho ou simplesmente racionalização é, também, e necessariamente, uma discussão sobre o confisco do tempo, base sobre a qual se sustenta a sociedade capitalista contemporânea.

Os componentes desse universo racionalizador orientam a prática empreendida na busca da formação profissional. Não só as mãos, mas também a cabeça são os alvos dessa ação. *Cabeças e mãos*, como dizia Mange. Formar não apenas o *fazedor*, mas o cidadão. O cidadão-trabalhador, que deve *fazer* como manda a *ciência* da produção.

Se racionalização ou organização científica do trabalho se desenvolve num cenário de luta em torno do controle do processo de trabalho, os resultados concretos de aumento de produção e de produtividade que o mundo capitalista conheceu ao longo do século passado cumpriram papel muito importante na condução dessa luta. A associação do termo *fordismo* à expressão genérica *taylorismo* deu forma, e também substância, ao desenrolar dessas lutas. Taylorismo-fordismo e também simplesmente fordismo aparecem na literatura contemporânea, mesmo com matizes teóricas diversas, para nomear um longo período marcado por um aceleramento constante no ritmo da produção e, igualmente, a consolidação, nos centros mais dinâmicos do capitalismo, da chamada sociedade de consumo, que incorporou segmentos importantes ao *mundo maravilhoso das compras*, constituindo a sociedade de massas.

O redimensionamento da capacidade produtiva e do universo de consumo bem como as mazelas daí decorrentes para a sociedade já apareciam como componentes principais dos escritos de Marcuse nos anos 50 e 60. Para ele, o avanço tecnológico e a automação produtiva – estrutura básica do processo ampliado de alienação e que garantiam o exercício totalitário de poder – já teriam criado as condições para a constituição da sociedade livre. Os homens já tinham produzido formas organizacionais e aparato tecnológico capazes de eliminar parte importante daquelas atividades laboriosas consideradas as mais penosas e estafantes, bem como de tornar possível uma ampliação do tempo livre, afastando de vez as características nefastas e degradantes do trabalho alienado.

Ao longo dos anos 60, quando se transformou em referência obrigatória nos projetos e movimentos emancipatórios, sobretudo entre os jovens, o filósofo alemão chegou mesmo a discordar de seu compatriota, Marx, quanto à relação trabalho/liberdade:

a idéia de um fim da utopia implica, pelo menos, na necessidade de colocar em discussão uma nova definição do socialismo e de investigar se a teoria marxiana do socialismo não pertence a um estágio de desenvolvimento das forças produtivas atualmente superado [...] Acredito que uma das novas possibilidades nas quais se expressa a diferença qualitativa entre uma sociedade livre e uma sociedade não livre consiste precisamente na busca do reino da liberdade já no interior do trabalho e não além dele. (Marcuse, 1969, p.14)

Marcuse se referia, aqui, à famosa passagem do livro III de *O capital*, uma das mais elucidativas a respeito do tema em Marx (1978, p.759):

Com efeito, o reino da liberdade somente começa onde termina o trabalho imposto pela necessidade e pela coação dos fins externos; encontra-se, pois, além da órbita da verdadeira produção material. Assim como o selvagem tem que lutar com a natureza para satisfazer suas necessidades, para encontrar o sustento de sua vida e reproduzi-la, o homem civilizado tem que fazer o mesmo, em todas as formas sociais e em todos os possíveis sistemas de produção. À medida que se desenvolve, desenvolvendo-se com ele suas necessidades, se estende este reino da necessidade natural, mas ao mesmo tempo se estendem também as forças produtivas que satisfazem aquelas necessidades. A liberdade, neste terreno, somente se constitui na medida em que o homem socializado, os produtores associados, regulem racionalmente este seu intercâmbio de matérias com a natureza, o coloquem sob seu controle comum, em vez de deixar-se dominar por ele como um poder cego, e o façam com o menor gasto possível de forças e nas condições mais adequadas e mais dignas de sua natureza humana. Contudo, este sempre continuará sendo um reino da necessidade. Do outro lado de suas fronteiras começa o desenvolvimento das forças humanas que se consideram como fim em si mesmas, o verdadeiro reino da liberdade que, sem dúvida, somente pode florescer tomando como base aquele reino da necessidade. A condição fundamental para isso é a redução da jornada de trabalho.

É no reino da liberdade, e não na atividade do trabalho, que "o desenvolvimento das forças humanas" é considerado como fim em si mesmo. A atividade do trabalho aparece como *condição* para viver a liberdade. Essa "somente pode florescer tomando como base aquele reino da necessidade" quando a produção passar a ser realizada sob controle comum, o que torna possível que se realize – e deve assim ser realizada, a produção – "com o menor gasto possível de forças e nas condições mais adequadas e mais dignas de sua natureza humana".

Ainda que colocado sob controle comum o domínio do homem sobre a natureza, na busca da satisfação de suas necessidades, portanto realizando trabalho não alienado, essa atividade – embora não mais alienada – permanece contida no reino da necessidade. A "condição fundamental" para viver o reino da liberdade continua sendo "a redução da jornada de trabalho".

Há, portanto, um tempo do trabalho e um tempo da liberdade. Trabalho e liberdade não se juntam, embora o primeiro seja a condição para desfrutar o tempo livre.

As condições históricas da sociedade, entretanto, pareciam sugerir a possibilidade de viver a liberdade já "no interior do trabalho e não além dele". *Em Idéias sobre uma teoria crítica da sociedade*, Marcuse se referia ao tema, recorrente, como se sabe, em toda a sua obra. Aqui, analisando a obra de Marx, ele caminha dos *Manuscritos econômico-filosóficos* ao *Capital* e destaca o que este autor chamou de "liberdade superior", para diferenciá-la da "liberdade" do reino da necessidade:

> Torna-se claro, agora em que medida o trabalho pode ser tomado, com todo o direito, como categoria ontológica: na medida em que na produção, elaboração e apropriação do mundo objetivo o homem dá a si mesmo sua própria realidade, na medida em que sua "relação com o objeto" é exatamente a "afirmação da realidade humana", o trabalho é a verdadeira expressão da liberdade humana. No trabalho o homem se torna livre, no objeto do trabalho ele realiza livremente a si mesmo. (Marcuse, 1972, p.32-3)

E, mais adiante, retomando a passagem anteriormente citada de *O capital*, ele afirma:

> Pela primeira vez, a liberdade é aqui (no reino da necessidade) compreendida como forma da prática humana real, como tarefa da organização social consciente. Em seu conteúdo se inclui a felicidade dos homens, sob o título de "condições mais dignas e adequadas" à natureza humana: a superação da penúria "exterior" e da servidão "exterior" fazem parte desse conceito de liberdade.
>
> Mas existe uma liberdade "superior": um "desenvolvimento das potencialidades humanas" que não está sob a pressão da penúria e da finalidade exterior, e sim "vale como objetivo em si mesmo". Ela somente se inicia "além" da esfera da produção material, que permanece "sempre um reino da necessidade" [...] "A redução da jornada de trabalho é a condição fundamental". (ibidem, p.135)

Construir uma sociedade livre significa reduzir ao mínimo o tempo gasto com o trabalho. O homem, desgarrando-se das limitações impostas pelas necessidades, cria as condições para ampliar o tempo livre, para se tornar senhor de "um tempo maior":

> "A redução da jornada de trabalho é a condição fundamental." Esta frase indica a injustiça reinante durante um desenvolvimento secular e resume o sofrimento e as aspirações de gerações inteiras. Na medida em que a liberdade é reconhecida como uma tarefa de transformação do processo social de trabalho e se determina o modo dessa transformação, indica-se o caminho do reino da necessidade para o reino da liberdade, que, sem dúvida, ainda representa um além, mas não mais o além transcendental que sempre se antecede aos homens, ou o além religioso que deve superar a penúria dos homens quando eles não mais estiverem neste mundo, e sim o além que os homens podem dar a si mesmos quando transformam uma ordem social que se tornou má. (ibidem, p.135)

Assim, se liberdade "é reconhecida como uma tarefa de transformação do processo social de trabalho", transformado esse processo da forma indicada por Marx e tornada realidade a negação do capitalismo, eliminando o trabalho alienado que caracteriza esse modo de produção, por que não pensar a atividade do trabalho como a própria liberdade?

Tal era a questão que Marcuse (1969, p.14) colocava para a "teoria marxiana" quando lembrava que, para Marx, "não importa o que aconteça nesse reino [da necessidade], não importa qual seja o grau de racionalização e mesmo de redução do trabalho, este último sempre se manterá como reino da necessidade, e, assim, como uma atividade não livre". Indagações, afirmações, inquietação de um tempo que acalentava o sonho.

Se o nível de desenvolvimento científico e tecnológico, se o aparato produtivo da década de 1960, que já vai, também, ficando tão distante, autorizavam o filósofo da sociedade livre a decretar "o fim da utopia" e antever o espaço do trabalho sendo transformado no palco da liberdade, como imaginar a reação dos contemporâneos de Paul Lafargue quando ele, um século antes, no início de 1880, lançava o seu "manifesto" do direito à preguiça?

Na série de artigos publicados em jornal francês, entre junho e agosto daquele ano, divulgando o teor do seu panfleto, o genro de Marx se contrapunha de forma violenta ao culto moralista do trabalho, conclamando os trabalhadores à luta para a redução da jornada de trabalho. Para ele, a mecanização da produção já oferecia as condições materiais para uma drástica diminuição do tempo de trabalho:

> Uma boa operária, com sua fusada, não faz mais de cinco malhas por minuto, enquanto certas máquinas circulares de tricotar fazem, no mesmo espaço de tempo, trinta mil. Cada minuto da máquina equivale a cem horas de trabalho da operária; ou, então, cada minuto de trabalho da máquina permite à operária dez dias de repouso. O que vale para a indústria da tecelagem é mais ou menos válido para todas as indústrias renovadas pela mecânica moderna. (Lafargue, 1999, p.88)

O então já longo processo moralizador da sociedade burguesa, porém, havia transformado o trabalho em dogma religioso, tanto quanto a preguiça, em um dos mais graves pecados. Por isso, embora a redução da jornada fosse tecnicamente possível, tal conquista, no entanto, impunha uma árdua tarefa política:

> Mas convencer o proletariado de que a palavra que lhes inocularam na mente é perversa, de que o trabalho desenfreado a que se entregou

desde o começo do século é o mais terrível flagelo que assola a humanidade, de que o trabalho só se tornará um condimento do prazer da preguiça, um exercício benéfico para o organismo humano, uma paixão útil ao organismo social, quando for sabiamente regulamentado limitado a um máximo de três horas por dia – isto é uma tarefa árdua e acima de minhas forças. (ibidem , p.84)

Ao defender a imediata redução da jornada para apenas três horas diárias, Lafargue acompanhava as idéias de Marx, segundo as quais o exercício efetivo da liberdade estava na conquista do tempo, ou melhor, na ampliação do tempo livre, muito embora a publicação do livro III de *O capital* somente viesse a acontecer muitos anos após à de *O direito à preguiça*.

Se a entrada das máquinas no processo produtivo, como afirmava Marglin (1976), era parte constitutiva da luta em torno do controle do trabalho, na medida em que, provocando o parcelamento das tarefas, retirava o saber do trabalhador, a intensificação desse processo, acelerado de forma fantástica a partir da contribuição da microeletrônica, impôs, desde há muito, para os gestores da produção, a necessidade do controle do trabalhador para além do local do trabalho. Recorde-se, por exemplo, já com Henry Ford, a institucionalização do serviço de inspetoria, que invadia os domicílios das antigas vilas operárias visando garantir a ordem que emanava da fábrica. O mesmo Ford que, inaugurando a linha de montagem, abria o caminho para a era da produção em série, do consumo e do lazer de massa.

O acesso aos bens e serviços por uma parcela cada vez maior da sociedade, com a ampliação das comodidades do mundo urbano, acompanhado de um maior tempo disponível, fez multiplicar as formas de controle dos trabalhadores, com a proliferação de inúmeras instituições de lazer e recreação, ligadas direta ou indiretamente às empresas ou implementadas pelo Estado. Aos poucos foi se constituindo uma imensa rede de lugares destinados à ocupação do tempo disponível, até atingir a forma, inimaginável para os tempos imediatamente anteriores à Primeira Guerra, da fantástica indústria do entretenimento dos dias atuais.

Esse investimento de controle, que busca alcançar o trabalhador para fora do local do trabalho, acabou por se constituir num amplo e eficiente exercício de dominação política. Como lembrava Marcuse (1967, p.18), "o aparato técnico de produção e distribuição (com um crescente setor de automatização) não funciona como a soma total de meros instrumentos que possam ser isolados de seus efeitos sociais e políticos, mas, antes, como um sistema que determina, *a priori*, tanto o produto do aparato como as operações de sua manutenção e ampliação".

Enquanto se desenvolve o processo produtivo, multiplicando, num movimento contínuo, o ritmo da produção e distribuição, incorporando diferentes setores da sociedade, novas necessidades humanas vão sendo produzidas, juntamente com as condições pelas quais elas poderão ser satisfeitas. Assim, as técnicas de racionalização do processo de trabalho não devem ser procuradas apenas no campo restrito do *fazer*, como também por *fazer* não se deve entender, apenas, a atividade industrial, como, aliás, enfatizavam os disseminadores do ideário da organização científica do trabalho, ao afirmarem que "há sempre um jeito melhor e mais eficiente de se fazer alguma coisa", seja na fábrica, na loja, no espaço doméstico, na produção artística seja nas "coisas de governo". Entendida e implementada com tal amplitude, a racionalização fez do trabalho uma entidade social que habita ao mesmo tempo o reino do natural, da moral e da ciência. E, ainda mais do que isso, ao nomear todo fazer humano como trabalho, ampliou os limites do seu próprio tempo (o tempo do trabalho), fazendo diminuir, num processo contínuo, o tempo livre.

Com essa lógica do fazer, a estrutura produtiva da sociedade contemporânea tornou-se, ela mesma, o centro do exercício do poder político, enfraquecendo ainda mais a já debilitada noção tradicional de "neutralidade" da tecnologia:

> A tecnologia não pode, como tal, ser isolada do uso que lhe é dado; a sociedade tecnológica é um sistema de dominação que já opera no conceito e na elaboração das técnicas [...] Como um universo tecnológico, a sociedade industrial desenvolvida é um universo *político*, a fase mais

atual da realização de um *projeto* histórico específico - a saber, a experiência, a transformação e a organização da natureza como o mero material de dominação. (Marcuse, 1967, p.19)

Para o autor, esse poder político, na sociedade da razão industrial, assume características totalitárias:

> Nessa sociedade, o aparato produtivo tende a tornar-se totalitário no quanto determina não apenas as oscilações, habilidades e atitudes socialmente necessárias, mas também as necessidades e aspirações individuais. Oblitera, assim, a oposição entre existência privada e pública, entre necessidades individuais e sociais. A tecnologia serve para instituir formas novas, mais eficazes e mais agradáveis de controle social e coesão social. (ibidem, p.18)

Tais formas de controle e coesão social são produzidas e reproduzidas pela sociedade a partir da razão industrial. A administração da produção e distribuição dos bens e serviços de consumo recria e impõe novas necessidades para os indivíduos, que são definidas e implementadas para além do alcance de suas decisões. Essas novas necessidades se apresentam como inscritas na ordem natural das coisas, e a realização de sua satisfação reproduz a condição de dependência a um mesmo tempo de trabalho, isto é, sem diminuir o tempo gasto com o trabalho e, não raro, com jornadas até mais extensas, independentemente do contínuo aumento de produtividade. Essa dependência se intensifica ainda mais dadas as características perversas da produção para o desperdício, que tinha, na manutenção constante da preparação para a guerra, e no suprimento direto às batalhas, a sua manifestação mais horrenda, mas não exclusiva.

Não deixa de ser tristemente irônico o apelo sempre muito forte de todo o processo de racionalização do trabalho que, pregando o aumento da eficiência e da produtividade, desfralda a bandeira da *luta contra o desperdício* e, na verdade, volta-se sempre para a manutenção do consumo irracional, do culto do descartável, e, portanto, ao *incremento do desperdício*, reproduzindo, assim, o desperdício de *vida* com a manutenção e/ou ampliação do tempo gasto com o trabalho.

Na busca do confisco do tempo, como se disse anteriormente, procura-se alcançar o indivíduo para além do lugar estrito da produção, institucionalizando o lazer, que passa a ocupar o lugar do ócio, do tempo *livre*. "Tempo 'livre' e não horas de 'lazer'", advertia Marcuse (1967, p.62, nota 38). "Estas vicejam na sociedade industrial desenvolvida, mas não são livres desde que são administradas pelos negócios e pela política."

A ampliação da capacidade produtiva com o aumento contínuo da produtividade e a transformação do tempo livre em horas de lazer são elementos constitutivos essenciais da administração *racional* nas sociedades industriais desenvolvidas que se efetiva, segundo Marcuse, ou sob forma totalitária ou de "ausência de liberdade", como ocorre com o Estado do Bem-Estar Social:

> O Estado do Bem-Estar Social é, com toda a sua racionalidade, um Estado de ausência de liberdade porque a sua administração total é restrição sistemática a) do tempo livre "tecnicamente" disponível; b) da quantidade e da qualidade das mercadorias e dos serviços "tecnicamente" disponíveis para as necessidades individuais vitais; e c) da inteligência (consciente e inconsciente) capaz de compreender e aperceber-se das possibilidades de autodeterminação. (ibidem, p.62-3)

Entendida como fase mais avançada do capitalismo, a sociedade do Estado do Bem-Estar Social organizada sob um sistema pluri-institucional, embora mantenha essa "restrição sistemática", é, "para o indivíduo administrado, muito melhor do que a administração total. Uma instituição pode protegê-lo de outra: uma organização pode mitigar o impacto da outra [...] O domínio da Lei, não importa quão restrito, é, ainda assim, infinitamente menos perigoso do que o domínio acima da lei ou sem ela" (ibidem, p.64).

Como, contudo, as bases da estrutura capitalista são mantidas e reforçadas, a sociedade organizada sob essa forma de Estado Social

> continua a defrontar com o conflito entre o crescente potencial de pacificação da luta pela existência e a necessidade de intensificar essa luta; entre a "abolição do trabalho" progressiva e a necessidade de preservar

o trabalho como fonte de lucro. O conflito perpetua a existência inumana dos que formam a base humana da pirâmide social – os estranhos e os pobres, os desempregados e os não-empregáveis, as raças de cor perseguidas, os reclusos das prisões e manicômios. (ibidem, p.66)

Esse confisco do tempo na sociedade industrial contemporânea, a partir da utilização do aparato voltado para a administração do tempo que resta após a ocupação com a labuta do corpo para a manutenção e reprodução da vida – o fazer do reino da necessidade –, inviabiliza a realização do reino da liberdade, como pensado por Marx, criando as condições para o exercício político da razão tecnológica, reproduzindo mesmo as formas totalitárias já citadas.

O processo contínuo de ampliação do consumo alimenta a também contínua ampliação do espaço do reino da necessidade, apresentando o *histórico* como *natural*. Essa reprodução ampliada do reino da necessidade, garantida pelo consumo irracional, fundado no culto do descartável, alimentador do desperdício e, ao mesmo tempo, reproduzindo setores marginalizados com pouco ou nenhum acesso a bens e serviços produzidos, restringe de modo significativo o espaço público, entendido como lugar da política, da ação de homens livres.

Somente libertos, desgarrados da labuta para a reprodução do indivíduo e da espécie, os homens e mulheres ganham o tempo para a ação política, como ação plural, isto é, como possibilidade da livre manifestação de diferentes. Essa perigosa restrição do tempo livre com a crescente ampliação do reino da necessidade, produto de ação política, mas que se apresenta como algo inscrito na ordem natural das coisas, ameaça a continuidade da produção e reprodução do mundo, entendido como morada dos homens na Terra.

Por julgar pertinente e adequado a essa reflexão, pretendo retomar, aqui, alguns elementos do pensamento de Hannah Arendt, muitos deles presentes na crítica que ela faz a Marx com base no conceito de trabalho. Esse também, como os demais pensadores da modernidade, os quais Arendt critica duramente em sua obra, teria nomeado, como trabalho humano, a ação mais restrita voltada para a mera reprodução biológica. Teria reduzido a *labor* a atividade produtiva do homem, circunscrita ao reino da necessidade.

Para Arendt, no fazer humano, que garante a construção e reprodução do mundo dos homens e das coisas, do *mundo como morada dos homens na terra* – a *vita activa* –, distinguem-se labor, *work* (trabalho) e ação:

> O labor é a atividade que corresponde ao processo biológico do corpo humano, cujo crescimento espontâneo, metabolismo e eventual declínio, tem a ver com as necessidade vitais, produzidas pelo labor no processo da vida. A condição humana do labor é a própria vida.
>
> O trabalho é a atividade que corresponde ao artificialismo da existência humana, existência esta não necessariamente contida no eterno ciclo vital da espécie, e cuja mortalidade não é compensada por este último. O trabalho produz um mundo "artificial" de coisas, nitidamente diferente de qualquer ambiente natural. Dentro de suas fronteiras habita cada vida individual, embora esse mundo se destine a sobreviver e transcender todas as vidas individuais. A condição humana do trabalho é a mundanidade.
>
> A ação, única atividade que se exerce diretamente entre os homens sem a mediação das coisas ou da matéria, corresponde à condição humana da pluralidade, ao fato de que homens, e não o Homem, vivem na Terra e habitam o mundo. Todos os aspectos da condição humana têm alguma relação com a política; mas esta pluralidade é especificamente a condição - não apenas a *conditio sine qua non*, mas a *conditio per quam* – de toda vida política. (Arendt, 1981, p.15)

O labor se relaciona com o consumo. A atividade humana, nesse campo, volta-se para o consumo imediato, para a sua reprodução biológica. O trabalho, juntamente com seu produto – o artefato humano –, relaciona-se com o uso. Aqui a característica principal é a permanência, a durabilidade de objetos que não desaparecem, necessariamente, de maneira imediata, na reprodução do ciclo vital.

Diferentemente do fazer do *animal laborans* (labor) que se consome nesse ciclo de trabalho condicionado biologicamente na manutenção da vida, a atividade do *homo faber* (*work*) produz objetos, artefatos humanos que, embora se destinem ao uso, dada a sua durabilidade, ao objetivarem-se criam as condições para a construção do lar dos homens na terra, como um mundo cuja existência transcende a vida dos indivíduos. Mas sem a ação, sem a atividade política realizada na pluralidade, garantidora da preservação da memória, da história, a reprodução do mundo dos homens e das coisas estaria ameaçada.

A conduta humana voltada para a preservação, para a continuidade do mundo, entendido como o lar construído pelos homens na Terra, não pode prescindir, para que possa se efetivar e se reproduzir, de *tempo livre*, de um tempo que possa desgarrar-se da labuta necessária para a reprodução do indivíduo e da espécie.

Preservar o mundo, que é histórico, produto da ação humana, supõe, evidentemente, a capacidade de produzir além do necessário para a reprodução biológica. Produzir aquilo que pode ficar, aquilo que tem um tempo de duração que transcende a vida do indivíduo e permanece para além do período de existência dele na Terra, como garantia de continuidade da morada para as gerações que se seguem; como feitos humanos que se situam para além do universo do *animal laborans*, escapando, portanto, tanto do espaço estreito do "eterno ciclo vital da espécie" como, também, dos limites impostos pelo tempo de uso dos artefatos do *homo faber*. Isto é, um mundo dos feitos humanos que sobreviveram àqueles que os produziram e/ou os preservaram ultrapassando, assim, os limites do reino da necessidade, lugar do trabalho e condição para a realização do reino da liberdade.

O tempo e o lugar daquilo que fica, daquilo que pode permanecer e compor (e recompor) o mundo – o universo da cultura, pensada de maneira mais ampla –, têm, como condição, a realização do reino da necessidade. É nessa perspectiva que o trabalho ganha valoração positiva – como condição para a conquista (e ampliação) do reino da liberdade. Tanto mais carregado de positividade o trabalho, quanto maior a possibilidade de se restringir o tempo de sua duração.

Para Marx, como se disse anteriormente, o domínio da natureza pelo homem implica, necessariamente, a capacidade desse em reduzir ao mínimo o tempo gasto para a realização desse domínio. O reino da liberdade é aquilo que o homem almeja, que ele busca realizar. O trabalho, ou melhor, o tempo do trabalho é a condição para essa realização. (E o tempo gasto com a produção da ciência e tecnologia, voltado para a busca do tempo livre, não estaria, também, submetido a essa mesma lógica?)

Necessidade e liberdade são, evidentemente, historicamente determinados. O novo, inaugurado pela burguesia – a modernidade –, resultou, na sua manifestação mais acabada, na sociedade de consumo. A ciência e a técnica aplicadas no campo da produção, elevando sobremaneira o nível de produtividade, não levaram à ampliação do reino da liberdade, porque se instaurou, na contemporaneidade do século XX, o culto ao consumo. Mas como consumir tanto, como se tornou possível consumir essa produção, inimaginável para o homem do início do século XVIII? Inventou-se o descartável, ao mesmo tempo que, e decorrente dessa mesma lógica, se multiplicaram as "necessidades" de consumo.

O universo do consumo incorporou, também, parte daquilo até então compreendido como pertencendo ao reino do perene, daquilo *que fica*: as manifestações da arte. A indústria do entretenimento pretendeu vender, como arte, os produtos descartáveis. Isto é, a lógica dessa modernidade criou, e vem recriando de maneira fantástica, um imenso arsenal voltado para *capturar* o tempo livre, o tempo que poderia se constituir no reino da liberdade:

> Os produtos necessários à diversão servem ao processo vital da sociedade, ainda que possam não ser tão necessários para sua vida como o pão e a carne. Servem, como reza a frase, para passar o tempo, e o tempo vago que é "matado" não é tempo de lazer, estritamente falando – isto é, um tempo em que estejamos libertos de todos os cuidados e atividades requeridos pelo processo vital e livres, portanto, *para* o mundo e sua cultura –, ele é antes um tempo de sobra, que sobrou depois que o trabalho e o sono receberam seu quinhão. O tempo vago que a diversão deveria ocupar é um hiato no ciclo de trabalho condicionado biologicamente - no 'metabolismo do homem com a natureza', como Marx costumava dizer. (Arendt, 1972, p.257-8)

O entretenimento, que muitas vezes é apresentado com *status* de atividade artística, tem, também, a pretensão de transformar em bem de consumo, em mercadoria, a própria obra de arte. E essa, como lembra Benjamin, vai perdendo a sua aura e, dessa maneira, afeta a preservação do mundo dos homens, como pensado por Hannah Arendt:

> A indústria de entretenimentos se defronta com apetites pantagruélicos, e visto seus produtos desaparecerem com o consumo, ela precisa oferecer constantemente novas mercadorias. Nessa situação premente, os que produzem para os meios de comunicações de massa esgaravatam toda a gama da cultura passada e presente na ânsia de encontrar material aproveitável. Esse material, além do mais, não pode ser fornecido tal qual é; deve ser alterado para se tornar entretenimento, deve ser preparado para consumo fácil. A cultura de massas passa a existir quando a sociedade de massas se apodera dos objetos culturais, e o perigo é de que o processo vital da sociedade (que como todos os processos biológicos arrasta insaciavelmente tudo que é disponível para o ciclo de seu metabolismo) venha literalmente a consumir os objetos culturais, que os coma e destrua. (ibidem, p.259-60)

Arendt adverte que não está se referindo, aqui, à distribuição em massa de trabalhos ou "objetos" culturais, mas do processo de transformação que esses sofrem quando são preparados "para consumo fácil":

> Quando livros ou quadros em forma de reprodução são lançados no mercado a baixo preço e atingem altas vendagens, isso não afeta a natureza dos objetos em questão. Mas sua natureza é afetada quando estes mesmos objetos são modificados – reescritos, condensados, resumidos (*digested*), reduzidos a *kitsch* na reprodução ou na adaptação para o cinema. Isso não significa que a cultura se difunda para as massas, mas que a cultura é destruída para produzir entretenimento. (ibidem, p.260)

A relação entre o mundo do trabalho e o mundo da cultura no pensamento da filósofa alemã de certa forma se aproxima daquela reflexão de Marx acerca do reino da necessidade e da liberdade.

Ao tratar da questão da *durabilidade do mundo*, Hannah Arendt procura marcar as diferenças entre o uso (relacionado a *work*) e o consumo (relacionado ao *labor*), tomando como exemplo a agricultura. Embora afirme que tal atividade se caracteriza como o "labor humano mais necessário e elementar" e que "a terra cultivada não constitui propriamente um objeto de uso que exista com durabilidade própria", a autora se refere à "veneranda dignidade da agricultura", destacando que ela se deve "ao fato de que o cultivo do solo não só provê os meios de subsistência humana mas, no decorrer do processo, prepara a terra para a construção do mundo" (Arendt, 1981, p.151). E tal dignidade é ainda reforçada em outra passagem, dessa vez no seu outro trabalho – *Entre o passado e o futuro* –, quando ela se refere à origem do termo *cultura*, entre os antigos romanos:

> A cultura – palavra e conceito – é de origem romana. A palavra "cultura" origina-se de *colere* – cultivar, habitar, tomar conta, criar e preservar – e relaciona-se essencialmente com o trato do homem com a natureza, no sentido do amanho e da preservação da natureza até que ela se torne adequada à habitação humana. Como tal, a palavra indica uma atitude de carinhoso cuidado e se coloca em aguda oposição a todo esforço de sujeitar a natureza à dominação do homem. Em decorrência, *não se aplica apenas ao amanho do solo, mas pode designar outrossim o "culto" aos deuses, o cuidado com aquilo que lhes pertence*. (Arendt, 1972, p.265 – grifos nossos)

E, mais adiante, no mesmo capítulo, quando se refere às diferentes manifestações entre romanos e gregos quanto ao tema, a autora afirma:

> intimamente relacionado com isso estava o fato de ser inteiramente alheia a eles [os gregos] a grande reverência romana para com o testemunho do passado enquanto tal, à qual devemos, não a mera preservação do legado grego, porém a própria continuidade de nossa tradição. Conjuntamente, cultura no sentido de tornar a natureza um lugar habitável para as pessoas e cultura no sentido de cuidar dos monumentos do passado ainda hoje determinam o conteúdo e o significado que temos em mente ao falarmos de cultura. (ibidem, p.266)

Assim, o lugar das coisas que ficam – o mundo histórico, o mundo como criação e recriação dos homens, compreendido de maneira mais ampla como cultura – teria se originado entre os romanos, do lugar do labor, de uma atividade humana responsável pelo ciclo vital da espécie:

> No que concerne ao emprego romano, o ponto essencial era sempre a conexão da cultura com a natureza; cultura significava, originalmente, a agricultura, tida em alta conta em Roma em oposição às artes poéticas e de fabrico [...] Foi em meio a um povo basicamente agricultor que o conceito de cultura surgiu pela primeira vez, e as conotações artísticas que poderiam ter tido conexão com essa cultura diziam respeito ao relacionamento incomparavelmente íntimo do povo latino com a natureza. (ibidem, p.265)

Mas a cultura, entendida como o conjunto das coisas que ficam, como a morada dos homens na Terra, somente se constitui e se mantém pela capacidade do homem de produzir para além das necessidades vitais de consumo:

> Esse lar terreno somente se torna um mundo no sentido próprio da palavra quando a totalidade das coisas fabricadas é organizada de modo a poder resistir ao processo vital consumidor das pessoas que o habitam, sobrevivendo assim a elas. Somente quando essa sobrevivência é assegurada falamos de cultura... (ibidem, p.263)

Dos objetos que permanecem no mundo feito pelos homens, portanto dotados de durabilidade, a obra de arte se diferencia pela sua potencial imortalidade. Por isso não se pode discutir cultura sem se tomar como "ponto de partida o fenômeno da arte". E a arte, a manifestação artística, não pode prescindir do *tempo livre*:

> Enquanto que a objetividade de todos os objetos de que rodeamos repousa em terem uma forma através da qual aparecem, apenas as obras de arte são feitas para o fim único do aparecimento. O critério apropriado para julgar aparências é a beleza; se quiséssemos julgar objetos, ainda que objetos de uso ordinários, unicamente por seu valor de uso e não também por sua aparência – isto é, por serem belos, feios ou algo de in-

termediário –, teríamos que arrancar fora nossos olhos. Contudo, para nos tornarmos cônscios das aparências, cumpre primeiro *sermos livres* para estabelecer certa distância entre nós mesmos e o objeto, e quanto mais importante é a pura aparência de uma coisa, mais distância ela exige para sua apreciação adequada. Tal distância não pode surgir a menos que *estejamos em condições de esquecer a nós mesmos, as preocupações, interesses e anseios de nossas vidas*, de tal modo que não usurpemos aquilo que admiramos, mas deixemo-lo ser tal como o é, em sua aparência. Tal atitude de alegria desinteressada (para usar o termo kantiano, uninteressiertes Wohlgefallen) só pode ser vivida *depois que as necessidades do organismo vivo já foram supridas, de modo que, liberados das necessidades de vida, os homens possam estar livres para o mundo.* (ibidem, 263 – grifos nossos).

Se só é possível preservar aquilo que não se apresenta como necessário para a reprodução imediata, aquilo que não é consumido pelo homem, que escapa do eterno ciclo vital da espécie, isto é, aquilo que transcende o reino da necessidade, então é preciso produzir ciência e tecnologia para poder "fazer sobrar". Mas o mundo em que se instaurou a lógica perversa de se consumir com voracidade e irracionalidade tudo o que se produz num processo de reprodução ampliada que é imposto como condição para a busca do "equilíbrio social"; um mundo em que o investimento em ciência e tecnologia aplicadas à produção, alimentando um verdadeiro culto do descartável, não se volta para *a diminuição do tempo de trabalho* com conseqüente *aumento do tempo livre* – condição para viver o reino da liberdade e com isso *garantir a produção e reprodução do mundo dos homens e do mundo das coisas*; esse mundo, sua forma e a finalidade do modo de produzir e distribuir precisa, é claro, ser repensado.

Tempo do fazer; tempo do cuidar; tempo do contemplar

A partir dessa discussão a respeito de reflexões de Karl Marx e Hannah Arendt sobre trabalho e tempo livre – que procuramos desenvolver com a ajuda de Lafargue e Marcuse –, poderíamos afirmar que produzir e preservar o mundo, compreendido como cultura, como morada dos homens na Terra, implica o *tempo do fazer*, o *tempo do cuidar* e o *tempo do contemplar*.

A ação do labor e a ação do trabalho (*work*) – *reino da necessidade* – garantem ao homem a sua sobrevivência: asseguram a vida como tal (atividade do *animal laborans*), bem como a *fabricação* dos artefatos necessários para o abrigo e reprodução da espécie (atividade do *homo faber*). As condições, as bases nas quais se fundam e se desenvolvem ambas as ações – as *vitais* e as que garantem as *coisas* do mundo –, devem tornar possível a ampliação de um *tempo livre*.

Libertos das preocupações com a reprodução da vida e com a construção da morada, os homens conquistam um tempo livre para *cuidar* do mundo e para *contemplar* a sua própria obra – *reino da liberdade*. Realizam o *cuidar* no espaço *público*. A atividade *pública*, a atividade *política*, exige liberdade. É na livre manifestação de *diferentes*, pela palavra e pela ação, que tanto o indivíduo quanto a pluralidade humana tornam-se realidade efetiva. Nesse *agir plural* – ação humana do público, do político – os homens preservam a sua obra, o seu lar *não privado*.

Produzindo o mundo e em condições que garantam a ampliação do tempo livre, e reproduzindo-o de tal maneira que ele possa sobreviver para abrigar os novos, os recém-chegados – que também devem ser *educados* nessa arte do fazer e preservar –, os homens passam a desfrutar do *tempo* da liberdade mais cara: o que permite a eles a atitude de *mera* contemplação, a "alegria desinteressada", a liberdade plena para viver o mundo da arte.

A ação e o discurso, entretanto, assim como a elaboração da obra de arte, não podem prescindir do *homo faber*. A atividade humana da pluralidade, que dá forma e conteúdo ao político, à ação política, desapareceria e, portanto, se inviabilizaria se não contasse com artefatos com os quais pudessem sobreviver, como parte constitutiva do artifício humano. Isto é, precisam ser *objetivados*, ganhar realidade mundana:

A "realização de grandes feitos e o dizer de grandes palavras" não deixarão qualquer vestígio, qualquer produto que possa perdurar depois que passa o momento da ação e da palavra falada. Se o animal laborans precisa do auxílio do homo faber para atenuar seu labor e minorar seu sofrimento, e se os mortais precisam do seu auxílio para construir um lar na terra, os homens que agem e falam precisam da ajuda do homo faber em sua mais alta capacidade, isto é, a ajuda do artista, de poetas e historiógrafos, de escritores e construtores de monumentos, pois, sem eles, o único produto de sua atividade, a história que eles vivem e encenam, não poderia sobreviver. (Arendt, 1981, p.187)

Até mesmo o poema, "talvez a mais humana e a menos mundana das artes", também não pode prescindir da *fabricação*, pois

> não importa quanto tempo tenha existido como palavra viva e falada na memória do bardo e dos que o escutaram, terá, mais cedo ou mais tarde, que ser "feito", isto é, escrito e transformado em coisa tangível para habitar entre coisas; pois a memória e o dom de lembrar, dos quais provém todo desejo de imperecibilidade, necessitam de coisas que os façam recordar, para que eles próprios não venham a perecer. (ibidem, p.183)

O público – espaço e tempo da atividade política – requer, portanto, o desgarrar-se do privado, espaço e tempo do labor e também do *work*. Situa-se, pois, no mundo livre, ainda que, para se efetivar, essa ação necessite da atividade que Arendt nomeia de *work*, ou *trabalho*, diferenciando-a do labor.

Cuidar desse mundo, entendido como morada dos homens na Terra, é atividade pública por excelência. Sem o tempo livre para ocupar o espaço público e efetivar a ação política fundada na manifestação plural, na atividade de diferentes, a reprodução do mundo dos homens e das coisas não pode ser assegurada.

E esse mundo de coisas tangíveis necessita, também, para que tais coisas permaneçam, garantindo a continuidade da morada dos homens, não só das coisas, elas mesmas, como artefatos humanos, mas da memória e da lembrança, fontes do *desejo de imperecibilidade*. Tais fontes, contudo, também tendem a desaparecer se os objetos tangíveis, que delas necessitam para *ficar*, forem destruídos.

No rememorar do velho podemos observar características específicas dessa atividade do *cuidar* do mundo. Atividade que poderíamos aproximar daquilo que Arendt chamou de *work*, para diferenciar do labor, que se confunde, ou melhor, que se esgota no biológico. Contudo, para cuidar do mundo, da sua obra, dos seus feitos, o homem precisa de tempo. De um tempo que se situa para além daquele que se ocupa com o produzir o imediatamente necessário para a reprodução e manutenção da sua vida e a dos próximos. É preciso dispor de tempo para lembrar, organizar as lembranças, reconstruir cenas da vida, espaços de realização da existência vivida com outros. É necessário, também, que tais lembranças, que esse mundo revivido se faça, ele mesmo, tangível. Que venha ao mundo com a narrativa e que, portanto, precisa ser retida: ouvida, gravada, registrada.

Dessa forma, além da preservação de uma comunidade de narradores, em especial, mas não exclusivamente, de velhos narradores, há que se preservar, também, uma comunidade de ouvintes. De ouvintes que precisam ser preparados, educados para a arte de cuidar do mundo. Como lembra Mancuso (1998, p.45): "A narração morre, emudece, porque se perde a comunidade dos que escutam. Se a comunidade dos que escutam é parte dos quadros sociais da memória, a própria memória estaria condenada pela falta de ouvidos".

E, como sem memória não se preserva o mundo, é a própria continuidade desse que se encontra ameaçada. Concordo, também, com Mancuso quando ela, ao se referir à arte da narrativa, afirma, lembrando Benjamin, que "é necessário o ócio ou, melhor do que isso, as atividades intimamente ligadas ao ócio, que integram o movimento das mãos ao movimento das palavras e ao das lembranças" (ibidem, p.45). E, mais adiante:

> Parece existir o tempo do trabalho e o tempo da lembrança; o tempo do adulto e o tempo do velho. Posto assim [...] a afirmação apenas incorpora estereótipos sociais, idéias cristalizadas que não apenas opõem atividades mas que dignificam umas em detrimento de outras [...] Duas ressalvas [...] Primeiro, o adulto e a criança, tanto quanto o velho, possuem memória. Enfim, toda e qualquer representação, todo e qualquer

ensinamento é uma lembrança da sociedade [...] Segundo, que outras atividades como sonhar e lembrar são igualmente dignas e necessárias e não precisam receber o estatuto de trabalho para terem valor. (ibidem, p.45)

Assim, é necessário tempo – tempo livre – para cuidar do mundo. Ainda que tal atividade seja parte constitutiva do reproduzir o mundo dos homens e das coisas, ela não pode ser entendida como circunscrita ao que Marx chamou de reino da necessidade. Somente numa sociedade de homens livres, homens que organizando a produção, e colocando-a sob seu domínio, "sob seu controle comum, em vez de deixar-se dominar por ele como um poder cego" e ao fazê-lo "com o menor gasto possível de forças e nas condições mais adequadas e mais dignas de sua natureza humana", conquistam o reino da liberdade – somente nessa sociedade *livre*, como também pensava Marcuse, é que se pode efetivar essa atividade capaz de se contrapor à ameaça constante à continuidade do mundo dos homens e das coisas.

O mundo que se instaurou com a modernidade, porém, voltou-se para o confisco do tempo. A racionalização, entendida como parte constitutiva do processo de busca da imposição de uma vontade política, realizando a vocação planetária do capital, fortaleceu o processo de restrição do espaço de manifestação de oposição política. Com o predomínio da lógica do consumo orientando a produção e inaugurando a sociedade de massas, o tempo controlado do indivíduo deixou de ser somente o tempo do trabalho. Esse desgarrou-se daquela visão clássica que localizava o *fazer* na fábrica, no escritório, no banco, na fazenda. O tempo de consumir, mais do que nunca, constitui-se como tempo de reprodução da força de trabalho, por assim dizer, já que tal conceito também parece não ter resistido ao tempo. Consumir não mais significa *usufruir* aquilo que o homem produziu, mas impõe-se como necessidade da lógica da produção, que alcança o indivíduo nos espaços antes claramente divididos entre público e privado.

Na sociedade administrada o tempo livre desaparece, porque ele também é administrado. Não são mais as horas de ócio, mas horas de lazer. Horas que, embora não ocupadas pelo fazer propriamente dito, pelo trabalho, são confiscadas pela indústria do entretenimento (televisão, rádio, turismo), pela indústria da saúde, ou da beleza (academias de ginástica, esportes), pelo mundo maravilhoso das compras do *shopping center,* ou pelo fascinante mundo virtual dos computadores pessoais, onde se encontra um pouco de tudo isso e muito mais!

Na sociedade do tempo administrado, foi o reino da necessidade que se ampliou, invadindo o espaço que poderia abrigar a manifestação de indivíduos livres. A natureza do tempo do trabalho propriamente dito transferiu-se para o tempo *restante,* como se toda atividade humana tivesse sido transformada em trabalho, como, aliás, sempre desejaram os teóricos da racionalização e da eficiência. Talvez Marx não tivesse imaginado tamanha amplitude da mais-valia relativa. Tão intensiva, mas também tão extensiva a ação dessa exploração que ela parece retomar características de mais-valia absoluta, eliminando as supostas diferenças entre uma e outra forma de mais-valia.

Esse universo totalitário do capital, que se efetiva a partir da sociedade industrial com o desenvolvimento da ciência e tecnologia, tal como observado por Marcuse, já aparecia na literatura ficcional e nas telas de cinema nos anos 30 do século passado. Chaplin mostrara de forma magistral, em *Tempos modernos* (1933), especialmente na seqüência inicial do filme, a alienação do trabalhador que acaba sendo literalmente triturado e engolido pela engrenagem da produção. Dois anos antes, em 1931, Aldous Huxley publicava o *Admirável mundo novo,* no qual os homens, produzidos em laboratórios e condicionados desde o momento da fecundação, constituíam, finalmente, uma sociedade cientificamente administrada. Com a utilização da biologia genética e da teoria comportamentalista – universo da eugenia –, buscava-se construir uma sociedade na qual cada um cumpriria as funções para as quais fora previamente programado, eliminando assim os descontentamentos, geradores de conflitos que ameaçavam a ordem constituída. Não por acaso, certamente, a autoridade máxima na ficção era nomeada pela expressão *Sua Fordeza.*

Chaplin e Huxley retratavam, assim, esse período conhecido como a era do americanismo-fordismo, marcado pela implementação das coisas da ciência do trabalho, atribuídas a Taylor, com a padronização da produção, atribuída a Ford, e que dava início à sociedade de consumo ou sociedade de massa.

Nessa mesma década, no Brasil, o Idort intensificava, a partir de 1931, a disseminação desse ideário de uma sociedade racionalizada. E Roberto Mange, como diretor e um dos fundadores dessa entidade, coordenava a ampliação dos cursos de formação de ferroviários.

O que pretendemos mostrar a seguir é um pouco da história desse período, sobretudo das décadas de 1930 e 1940, tal como repensada e revivida por alguns personagens diretamente envolvidos com o mundo do trabalho, na Companhia Paulista de Estradas de Ferro, e com o Curso de Ferroviários dessa Companhia.

2
A AÇÃO RACIONALIZADORA DA COMPANHIA PAULISTA DE ESTRADAS DE FERRO

Considerações iniciais

São ainda poucos, e não raro muito recentes, os estudos sobre a história social do Brasil que procuram compreender a trama de fenômenos significativos, a partir de práticas políticas que passam ao largo das instituições governamentais. O Estado – muitas vezes compreendido como governo e governantes – acabou por se constituir no lugar privilegiado a partir do qual a sociedade se move. E isso se observa mesmo entre pesquisadores de orientação marxista para os quais a luta de classes se apresenta como o motor da história. Com a expansão da pós-graduação e da reativação e/ou criação de centros de pesquisa política e social, a partir de meados da década de 1970, e sobretudo nos últimos anos, começam a surgir trabalhos revelando a importância decisiva, em alguns momentos, da presença de diferentes atores no cenário político e social brasileiro.

No aprofundamento das análises sobre as relações entre capital e trabalho, passamos a conhecer melhor os trabalhadores urbanos, desde a sua constituição como classe operária do início da República até sua presença decisiva, a partir do ABC paulista, no processo de redemocratização que pôs fim ao longo período da ditadura militar. A combatividade, o poder de mobilização nas primeiras décadas da chamada Velha República, em especial nos anos 10, marcados pela orientação anarco-sindicalista, são reforçados e redimensionados, contribuindo para que se abandonasse a já cristalizada, mas certamente falsa, idéia de uma classe operária débil, frágil, numérica e politicamente falando (Fausto, 1976; Munakata, 1981). E, na outra ponta, vemos ressurgir, já no mesmo período, com maior vulto a partir dos anos 20, uma burguesia industrial com forte capacidade de organização e que, a partir da criação do Centro das Indústrias do Estado de São Paulo (Ciesp) em 1928, se constitui no principal agente político da República pós-30 (Decca, 1982).

O investimento maior nos estudos desses dois atores do Brasil republicano, desvelando melhor diferentes representações de um e de outro – grande indústria paulista e trabalhadores urbanos – no processo de luta próprio da relação capital-trabalho, contribuiu para o entendimento de determinados fenômenos ou de supostos marcos da nossa história social, desde o lugar da produção propriamente dita até as manifestações ou representações mais amplas e diversificadas do universo cultural. As discussões e as experiências que marcaram a emergência e a consolidação de instituições de ensino profissional, em particular o industrial, que remontam às primeiras décadas deste século, constituem-se, a nosso ver, num dos lugares mais ricos de manifestação daquele processo de luta.

A formação da classe trabalhadora urbana no Brasil acontece num curto período que vai da última década do século XIX, passando pelas duas primeiras do século XX e chegando à década de 1930 com um contingente de mão-de-obra suficiente para dar conta, como capital variável, da primeira fase da industrialização (Fausto, 1976). Período esse que, como se sabe, consolida a passagem do trabalho escravo para o trabalho livre assalariado.

A presença da classe operária, com forte contingente estrangeiro, acompanhando o alargamento do espaço urbano, começou a colocar para as elites dominantes problemas cujas características eram inusitadas no país, e, de certa forma, já observadas em épocas anteriores em algumas regiões da Europa e dos Estados Unidos. Destaque-se, aqui, a velocidade desse processo que começa a ganhar impulso com o fim da escravidão.

O operário brasileiro não gastou décadas (ou séculos) no aprendizado para a militância trabalhista. Sindicatos autônomos de orientações que iam desde o ideário positivista até anarquista, congressos operários, greves localizadas ou generalizadas compuseram o cenário urbano nos principais centros da época, em especial no Rio de Janeiro e em São Paulo (Fausto, 1976). O predomínio da vertente anarco-sindicalista com a prática da ação direta e a aposta no movimento insurrecional acaba por disseminar o ideário libertário, incomodando não só os industriais, mas também os diferentes setores dominantes que compunham a estrutura oligarca daqueles tempos. Caos, anarquia, ruptura da ordem, revolução são imagens que vão fazendo crescer o medo diante da "ousadia" daqueles que, embora já num regime republicano, ainda não tinham alcançado o "estatuto de cidadania".

A historiografia registra dois momentos dos mais contundentes dessa manifestação de luta. O primeiro, no fim dos anos 10, especialmente a greve de 1917 com total paralisação da cidade de São Paulo, e com a presença maciça da classe trabalhadora nas ruas da cidade (Fausto, 1976). O medo da ruptura começava a atingir limites nunca antes verificados, para o que contribuiu, sem dúvida, a vitória bolchevique na Rússia, fazendo aumentar a ameaça do fantasma do comunismo. O segundo momento tem lugar uma década depois, quando a orientação anarco-sindicalista já tinha cedido espaço aos socialistas agrupados em torno do Partido Comunista do Brasil (PCB) criado em 1922. Aqui se tratava da linha parlamentar como caminho para a efetivação de uma revolução democrático-burguesa que teve no Bloco Operário e Camponês (BOC) o ponto de referência (Decca, 1982).

As tensões provocadas por esse conflito fundamental a partir da emergência dos trabalhadores urbanos abalavam a estrutura da oligarquia agrário-exportadora que se orientava segundo os postulados do velho liberalismo ortodoxo para o qual as relações entre patrão e empregado deveriam se circunscrever no âmbito do direito privado, conforme prescrevia Locke no seu *Segundo tratado sobre o governo civil*. Considerado o pai do liberalismo clássico, John Locke, definindo a propriedade como fundamento da liberdade e da igualdade, foi o grande inspirador dos pensadores que fizeram nascer a Economia Política. Para esses, a única lei que deve reger a sociedade é a lei natural da oferta e da procura. E o Estado não deve intervir no mercado, a não ser em caso de atentado à propriedade privada. Por isso, como dissemos anteriormente, a greve deveria ser reprimida com a força policial, já que, negando-se a trabalhar, os operários feriam duplamente o dispositivo legal: a) desrespeitavam o contrato particular de compra e venda da força de trabalho, uma vez que se apresentavam como grupo e não como indivíduo; b) negavam-se a cumprir tal contrato, não fornecendo a mercadoria – *trabalho*. Para esses princípios liberais clássicos a "questão social é um caso de polícia", frase atribuída ao então presidente Washington Luiz (Vianna, 1976; Munakata, 1981).

Mas as pressões pela implantação de uma política social foram uma constante durante toda a chamada República Velha – embora não tivessem, é claro, o aval dos anarquistas – e somavam-se, a elas, os descontentamentos generalizados decorrentes dos desmandos do poder central, que se sustentava na política dos governadores, no revezamento do "café-com-leite". Junte-se a isso, ainda, a contenda agrarismo *versus* industrialismo: por um lado, a crença na industrialização e urbanização como único caminho para sanar todos os graves problemas do país; de outro, a defesa da vocação rural que apontava exatamente a indústria como a causadora e fomentadora do fenômeno luta de classes (Decca, 1982).

É nesse amplo cenário que representantes de setores médios e também das elites dominantes, intelectuais e sobretudo médicos, engenheiros e educadores começam a apontar caminhos que pudessem tornar possível alcançar uma sonhada harmonia social. Investia-se na eugenia, na educação, na moralização dos costumes, na recuperação dos "valores republicanos", na crença, enfim, na constituição de uma sociedade que, no limite, deveria orientar-se segundo os ditames da *razão* e da *ciência*. Ficções científicas e utopias retratam muito bem essa realidade. *O reino de Kiato no país da verdade*, de Rodolfo Teófilo, e *São Paulo no ano 2000 ou Regeneração Nacio-*

nal: crônica da sociedade brasileira futura, de Godofredo E. Barnsley, a primeira escrita em 1922 e a outra já em 1909, sonham com uma sociedade rica, higiênica e industrializada (mas respeitando a "natureza"), onde não existem mais a violência, o alcoolismo, o analfabetismo, a sífilis, anormais de qualquer espécie e, principalmente, onde todos vivem na mais perfeita harmonia e o espírito de colaboração fundamenta as relações entre patrão e empregado (Fiorentino, 1979).

Monteiro Lobato, também, em 1926 – época em que se encontrava fascinado pela sociedade norte-americana – registra, no seu *O presidente negro* o mesmo ideário, que via na utilização da ciência o caminho para eliminar os graves problemas sociais colocados no mundo moderno, e com uma aposta na potencialidade quase sem limites da biologia genética, capaz, entre outras coisas, de eliminar definitivamente e "sem violência" a raça negra naquele país (Lobato, 1969).

Na educação, desde os projetos pela erradicação do analfabetismo e qualificação de mão-de-obra dos tempos do "entusiasmo pela educação" (Nagle, 1974) até as campanhas encabeçadas pelo jornal *O Estado de S. Paulo* pela criação da Universidade Paulista (Cardoso, 1982), passando pela criação da Associação Brasileira de Educação (ABE) em 1924 (Carvalho, 1989) e da Escola Profissional Mecânica, do Liceu de Artes e Ofícios de São Paulo, em 1923 (Moraes, 1990), registra-se um período, sem dúvida, dos mais ricos em relação a debates, pressões, e mesmo experimentos, com as reformas de ensino em São Paulo, Rio de Janeiro, Ceará, Bahia e Minas Gerais, onde se destacaram alguns dos principais nomes dos pioneiros da *Escola Nova*. Quanto ao ensino profissional, é nos anos 20 que as suas bases, a partir do universo industrial, começam a se solidificar.

A história do ensino profissional no Brasil, em especial no Estado de São Paulo, é um dos principais lugares marcados pela prática política da grande indústria paulista. A ação dos industriais desse Estado a partir da década de 1920 e notadamente nos anos 30, como já dissemos anteriormente, ganhou importância decisiva na orientação da política brasileira como um todo. Com as atividades que começam a ser desenvolvidas pelas inúmeras instituições que se multiplicam a partir do Instituto de Organização Racional do Trabalho e até mesmo com a ação direta na esfera técnica e também política, na era Vargas, a vontade da grande indústria paulista vai se impondo, apontando os caminhos para o processo de constituição da sociedade urbano-industrial no país. Dessas instituições podemos destacar, cronologicamente: Ciesp (1928); Serviço de Ensino e Seleção Profissional da Estrada de Ferro Sorocabana (Sesp) (1930); Federação das Indústrias do Estado de São Paulo (Fiesp) (1931); Instituto de Organização Racional do Trabalho (Idort) (1931); Escola Livre de Sociologia e Política (1933); Centro Ferroviário de Ensino e Seleção Profissional (CFESP) (1934); Curso de Ferroviários da Companhia Paulista de Estradas de Ferro (1934-1935); Serviço Nacional de Aprendizagem Industrial (Senai) (1942); e Serviço Social da Indústria (Sesi) (1946).

Ainda desse período, destaque-se a participação fundamental do empresariado industrial paulista, com os trabalhos desenvolvidos pelos técnicos do Idort, na criação do Departamento de Administração do Serviço Público (Dasp) no governo Vargas, em 1938 (Tenca, 1987). Cumpre lembrar, também, a presença decisiva – política, estratégica e economicamente falando – no Movimento Constitucionalista de 1932, quando a Fiesp se transformou em quartel-general e que provocou mudanças significativas nos arranjos políticos a partir de então (Capelato, 1981; Tenca, 1987).

Se não se pode falar da história brasileira de maneira geral, e da história do ensino profissional em particular, sem destacar a prática política da grande indústria paulista, também não se pode falar desse último sem uma referência ao engenheiro-educador Roberto Mange.

Robert Auguste Edmond Mange nasceu no ano de 1885 em La Tour de Peilz, cantão de Vaud, na Suíça. Formou-se engenheiro mecânico em 1910 na Eidgenoessische Technische Hochschule (ETH), na cidade de Zurique, depois de passar alguns anos em Portugal, onde concluiu a escola primária em 1899, e em Minden, na Alemanha, onde passou alguns anos no curso secundário. Iniciou sua carreira na Brown-Boveri, tendo sido transferido para a sede da empresa, na Bélgica, em 1912 (Bryan, 1984). Em junho de 1913, chega a São Paulo a convite do engenheiro e empresário Antonio Francisco de Paula Souza, indo lecionar na Escola Politécnica, criada em 1894 "para resolver o problema da falta de mão-de-obra especializada, tanto para a indústria quanto para atender às próprias necessidades de crescimento da cidade e da expansão das ferrovias..." (Senai, 1991).

Em 1923, a convite de Ramos de Azevedo, Mange estrutura e passa a dirigir o curso de mecânica prática no Liceu de Artes e Ofício de São Paulo. Nesse curso, transformado em Escola Profissional de Mecânica em 1925, ele começa a dar forma ao ensino profissional no Brasil, a partir da formação de ferroviários (Moraes, 1990).

Metódico, formado no ideário suíço e alemão fundado na disciplina do trabalho, na fiel observância da hierarquia, Roberto Mange constitui-se em uma das principais figuras do culto à eficiência. Inaugura, por assim dizer, a Organização Racional do Trabalho no Brasil, sintetizando as experiências de Victor Della-Vos, na educação, com as de Taylor, Ford e Fayol, na produção, a partir daquele ideário europeu. Defendia a tese da "formação integral" do homem trabalhador, afirmando que era preciso juntar "espírito e corpo", "cabeça e mãos", "instrução geral e aprendizagem profissional" (Mange, 1938) para que o operário pudesse se tornar também um "cidadão esclarecido" (Mange, 1937).

As suas idéias sobre a qualificação do trabalhador aproximava-o da posição "identificada com as concepções dos liberais reformadores e seus aliados, os educadores da renovação educacional" (Moraes, 1990, p.227). As atividades que desenvolveu em conjunto com Lourenço Filho, seu companheiro de Idort, especialmente no campo da psicotécnica, contribuíram para deixar sua marca no movimento escolanovista brasileiro. Como lembra Moraes (1990, p.214):

> a proposta de "educação científica", baseada nos princípios tayloristas e nos fundamentos da psicotécnica, implicou o aparecimento de novas diretrizes no campo da educação e acabou por fazer parte do projeto da Escola Nova, sendo o seu mais entusiasta propagandista e difusor o pro-

fessor Lourenço Filho. Tal influência se torna mais decisiva com a reativação do Gabinete de Psicologia Experimental da Escola Normal da Praça, em 1925, e, no pós-30, com a criação dos Gabinetes Psicotécnicos nas Escolas Profissionais oficiais e a organização do Centro Ferroviário de Ensino e Seleção Profissional (CFESP)...

A experiência na Escola Profissional de Mecânica levou o engenheiro suíço ao comando do Serviço de Ensino e Seleção Profissional (Sesp) em Sorocaba – SP, em 1931, depois de uma viagem que fez à Alemanha, em 1929, "a fim de conhecer os métodos racionais de aprendizagem e seleção profissional aplicados na Reichsbahn, um consórcio formado pela unificação das empresas ferroviárias daquele país" (Senai, 1991, p.96). No mesmo ano de 1931, participa, juntamente com outros engenheiros, educadores e médicos, além de empresários, da criação do Idort, tornando-se diretor-técnico. E a partir de estudos realizados nesse instituto, o Sesp transforma-se em Centro Ferroviário de Ensino e Seleção Profissional (CFESP), em 1934, contando agora com o Governo do Estado de São Paulo e ampliando a sua ação envolvendo, além das estradas de ferro paulistas, as de outros estados. Com o CFESP o ensino profissional industrial começa a se consolidar de forma sistemática no Brasil.

A partir dos conhecimentos acumulados por Mange, que, juntamente com as experiências do educador Lourenço Filho, também um dos membros fundadores do Idort, tinha desenvolvido, como se viu acima, o método psicotécnico na seleção e formação de profissionais, a "ciência" do trabalho entrava definitivamente na escola, e daqui, como se pretendia, retornaria à indústria, num processo que visava tornar possível racionalizar o lugar do trabalho propriamente dito. Tais idéias eram disseminadas, também, pela Escola Livre de Sociologia e Política, onde Mange ministrou, em 1934, o curso de Psicotécnica. A Estrada de Ferro Sorocabana chegou mesmo a adotar, de forma obrigatória, o teste psicotécnico para a contratação de funcionários, na tentativa de "abolir o uso das recomendações políticas e de pessoas de representação, para a admissão de novos empregados" (Relatório Sorocabana, 1930, p.207-8, apud Medeiros, 1980).

Quando o Sesp começou a funcionar, em 1931, oferecia dois cursos: o de Ferroviários, destinado a aprendizes, e, para aqueles que já fossem funcionários, o de Aperfeiçoamento. Eram desenvolvidos, a partir das Séries Metódicas, em dois períodos:

> No período da manhã são dadas as aulas de caráter geral e as de preparação técnica [...] O período da tarde é ocupado pelos trabalhos práticos, que são executados na oficina de aprendizagem [...] A orientação dos trabalhos práticos é feita à mão de uma série metódica de desenhos de peças, de dificuldade progressiva. A primeira parte dessa série, elaborada no decorrer de 1931, é constituída de 80 desenhos para o 1º ano do curso, e os alunos trabalham segundo esses desenhos, que contêm indicações completas de ordem tecnológica e de execução. (Relatório Sorocabana, 1934, p.9)

Enfatizando os objetivos mais amplos que orientavam esse investimento na formação profissional, Medeiros se refere a outras atividades mencionadas pela empresa:

> Segundo a exposição de motivos da diretoria da E.F. Sorocabana, após a solução dos problemas das instalações materiais da ferrovia, seria indispensável cuidar do "fator humano" ou "psíquico", dando-lhe "assistência moral e técnica". Quanto ao primeiro aspecto, situava-se entre outros já citados, a intensa campanha desenvolvida para elevar o nível moral do pessoal, "afastando os maus elementos apanhados em falta". (Medeiros, 1980, p.155-6)

A estruturação das atividades de seleção, orientação, formação e aperfeiçoamento profissional obedecia a uma série de estudos e observações que compreendiam: a descrição do local de trabalho; a descrição detalhada do processo de trabalho, transformando as operações em funções as mais elementares; definição dos requisitos técnicos, físicos, intelectuais e morais para o desempenho da função; o estudo dessas capacidades em cada candidato. Tais procedimentos deveriam observar os princípios científicos da fisiologia e da psicologia nos níveis já verificados tanto nos Estados Unidos como em alguns países europeus, sobretudo Alemanha, França, Bélgica e Itália. A orientação buscava a colocação do homem certo, no lugar certo, visando, sempre, à otimização da produção – produzir o máximo no menor tempo – e, também, buscando o equilíbrio nas relações entre capital e trabalho.

O investimento no setor ferroviário obedecia, também, às determinações da própria estrutura produtiva na época. Embora a produção cafeeira estivesse passando por momentos desfavoráveis em decorrência da crise econômica internacional, era, ainda, a grande fonte geradora de divisas para o país. E a Estrada de Ferro, como se sabe, se desenvolve exatamente a partir do café (Segnini, 1982). O período em questão parece indicar o momento de apogeu nos transportes ferroviários. Entretanto, a Companhia Paulista de Estradas de Ferro, que na época contava com quase 1.500 quilômetros de extensão, passava por uma reorganização administrativa que se iniciara em 1928, reorganização essa que, conforme Segnini (1982), se orientava segundo os princípios da chamada Organização Científica do Trabalho.

Tais fatores, aliados a outros, apontavam o setor ferroviário como o mais adequado para os serviços do ensino profissional, compreendido de maneira ampla, envolvendo orientação, seleção etc. Assim, além do interesse no que diz respeito à demanda de mão-de-obra, a estrutura mesma do complexo ferroviário era um elemento favorável. Em entrevista dada ao jornal *Folha da Manhã*, em 14.8.1940, o engenheiro Ítalo Bologna, idortiano envolvido na criação do CFESP e seu último diretor antes da incorporação desse ao Senai (1942-1945), assim se expressava:

> a estrada de ferro oferece condições particularmente favoráveis à introdução dos planos de preparação técnica do pessoal, porque é um tipo de organização bem definida, seja em seu aspecto estrutural, seja em suas características funcionais. Essa condição é importante, pois o estudo de qualquer processo de seleção e formação de pessoal deve apoiar-se na análise prévia dos requisitos fundamentais da profissão. (Bologna, 1940)

Com a criação do CFESP, que passava a contar, como vimos, com a atuação do Governo do Estado de São Paulo, pretendeu-se envolver todas as empresas ferroviárias do estado e de outras regiões do país:

O CFESP começou a funcionar em setembro de 1934, com a adesão da Estrada de Ferro Araraquarense, Estrada de Ferro Campos do Jordão, Companhia Paulista de Estradas de Ferro (Jundiaí e Rio Claro), Companhia Mogiana de Estradas de Ferro (Campinas), Companhia Ferroviária São Paulo-Goiás (Bebedouro), Companhia Estrada de Ferro do Dourado, além, evidentemente, da Estrada de Ferro Sorocabana. (Senai, 1991)

O CFESP mantinha sob sua orientação cursos de formação e de aperfeiçoamento nas oficinas ferroviárias de Campinas, Araraquara, Rio Claro, Bebedouro e Jundiaí. Para empresas de menor porte, os serviços deveriam ser desenvolvidos com a participação das prefeituras locais.

O Curso de Ferroviários da Companhia Paulista de Estradas de Ferro: Rio Claro

O Curso de Ferroviários da Companhia Paulista de Estradas de Ferro foi criado no fim de 1934, seguindo as orientações do Centro de Formação e Seleção Profissional (CFESP), que se estruturara também naquele mesmo ano graças às iniciativas de Roberto Mange e de seu companheiro do Idort, Armando de Salles Oliveira, então governador do Estado de São Paulo. As escolas funcionavam junto às oficinas de Jundiaí e de Rio Claro.

Em Rio Claro, durante alguns anos (1935 a 1939), as disciplinas teóricas foram desenvolvidas somente na Escola Profissional Secundária, mantida pelo governo do estado, e eram ministradas, no período da manhã, por professores daquela instituição mantida pelo poder público estadual. As aulas práticas aconteciam nas oficinas da Paulista, sempre no período da tarde. Aqui os instrutores eram oficiais da ferrovia, a maioria deles, no início, recrutados entre aqueles que tinham passado pela Escola Profissional. Aos poucos, a partir da formação da primeira turma, os instrutores da parte prática foram sendo selecionados entre os ex-alunos que apresentavam melhor desempenho. O mesmo aconteceu com relação às disciplinas teóricas de conteúdo técnico. Depois de alguns anos o curso passa a funcionar definitivamente nas oficinas, nos dois turnos, com todos os professores mantidos pela Companhia:

> em 1946 as escolas passaram inteiramente para as ferrovias. Já havia em Sorocaba, que foi a primeira; em Jundiaí e Rio Claro, da Companhia Paulista de Estradas de Ferro. Havia em Araraquara, da Araraquarense; Botucatu, da Sorocabana, também; e em Campinas, da Mogiana. Essas escolas passaram inteiramente para as ferrovias. Nós aproveitávamos ex-alunos, funcionários que tinham capacidade de ensinar. Português, matemática... Eu, por exemplo, fui nomeado professor de matemática. Eu era professor de desenho técnico. Passei a ser professor de matemática. Desenho técnico foi um desenhista da seção de desenho. (Sr. Walter)

Ainda no mesmo ano da criação do curso foram realizados os exames de seleção, definindo-se os alunos da primeira turma para 1935:

> Foi feito um teste, um exame. Se apresentaram mais de 120 ou 130 candidatos para 34 vagas. Para essas 34 vagas foram escolhidos os que melhor nota tiveram para começar fazer o Curso de Ferroviários. Isso foi em 1934. Prestamos o exame e começamos, já em 1935, a freqüentar o curso, (Sr. Valdomiro)

Por determinação da empresa, os funcionários que estavam contratados na função de aprendiz – em geral os egressos da Escola Profissional – também fizeram o curso, a partir daquele mesmo ano do início da primeira turma. Eles se diferenciavam dos alunos regulares nas aulas práticas das oficinas, já que, aqui, desempenhavam funções produtivas, o que, para os demais, acontecia somente em ocasiões excepcionais. Cabe lembrar, também, que todo ex-aluno do curso iniciava a carreira como aprendiz, quase sempre na categoria de aprendiz adiantado.

Embora as experiências do CFESP em Sorocaba incluíssem a modalidade Aperfeiçoamento – curso de menor duração destinado a funcionários –, na Paulista, segundo os depoimentos gravados, somente a partir do início dos anos 40 é que alguns desses cursos foram realizados. O investimento maior foi mesmo em nível de qualificação com duração de três a quatro anos, segundo o ofício. O objetivo principal era formar uma nova geração de oficiais encarregados de assumir os postos intermediários na hierarquia ocupacional da Companhia. Alguns deles, como já vimos anteriormente, alcançaram lugares mais elevados como o de mestre-geral e de auxiliar de mestre-geral. Referências diretas a esse objetivo, como as que transcrevemos a seguir, aparecem na maioria dos depoimentos:

> [O aluno saía do Curso de Ferroviários] não digo engenheiro, mas com uma posição média. Ele tinha um conhecimento prático que o engenheiro não tinha, e um conhecimento teórico que o artífice não tinha. E foi com essa finalidade mesmo que foi fundado esse Curso, para conseguir pessoas de um nível médio que pudessem fazer a ligação do engenheiro com os artífices. Esse era o objetivo do Curso. E conseguiu muito bem na parte que coube à ferrovia. A ferrovia fez tudo o que pode para conseguir. (Sr. Walter)
>
> E na verdade isso aconteceu. Chegou uma época em que, na maioria das seções, o chefe já era ex-aluno do Curso de Ferroviários. E tinha que ser, quer queira quer não! Mesmo um pouco antes de eu sair aposentado, já não existia, eu acho, seção nenhuma em que o chefe não fosse ex-aluno. Salvo raras exceções. Mas a maioria era de pessoas que foram alunos. (Sr. Euclides)

A preocupação com os possíveis atritos decorrentes do descontentamento por parte dos antigos funcionários – chefes ou aspirantes a chefes – estava presente na preparação das novas chefias. Valorizar e respeitar os profissionais da "velha estrutura" e saber aguardar o momento mais adequado para a substituição eram orientações observadas nesse processo gradativo que parece ter ocorrido já a partir do fim dos anos 30, com a formação das primeiras turmas do curso. Afinal, a Companhia Paulista de Estradas de Ferro tornara-se "a mais importante das ferrovias brasileiras", sem contar com oficiais formados em escolas:

> Esse processo [de substituição das chefias] foi gradativo. Quando começou isso aí, já tinha aqueles senhores da chefia que, embora não

tivessem tido estudo, eram homens que respondiam. A ferrovia funcionava. Tem que se reconhecer isso: a ferrovia funcionava. Mas, com o tempo, para esses lugares, foram mesmo sendo nomeados ex-alunos, embora, também, demorasse. (Sr. Euclides)

Há de destacar, também, por sua vez, o interesse demonstrado por outras empresas com relação aos oficiais formados pelo curso. São vários os relatos que dão conta do interesse demonstrado por grandes empresas de fora de Rio Claro, na contratação de ex-alunos. Em alguns casos, como no período da Segunda Guerra Mundial, os alunos eram convidados já na época da conclusão do curso:

No período da Guerra, por exemplo [...] muitos daqui se foram. Chegamos a perder mais de 60% de cada turma [...] Depois de formados eles iam embora para São Paulo. As festas de formatura recebiam visitantes de Volta Redonda, da Vale do Rio Doce, que vinham aqui convidar os formandos para trabalhar. (Sr. Walter)

A estrutura e funcionamento do curso

Quando começou a funcionar, o curso oferecia qualificação nos ofícios de ferreiro, marceneiro, ajustador mecânico e torneiro mecânico (nos depoimentos as expressões usadas são as de mecânico ajustador e torneiro). No início de cada ano se constituía uma turma com um total de trinta a 34 alunos que cursavam as mesmas disciplinas teóricas, no período da manhã, e se distribuíam, segundo o ofício, nas aulas práticas das oficinas, no período da tarde. Ferreiros e marceneiros recebiam a certificação em três anos, enquanto os ofícios da mecânica exigiam um período de quatro anos. Mais tarde, quando a Companhia Paulista já havia assumido totalmente o curso, abriu-se uma nova modalidade – a de eletricista –, que teve a primeira turma formada em 1949.

As disciplinas que compunham o currículo eram as seguintes: português, matemática, desenho técnico, educação física, higiene do trabalho e tecnologia. Esta última compreendia os conteúdos relativos a mecânica, marcenaria e parte elétrica (eletrotécnica). Todos os alunos, independentemente da qualificação escolhida, cursavam todas as disciplinas, exceção feita à de tecnologia, que era específica para cada ofício.

Nas aulas práticas os alunos se dividiam segundo o ofício e eram orientados pelo instrutor técnico. Nas bancadas, as atividades obedeciam, também, como acontecia nas aulas de desenho técnico e de tecnologia, às famosas Séries Metódicas que, como afirma Moraes, começaram a se desenvolver com as experiências do russo Della-Vos, já na segunda metade do século XIX (Moraes, 1990, p.206). As peças eram confeccionadas em ordem crescente de dificuldades, a partir dos desenhos apresentados.

Além das atividades teóricas e práticas, o estágio obrigatório também fazia parte da estrutura curricular. Aqui, o aluno, geralmente acompanhado pelo chefe da seção, observava os profissionais nas suas tarefas diárias nas oficinas e recebia orientações do próprio chefe. Nas primeiras turmas as atividades de estágio se transformaram em produção, como afirma um ex-aluno da turma de 1934:

> Tinha o estágio nos diversos setores da oficina, mas o estágio da primeira turma, que já era grande parte de lá [refere-se a alunos com passagem anterior pela Escola Profissional], que já tinha conhecimento do ofício, foi para trabalhar mesmo. Reconstruímos vagões e construímos carros, como alunos, antes de terminar o Curso. Não era ficar olhando, não. (Sr. Walter)

O processo de seleção

Para ingressar no curso, exigia-se o diploma de conclusão do antigo curso primário, com quatro séries anuais. Os candidatos eram submetidos a um processo de seleção bastante concorrido, que constava de avaliação de conhecimentos de português e matemática e de uma prova prática, que alguns entrevistados denominaram teste de aptidão e a maioria deles a compara aos chamados psicotécnicos. Finalmente, passavam por um exame médico. A maior parte deles considerava esse processo bastante difícil. Vejamos como se manifesta a esse respeito um dos entrevistados, da turma de 1939:

Depois disso ingressei no Curso de Ferroviários, através de uma seleção. Eu não me lembro ao certo, mas acredito que éramos uns cem, 120 candidatos. Foram aprovados, não sei o número certo, mas entre trinta e quarenta alunos, depois de um exame bastante complicado. O exame era constituído de matemática, português e outro que acho que era para conhecer o nível intelectual da pessoa e que hoje nós chamamos de psicotécnico. Naquela época não era psicotécnico. Davam um arame na sua mão, um arame plano, expunha uma figura na frente e o candidato tinha que ir contornando aquele arame, de acordo com a figura. Mas o arame tinha um problema: tinha que fazer a dobra certa, porque, à medida que ia dobrando, ele ia endurecendo. Chegava ao ponto em que não se conseguia mais dobrar. À medida que ia trabalhando com ele, tinha que trabalhar de maneira correta, porque ia endurecendo, e aí não se fazia mais a figura. Poderia ser a letra *M*, poderia ser uma letra *P*, não me recordo bem, agora. (Sr. Benedito)

Em outro depoimento, o eletricista, que chegou a professor-chefe na escola de Jundiaí, nos dá outros exemplos, e lembra que os testes eram utilizados, também, no encaminhamento do aluno à qualificação para a qual demonstrasse melhor aptidão:

para entrar no Curso de Ferroviários, nós passamos num teste. Um teste de aptidão, também tem nome próprio para esse teste. Você fazia uns testes, por exemplo: você via uma mesa com várias bolas de madeira, torneadas. Essas bolas tinham um peso diferente. Você tinha que pegar, perceber qual que pesava mais: essa aqui é mais leve, essa aqui pesada... Uma série de pinos, por exemplo, um mais grosso do que o outro. Você tinha que colocar o pino certo numa certa medida, ter noção [...] Isso aí era para descobrir também a adaptação, a aptidão do candidato à mecânica. (Sr. Antonio)

Para enfrentar o processo de seleção, que consideravam muito rigoroso, os candidatos geralmente passavam, antes, por um curso preparatório: "Fiz o curso primário [...] e antes de entrar no Curso de Ferroviários eu estudei um pouco numa escola particular, porque o exame de seleção era difícil, muito difícil" (Sr. Thélio); "Precisei preparar porque, só o estudo que nós tivemos na escola (primária), não dava" (Sr. Valdomiro).

O preparatório, como eles o chamavam, tinha duração de até um ano e funcionava à noite, com turmas especialmente constituídas para preparar os postulantes a uma vaga no Curso de Ferroviários: "Fiquei no preparatório um ano. Eu saí da Industrial [Escola Profissional Secundária], trabalhava de dia e, à noite, ia para o curso preparatório. Era das sete as nove" (Sr. Renato).

Além das provas descritas, um outro critério era utilizado para a escolha final dos candidatos: o *parentesco*. A Companhia Paulista, quando da contratação de funcionários, buscava aqueles que tivessem o pai e/ou outros parentes na empresa. O mesmo procedimento passou a ser observado na escolha final dos alunos, em geral, nos casos de empate na classificação, segundo os entrevistados: "A Paulista mantinha o Curso de Ferroviários e dava preferência sempre para o filho de ferroviário. E prejudicava bastante gente. Na seleção, se tivesse dois empatados, eles davam preferência para o filho de ferroviário" (Sr. Renato).

O próprio Senai, os inspetores do Senai que vinham aqui fazer os exames de admissão, eles faziam uma coleta de dados pessoais, profissionais, até dos pais e de outros parentes, possíveis funcionários ferroviários. E eles davam preferência a quem tinha parentes ferroviários [...] Porque os empregados eram muito estáveis. Quem entrava ali, não saía mais. (Sr. Walter)

Esse último foi o único ex-aluno entrevistado que não tinha parentes trabalhando na Companhia. Cabe lembrar que foi ele o mais bem-sucedido na carreira. Além de ter sido instrutor-chefe, foi, mais tarde, representante da Paulista junto ao Senai e aposentou-se como mestre-geral. É sempre lembrado pelos demais, ex-alunos ou não, como o mais inteligente dos funcionários no período.

A fase inicial: das salas da Escola Profissional para as oficinas

Os entrevistados, de maneira geral, reconhecem a qualidade e eficiência do curso, conforme já comentamos anteriormente. Mas podem ser observados alguns indícios que apontam para uma diferença qualitativa em dois momentos: o primeiro, entre 1935 e 1938, quando o curso funcionava no prédio da Escola Secundária Profissional, em Rio Claro, e o outro, a partir de 1939, quando passa para as oficinas da Companhia Paulista, mais especialmente depois de 1946. Como já foi dito antes, embora os instrutores das disciplinas técnicas e das práticas, no período compreendido entre 1938 e 1945, já estivessem sendo recrutados entre os profissionais da empresa, formados pelo Curso de Ferroviários, os demais professores eram os mesmos da Escola Profissional. Somente a partir de 1946 é que todos os docentes são contratados diretamente pela Companhia.

Pode-se constatar, nos relatos, que os alunos das primeiras turmas tinham, no início das atividades profissionais, uma dificuldade maior no desempenho das tarefas ocupacionais. Embora as referências ao curso sejam elogiosas, alguns deles sempre marcam a distância entre o aprender e o fazer.

Indagado sobre o começo de suas funções como aprendiz, nas oficinas, assim se manifestou o ex-aluno com qualificação de torneiro mecânico:

> Ah!, não foi fácil, não. Lá o serviço era diferente [...] Eu não sabia nada do serviço. Isso aí fui aprender na oficina, depois [...] E o serviço de oficina era diferente. Não dava tempo de ensinar na escola e ir para a oficina para aprender tudo isso aí. Depois de empregado, vai embora. (Sr. Thélio)

À mesma pergunta, outro entrevistado que fez o curso na especialidade de ajustador mecânico, respondeu:

> Eu não sabia nada. Quem sai da escola conhece o suficiente para depois desenvolver na prática. Mas não sabe muita coisa. Conhece uma lima, ou como se trabalha uma ferramenta. Mas ele precisa praticar para aprender. Dizia meu pai: "vale mais a prática do que a gramática". (Sr. José)

No início a Paulista encontrava dificuldade em recrutar instrutores entre seus funcionários, mesmo para a área técnica, como nos relata o oficial de ferreiro, filho de ferroviário e ex-aluno da Escola

Profissional Secundária de Rio Claro – que ingressou na empresa em 1922 tornando-se instrutor em *diferentes ofícios* de 1937 a 1944. Referindo-se às tentativas, frustradas, por parte da administração, de transformar em instrutores os antigos chefes que não tinham formação profissional escolar, afirma:

> Quando surgiu a escola ferroviária, diversos chefes de turma foram indicados, mas nenhum deles serviu para ser um instrutor de ensino profissional [...] E, no ano de 1937, eu fui um dos instrutores de ensino da parte de serralheria e de ferraria e na parte de ajustagem de mecânica [...] Às vezes eu ia na parte de torneiro. Mas isso não tinha nada que ver: eu ia só para ter um remendo. (Sr. José Vizeu)

Aos poucos, o curso foi formando seus próprios quadros – como já vimos de passagem, anteriormente. Aliás, muitos dos instrutores que foram ex-alunos não escondem um certo orgulho quando destacam a importância dessa instituição para o ensino profissional na época:

> Assim, nós formamos uma porção de elementos úteis e a maioria dos ex-alunos dessas escolas da Paulista, tanto de Jundiaí como de Rio Claro, formados na escola, eles foram aproveitados posteriormente como instrutores [...] Muitos colegas de minha turma mesmo [de 1937] têm se destacado para o serviço de ensino. E a minha carreira, como o senhor vê, foi de instrutor de eletricidade, professor de eletricidade, até professor-chefe da escola [de Jundiaí] [...] Ela, como Curso de Ferroviários e, posteriormente, orientada pelo SENAI, através da Divisão de Escolas Ferroviárias, ajudou o serviço de ensino do Estado. (Sr. Antonio)

O ensino profissional na escola pública e na escola da Paulista

A demarcação desses dois momentos sugere, na verdade, uma análise comparativa entre o velho ensino profissional das escolas estaduais e a nova experiência metódica, racionalizada, que já vinha sendo estruturada por Roberto Mange, desde a Escola Mecânica do Liceu de Artes e Ofícios, em 1924. Cabe registrar, aqui, que o crédito a Mange está muito longe de alcançar a unanimidade entre os entrevistados. Para a maioria – e entre eles os dois mais bem-sucedidos como funcionários e docentes – o mérito da novidade se deve à experiência da escola da Companhia Paulista de Estradas de Ferro. De qualquer forma, as comparações entre uma estrutura de ensino e outra aparecem em vários depoimentos, como podemos observar a seguir:

> E foi um grande progresso. Eu fui aluno da primeira turma e posso lhe garantir. Tive pena daqueles professores de lá [da Escola Profissional Estadual], que tiveram que ensinar tecnologia e nunca tinham aberto um livro [...] No início, as disciplinas teóricas contribuíam muito pouco para a formação técnica do aluno [...] Foi depois que passou para cá, que nós orientamos nesse sentido, de o aluno empregar todo conhecimento teórico na profissão, diretamente [...] [O professor de português] não mandava fazer uma cartinha de namorado. Mandava fazer um relatório, mandava fazer uma carta ao chefe [...] O professor apresentava o tema: "hoje vocês vão fazer um pedido para o seu chefe, para alterar o sistema de funcionamento de tal máquina" [...] O professor de matemática, não era tese, hipótese [...] Era: uma sala tem tanto por tanto, as tábuas têm tanto por tanto, quantas tábuas são necessárias para assoalhar? E assim por diante. Era aplicado na profissão. Os alunos não tinham capacidade de ligar aquela aritmética do professor de lá [da Escola Profissional] com a profissão. Não tinham. Talvez só depois de muitos anos de trabalho. Mas isso não se permitia mais. Ele já tinha que sair com essa idéia. (Sr. Walter)

Um outro ex-aluno se refere a diferenças quanto à disponibilidade de recursos materiais:

> mas a questão da prática da mecânica, do ofício mesmo, o Curso de Ferroviários tinha uma vantagem muito grande em relação à Profissional, porque lá você tinha tudo: tinha material, tinha recursos à vontade. E aqui na Profissional eu acho que dependiam muito de verba, essas coisas [...] Por exemplo: na ferraria, na Escola Profissional, se você fosse fazer uma peça, às vezes você não tinha o ferro necessário. Tinha que buscar na sucata [...] em dois anos e pouco que eu estive na Profissional eu não tive uma série tão boa como eu tive no primeiro ano do Curso de Ferroviários. (Sr. Euclides)

O mesmo entrevistado chama a atenção, também, quanto ao período de funcionamento dos cursos e a exigência de tempo integral na Paulista:

> O horário da Profissional era das onze horas as cinco e meia da tarde. Pela manhã, para ganhar um dinheirinho, eu entregava jornal e, à tarde, eu ia para a escola [...] Na Paulista, no Curso de Ferroviários, não. Lá não tinha jeito [...] Quando tinha aula de Educação Física, seis e meia já começava a aula [...] Depois, saía da aula, ia para a oficina, tomava banho (tinha chuveiro, lá, para todos) e já ia – se tinha aula logo em seguida, ia para a aula; se não tinha, ia para a oficina. Não se perdia tempo! (ibidem)

Essa exigência de tempo integral – que vinha sendo observada, desde 1931, na Escola da Sorocabana e consolidada, mais tarde, nos cursos de Aprendizagem do Senai –, ao ampliar a carga horária com as aulas práticas nas oficinas, buscava, também, a realização de outro objetivo: o treinamento, ou melhor, a adaptação do aprendiz à disciplina de trabalho. Referência obrigatória nos depoimentos, a rigorosa disciplina imposta no Curso de Ferroviários aparece como imagem e semelhança daquela que se observava nos postos de trabalho, e é lembrada, também, como característica diferenciadora entre esse curso e a Escola Profissional Secundária.

> Dentro da escola era uma disciplina rigorosíssima. Dentro das oficinas da Paulista era obedecida a disciplina da empresa. A Companhia Paulista era uma empresa onde os empregados tinham a maior disciplina no trabalho. A escola seguia a mesma coisa. (Sr. Antonio)

Outro ex-aluno, comparando a Escola Profissional com o Curso de Ferroviários, destaca a disciplina como uma das principais diferenças entre eles:

> havia muita rixa. A rixa era violenta entre o Curso de Ferroviários e a Escola Profissional, hoje Armando Bayeux. Porque o Curso de Ferroviários era de um rigor violento. Uma disciplina que não tinha tamanho [...] escutava-se a mosca zumbir [...] Nas oficinas [refere-se às aulas prá-

ticas] apitava, tocava a campainha, tinha que estar no seu lugar, u-ni-for-mi-za-do! Quando eu falo uniformizado, é com macacão e o bibí! [...] O traje de trabalho era o macacão e o bibí [...] Se o aluno não tivesse o bibí, ia embora para casa. Perdia o dia [...] Quarenta dias de falta no ano, perdia o ano letivo. Perdia, não: era jubilado! [...] A disciplina era violenta [...] Ali era dos dois lados. Tudo era a mesma coisa. Se o aluno não se comportasse dentro da sala de aula, o professor chamava o professor chefe e o aluno já ia embora. Em seguida, estudava-se a penalidade: três dias, dois dias, um dia. (Sr. Benedito)

E, mais adiante, indagado sobre a disciplina no trabalho, o Sr. Benedito responde:

Na Paulista, a disciplina era tão rigorosa como na escola. A primeira vez que perdia a hora, recebia uma advertência. A segunda vez, recebia uma censura [...] A terceira vez que perdia a hora - um minuto, que fosse um minuto - perdia meio dia de serviço. E, na quarta vez, "puxava o carro". Dava o primeiro apito... (ibidem)

Formação racional e controle do processo de trabalho

O Curso de Ferroviários da Paulista é uma das mais bem-sucedidas interferências racionalizadoras do processo de trabalho nos anos 30 no Brasil. Foi estruturado, como se viu anteriormente, a partir de um saber, acumulado, em formação profissional, cujas origens remontam ao início dos anos 20, com a criação da Escola Mecânica no Liceu de Artes e Ofícios, por Mange e, principalmente, com a prática do ensino da Sorocabana, a partir de 1931.

O investimento na formação de trabalhadores de forma sistemática e fora do lugar do trabalho (da fábrica ou, no caso da Paulista, fora das oficinas) já indica uma preocupação com o controle do trabalho. O aprendizado do ofício na escola garante ganhos significativos por parte da empresa. A sistematização da transmissão do conhecimento possibilita uma objetividade maior quanto ao conteúdo que se deseja transmitir ou ser apreendido. Possibilita, também, um melhor desempenho na produção das oficinas, à medida que desaparece a preocupação com o aprendizado no momento mesmo da elaboração do produto. Mas os dois aspectos, certamente os mais importantes para a empresa, estão relacionados com a gestão do trabalho e com a conduta dos trabalhadores. Ao se retirar do artífice a tarefa de ensinar o ofício ao aprendiz por meio do tradicional método da observação do fazer rompe-se, também, com o processo de transmissão de uma cultura operária que o oficial acumulou ao longo de um certo período de experiência de produção e de conflitos de classe. Não se deve esquecer, aqui, da capacidade de mobilização dos ferroviários, especialmente os da Companhia Paulista, responsáveis por grandes paralisações desde o início do século (Fausto, 1976). Além disso, o *saber fazer* passa a se apresentar, aos olhos dos trabalhadores, como uma *técnica*, e estranha a eles, pertencente ao capital, já que a escola é *mantida e administrada pela empresa*.

Esses dois últimos aspectos, voltados para um maior controle do processo de trabalho e dos trabalhadores por parte do capital, exigiam da empresa uma atenção especial com relação à estrutura do curso, destacando-se: um processo cuidadoso de seleção, tanto com relação aos alunos quanto aos instrutores; a manutenção de um aparato disciplinador, transportando para a escola o modelo ideal e desejável das oficinas; definição clara e adequada às estritas necessidades do desempenho esperado no trabalho, dos conteúdos das diversas áreas de conhecimento que compunham as disciplinas tanto teóricas quanto práticas.

Os testes a que se submetiam os candidatos a uma vaga no curso procuravam verificar a formação geral, em nível de curso primário, das disciplinas de português e matemática. Igualmente importante era a sondagem de aptidão que se fazia nos testes nomeados de psicotécnicos, com os quais se procuravam identificar os atributos necessários para o bom desempenho físico e psicológico do trabalhador. Contudo, ao lado desses procedimentos mais *científicos*, com vistas a um processo *racional* de aprendizagem do ofício, a Companhia Paulista continuava lançando mão de um elemento bem mais tradicional que manteve por muitas décadas: dava-se preferência a jovens que tivessem parentes já trabalhando na empresa, em especial o pai. Como se viu anteriormente, de todos os ex-alunos entrevistados, apenas um não tinha parentes ferroviários. E, como foi ressaltado, foi o funcionário que apresentou o melhor desempenho na carreira, aposentando-se como mestre-geral e tido, por todos os outros, como o mais inteligente e competente.

Com a manutenção desse critério tradicional, a empresa visava, evidentemente, continuar protegendo-se contra trabalhadores de "conduta não-desejável". No campo das representações, reforçava-se a idéia amplamente difundida em praticamente toda a existência da empresa: *a Paulista é uma grande família*. Era comum ouvir dos trabalhadores aposentados a expressão *tal pai, tal filho*. Se ter o pai, irmão ou primo já empregado somava pontos para a admissão ao curso e também para a contratação daqueles que não passavam pela escola, ter parentes com comportamento "não-desejável" subtraía. Na grande família, certamente, não deveriam caber "maus elementos".

Vencidas as batalhas desse processo de seleção, os alunos, ao longo dos três ou quatro anos de curso, dependendo do ofício escolhido, se submetiam a uma prática escolar fundada em três postulados que observavam o mesmo grau de importância na formação profissional: o aprendizado dos conteúdos das disciplinas teóricas e técnicas; o aprendizado do *fazer* nas atividades práticas supervisionadas nas oficinas; o aprendizado da conduta disciplinar – exigência que se impunha ao desempenho de qualquer ocupação na estrutura da empresa – pelo rígido aparato disciplinador, cuja teia alcançava o aluno nos diferentes momentos e lugares da atividade de formação.

O conteúdo das disciplinas teóricas e técnicas era organizado de maneira a evitar desperdício de tempo e, principalmente, procurar restringir, ou melhor, adequá-lo ao estritamente necessário para o desempenho profissional que se desejava. Conforme se pode notar nos trechos dos depoimentos selecionados na parte anterior, havia uma preocupação em ensinar o *português* visando capacitar o aluno para ler e compreender os documentos escritos necessários ao correto desempenho das tarefas cotidianas do ofício. Tais documentos serviam de modelos para os recursos didáticos em sala de aula. Procedimento semelhante era observado com relação à matemática. Os *problemas* e outros exercícios de cálculo, por exemplo, eram sempre enunciados a partir de situações concretas vivenciadas no cotidiano do trabalho. Quando se referiam a essas questões, os ex-alunos não escondiam um certo orgulho, ao comparar o Curso de Ferroviários com a Escola Profissional Estadual, afirmando que, nessa, se estudavam generalidades, conteúdos distantes da realidade do ofício, de tal maneira que não os habilitava para o trabalho levando-os a uma "perda de tempo com assuntos que não interessava". Vale a pena lembrar, aqui, o relato do Sr. Sebastião Luz, ex-aluno da Escola Profissional, que trabalhou na Paulista por três anos e depois, com a criação do Senai, se tornou um dos mais destacados instrutores dessa instituição na qual trabalhou até início dos anos 90. Embora tivesse o pai e todos os outros irmãos trabalhando na ferrovia, resolveu cursar a Escola Profissional, e não o Curso de Ferroviários, pois esse era *específico*, com conteúdo muito restrito, ao passo que aquela, além de oferecer um conteúdo mais amplo, sobretudo quanto às disciplinas teóricas, possibilitava, também, prosseguir os estudos nos níveis superiores. No curso da Paulista, dizia ele, aprendia-se a ser *ferroviário da Paulista*.

Nas aulas desenvolvidas nas oficinas, no período da tarde, embora em lugar apropriado, separado do fluxo regular do trabalho, os alunos do Curso de Ferroviários passavam a vivenciar, na prática, junto às máquinas e ferramentas, o que aprendiam na parte da manhã. Deveriam incorporar, *no fazer*, os ensinamentos referentes às partes teóricas e técnicas, bem como os elementos disciplinadores.

Finalmente, seguindo o mesmo princípio das Séries Metódicas Ocupacionais, atingia-se a fase do estágio supervisionado, momento em que o aluno vivia efetivamente o *lugar* e o *tempo* reais do cotidiano do trabalho, *o chão da fábrica*, para empregar uma expressão mais usada nos dias atuais.

Como se pode observar nos relatos dos ex-alunos, as práticas comportamentais, que correspondiam ao modelo efetivo e/ou desejado do cotidiano das oficinas, eram transformadas em *tarefas* no processo de aprendizagem, tal como acontecia com as tarefas ocupacionais dos respectivos ofícios, objeto da formação escolar. É claro que não se pretende exagerar com essa comparação, imaginando-se, por exemplo, a utilização de Séries Metódicas voltadas para a interiorização de elementos que pudessem compor a forma de conduta do futuro profissional da empresa. Mas a força, a riqueza de detalhes presentes nos depoimentos, sempre enfatizando a rigorosa semelhança da disciplina das oficinas com aquela exigida na experiência cotidiana escolar, mostram que esse era um dos postulados do Curso de Ferroviários da Paulista, com igual peso e, em alguns momentos, até mais importante que os outros dois já mencionados. Os "apitos" que indicavam o início das aulas; o controle da presença com as normas punitivas; a obediência à hierarquia; as partes constitutivas do uniforme reproduziam na escola, de maneira quase que idêntica, o que se observava nas oficinas.

Da escola para a fábrica: racionalização – seu tempo e seu lugar

Essa inter-relação escola-fábrica, fábrica-escola, que marca a era do processo de aprendizagem do ofício fora do lugar do trabalho, já vinha sendo implementada, desde o início do século passado, no Liceu de Artes e Ofícios de São Paulo. Moraes destaca a contemporaneidade do Liceu:

> Enquanto escola profissional completa, destinada a oferecer, além dos cursos teóricos a instrução prática em oficinas, o Liceu de Artes e Ofícios é contemporâneo de experiências de ensino semelhantes desenvolvidas tanto na Europa como nos Estados Unidos. No final do século passado, encontram-se estabelecimentos deste tipo funcionando em diversos países, tais como França, Alemanha, Inglaterra e Estados Unidos, sustentados pelo Estado, por grupos privados, pela iniciativa comum de ambos, ou ainda, por entidades sindicais. (Moraes, 1990, p.205)

Essas escolas guardam uma relação muita estreita com o modelo da Escola Imperial Técnica de Moscou, dirigida por Victor Della-Vos:

Este estabelecimento, que surgira para atender às necessidades das oficinas das estradas de ferro russas, destinava-se à formação de engenheiros e contramestres, associando a instrução prática nas oficinas ao estudo teórico de matemática, da física e da química. Nas oficinas de aprendizagem, cada aluno dispunha de uma bancada de trabalho e de um jogo de instrumentos – "as coleções pedagógicas", especialmente criadas pelo engenheiro com o objetivo de viabilizar o "curso científico e metódico de trabalho manual". Apoiados no desenho do trabalho a ser realizado e sob a supervisão de um mestre perito, os alunos iniciavam, então, seu aprendizado. Em primeiro lugar, deveriam conhecer e se familiarizar com o uso das ferramentas: a seguir, eram propostos exercícios em ordem de crescente dificuldade de execução, de modo que o aluno, gradativamente, pudesse dominar "todos os números do programa, sem exceção", até a montagem final das peças fabricadas. Com este procedimento, os trabalhadores sairiam da escola "completamente familiarizados com os trabalhos de modelagem, do torno, da lima, da forja, e, *sem ser especializados*, como infelizmente acontece na generalidade das usinas". (Moraes, 1990, p.206)

Dessa descrição que a autora faz do método de Della-Vos, gostaria de destacar dois elementos importantes para as reflexões presentes neste trabalho, no que diz respeito às especificidades de práticas racionalizadoras. O primeiro deles refere-se à característica desse modelo de formação do trabalhador, que busca fugir da especialização tal "como infelizmente acontece na generalidade das usinas". Um trabalhador "familiarizado com os trabalhos de modelagem, do torno, da lima, da forja, e, *sem ser especializado*". Essa concepção, que mereceu atenção especial de Moraes no seu trabalho, orientou a prática pedagógica do Curso de Ferroviários da Paulista, e, por sua vez, distancia-se, e muito, daquela apresentada por Taylor, como procuraremos mostrar mais adiante. O segundo ponto a registrar está relacionado com a origem das Séries Metódicas Ocupacionais, desenvolvidas pelo engenheiro-educador russo e que aparece muitas vezes como componentes do universo taylorista.

Em trabalho mais recente, Bryan (1992) acrescenta um elemento importante a esse registro da tese de Moraes, quando observa que a *tarefa*, unidade sobre a qual se funda essa inter-relação fábrica-escola, foi produzida originariamente na escola. Para ele, a didática, desde Comênio, já lançava mão desse processo de aprendizagem que partia dos elementos mais simples para os mais complexos, de forma estruturada, constituindo, assim, essa unidade (ibidem, p.266). A unidade básica da análise ocupacional – decomposição da ocupação em elementos mais simples –, e que orienta a estruturação do ensino profissional, teria sido tomada emprestada da escola moderna. Antes mesmo de ser amplamente utilizada no chamado sistema Taylor, ainda segundo Bryan, a tarefa já servia de base para o desenvolvimento do ensino profissional na Rússia, com Victor Della-Vos, no início da segunda metade do século XIX, a partir da criação da Escola Técnica Imperial de Moscou.

Com o seu trabalho, como diretor dessa, desenvolvido a partir do ano de sua criação, em 1868, esse educador russo estruturou as famosas Séries Metódicas Ocupacionais que, não raro, são apresentadas como tendo sido desenvolvidas por Taylor, mais próximo do fim do século passado nos Estados Unidos. A observação de Bryan é uma contribuição das mais importantes na busca de uma melhor compreensão da história desse amplo processo de racionalização do trabalho que ganhou notoriedade sobretudo a partir da acelerada ascensão industrial norte-americana dos anos 10 e 20 do século XX, responsável pelo aparecimento das expressões as mais significativas daquele processo, como *taylorismo, fordismo, americanismo-fordismo*.

Como sugerem alguns estudiosos do tema, provavelmente o sucesso do chamado Sistema Taylor se deve, em parte, ao fato de ter sido difundido nesse período de crescimento fantástico experimentado pela industrialização americana, que levou os Estados Unidos a superarem a Inglaterra, constituindo-se na principal potência econômica a partir de então e, principalmente, com a Segunda Guerra. Tal hipótese é reforçada com o advento posterior da expressão taylorismo-fordismo. Ford também ficara famoso com a reestruturação do processo de fabricação de automóveis, mais precisamente no início da década de 1910, quando a padronização alcançada foi atribuída à implementação da linha de montagem, ou da produção em cadeia. Somando-se a essa a experiência com a chamada *vila operária*, que teria possibilitado ao empresário um maior controle sobre os seus trabalhadores para além do tempo de trabalho, começa a ser difundida a expressão *fordismo*. Com o sucesso alcançado no período, o método (se é que se pode usar tal termo) junta-se ao outro que vinha se desenvolvendo anteriormente – *taylorismo* – criando a famosa expressão que passa a nomear, de maneira a mais genérica, um "sistema" de organização científica do trabalho.

Se já é difícil, como apontam inúmeros trabalhos publicados nas últimas décadas, identificar práticas concretas derivadas diretamente do chamado Sistema Taylor, mais árdua ainda seria a tarefa de se localizar, de maneira efetiva, uma experiência, ou um movimento, a que se pudesse atribuir a expressão taylorismo-fordismo, especialmente para além do lugar e do tempo em que ela foi cunhada. Como dissemos anteriormente, os escritos de Taylor e de Ford referem-se a propostas e experimentações de um e de outro, bastante diferenciadas.

Retomemos, a esse respeito, em especial quanto ao chamado sistema Taylor, o texto de Marson (1995, p.35). Ao analisar os escritos de vários autores sobre o tema, ele afirma:

> Sem dúvida, muitos conceitos de Taylor acabaram sendo incorporados em fábricas de diferentes tamanhos, ao longo de tempos distintos, porém, como é cabalmente demonstrado por esses autores, os sucessos obtidos geralmente se deveram a específicas combinações e adaptações, entre as propostas originais de Taylor (ou derivações desenvolvidas por seus discípulos) e fórmulas e soluções práticas introduzidas por outros organizadores.
> Nivelar tais transformações por um critério explicativo uniforme, atribuindo-se ao método Taylor uma capacidade exclusiva de adaptação, é preservar a imagem do taylorismo construída pelos seguidores e difusores. Assim é que a Citröen, um dos mais empenhados divulgadores de Taylor na França, já moldara, em janeiro de 1916, uma definição que seria largamente reproduzida entre os historiadores: *O nome Taylorismo tornou-se a designação genérica de todos os sistemas de organização científica do trabalho.*

Em outra passagem, o autor registra uma afirmação de Michelle Perrot, ainda mais contundente: "a Organização Científica do Trabalho jamais funcionou segundo as concepções de Taylor" (Perrot, 1979, apud Marson, 1995, p.33).

E, logo a seguir, reforça a advertência aos historiadores:

> Justamente porque, de *uma* proposta diluída em meio a muitas outras, o taylorismo dissolveu-as dentro de um movimento unitário e de aceitação progressiva, e porque se sabe muito pouco dessas propostas e da própria difusão do taylorismo, o historiador precisa, ao menos, controlar seus juízos apressados e atentar para equívocos que remontam ao processo mesmo dessa diluição. (ibidem, p.35)

Uma característica peculiar da Paulista: a formação racional para postos de comando

A prática racionalizadora implementada pela Companhia Paulista de Estradas de Ferro, a partir da criação do Curso de Ferroviários em 1934, apresenta uma característica peculiar, tanto em relação aos demais cursos de ferroviários também supervisionados pelo CFESP como – e principalmente – com o que se observa nos escritos de Taylor, embora pudesse sugerir uma certa semelhança com a estrutura clássica da Supervisão Funcional apresentada no seu *Princípios de administração científica* (Taylor, 1980). Como se pode observar na análise dos depoimentos de ex-alunos, muitos deles ex-instrutores, a preocupação maior da empresa foi promover a substituição dos ocupantes de cargos intermediários da estrutura de mando nas oficinas por alunos que foram sendo formados a partir de 1937. Para alguns instrutores, como se recorda, esse era o objetivo principal do curso: "conseguir pessoas de nível médio que pudessem fazer a ligação do engenheiro com os artífices". Isso pode ser constatado na pesquisa, já que, como dissemos anteriormente, doze dos treze ex-alunos entrevistados ocuparam postos de comando, e um deles coordenou as atividades de recursos humanos nos anos 1960 e 1970, outro chegou a auxiliar de mestre-geral, e o que foi mais longe na hierarquia ocupou o cargo de mestre-geral. Essa realidade certamente está muito distante do universo taylorista, que tinha como referência o homem-boi (Taylor, 1980). Na verdade, o processo de formação profissional característico do Curso de Ferroviários da Companhia Paulista de Estradas de Ferro aproximava-se, e muito, daquele desenvolvido por Della-Vos, conforme descrito por Moraes, e que guardava distância dos métodos que buscavam a *especialização* do trabalhador.

Tal preocupação com a formação de oficiais para os cargos intermediários na estrutura de mando embora diga respeito, também, à atividade de supervisão não observa os princípios definidos por Taylor, principalmente com relação a um dos pontos principais desse sistema – da necessidade de se garantir tarefas diferenciadas para cada um dos supervisores. Provavelmente, o ponto de semelhança se restrinja à necessidade que o engenheiro norte-americano via de se garantir que o trabalhador recebesse ordens de um único superior. Mesmo assim, como se pode constatar a partir dos depoimentos, na estrutura de mando das oficinas da Paulista foram mantidas, também, as figuras de encarregado e chefe de turma, entre outras. Por fim, e o mais importante, para ocupar os postos na Supervisão Funcional, Taylor ainda tinha em mente a figura do engenheiro.

Essa parece ter sido a característica mais importante do Curso de Ferroviários da Paulista, em relação aos demais cursos supervisionados por Mange a partir da criação do CFESP. Mesmo antes da criação do CFESP (1934), a estrutura dos cursos então existentes, em especial o da Sorocabana, que Mange passou a dirigir já em 1931, mantinha a modalidade de aperfeiçoamento, destinada especialmente para funcionários, e com duração bastante inferior ao de formação, que era de três ou quatro anos, dependendo do ofício. Na Paulista, somente décadas depois de entrar em funcionamento é que algumas poucas turmas foram organizadas para essa modalidade. E, como se disse antes, desde a primeira turma, com início em 1935, até pelo menos fim dos anos 50, a Companhia procurava formar, com os seus cursos de três e quatro anos, oficiais destinados à ocupação de postos intermediários de comando na empresa. Assim é que, a partir dos anos 40, antigos encarregados, chefes, auxiliar de mestre geral e até mesmo mestre geral foram sendo substituídos pelos egressos do Curso de Ferroviários.

Autonomia como princípio de racionalização e controle do processo de trabalho

Outro elemento que diferenciava a Companhia Paulista de Estradas de Ferro com relação às demais na condução do processo de formação de ferroviários refere-se à *autonomia* que aquela empresa sempre buscou, e que ficou garantida a partir da criação do Senai e com a regulamentação, em 1944, que possibilitou a isenção da taxa de 1% sobre a folha de pagamento dos empregados que as indústrias estavam obrigadas a recolher para manter os serviços daquela instituição de ensino. Observe-se que, no setor ferroviário, além da Paulista, somente a Companhia Mogiana de Estradas de Ferro optou por essa isenção na mesma época (Senai, 1992, p.201). Desde a criação do curso, a Companhia Paulista já manifestava a intenção de mantê-lo de forma autônoma. No início, como já vimos anteriormente, o curso funcionava no mesmo prédio da Escola Profissional do Estado. Os professores das disciplinas teóricas eram contratados pelo Estado, e os demais, pela Companhia, como acontecia com relação aos outros cursos de ferroviários que, igualmente, eram supervisionados pelo CFESP, dirigido por Roberto Mange. A própria supervisão, como também se disse antes, não era muito bem recebida por parte dos responsáveis pelo curso. Com relação aos professores e ao local de funcionamento, não tardou muito para que ocorresse a transformação desejada. Em 1939, todas as atividades do curso já eram desenvolvidas nas oficinas da Paulista. E, aos poucos, até início dos anos 40, todos os professores também passaram a ser contratados diretamente pela empresa.

Essas características diferenciadoras do curso da Companhia Paulista de Estradas de Ferro não passaram despercebidas para Roberto Mange. Quando da criação do Senai, esse engenheiro – que foi, como dissemos anteriormente, o mentor desses cursos e também o criador dessa instituição e o primeiro diretor regional em São Paulo, de 1942 até 1955, quando faleceu – buscou boa parte dos recursos humanos de que necessitava nessas escolas. Os professores contratados inicialmente (a maior parte deles formados pela antiga Escola Normal) também passavam por um estágio obrigatório nas oficinas e/ou cursos das ferrovias. Boa parte deles era encaminhada à Sorocabana – sede do CFESP que Mange dirigia – cujo curso mantinha a modalidade de aperfeiçoamento, com duração bem menor que os cursos da Paulista (Senai, 1992). Mas a Paulista recebeu os primeiros grupos de professores que estavam formando a equipe do Senai, num trabalho de treinamento inicial para o desempenho docente naquela instituição.

Assim, se muitos dos princípios da prática racionalizadora do trabalho implementada pelo engenheiro e educador Roberto Mange com o ensino profissional apresentavam-se como fundamentos desse processo da Companhia Paulista de Estradas de Ferro, a experiência dessa trouxe elementos novos que passaram a compor o ideário mais amplo da organização racional do trabalho que orientou o início das atividades do Senai e ampliou-se sobremaneira a partir dessa instituição.

Racionalização, autonomia e prática política: CFESP, Paulista e Senai

Há um outro elemento já mencionado, de passagem referida, que, embora não se caracterize como componente específico do instrumental técnico da racionalização do trabalho, se firmou na Paulista e constituiu-se no grande marco simbólico da prática política da grande indústria paulista no Brasil. Trata-se do registro da autoria da criação do Senai. A persistência daquela Companhia na defesa da garantia de autonomia financeira, e também técnico-pedagógica, na manutenção do Curso de Ferroviários, manifestada já desde o início da criação desse, é um indicador da força política da grande indústria paulista no período, e ajuda a compreender melhor essa questão polêmica que se estabeleceu no campo da história do ensino profissional industrial no Brasil, especialmente a partir das batalhas que resultaram na criação do Senai.

Uma análise muito rica dessa temática encontramos na dissertação de mestrado de Newton Bryan, já citada neste trabalho. Retomando todo o processo histórico da criação do Senai, remontando mesmo às primeiras experiências de Mange desde a Escola Politécnica ainda nos anos 1910, o autor se coloca contra a idéia disseminada pelas instituições patronais paulistas segundo a qual o Senai é uma entidade cuja criação decorre de um ato da livre vontade dos industriais:

> Entre os mitos da história recente no Brasil, reiteradamente contados pelos que têm interesse direto na sua manutenção, permanece a versão segundo a qual a criação de um sistema de âmbito nacional para a formação da força de trabalho é produto da iniciativa da livre-vontade dos empresários industriais ou de alguns de seus espíritos mais lúcidos que, dando uma demonstração cabal de seu espírito empreendedor, independente da ação estatal, dispõem-se a financiá-lo com seus próprios recursos. (Bryan, 1984, p.55)

A criação do Senai teria resultado, na verdade, de uma atitude conciliatória entre a vontade do Estado e os interesses dos empresários:

> A criação do SENAI, portanto, constitui a extensão a todo o setor industrial da experiência, cuja eficiência já havia sido comprovada, do ensino ferroviário. Extensão tornada compulsória pela ação do Estado, tendo como principal objetivo assegurar ao capital o controle da formação técnica e ideológica da força de trabalho. A forma final em que se cristalizou esse objetivo foi produto da conciliação das propostas da burocracia governamental e dos representantes do capital industrial. (ibidem, p.88)

O próprio Bryan admite, no entanto, que a iniciativa partira dos industriais de São Paulo, com os investimentos privados no ensino de ferroviários desenvolvido por Mange. A expansão, em nível nacional, porém, necessitava de maiores recursos do que aqueles específicos das empresas ferroviárias:

> O empenho de Mange na realização de um sistema de âmbito nacional para a formação da força de trabalho industrial, deve-se ao fato de que a entidade que dirige – o CFESP – encontra-se já desempenhando a função de agência formadora de mão-de-obra para as indústrias, embora contando *apenas* com o suporte financeiro das companhias ferro-

viárias para sua manutenção, e, logo, estando sua sobrevivência dependendo da ampliação de suas fontes de recursos. Desse modo, guardando as devidas proporções, a situação que se configura é semelhante a do SESP da Estrada de Ferro Sorocabana que dependeu da criação do CFESP *mantido pelo conjunto das ferrovias* para viabilizar-se de forma duradoura. (ibidem, p.85 – grifos nossos)

A argumentação de Bryan, portanto, prende-se à questão da expansão da experiência localizada inicialmente no meio ferroviário a todo o setor industrial em nível nacional. Ilustra tal argumentação com as manifestações contrárias das principais lideranças empresariais, especialmente dos representantes da Federação das Indústrias do Estado de São Paulo, com Roberto Simonsen à frente. Para reforçar a sua tese, o autor lembra a postura política desses empresários, ainda nos anos 1920, de resistência a qualquer interferência do Estado no âmbito das relações de produção. São lembrados os episódios que marcaram as lutas em torno da regulamentação da lei de férias e do código de menores, ainda na época do governo Artur Bernardes.

Nesse período – o da chamada República Velha –, o ideário do liberalismo clássico, que orientava o empresariado brasileiro, em particular os paulistas, era sempre lembrado nos momentos de crise nas relações entre capital e trabalho, quando outros setores propunham a presença do Estado legislando sobre o social. Como já mencionamos no capítulo anterior, a defesa de uma legislação trabalhista, da criação de políticas públicas em geral que pudessem caracterizar o Estado Social, foi duramente rechaçada pela maioria do empresariado até início dos anos 30, em especial os representantes da grande indústria paulista, que, como medida de fortalecimento da ação da classe, criaram o Ciesp, em 1928.

Foi, porém, justamente orientado por essa concepção de liberalismo e de Estado liberal que a grande indústria paulista criou e manteve com recursos próprios, e, em alguns casos, com a participação, também, do governo do Estado, os cursos de formação profissional, como aconteceu no setor ferroviário. Aliás, isso fazia parte de uma ampla prática estatal, implementada pela grande indústria paulista, responsável pela criação das inúmeras instituições em diversos setores da atividade social e econômica, como já dissemos no capítulo anterior, atividades essas em grande parte voltadas para o controle do mercado de trabalho, como é o caso do Senai. É justamente essa função do Senai que Bryan (1984, p.56) afirma ter sido a razão da insistência por parte dos empresários industriais em se apresentar como criadores dessa instituição. Ou, pelas suas próprias palavras: "legitimar o controle que unilateralmente as associações patronais mantêm sobre o principal sistema de formação do proletariado industrial".

Se setores da grande indústria paulista, por *livre vontade*, implementaram uma ampla prática racionalizadora com a disseminação desse ideário a partir do Idort em 1931 e, de maneira concreta, como técnica de organização racional do trabalho, com os cursos de Ferroviários, em especial o da Companhia Paulista de Estradas de Ferro, porque não desejariam generalizá-la para todo o setor industrial em nível nacional? É claro que os representantes da grande indústria paulista enfrentaram resistências por parte das demais. Nessa luta pela imposição de sua vontade, a prática política da grande indústria apresentava-se definitivamente, em âmbito nacional, como prática estatal. Concordo com Moraes (1990, p.225 – grifo nosso) quando ela afirma que " as iniciativas de controle do Estado sobre o mercado de força de trabalho vêm *complementar* as realizações da iniciativa privada". E, também, mais adiante, quando a autora, embora chamando a atenção para o fato de não se poder "atribuir uma especial clarividência histórica à referida facção dominante", reafirma que "também na área específica do ensino profissional, *os setores dominantes se utilizaram do poder estatal* para gestar e atualizar estratégias pedagógicas para a sujeição dos trabalhadores aos desígnios de uma sociedade marcada pelos imperativos da indústria" (ibidem, p.229 – grifos nossos).

O efetivo exercício do poder político do capital que, ao longo dos anos 20 e 30, caminhava para a hegemonia do setor industrial, exigiu dos seus representantes diretos a reestruturação de amplos setores da burocracia que, empunhando a bandeira da *racionalização*, não se limitaram aos espaços privados, movimentando-se em instâncias

– algumas delas estratégicas – de instituições governamentais regionais e nacionais.

Aqui, assumindo o ônus desagradável da repetição, peço licença ao leitor para retomar parte da citação de Claude Lefort (1983, p.154-5), feita no capítulo anterior:

> Mas não parecerá, então, que existe uma dialética da dominação na sociedade capitalista que se manifesta pelo acréscimo de uma camada social destinada a dispor e aperfeiçoar as condições de dominação à medida que o trabalho industrial invade todos os setores da vida social e à qual deve-se subordinar a vida das massas? Não parecerá, enfim, que o processo de burocratização, tão visível nos quadros do Estado, se efetua ao mesmo tempo fora deste quadro, dentro daquilo que Marx chamava de sociedade civil?

O decreto-lei que criava o Senai em 1942 foi mais um ato, dos mais significativos, da *prática estatal* da grande indústria paulista impondo a sua vontade política – a implementação, sob seu controle direto, de técnicas racionalizadoras do processo de trabalho por meio de uma agência formadora do trabalhador – para todas as demais indústrias do país. Para tanto, não fora suficiente somente esse longo processo de gestação, no qual se destacou a experiência do Curso de Ferroviários da Companhia Paulista de Estradas de Ferro. Foi preciso, também, garantir que a nova entidade criada pudesse continuar sendo, como as suas predecessoras (Ciesp e Fiesp), *administrada pela indústria*.

E a criação do Sesi, juntamente com o Sesc, e também o Senac, logo depois, em 1946, ampliava sobremaneira a ação direta do capital no controle do tempo do trabalhador. Tal controle passava a ser exercido: no lugar, agora institucionalizado, da sua formação; no lugar do trabalho propriamente dito; no lugar das horas de descanso, do tempo livre que, também institucionalizado, transforma-se em lazer. Horas de lazer, e não de ócio, como afirmavam Marcuse e Hannah Arendt. Portanto, reino da necessidade, e não da liberdade, como, certamente, diria Marx.

3
NARRATIVAS

Narrativa do Sr. Walter Lucke

Eu tinha me formado na especialidade ferroviário, na Escola Profissional Secundária de Rio Claro. E dados os bons resultados obtidos [com essa especialidade ferroviário], no fim de 1934, a Companhia Paulista de Estrada de Ferro resolveu instituir escolas para a formação de ferroviários. E fez um convênio com o governo do estado. O governo do estado daria as aulas teóricas de manhã, mandaria os professores lá na escola industrial, a Escola Profissional Secundária de Rio Claro. E a Companhia Paulista de Estradas de Ferro daria a oficina, os instrutores e as aulas de tecnologia. Tanto que as aulas de física aplicada à indústria eram ministradas por engenheiro da Companhia Paulista de Estradas de Ferro.

Em 1942, quando fundaram o Senai, foi instituído o imposto Senai, que era um imposto sobre a folha de pagamento. As empresas que mantinham escola própria ficaram isentas de 80% do imposto. Pagaram só 20%. E assim eles foram aumentando as escolas. Ultimamente eram 36 empresas, das maiores, como a Camargo Correa. Todas tinham escola particular. Elas eram isentas de 80% do imposto. Isso em 1942, na fundação do Senai. Nós, aqui, já participamos. O nosso instrutor-chefe, José Guarnieri, ficou um ano trabalhando em São Paulo, fazendo aquelas séries de desenhos para mecânica, para torneiro, com as dificuldades de ofício. Ele participou. Ficou um substituto aí e ele foi para lá. Ficou um ano. Ele era instrutor-chefe aqui, da nossa escola. Fundador da escola, praticamente. Ele que montou tudo aqui.

Em 1942, portanto, veio esse imposto e, em 1946, as escolas passaram inteiramente para as ferrovias. Já havia em Sorocaba, que foi a primeira, havia em Jundiaí, e em Rio Claro, da Companhia Paulista de Estrada de Ferro, havia em Araraquara, da Araraquarense, em Botucatu, da Sorocabana, também, e Campinas, da Mogiana. Todas essas escolas passaram inteiramente para a ferrovia.

Nós aproveitamos ex-alunos, funcionários, que tinham capacidade para ensinar português, matemática. Eu, por exemplo, fui nomeado professor de matemática. Eu era professor de desenho técnico. Passei a ser professor de matemática. De desenho técnico foi um desenhista da seção de desenho. Isso em 1946.

Como a escola desligou-se da profissional secundária e do governo do estado, ela passou a ser fiscalizada pelo Senai. O Senai apenas fiscalizava nossas escolas ferroviárias. Elas eram mantidas totalmente pelas ferrovias. E os inspetores do Senai freqüentemente vinham aqui. Todo mês, quase. Faziam os exames de admissão e tudo mais. E começaram aí a nos devolver aquela prestação de mão-de-obra.

Muitos panfletos, muitos programas, nosso material era impresso pelo Senai. E aquilo nos favoreceu também. O ensino passou a ser padronizado. Porque era um ensino especialíssimo. Não havia um programa completo de cada matéria. Nós ensinávamos só o que achávamos que era interessante para o profissional. Por exemplo, a física aplicada à indústria: eu passei a dar essas aulas porque os engenheiros não tinham mais tempo para dar. Foram designados para outros postos mais elevados. Não podiam. Eu passei a dar essas aulas de física mecânica. Era a aplicação dos princípios de física à indústria mecânica. Aparelhos de levantamento, de tração etc.

E assim nós passamos a formar técnicos, em vez de artífices, porque eles tinham bons conhecimentos teóricos sobre os ofícios. E muitos deles foram para outras empresas e chegaram a altos postos. Foram para o exterior. Eu mesmo fui para o exterior. Fiz estágio na ferrovia inglesa. Isso em 1946, quando passou totalmente para a Paulista.

E aí prosseguiu até a década de 1960. Sempre naquele mesmo ritmo. Mas no fim da década de 1960, ainda antes de sair, eu era o representante de empresa no Senai e propus um aumento das escolas. A de Jundiaí eu aumentei até o prédio! Nós vínhamos, por mais de trinta anos, aceitando trinta alunos por ano. Passamos a admitir setenta. Instituímos cursos de caldeiraria.

Nós costumávamos passar para a caldeiraria os que não tinham muita habilidade na mecânica, os últimos alunos. E isso tornou-se contraproducente, porque eles ficavam desanimados e muitos até saíam da empresa. Queriam ser mecânicos e não caldeireiros. Então foi fundado o curso de caldeireiro, aqui e em Jundiaí. Mas, infelizmente, dois ou três anos depois, a secretaria de São Paulo fechou todas as escolas. Isso foi mais ou menos em 1970/1971, quando se formou a Fepasa. Não sei exatamente o ano. Mas o curso de caldeireiro era de 1967 ou 1968, e, dois ou três anos depois, fecharam as escolas.

Essa é a cronologia do curso. Foi de alta conveniência para as empresas ferroviárias, porque depois passaram a ter dificuldade, tanto que reiniciaram há poucos anos esses cursos de treinamento, apenas, e que não são iguais aos nossos. O próprio Senai não seguiu o nosso modelo. O Senai recebia os aprendizes das indústrias para dar um treinamento muito mais suave, mais fraco do que era a nossa escola. Nossa escola era de período integral. Três e quatro anos. Três para e ferreiros e marceneiros, e quatro anos para mecânicos.

Eram bem formados os alunos. Trabalhavam mesmo, produziam peças e recebiam um salário da empresa. Tinham que trabalhar. Nós construímos vagões, construíamos carros! Íamos lá dentro das oficinas trabalhar, construir carros. Naquele tempo estavam construindo carros de madeira e os alunos participavam disso. Construção de carros e vagões.

Eu nasci em Cordeirópolis, mas vim para cá com quatro anos. Meu pai mudou-se para cá. Eu tinha quatro anos. Fiz o grupo escolar e fiz a escola profissional secundária. Porque naquele tempo, os dois ginásios que havia em Rio Claro eram particulares, eram pagos: o do Coronel Joaquim Ribeiro e o das Irmãs. Então, a maioria ia para a Escola Profissional Secundária e de lá para as mais diversas profissões [risos]. A maioria não seguia a profissão aprendida lá. Eu tenho um vizinho, aqui, que é até dentista. É formado lá, na profissional. Fiz o curso primário de 1927 a 1930. Ficava no meio do quarteirão. Eram quatro salas de aula só. Era o terceiro grupo escolar. Tinha dois grupos lá no centro e esse terceiro, com quatro salas apenas. Concluí o curso e passei um ano trabalhando com um irmão. Eu tinha um irmão formado na Escola Profissional e ele trabalhava e eu ajudava. Ele era serralheiro. E vira pra cá, vira pra lá, no fim eu preferi fazer o curso lá também. Mas infelizmente, quando eu entrei, em 1932, foi o ano da Revolução, foi um ano quase perdido. Depois, em 1933, eu fiz um ano. Em 1934 passei para o outro curso, especializado em ferroviário. Concluí a Escola Profissional secundária, mas na especialidade de ferroviário. Não nos próprios cursos dela. Entrei no próprio curso que ela já tinha, mas no decorrer do meu período de formação, lá, eu passei para a especialidade. Então eu tenho a especialidade de ferroviário. Esse curso era trabalhado na escola da Paulista. Desde o primeiro dia. Eu entrei em 1932, fiquei um pouco lá e depois passei para cá. Mas a escola, aqui, era muito superior. Havia um instrutor para cada dez a doze alunos. E nós fazíamos peças especialmente desenhadas, cada uma apresentando uma dificuldade da profissão. Entendeu?

Eu resolvi fazer o curso de ferroviários porque o único lugar que dava emprego aqui em Rio Claro, estável e mais ou menos bem remunerado, era a Companhia Paulista de Estrada de Ferro. Naquele tempo havia poucas indústrias aqui em Rio Claro. Depois da ferrovia, tinha que optar pela Cervejaria Rio Claro. Muitos jovens foram para lá. Ou outras pequenas indústrias, como Bruno Meyer, onde meu irmão mesmo trabalhou quando se formou na Escola Profissional Secundária, em 1926. Mas, naquele tempo, a melhor oferta era lá mesmo, na ferrovia.

Eu nunca tive parentes trabalhando na ferrovia. O que era coisa rara. O próprio Senai, os inspetores do Senai que vinham aqui fazer os exames de admissão, eles faziam uma coleta de dados pessoais, profissionais, até dos pais e de outros parentes, possíveis funcionários ferroviários. E eles davam preferência a quem tinha parente ferroviário. A Paulista sempre teve uma tendência maior de empregar os filhos dos próprios ferroviários. Porque os empregados eram muito estáveis. Quem entrava ali não saía mais e eles procuravam até facilitar a construção de casa própria, para prender mais ainda o funcionário na terra, aqui.

Mas muitos foram embora. No período da Guerra, por exemplo, São Paulo atraiu muitos profissionais, porque tinha que fazer muita coisa que, antes, era importada. Muitos daqui se foram. Chegamos a perder mais de 60% em cada turma. Alunos formados! Eles iam embora para São Paulo. Depois de formados eles iam embora para São Paulo. As festas de formatura recebiam visitantes de Volta Redonda, da Vale do Rio Doce, que vinham aqui convidar os formandos para trabalhar.

Eu, depois que eu fui instrutor – fui formado na escola e me tornei instrutor, na escola –, fui professor de desenho técnico. Depois que passou inteiramente para a Companhia Paulista de Estrada de Ferro eu fui professor de matemática. Eram muitas aulas! Depois, com a saída dos engenheiros, eu dei também aula de física. E quando o nosso instrutor do curso de eletricista foi fazer um estágio no Rio, na Light, durante um ano, eu dei as aulas de eletricidade, enquanto ele fazia o estágio. Era o Giocondo Carrocinni. Já faleceu. Era instrutor-chefe. Faz uns três anos que faleceu.

Mas os alunos foram muito bem aceitos, aqui e em outras firmas. Outras firmas estavam, insistentemente, convidando esses alunos.

Depois que eu fiz o estágio na Inglaterra, em administração de oficinas ferroviárias, passei para a seção técnica, para chefe da seção técnica. Tratava de todos os assuntos novos. Tudo que era novo, que tinha que construir ou consertar, a minha seção é que fazia isso. Eu tinha oito desenhistas muito bons, orçamentistas, e um grupo que cuidava do material rodante: recolhimento de vagões para consertar ou transformar carro de passageiro. Eu lidava o dia inteiro com isso. Desde as seis da manhã até seis, sete da noite. Fiquei nove anos nessa seção.

Depois, eu passei para mestre-geral da oficina. Aqui, eu quase não tinha mais tempo de dar aula. Tanto que eu larguei da matemática. Na seção técnica, como chefe de seção, o meu cargo era de auxiliar técnico. Depois, com a encampação da Paulista, e também da Mogiana, em 1961, pelo governo, houve uma reestruturação. Igualaram os ordenados, as categorias. Muitas categorias foram abolidas, outras foram introduzidas. E eu passei a assistente técnico, como chefe de seção técnica, para depois passar a chefe-geral.

Nesse período, durante 12 anos, a cada três anos eu escolhia os melhores alunos formados nos últimos três anos e dava, diariamente, uma aula, logo de manhã, quando entravam. Assim, durante seis dias na semana eu dava duas aulas de matemática, duas de inglês e duas de tecnologia, para aprender usar livros ingleses, livros de tecnologia em inglês.

A primeira turma peguei quase todos já formados na escola, que já, praticamente, estavam encaminhados para a chefia, e eles ficaram aí. A segunda turma, já uma parte foi embora. Logo que eu dei os três anos de aula, foram embora. E a última turma foi quase que totalmente embora. Isso foi mais ou menos entre 1957... 1960... 1966, por aí. Eu dava aperfeiçoamento aos ex-alunos da escola, funcionários da Paulista. Toda manhã dava uma aula para ensinar ler livros técnicos. Especialmente para isso: para leitura de livros técnicos. E esses alunos é que eram mais visados pelas outras empresas. Os primeiros já tinham postos de comando. Mas a segunda turma, não tanto. E a última, eram pessoas que mal estavam começando a vida profissional. E foram levados, todos, embora. Uns dez deles foram para Vitória, na Vale do Rio Doce. Porque coincidiu uma época em que nós estávamos trocando os freios – eu acho que foi em 1960, mais ou menos. Coincidiu que, nessa época, eles lá, também, precisavam de técnico de freio e vieram buscar aqui. Eles iam trabalhar lá e estão muito contentes, até hoje.

A Paulista sempre manteve uma certa compressão no salário. Pagava bem melhor aos trabalhadores braçais do que qualquer outra empresa, mas não pagava tão bem aos dirigentes, chefes e mestres, como as outras empresas pagavam. E geralmente eram esses que iam embora. Foram para São Paulo. Muitas empresas têm gente nossa, a Singer, em Campinas – um dos nossos alunos foi para a Singer, em Campinas. Está aposentado pela Singer. Esteve na Alemanha por conta da empresa, esteve na Índia. Outras grandes empresas de São Paulo têm gente formada aqui. Esse Torreta, que às vezes aparece na televisão, um grande inventor de aparelhos, apetrechos e dispositivos, lá na Sabesp, e já apareceu duas vezes na televisão, foi aluno nosso. Ele foi embora para trabalhar na White Martins. E acho que, depois, não deu certo lá, ou se aposentou lá. Eu sei que ele entrou nessa Sabesp e é um homem *fa tutto* lá, sabe? Tudo que precisa, apela para ele e ele inventa [risos]. Humberto Torreta. Foi aluno meu. Muitos alunos meus estão muito bem em outras empresas. Geraram carreiras brilhantes.

Como eu falei, nasci em Cordeirópolis, em 1919. Meu pai era comerciante em Cordeirópolis. E era sócio de um irmão dele. Quando encerrou o negócio, ele mudou-se para cá, para dar mais futuro aos filhos. Porque Cordeirópolis, naquele tempo, era muito... era distrito de Limeira e não tinha muito que fazer lá. E aqui nós pudemos freqüentar a Escola Profissional. Meu irmão se formou em mecânica. Está aposentado, hoje, na Getúlio Vargas, em São Paulo, como mestre. Ele fez concurso, entrou em São Carlos, quando fundaram a Escola Profissional de São Carlos. Depois ele foi para São Paulo. Aposentado da Getúlio Vargas, Escola Técnica Getúlio Vargas.

O nome Lucke é de origem alemã. Meu pai e minha mãe eram alemães. Eles vieram crianças, ainda, com doze ou treze anos. E, em princípio, eles trabalharam em fazenda na região de Cordeirópolis e, depois, se estabeleceram na cidade. Meu pai veio em 1876. Eu tinha uma revista alemã que trazia o registro da saída deles de lá, o lugarzinho onde ele nasceu lá – tem um histórico da cidade, bem escrito. Eu tenho a revista aqui em casa.

Meu pai teve doze filhos. Casou-se a primeira vez, teve um casal. Depois ficou viúvo. Casou-se a segunda vez e teve mais cinco casais. Eu sou o caçula. E esses últimos tiveram, nós últimos, tivemos oportunidade de fazer uma escola. Os mais velhos não tiveram. Cordeirópolis não tinha o que fazer, não tinha muita oportunidade.

Mas se saíram bem na vida. Eu tenho um irmão que sempre trabalhou em escritório e foi para São Paulo, era contador em São Paulo. Fazia a contabilidade de várias pequenas lojas e outras prestadoras de serviços etc. Viveu bem. O único que ficou comerciante foi o irmão mais velho, que era dono do bar da estação de Cordeirópolis. Atearam fogo num pequeno quiosque que tinha ali na estação. Queimaram tudo! Isso foi agora. Era uma construção que estava resistindo ao tempo. Feito de madeiras boas, antigas, azulejo importado. Estava fechado porque não havia mais bar ali. Eu mesmo trabalhei com ele, lá, em 1930. Queimou! Está queimado! Você passa lá e vê, tem só a paredinha de azulejo. Nada mais!

Eu morei seis meses em Londres, estagiando numa oficina ferroviária, em 1954. Ganhei uma bolsa do Conselho Britânico, The British Council. Fiz uma entrevista com o diretor da Cultura Inglesa, em São Paulo, e ele me propôs um estágio nas ferrovias britânicas. Eu escolhi o assunto: administração de oficinas ferroviárias. Passei por uma oficina de seis mil empregados. Trabalhava com preparação de carros e vagões. Ficava duas, três semanas em cada seção. E quando via alguma coisa interessante, visitava a firma fornecedora.

Quando voltei, eu me desliguei da escola. Passei para a seção técnica. Fiquei nove anos, depois me desliguei da seção técnica e fiquei na administração geral da oficina por mais seis anos, mais ou menos.

Quando entrei na Paulista, no primeiro ano eu trabalhei na oficina, como aprendiz adiantado, que foi a primeira categoria que nos deram. Depois, no segundo ano, eu voltei para a escola como auxiliar de instrutor. Eles puseram dois alunos, dois ex-alunos como auxiliar de instrutor. E ali eu comecei a substituir os professores. Os alunos da Escola Profissional tinham muita regalia. Faltavam nas aulas, mas não tinham prejuízo. E eu comecei a substituir – o engenheiro me dava uma compensação – para os alunos não ficarem na rua.

Primeiro eu substituí na matemática. Depois eu fui nomeado professor de desenho técnico. Eu tenho documento de nomeação pelo governador de São Paulo, aquele que fundou a Escola Agrícola de Pirassununga. Como é que se chamava? Ele era muito famoso, foi um grande governador do estado. Se não me engano, naquele tempo não era por eleição, era Getúlio quem designava. Foi em 1944 que eu fui nomeado. Me lembro: Costa, Fernando Costa.

Fui nomeado professor de desenho. E foi um começo já, uma preparação de passagem da escola para a Paulista. Eu era instrutor, pela Paulista, mas dava as aulas de desenho técnico pelo governo do estado. Não eram muitas aulas. Eu era auxiliar de ensino de lá. O professor de desenho havia morrido, um professor de Bauru, e o professor de plástica foi nomeado professor de desenho. Ele já era funcionário quando a plástica foi suprimida e ele foi nomeado para desenho técnico. Mas, aqui, eu é que fui nomeado. Aqui, na Escola Ferroviária. Na Escola Profissional foi o ex-professor de plástica. Ele fazia trabalhos em barro. Ele é que passou a substituir o professor de desenho técnico de lá. Mas as aulas, aqui, passaram para mim, já visando, dois anos depois, à passagem de toda a escola para a ferrovia. Agora, no passar para a ferrovia, mudou. Como eu tinha uma vocação para matemática, eu passei a dar todas as aulas de matemática. E me tomava todo o tempo. Aí eu não era mais instrutor. As aulas de desenho passaram para um desenhista. Depois o engenheiro também não pode mais dar aula de física, eu passei a dar aula de física.

O conteúdo das aulas não tinha ligação nenhuma com o ofício. Eu modifiquei isso. E o Senai aprovou plenamente porque, pouco tempo depois, editou um livro assim [com conteúdo semelhante]. Eu não dava aula dizendo que a área de um quadrado era o quadrado do lado, ou que a área do triângulo é isso, que a área de um losango é aquilo, sem relacionar. O problema era: uma sala de tanto por tanto, quantas tábuas de tanto por tanto precisa para assoalhar? Era assim. A linguagem passou a ser profissional. Até houve um professor de matemática que dava as aulas de geometria assim: "Hipótese A, B mais B e tese...". Os alunos não entendiam nada! E se entendiam, não conseguiam ligar com a profissão. Eu fiz a ligação com a profissão.

A partir do início de 1946, a escola passou inteiramente para a Paulista. Os professores eram nossa gente, aí, da oficina. Professor de desenho era um desenhista, o professor de português era o professor chefe da escola, o diretor da escola. E tinha o instrutor-chefe, o Giocondo, que comandava os instrutores. O professor de português, Rodolfo Calligaris, dava uma meia dúzia de aulas e dirigia a escola. Era um bom professor de português. E eu era professor de matemática. Nós trabalhamos juntos nove anos. Foi até 1954, quando eu sai da escola. Eu fui para a Inglaterra em 1954 e, quando voltei, fui trabalhar dentro da oficina, na seção técnica.

Quando eu fui para a Inglaterra, fui como funcionário da Paulista. O diretor da Cultura Inglesa em São Paulo me entrevistou e ofereceu-me uma bolsa de estudo, um estágio lá. Em consideração à empresa, que era muito idônea, muito conhecida. Ele mesmo admirava muito. Ele fez questão de me encaminhar. Tanto que a entrevista foi em junho, eu recebi a aprovação em dezembro, e fui em março. Fui em março de 1954 e fiquei até setembro.

Na volta, eu fiquei na seção técnica. Mas o engenheiro disse que não queria que eu parasse de dar aula. Pediu-me, então, uma solução. Em conjunto com ele, nós decidimos fazer uma espécie de curso de aperfeiçoamento dos melhores alunos. A cada três anos eu escolhia um grupo de dez ou doze, dos melhores alunos. Formei três turmas. Nove anos! Os nove anos que eu estive na seção técnica, de 1954 a 1963, eu dei essas aulas.

***

Para passar para o curso de ferroviários foi muito difícil! Era um processo de seleção bastante difícil. Provas escritas de português, de matemática e outros assuntos, e um exame médico rigoroso. Era feito no posto de saúde local. Eram 76 candidatos para 32 vagas. Havia, também, o psicotécnico. É como o de hoje, de... de montar pauzinhos, explicar certas formações. É o psicotécnico, psicologia aplicada às profissões. A Paulista [Fepasa] adota muito hoje, nesses cursos de treinamento que ela faz para maquinista e outros.

No curso, tínhamos português, matemática, desenho técnico e tecnologia de ofício. Mas a tecnologia de ofício, naquele tempo, era praticamente desconhecida. E os professores designados foram os professores de marcenaria, de mecânica, que tinha lá, na profissional. E eles não tinham conhecimento. Eles tiveram a mesma dificuldade que nós, alunos. Praticamente nós aprendemos juntos. E nunca eles tinham pegado num livro também, da profissão. Nem havia livro da profissão. Foi, verdadeiramente, o nascimento da tecnologia aprendida para ser aplicada na profissão. Já havia uma equipe [do CFESP, do Mange]. Havia uma equipe, sim, mas eram, também, profissionais recrutados dos ofícios, que também não tinham conhecimento técnico. Eram profissionais muito hábeis. Um deles era um profissional muito competente, dava opiniões muito acertadas e nos ajudou muito. Não me lembro o nome dele, agora. Ele vinha freqüentemente aqui, quase todo mês, para, como se diz, inspecionar e nos orientar na parte do curso de ferroviários, nos anos 30. Tinha um engenheiro, também, Dr. Ermenegildo. Depois, com a formação do Senai, apareceram outros. Nós mesmos, aqui da Paulista, treinamos cerca de quarenta candidatos que o Senai admitiu. Eram, na sua maioria, professores normalistas. Não tinham a mínima idéia de profissão. E havia até desistente de curso de engenharia; tinha um até que desistiu do curso de padre. Desistiu do seminário para entrar no Senai.

Esse grupo de uns quarenta veio fazer um estágio aqui. E nós, aqui, nossa escola, foi escolhida para treinar o pessoal para o Senai. Eles ficaram aí, fizeram um trabalho de marcenaria, de mecânica, de tornearia, de ferramentas e, depois, três deles ficaram inspetores aqui. Depois que se formou, o Senai passou a nos fiscalizar e a nos orientar, fazer admissão. E eles, o professor Campos, que era o diretor do setor ferroviário no Senai, o professor Gentil, que era auxiliar dele, e mais um, que era psicólogo com estágio na França, vinham fazer a admissão dos alunos. E ele [o psicólogo] aplicava os testes psicotécnicos para a admissão. Não me recordo o nome dele. Trinta anos que eu participei, que eu fui amigo dessa gente!

E nós preparamos esse pessoal pouco antes de o Senai entrar em funcionamento. Os empregados já tinham sido admitidos. Deve ter sido no fim de 1941. Logo depois eles assumiram suas funções no Senai. Eles foram dispersados. Muitas vezes que eu fui ao Senai, ali na Monsenhor Andrade – a escola principal deles é ali –, muitas vezes que eu fui nessa escola eu encontrava os outros que estiveram aqui. Mas os três que estiveram aqui, que nos visitavam, que foram inspetores do Senai, eles ficaram conosco uns trinta anos. O Gentil foi, certa vez, recrutado para o governo do estado. Ele conhecia muitas leis de escolas, professores, diretores, e foi recrutado pelo governo do estado. Ele trabalhou ali, acho que na região dos Campos Elíseos, no setor que controlava as escolas profissionais do estado. Era tudo concentrado ali. Ele trabalhou muitos anos ali. Depois voltou para o Senai. Quando o governo modificou a lei, em 1966, estabelecendo que aqueles 80% de impostos que não eram pagos tinham que ser contabilizados em ensino, esse abacaxi caiu na minha mão. Eu fui nomeado representante da empresa no Senai, porque eu já estava ligado a eles havia trinta anos. Fui nomeado representante no Senai e passei a organizar tudo isso. Foi quando eu aumentei a escola em Jundiaí, aumentei o número de vagas nas escolas. Nessa época eu tinha constantes reuniões com os representantes do Senai. Vinha esse doutor Renan – eu acho que era ele –, era o Renan, que vinha do Rio, e era do Senai e nos dava instruções, fazia preleções.

Eu estive uma semana em São Lourenço, no Hotel Brasil, tratando de assunto de ensino profissional dentro da empresa. Havia 36 empresas representadas. Eu fui representando a Paulista. Tinha da Camargo Correa, da antiga Chesf, de várias empresas. Isso foi em 1967. O Senai estava fazendo 25 anos. Até me deram um diploma e uma medalha de ouro: "Colaborador do Senai".

Lá nós nos dividíamos em grupos para estudar as diversas fases da preparação do aluno, para formar artífice. Cada grupo tinha um representante do Senai. E aqueles resultados foram, depois, transmitidos às empresas, as 36 empresas. Eu conheci os outros que, como eu, também tratavam das escolas nas suas empresas. A Camargo Correa até projetou filmes para nos mostrar como eles faziam treinamento pessoal.

Eu estive, também, em Ilha Solteira, três dias em Jupiá. Estavam já colocando as máquinas em Jupiá e haviam desviado o rio em Ilha Solteira. Eu vi o rio, lá: era uma pedra só! Você não via uma trinca. Era uma pedra só! O rio estava desviado para eles começarem a barragem. Nós estivemos três dias lá, também com várias empresas reunidas para discutir assunto de ensino dentro da empresa.

Isso também foi naquela época, em 1967. E freqüentemente o Senai nos convidava. Visitei uma escola de relojoeiro que tem na Mooca. Totalmente doada pelo governo suíço. O Mange era suíço, não é? Eu visitei essa escola, com todo equipamento para formar relojoeiros. Na década de 1960. Deve ser 1966, 1965 que eu visitei, na Mooca. E outras. Eu participei de muitas outras reuniões do Senai, lá em São Paulo.

Como eu disse antes, o curso de ferroviários foi criado em 1934. A primeira turma é de 1935. No início, as aulas eram dadas na Escola Profissional. Era de responsabilidade deles. Os professores eram pagos pelo estado. Isso, até 1946. Depois, o curso passa inteiramente para a Paulista. No início, as aulas de tecnologia de ofício eram dadas por professores de lá, mas verdadeiramente o que nós aprendemos de tecnologia foi com os engenheiros [da Paulista] nas aulas de física. O que era dado aqui, tanto a parte prática como a parte teórica, é muito superior ao que é dado lá. Nem se compara! Tanto que eu entrei lá para aprender um ofício. Era como qualquer outro. Mas quando eu tive contato aqui, com os engenheiros e os instrutores daqui, deu outro ânimo, sabe?! Foi como acender o pavio de um rojão [risos]. A nossa escola era modelo! O Senai trazia visitantes do exterior para ver nossa escola aqui. Foi um pecado fechar uma escola como essa.

Além dos alunos próprios da escola, nós começamos a formar grupos de praticantes, ajudantes, trabalhadores braçais que eram inteligentes. Começamos a formar cursos de aperfeiçoamento. Chamava-se curso de aperfeiçoamento. E aqueles professores tinham que vir aqui, porque eles [esses alunos] eram funcionários e o curso era dado nas horas de serviço. E eles [os professores] falhavam muito, sabe? Não apareciam com muita freqüência não. As aulas de ginástica, também, eram dadas por um professor que vinha de lá. Era só futebol! Eles ficavam só assistindo.

Depois mudou. Passou tudo para a ferrovia, e a coisa ficou puxada em todos os sentidos. Tinha a disciplina de higiene. Foi muito interessante. Higiene no trabalho. Primeiro foi o Dr. Vasco de Silva

Melo. Ele era pago pelo governo do estado. Não era contratado pela... era médico da cidade. Ele não tinha nada com a escola. Era pago para dar aula e ganhava por aula. E o que a gente perguntasse para ele, ele explicava. Qualquer doença, qualquer problema. Ele saía do programa e explicava tudo. Muito interessante! O médico seguinte não foi tão profícuo assim. Ele seguiu o programa e os alunos não tinham tanta intimidade para fazer uma pergunta fora do programa. No nosso tempo, quem dava aula era o Dr. Vasco. Depois veio esse outro. Mas, quando passou para a Paulista, quem dava aula era o Dr. Marcos Fitipaldi, que era médico dos ferroviários, era médico da Caixa dos ferroviários. Ele é que passou a dar as aulas de higiene.

Então, quando começou o curso, em 1935, as matérias que eram trabalhadas na escola, todas elas eram desenvolvidas por professores da escola, da Escola Profissional Secundária. Os instrutores da Paulista só atuavam nas oficinas. Os instrutores, dados pela oficina, ensinavam o ofício. Esses eram todos da Paulista. Na parte prática não tinha ninguém da Escola Profissional. Era muito mais eficiente porque, lá, as instalações, por exemplo, os alunos não tinham um lugar. Enquanto um trabalhava, o outro tinha que esperar. E aqui não. Aqui cada aluno tinha o seu lugar, definitivo, permanente. Isso é fundamental! Um não usava a ferramenta do outro.

E o espaço da escola não se misturava com a oficina. A escola ficava naquele extremo ali. Aquele canto extremo da avenida 22 com a rua 2-A. Abriu um espaço grande, ali, e estabeleceu a escola. Tinha entrada fácil pela avenida 22. Os alunos não entravam na oficina. Entravam diretamente na escola. Tinha ligação, mas a entrada e a saída eram separadas. Os alunos, todos, tinham aulas práticas nesse espaço. E a Companhia pagava um pequeno salário a cada um. Nós fazíamos peças para uso da empresa. Tinha o estágio nos diversos setores da oficina, mas o estágio da primeira turma, que já era grande parte de lá, [refere-se a alunos com passagem pela Escola Profissional] que já tinha conhecimento do ofício, foi para trabalhar mesmo. Reconstruímos vagões e construímos carros, como alunos, antes de terminar o curso. Não era ficar olhando, não! O estágio não era brincadeira. Eu não sei depois, nas outras turmas, parece que suprimiram o estágio. Eu não tenho bem lembrança disso.

O estágio se fazia com pequenos grupos, em cada seção, segundo a área de formação, e iam se revezando. O instrutor tomava conhecimento, mas não ficava lá, junto com eles. Eles ficavam lá sob a chefia do próprio mestre da seção. Ele é que conversava com os alunos, explicava e mostrava a coisa. Se os alunos perguntassem, eles atendiam. Nós, da primeira turma, já tínhamos um conhecimento profissional. Já tínhamos um ou dois anos lá. Então já podíamos produzir, depois de um ano ou dois ali.

No início, as disciplinas teóricas contribuíam muito pouco para a formação técnica do aluno. Muito pouco, porque eram como que compartimentos estanques, o aluno não tinha uma idéia geral nem sabia como aplicar aquilo na profissão. Foi depois que passou para cá que nós orientamos nesse sentido, de o aluno empregar todo conhecimento teórico na profissão, diretamente. Tanto que, na matemática, por exemplo, eu dava aritmética, geometria, mas tinha que dar trigonometria por causa da mecânica, que lidava com as engrenagens e outras coisas. Tinha que dar álgebra, para entender os livros técnicos, com as fórmulas empregadas na profissão. Não era como os professores de lá, que vinham e davam matemática "a eito". Não, nós dávamos aqui, ali e lá, porque era necessário para as profissões.

A raiz quadrada, por exemplo, tinha aplicação no trabalho, como não? A raiz quadrada é uma operação inversa. É muito comum a operação oposta a ela: quadraturas e outras coisas. Mas a operação inversa de extração da raiz já é mais raro, não é? Mas a gente fazia o emprego dela, não tenha dúvida. Pelo menos a parte que me coube a partir de 1946, eu fiz tudo de acordo para introduzir mesmo a matemática nas profissões.

[O aluno saía do curso de ferroviários] não digo engenheiro, mas com uma posição média. Ele tinha um conhecimento prático que o engenheiro não tinha e um conhecimento teórico que o artífice não tinha. E foi com essa finalidade mesmo que foi fundado esse curso, para conseguir pessoas de um nível médio que pudessem fazer a ligação do engenheiro com os artífices. Esse era o objetivo do curso.

E conseguiu muito bem na parte que coube à ferrovia. A ferrovia fez tudo que pôde para conseguir. Tal é o sucesso de toda essa gente que saiu daí. Mais ou menos uns 30% não ficaram na empresa.

Eu, antes de sair, tive que ir largando meus cargos aos poucos para entregar a direção das oficinas para aqueles novos engenheiros que vinham aí. Porque eu era o substituto eventual do chefe das oficinas. E tinha minha representação no Senai. [Para essa função] eu tive que preparar um outro, que era formado na faculdade de pedagogia. E esse moço eu fui preparando. Eu o levava comigo, às vezes, às reuniões, para ele tomar conhecimento. Ele fazia toda a parte escrita que eu precisava. Na minha seção mesmo. Ele era funcionário da minha seção. E antes de sair tive que encaminhá-lo. Ele foi fazer exame no Senai para ser chefe do Departamento de Ensino. Ele saiu aposentado com uma categoria acima da minha. José Monteiro Filho, já falecido. Morreu com cinqüenta anos. Já estava aposentado quando morreu. Ele era formado na faculdade. Ele trabalhava de dia aqui e lecionava de noite em Piracicaba, na Universidade de Piracicaba. E eu falei para ele: "você não pode trabalhar de chinelo durante o dia e de sapato à noite. Você quer seguir a carreira aqui dentro, você tem muito futuro". Garanti isso para ele. Eu saí aposentado, e ele foi sozinho. E foi mais até do que eu falei para ele.

Antes de sair, fiquei subordinado por mais de um ano ao diretor do pessoal, para dar início à divisão de ensino e treinamento. Ajudei a abrir salas de aula em Campinas. O Dr. Costallati que era o diretor de lá, Renato Costallati. Ele que fez aquele relógio de tempo lá em Campinas. Ele era engenheiro da Paulista. E em Bauru, também, nós começamos salas de aula.

E eu, com aquele moço, eu já fui encaminhando logo. Ele foi fazer exames no Senai. Ele concorreu com dois advogados de Jundiaí, da Paulista. E ganhou. Ele ficou chefe da Divisão de Ensino, que era um dos serviços que eu estava fazendo. Quer dizer, chegou num ponto que já precisava uma pessoa só para aquilo. Então, eu preparei a nomeação desse moço. O Senai exigia exame, foi fazer o exame.

A minha função era mestre geral. Eu cuidava da oficina. Eu era o segundo homem da oficina, mas prestava esse serviço na Divisão de Ensino. Eu participei de comissões. Fui nomeado pela diretoria para a Comissão de Integração da Contabilidade, da parte interna, da Companhia Paulista. Porque a oficina fazia tudo para todos. Mas eu participei, também, da comissão que dava atendimento às solicitações de correção das promoções. Tinha um advogado de São Paulo, tinha um diretor de pessoal, eu, como representante da diretoria, e tinha um representante do sindicato. Nós examinávamos a solicitação do sujeito que se queixava que não tinha promoção, que outro foi promovido e ele não. Nós íamos examinar, no Departamento Pessoal, o caso dele e dar uma resposta para ele. Recebíamos a carta, estudávamos o assunto e respondíamos a carta. Eu era representante da diretoria. Tinha o advogado, que era da parte jurídica, tinha o diretor de pessoal, que era do departamento que cuidava disso, que fazia as promoções, e tinha o representante dos empregados. Eu fui preposto da empresa aqui, na Justiça do Trabalho. Quando fundaram a Justiça do Trabalho aqui, eu fui preposto por três anos. Foi um pouco antes de 1960.

Quando passei a mestre-geral eu falei que não podia mais fazer isso. Então puseram um chefe do escritório de pessoal para atender. Eu não gostava daquela atividade. Não era meu gênero. Eu presenciei muitas coisas e não achava que aquilo era justiça do trabalho. Estava muito rudimentar naquela época. E eu nunca gostei de participar de coisas assim. Para mim, ou é ou não é. Empregado, quando vinha reclamar comigo, eu tomava a queixa dele, mandava o Departamento Pessoal nosso examinar a posição dele em relação a todos da mesma categoria, da mesma função, com o mesmo tempo. Entendeu? Depois chamava o rapaz para justificar a situação dele. Se tiver uma nota, nota dada pelos chefes e você está em quinto lugar, enquanto eu não promover quatro, não posso promover você. Não podia, individualmente, já ir dando uma promoção para o sujeito. Tinha que comparar ele com os outros, para não quebrar a hierarquia, para não quebrar as regras, o regulamento, que a empresa mantinha, sempre, com rigor.

E assim por diante. Muitos casos agradáveis, outros desagradáveis. Muitas vezes ia pessoa que merecia, mas não podia fazer nada por ela. Depois que passou para o governo, mudou o sistema de mérito. Ficou uma coisa muito, vamos dizer, burocrática. E a coisa aparecia para o empregado como ele era visto pelo chefe e ele não concordava com aquilo. E vinha brigar comigo, em vez de brigar com o chefe [risos]. Nessa época a minha função era de mestre-geral. E eu não podia modificar o sistema. Eu fiz uma proposta à diretoria e recebi um voto de louvor. Na minha *fé-de-ofício* tem um voto de louvor pelo que eu pude modificar. Mas aqui era um sistema estadual, o sistema de apreciação de mérito. Nem a diretoria podia fazer nada.

Você acha justo dar uma nota zero a um pai de família? Eu me insurgi contra isso. Como ele fica diante dos filhos dele se vierem a saber disso? Que poder ele tem sobre o comportamento dos filhos na escola, por exemplo? Eu sei que nunca poderia ser um zero se o homem está trabalhando. E outras tantas bobagens que havia naquele tal de almanaque de promoção! A empresa foi obrigada a usar o almanaque de promoção. Era sistema usado na Sorocabana, no governo do estado, sei lá. A Paulista já não era mais uma empresa privada. Ela passou para o governo em 1961 e eu fui nomeado mestre-geral em 1963. Anteriormente, tudo que acontecia com o empregado era registrado na *fé-de-ofício* dele, em Jundiaí. Era centralizado no Departamento Pessoal. Quando um chefe, aqui, achava que o fulano merecia uma promoção por tais e tais motivos, tinha que pedir a Jundiaí para promover o homem. Eles lá iam ver a *fé-de-ofício* dele. Aprovava ou não aprovava.

Na *fé-de-ofício* era registrado tudo: suspensões, penalidades outras, méritos... Como na minha *fé-de-ofício*, que constou um voto de louvor da diretoria, por eu ter apresentado aquelas observações sobre critérios de promoção. Porque não era, no meu ponto de vista, muito digno de funcionar dentro de uma empresa. Eu comentei vários fatos, inclusive os do zero para o pai de família.

Recebi, também, um voto de louvor do Senai por ter posto, no tempo previsto, todos os encargos da Companhia Paulista de Estrada de Ferro dentro da lei. Eu tive um ano de prazo. A lei começou a vigorar em 1º de janeiro de 1967. E eu tive que voltar atrás para colocar as despesas do ano anterior, tudo na divisão própria. Despesa com pagamento de instrutores, despesa com pagamento de professores, despesa com pagamento de ferramentas, despesa com pagamento de materiais etc. Eu estabeleci verbas. Cada coisa tinha que vir numa verba diferente para ficar registrado na contadoria. Me envolvi com contadoria, me envolvi com almoxarifado, me envolvi com escritório central, em São Paulo. Fui várias vezes ao escritório central, em São Paulo, acertar essas coisas. E fiz tudo isso dentro do tempo que era aquele um ano de prazo. No fim do ano, eu tive que fechar o ano. Os 80% perdoados de imposto do Senai tinham que constar na contabilidade da Companhia Paulista. E eu fiz isso e recebi um voto de louvor.

O meu congênere, da Mogiana, que era um advogado, ele enrolou. Ele tinha umas pretensões de assumir cargo por conta disso. Enrolou e o Senai deu um ultimato a ele: ou ele punha a coisa na ordem ou seria desligado da escola do Senai. A Mogiana não poderia mais deixar de pagar os 80%. Isso o inspetor do Senai me falou. Por isso eles fizeram constar um voto de louvor para mim, porque eu cumpri a determinação do Senai e da lei federal. E o outro lá, que era advogado, não fez. E protelou, e protelou e não fazia, e o Senai fez o ultimato. Deu um prazo para a Mogiana pôr a escrita em dia, provar onde gastou os 80%, ou seria desligada do privilégio de não pagar imposto. Tinha que pagar os 100% do imposto Senai.

De 1942 até 1966, nesses 25 anos de Senai, as empresas que mantinham as suas escolas – 36 empresas – eram isentas de 80% daquela contribuição. Mas não prestavam conta. Tinha a CMTC, de São Paulo, a General Electric... Isso vigorou de 1942 até 1966. Nós fomos avisados já em outubro de 1967 que, a partir de 1º de janeiro daquele mesmo ano... E eu estava, verdadeiramente, metido nisso tudo. A diretoria só me nomeou no meio do ano. Mas eu já fui me preparando, além das obrigações, aqui, próprias da minha categoria, eu já fui tratando do assunto em todos os departamentos em que o ensino tinha despesas.

De 1934, quando foi criado o curso, até 1942, a Paulista fazia tudo por conta dela. Não tinha incentivo. O único incentivo era a formação de profissionais. Mas ela não tinha todos os gastos, também. Tinha a parte teórica que competia à Escola Profissional Secundária.

E foi um grande progresso. Eu fui aluno da primeira turma e posso lhe garantir: fui o primeiro aluno. Minhas notas eram sempre as maiores. Fui o primeiro aluno da primeira turma. Tive pena daqueles professores de lá, que tiveram que ensinar tecnologia, e nunca tinham aberto um livro. Começaram a procurar livro de tecnologia. Um dos mestres, até, veio com um livro italiano que falava de madeira. O outro, como nós estávamos já nas aulas com o engenheiro, aqui, estudando decomposição de forças, aparelhos de levantamento, engrenagens e outras coisas, ele se interessou pelo assunto. Ele era muito amigo meu, meu irmão formou-se com ele e ele sempre me perguntou muitas coisas. Ele se interessou em aprender essas coisas, também. Mas não dava mais tempo. Ele já estava velho na profissão. Era do tempo em que a profissão era apenas uma arte, não tinha conhecimento científico, nada. Era o artista legítimo.

Daí para diante é que a coisa começou a mudar. Foi com o engenheiro que eu aprendi toda a tecnologia. Ele era formado no Mackenzie. E sabia lecionar! Estimulava os alunos. Foi muito interessante o trabalho de física dele, muito interessante! Ele era funcionário da Paulista, engenheiro da Paulista, Vinícius Magalhães, Vinícius da Nóbrega Magalhães. Depois ele foi para a linha. Foi quando o outro engenheiro que veio aqui, o Dr. Fernando Betim, começou a dar as aulas. Mas depois o Dr. Betim começou a se engolfar na administração e não podia mais dar as aulas. Então, pediu para mim, para eu dar as aulas. Eu dei! [risos]. Aulas de física. Eu aprendi muito bem. Eu dei essas aulas por um livro francês que ele tinha. Um livro escrito, um livro feito especialmente para escola militar de Paris. Mas tinha tudo sobre oficina. Uma beleza de livro! Em francês. Eu usei muito o francês nas aulas de eletricidade, de física. O francês é língua irmã. A gente aprende só lendo. Aprende lendo. Vai lendo, lendo, lendo. No princípio só consultava o dicionário. Eu aprendi o inglês, também, assim.

Eu aprendi inglês em 1937. Era aluno, lá, e um dia o engenheiro abriu um livro na minha mesa. Eu me sentava na frente, e ele abriu um livro na minha carteira. O livro era de Millikan, prêmio Nobel de Física. Eu falei para ele: "o senhor tira tudo que dá daí, desse livro, não?". Ele disse: "É, mas esse livro você não pode ler". Eu perguntei: "Por quê?". "Porque é inglês." Aquilo me feriu! Eu estudei inglês três meses, sozinho! Depois dos três meses eu sabia o livro inteirinho! Depois passei a estudar os livros de matemática.

Eu usei o inglês treze anos só para estudar e lecionar. Depois de treze anos é que eu me interessei pelo inglês falado. Havia aí, na oficina, um inglês. Eu comecei a ter contato. Ele começou a dar aula de inglês para alguns mecânicos, que iam ser mandados para os Estados Unidos para acompanhar a construção desses carros azuis, no ano de 1950. Eu falei: agora é minha oportunidade. Todo dia, uns cinco ou dez minutos, eu conversava com ele. E foi indo e, em um ano eu falava bem. Em 1953, fiz a entrevista na Cultura Inglesa e fui aprovado. O diretor ficou interessado em me arranjar um estágio. E arranjou! E lá fui eu.

* * *

Eu, como já disse, entrei como aluno da escola, passei para dentro da oficina como aprendiz adiantado e saí aposentado como mestre-geral. Era o cargo mais elevado. Fui instrutor na escola, fui professor de várias matérias, entre elas, de organização racional do trabalho. É uma coisa que deviam dar. O desperdício que existe aqui, nesse país! Você viu? A engenharia civil perde de 30% a 35% de material. Isso é um absurdo, meu Deus! Isso é um absurdo! Não há reciclagem de material aqui.

Quando eu me aposentei, meu filho havia se formado em engenharia na Unicamp; entrou numa firma alemã e passou dois anos e meio na Alemanha. Lá ele fez de tudo. Trabalhou até em porão de navio, com bota até no joelho, por causa da água, montando e desmontando máquinas. Ele foi lá para meter a mão na massa. Eu falei para ele: "Você já estudou, já se formou, mas não é engenheiro, ainda. Você tem que aprender o ofício, agora".

Ele ficou dois anos e meio na Alemanha. E eu estive com ele lá cinquenta dias. Visitei a firma dele, lá. Tem que ver que beleza! Foi em 1975, já era aposentado. Visitei muita coisa lá. Passeei em oito países com ele. Viajamos muito de automóvel, por lá. A firma dele, a firma muito... firma de família. Ele trabalhou treze anos, aqui, no caminho de Montemor. Hoje ele é diretor superintendente geral de vendas de uma empresa americana. Esteve, no ano passado, na Rússia. Agora vai indo para os Estados Unidos. Ele viaja muito. Eles fazem exportação, muita exportação.

Na Alemanha, eu visitei a firma dele só na parte técnica, em Oeldn, com 1.800 empregados. Faziam separadores. Hoje chamados separadores, nós chamávamos de centrífuga, centrifugador. Todo alimento líquido que vai ser engarrafado ou enlatado tem que passar por essa máquina. Para separar a menor partícula sólida, para não haver fermentação. Refinadoras de óleo – óleo de oliva, óleo de soja, produtores de álcool –, tudo usa essas máquinas. Eu fui com ele, uma vez, visitar uma firma aqui, em Santa Adélia, perto de Jabuticabal. Precisa ver que beleza de firma! Tinha seis máquinas enormes para purificar o álcool, tirar qualquer partícula! Tudo em aço inoxidável! No período da entressafra eles desmontam a máquina inteirinha e qualquer peça que está mostrando desgaste, já trocam porque, na época do corte de cana, não pode parar.

Mas, retomando, fui instrutor de ofício, fui professor de desenho técnico, nomeado pelo governo do estado. Eu poderia estar lá na profissional hoje, aposentado de lá. Os engenheiros falavam para mim: "O que você vai ser, Lucke? Você vai ser, a vida inteira, professor? Você vai ganhar esse ordenadozinho aí!". De fato, olha como está o professor, agora. [risos]

Nessa época eu não estava na oficina. Fiquei na escola. Eu fiquei uns oito anos na escola. No último ano do curso nós trabalhamos muito na oficina. O próprio serviço da escola já era na oficina. Toda parte da tarde, todo dia, era na oficina. Construindo vagão. Sabe o que o Dr. Pelágio, que era o engenheiro-chefe, fez? Eles estavam construindo carro de bagagem, de madeira, e junto conosco, em 1938, no primeiro ano que eu trabalhei lá, eles admitiram profissionais para construir os carros. O Dr. Pelágio colocou oito, admitidos da praça, num carro, e oito, da escola, em outro carro. Nós fizemos o carro em metade do tempo que era feito [risos]. Isso no primeiro ano de serviço! No segundo ano eu voltei para a escola, como instrutor. Em 1938, trabalhei na oficina, e em 1939 eu já estava na escola, como instrutor, na área de madeira, marcenaria.

Como instrutor de ofício eu fiquei uns três anos. A Paulista instituiu um sistema de avaliação de produção para todos os empregados, para controlar a produção, para avaliar a pessoa pelo que ela faz. Então, soltava uma ficha, cada serviço tinha uma ficha. E, como o chefe da escola foi para o escritório para organizar esse serviço, ele me levou para lá. Eu deixei de ser instrutor, para trabalhar no escritório técnico, como organizador dessa parte de controle de produção. Eu ganhei categoria de inspetor de produção. Fui inspetor de produção, mas dava aula na escola. Dava duas aulas teóricas.

Depois eu passei para auxiliar técnico, quando voltei da Inglaterra. Com a mudança, com a passagem da Paulista para o sistema do estado, a categoria mudou para assistente técnico, em vez de auxiliar técnico. Porque eles comparavam o ordenado que a gente tinha aqui, com a categoria que tinha na Sorocabana. O auxiliar técnico, lá, era inferior. Então nós fomos equiparados. Como já tinha ordenado do assistente lá, nós aqui passamos a assistente. Eram vários, na Paulista. E nós seguimos juntos. Eu era assistente técnico, aqui. Em Campinas tinha um que era assistente técnico de topografia. Ele que era o principal, na topografia. Tinha um que era assistente técnico no tráfego, controlava todo o tráfego. Eu era da oficina. Tinha outro que era na parte de locomotiva, e outro que era na parte de transporte. Éramos uns oito, eu acho. Oito funcionários.

Depois de assistente técnico eu passei para mestre-geral. Passei para assessor, categoria de assessor técnico e a função de mestre-geral. De assessor técnico passei para coordenador, mas a função era mestre-geral. Passei para mestre-geral em 1963. O mestre-geral cuidava da oficina, da administração de toda a oficina. Tinha o engenheiro, que era chefe da oficina. O engenheiro cuidava, principalmente, da parte da oficina para fora: alguns convidados, com inovações que estavam fazendo, algum serviço. Ele respondia pela oficina, para fora e eu tratava de todo serviço, lá dentro. Eu tinha três ajudantes de mestre-geral, depois tinha uns dez ou doze mestres; tinha mais outros mestres: cada turma tinha um chefe e um auxiliar. Era uma equipe de oitenta pessoas. Na chefia da oficina, abaixo de mim, eram oitenta pessoas.

A primeira função era a de ajudante de chefe de turma. Tinha ajudante de chefe de turma, chefe de turma, mestre, que comandava duas ou três turmas congêneres. Por exemplo, para a ferraria, caldeiraria e solda era um mestre só. Eu que introduzi isso. Porque antes de mim os engenheiros nunca pensaram nisso. Eu nunca compreendi por que um chefe de uma turma de vinte, trinta homens, que recebia o título de mestre, ganhava mais que um outro que tinha uma turma de quarenta, cinqüenta homens. Eu nunca concordei com isso. E no dia em que dependeu de mim, eu mudei. Mestre tinha que mandar em três ou quatro turmas congêneres. Por exemplo: tem o mestre de carro. Ele cuidava de carro da larga, carro da estreita, carro de madeira, carro de aço. Em cada um desses setores tinha um chefe de turma. E eles tinham que trabalhar em harmonia. O mestre era para promover harmonia entre eles. Estávamos fazendo peças de ferraria e era um absurdo! Uma peça que levava dez horas, a solda fazia em meia hora. Eu falei para o chefe da solda, que era o mais velho, o mais competente, que já era mestre: "Agora você não vai ser mestre de solda, você vai ser chefe de caldeiraria, solda e ferraria. E o que puder fazer na solda, não faz mais na ferraria. E o que tiver que fazer na caldeiraria e que não compete à solda, a ferraria dá para a solda, e vice-versa. Você vai harmonizar essas turmas. Quando um serviço puder ser feito com menos mão-de-obra, ele tem que ser feito. E você é quem manda".

Não era assim antes de mim. Também o pessoal da escola tinha que trabalhar quinze, vinte anos para poder ser um chefe. Eu passei a nomeá-los com dez, doze anos, com menos. Porque eles tinham competência. Eles eram técnicos. Quando esse mestre de solda saiu, eu já tinha um que era formado em mecânica, na escola. Eu tirei ele da ferramentaria para se oficializar – ele fez curso de solda, em Campinas. Porque o sujeito que estava atrás do mestre, ali, por tempo de serviço, não era capaz de desenvolver a solda. Eu chamei o rapaz e expliquei claramente: "Você já é o mais velho, não tem dúvida. Até agora, até pouco tempo, o mais velho tinha direito, mas não pode continuar assim, porque hoje há uma preparação do funcionário para chefia. E você não está preparado".

Era por tempo de serviço. Eu modifiquei tudo isso. Eu recebi categoria de chefe com dezoito anos! Dezoito anos! E fui o primeiro aluno da primeira turma. Quer dizer que eu caí naquele sistema antigo de promover por tempo de serviço. Se eu ganhava melhor, era por causa das aulas que eu dava em substituição a uns professores que não vinham e os engenheiros anotavam, no sábado de tarde, umas horas de serviço para mim. E, depois, nomeado professor, eu tinha o ordenado da minha categoria, que era de inspetor de produção e que eu não exercia mais, mas ganhava uma comissão. Éramos dois professores: tinha o professor-chefe que cuidava da escola e eu, professor que dava as aulas. Eu era instrutor de ofício e professor de desenho técnico, ao mesmo tempo. Depois, só professor de matemática, o tempo todo. Durante oito anos eu fui professor de matemática. Professor de matemática, em tempo integral, e ganhava uma comissão. Isso de 1946 a 1952. Nesse período, também dei aula de física, de eletricidade, e, quando foi introduzido o curso de organização racional do trabalho, eu passei a dar essas aulas, também. Isso deve ter sido entre 1948 e 1952. Eu dava essas aulas quando saí, em 1953.

Eu recebia subsídios do Idort, em São Paulo. Estive lá no Idort, arranjei cursos para nossos mestres, no Idort. Eles davam cursos. Aqui em Campinas, também, na escola Roberto Simonsen, ali no distrito industrial, eu visitei muito essa escola. Eu conhecia o João Loureiro, que era o chefe do setor de instrumentos. O João Loureiro até prestava serviço às indústrias de Campinas. Instrumentos desregulados, ele regulava; quebrado, ele consertava, trocava peças. Ele ficou, depois, diretor da Roberto Simonsen, em Campinas. Eu acertei, com ele, e mandei muitos mestres – mestre torneiro e outros – fazer curso de metrologia, lá. Aprender a ver os instrumentos que eles tinham. E depois, nós até compramos muitos instrumentos para a escola, que eles tinham lá e nós não tínhamos aqui. Instrumentos de medida. Eles tinham instrumentos bem modernos. Hoje tem coisa até melhor.

Eu conhecia o Mange. Ele veio aqui visitar-nos. E tinha outro, você quer ver, eu vou lembrar o nome... Aprobato! Era o professor Aprobato que vinha. Ele era muito ligado a desenho. Eu desconfio que ele era, talvez, desenhista. Ele é que foi o primeiro inspetor que veio aqui para acompanhar a parte de serviços, propriamente dito. Mas falava muito, era papudo, o Aprobato! E ele era quem nos falava muito do Mange. Nós tivemos contatos. Não me lembro bem como foi. Mas eu conhecia o Mange.

Os nossos visitantes, o Dr. Ermenegildo, o Aprobato, e, posteriormente, quando o Aprobato saiu, puseram um da Araraquarense. Mas esse...! Ele vinha aí como inspetor, mas era muito velho, cansado. Ele ficava falando, falando, mas não dava uma idéia melhor para nada, sabe? Aquele não rendeu nada. Mas o Aprobato ainda nos ajudou, porque nós estávamos muito no começo, e ele nos foi útil. Agora, do Mange [do Senai], acho que não utilizamos nada de material, de orientação. Acho que não, porque eles é que utilizaram coisas nossas. Como nosso instrutor, que ficou um ano lá. Eu fiquei três meses trabalhando com um professor, ali na Barão de Itapetininga, onde tinha o setor de vendas. Ele era o autor de um livro de desenho. Ele era desenhista. Ele era desenhista do Senai, contratado pelo Senai para organizar as séries de desenhos que os alunos iam fazer. E eu trabalhei três meses com ele lá em São Paulo. Isso foi... eu acho que já tinha sido fundado o Senai. Eu fui depois do nosso instrutor-chefe. O instrutor-chefe foi em 1941. Ele ajudou a desenhar as peças que ele achava que deviam ser feitas. Fazia o "croqui" e, depois, o setor de desenho do Senai fazia o desenho rigoroso. E aqueles desenhos todos, depois, vieram aqui, para nós, para nossas aulas.

Os nossos alunos recebiam esses desenhos. Porque no meu tempo havia desenho só para o primeiro ano. Foi depois que começou a vir para o segundo, para depois vir para o terceiro. Então, como vinha desenho só para o primeiro ano, nós fizemos aqueles desenhos. No segundo ano já jogava na oficina para construir vagão, carro... Mas quando eu estava como instrutor, já vinham os desenhos. Os alunos tinham que fazer os desenhos na ordem numérica, porque a ordem numérica apresentava a ordem de dificuldade, também. Sabe, na madeira tinha os encaixes de *rabo de andorinha* etc., e tinha que fazer tudo aquilo. Esse material passou a ser encaminhado pelo Senai. Depois que o nosso instrutor foi para lá, o Senai ampliou tudo. Eram as chamadas séries metódicas. Exatamente! Porque nós já tínhamos a série metódica. O aluno, por exemplo, de mecânica, recebia o desenho, um desenho de cada vez, e recebia o material já preparado para fazer aquela peça. Fazia aquela peça e entregava. O instrutor media tudo, avaliava acabamento, tudo, dava uma nota. Tinha nota de acabamento, nota de medição, nota de tempo, e aquilo tudo ficava registrado. Tinha nota de confecção, de acabamento, e medição. Tinha que fazer na medida. Feita a peça, recebia outro desenho. Era com dificuldade crescente. As operações mais difíceis ficavam para o fim, lógico. Na ordem didática.

Não tinha uma relação simultânea, direta, entre a aula teórica e a prática, na oficina. A oficina tinha a sua ordem de colocação das peças, ordem de dificuldade. E as aulas teóricas eram dadas visando às profissões. Como eu disse antes, não mandava fazer uma cartinha de namorado. Mandava fazer um relatório, mandava fazer uma carta ao chefe, mandava fazer um pedido. O professor apresentava o tema: "Hoje vocês vão fazer um pedido para os seus chefes para alterar o sistema de funcionamento de tal máquina". Então, tinha que escrever aquilo. O professor de matemática, não era tese, hipótese, *raio que o parta*, não! Era: uma sala tem tanto por tanto, as tábuas têm tanto por tanto, quantas tábuas são necessárias para assoalhar? E assim por diante. Aplicado na profissão. Os alunos não tinham capacidade de ligar aquela aritmética do professor de lá [da Escola Profissional] com a profissão. Não tinham. Talvez só depois de muitos anos de trabalho. Mas isso não se permitia mais. Ele já tinha que sair com essa idéia.

Esse curso, aqui, já foi estabelecido, talvez, com subsídios do curso da Sorocabana, que tinha começado em 1930. Não sei, eu não tomei parte nesse início. Eu era aluno. Como instrutor eu nunca recebi material didático de lá. Não, quando eu fui instrutor, o material já estava tudo aí, feito em desenho próprio. Mas naturalmente que aquela escola nos favoreceu muito. Nos ajudou muito. Eles já tinham aquela experiência.

Sobre a importância do curso de organização racional do trabalho, quanto desperdício se vê no Brasil, não é? Vamos dar um exemplo com a panela de pressão. A moça lá diz que precisa sair o vaporzinho da panela, primeiro, para depois botar aquela peça, em cima. Escuta, quando você põe uma panela no fogo, põe o negocinho, já, em cima, e pronto! Você poupa gás desde o começo. Se vai esperar sair o vapor para depois pôr a peça lá em cima, você já gastou gás demais.

E uma porção de coisa. Desde a cozinha da sua casa até a oficina de mecânica, no escritório, é um desperdício que...! É pena. Eu estive na Europa, eu vi como eles agiam. Na Alemanha e em outros países, também, é proibido você parar num acostamento para ver a paisagem ou comer um sanduíche. É proibido. Você só pode parar no acostamento por defeito do carro. Porque de tantos em tantos quilômetros tem a placa avisando, tem o desvio para dentro da floresta. Ali você pára o seu carro, já tem mesas de concreto, banco de concreto e meia dúzia de cestos para você por vidro em um, papel no outro etc. Dentro da mata, rapaz! Dentro da mata...!

Um dia, indo pela estrada, fizemos o balão para atravessar a estrada para ir a um posto de gasolina, que é automático: você põe o dinheiro lá, pega o troco... acabou, desligou. Vai na parede lá tem chá, tem sorvete, tem charuto, tem refresco. Você põe o dinheiro, aperta, sai. Não tem ninguém cuidando. Mas desde a hora que nós entramos no contorno, até chegar na bomba, tinha 24 latas de lixo, 24 latas de lixo! Tinha diversas para vidro, diversas para pano, diversas...

Eu visitei aquela barragem que fica na Holanda. Eles fecharam uma baía de 29 quilômetros, com terra e pedra. E, depois, fizeram comportas. Quando a maré baixava, eles abriam a comporta. A água saía da baía para o mar. Quando a maré começava a subir, eles fechavam a comporta. Eles vinham fazendo isso desde 1932. A água da baía já está a uns dez metros abaixo da água do oceano. Você imaginou a periferia da baía, quantas terras eles ganharam? Ganhar essa terra para construir, para plantar. Entendeu? Correram perigo num ano em que o mar ficou muito bravio. Eles não venciam jogar saco de areia lá para segurar as ondas.

Atravessei esses 29 quilômetros. No meio, tem uma grande instalação, tem um posto de observação. Você vê o mar, vê a baía, as casas, tudo... E eu botei uns cartões-postais, botei num envelope. Quando cheguei em casa, fui olhar no envelope, estava escrito: "Este envelope foi feito com material reciclado; não jogue no lixo". Quer dizer, ele devia ser jogado nos vasilhames de reciclagem para ser ocupado outra vez. Estava feita a advertência, ali. E assim por diante, em todo lugar. Eles não jogam fora coisas, assim; procuram aproveitar o mais possível. Mas aqui é um desperdício danado!

E eu dei um curso de organização racional do trabalho. Uma disciplina, com esse nome. Quando eu saí da escola, em 1953, eu estava dando essa disciplina. Depois parece que outro instrutor começou a dar, mas não sei se vigorou por muito tempo, não posso informar, não me lembro. Mas é um assunto que deveria ser ensinado para os profissionais, principalmente. Não vamos estragar material. É um absurdo, aqui, o que estragam de material!

Entre 1942 e 1943, logo que o nosso instrutor-chefe voltou, foi instituído um serviço pelo engenheiro daqui, na Paulista. Depois a diretoria não aprovou e desmanchou tudo. Mas o instrutor-chefe ficou lá, na oficina. E eu voltei para a escola, porque a escola ia passar para o governo. Era um sistema que procurava um modo de avaliar a produção de cada empregado. Quando o chefe dava o serviço para o empregado, ele dava uma ficha que o empregado tinha que preencher com as horas trabalhadas naquele serviço. Quando ele terminava o serviço, encerrava a ficha, somava as horas e entregava o serviço e a ficha para o chefe. O chefe dava outro serviço e outra ficha. O maior problema foi estabelecer o tempo calculado para a execução da peça. Muitas peças, desde logo, podemos calcular, mas outras, por se tratar de oficina de reparação, ficou difícil. Muitas peças, quando você abre, não sabe se vai levar dez, vinte ou trinta horas de serviço. Então, nesse caso, havia uma certa intervenção do chefe. O chefe é quem mandava fazer o serviço e observava o tempo que levava, para servir, depois, para os outros que fariam o mesmo serviço. Quando ele fazia em menos tempo ele ganhava, e quando fazia em mais tempo, perdia. No fim do mês, havia uma recompensa somente para os que ganharam, somando todo o tempo. Somando todo tempo, calculado, do mês, e somando o tempo que ele levou, se ele ganhou tempo, ele ganhava um prêmio em dinheiro. Se ele perdeu tempo, não ganhava nada. Mas isso não funcionou muito tempo porque havia um diretor lá que não gostou do resultado da avaliação que fez do sistema. Achou que havia muita dependência ainda do chefe, por causa do serviço de reparação. Isso para serviço de reparação não funcionava bem. E ele mandou suspender tudo. Nós não perdemos muito tempo, com isso, talvez um ano e meio.

No sistema anterior era tudo feito pela avaliação do chefe. Não havia registro nenhum. Até o ponto de o chefe simpatizar-se com o empregado e o empregado subir, na frente dos outros. Havia isso. Isso era anterior a 1942. Mas os engenheiros eram bons. E eles escolhiam bem os chefes. Eles davam a chefia a pessoas competentes. Mas competentes na profissão, apenas. Depois da fundação da escola, passou a interessar não só a parte profissional, mas, sim, a capacidade da pessoa para desenvolver novos métodos e dar margem à imaginação, apresentar coisas novas. Começou a mudar.

Quem realmente começou a mudar foi o primeiro engenheiro que veio para cá, em 1928: o Dr. Pelágio. Ele veio daquela Western, lá de Pernambuco. E ele tinha feito estágio na Inglaterra, quando estava lá. Eu visitei a mesma firma que ele, quando estive lá. Aí eu vi que tudo que ele aplicou aqui era tirado de lá, da Inglaterra. Quando fiz o estágio, eu visitei a firma dessas caixas-d'água feitas de ferro fundido. Em Americana tem uma. Quando o trem passa, já se vê, ali. E essa firma funcionava exatamente como funcionava a oficina aqui. Tinha até dentista que trabalhava lá dentro. O Dr. Pelágio introduziu até dentista! Ele veio em 1928. Antes dele, quem mandava aí era um chefe inglês. Um mecânico, inglês, Adam Gray. Era do tipo que dizia: "Eh, home! Pega paletó, vai embora! Você está só conversando". Era desse tipo.

Eu não cheguei a conhecer o Gray. Conheci o Pelágio. Ele começou a mudar tudo. Tanto que, quando eu comecei a dar aula, quando eu fiquei como instrutor na escola, ele me pediu para dar um curso para os chefes. Eu dei um curso, por correspondência, para todos os chefes. Ele obrigou todos os chefes a fazer. Um curso de matemática. Eu já dava os problemas todos na folha impressa. E entregava, toda semana, para cada chefe, uma folha dele. E ele me devolvia na semana seguinte, com as soluções. Olha, tinha cada um que era quase analfabeto! Muito velho, nomeado em volta de 1920 a 1925.

O Pelágio, dessa forma, viu quem servia e quem não servia para o novo sistema dele. Ele passou a exigir de um chefe mais do que uma simples capacidade profissional. Até a época dele, as pessoas que faziam melhor as peças, na turma, eram os que acabavam sendo chefe, com o tempo. E com ele não. Ele passou a colocar, como chefe, uma pessoa mais nova no serviço, mas que, além de fazer o serviço tão bem quanto o outro, ou até menos bem que o outro, mas tinha mais imaginação, tinha mais inteligência, tinha mais conhecimento teórico, que sabia fazer um cálculo. Na época dele tinha chefe que não sabia fazer um cálculo do material. Como esses pedreiros de hoje que, para consertar um quadradinho aí, que gastaria uma lata de querosene [de material], ele manda vir uma carroça. Depois você vai ter que remover o resto daí, da frente da casa. Isso, ainda hoje, na classe dos pedreiros! Pedreiro, pintor – veja o que um pintor pede para você comprar!

Toda vez que se trocam as cortinas da minha casa, eu vou comprar o tecido em Americana. Lá tem loja especializada. Então eu falei para a mulher: "Escuta, é bobagem você estar fazendo todo esse serviço". Como disseram que tinha uma pessoa que fazia cortina muito bem, eu chamei o rapaz. Ele mediu tudo, e apresentou o orçamento. E, mesmo agora, olhando aquilo, eu fico horrorizado! Eu disse: "Escuta, com metade disso eu faço tudo". Fomos lá em Americana, compramos a metade e ela fez tudo. O cara não tem noção! Não tem noção!

Foi o Pelágio que deu início a tudo isso. Procurou substituir uma forma mais tradicional, por uma mais racional. Pegando pessoas que tinham visão. Não os mais velhos que já estavam cansados. Ele alterou tudo, tudo, tudo! Alterou bastante. Mas não a ponto de... Como eu disse, eu notei defeito nele. Eu nunca tive coragem de falar para ele, porque ele era um homem muito severo. E ele me tratou sempre muito bem, me ajudou, me pediu para fazer muita coisa. Eu dei aula para os filhos dele, também. Preparei para entrar no ginásio. Mas eu não podia concordar com essa promoção dentro dos mestres. Tinha de ajudante de chefe até mestre-geral. Ele me mandou fazer o organograma e eu fazia o organograma como *eu* queria. E ele não aceitava. Ele gostava de nomear as pessoas em quem ele confiava, as pessoas que conversavam com ele. Quando ele chegava, tinha chefe lá em cima que já se postava na entrada da turma. Porque sabia que o *homem* ia subir e tinha que conversar com o *homem*. E esses é que eram promovidos. E o coitado do chefe dos eletricistas, que corria o dia inteiro para o carro poder sair – tinha entrado de manhã, tinha que sair de tarde –, era um mestre comum lá, ganhava pouco. O mestre torneiro – tinha que fazer cálculo –, o mestre torneiro vinha lá comigo, porque eles faziam cálculos com aqueles tornos de sistema métrico, mas quando vinha uma máquina importada para trocar uma engrenagem, eles não sabiam fazer. Eles vinham comigo. E eu tinha um livro, dessa grossura! Você conhece a bíblia da indústria mecânica? Ah, é isso aí: mais de duas mil páginas. Vende no mundo inteiro. Mais de dez milhões de cópias! Eu comprei o livro. Eu usava aquele livro. Tudo que tem naquele livro já foi feito. Eu ensinei inglês para os meus desenhistas, eles aprenderam a ler. Então eu chegava e abria: "Ô, fulano, aqui tem um forno. Nós temos fornos para esquentar peça pequena. Agora nós vamos fazer um forno para esquentar peças grandes. Então ele tem que ter boca dos dois lados, e tal... Está tudo escrito aqui. Uma coisa vou dizer: isso aqui já foi feito e funcionou. Leia bem, faça a pergunta, porque se o forno não funcionar, você não fez como está aqui". E fez e funcionou. Saiu direitinho! Quer dizer, isso era bom.

Algumas coisas o Dr. Pelágio não racionalizou. Ele não teve tempo de completar a obra dele. Foi promovido, depois, para Jundiaí, para chefe de departamento, e lá se aposentou. [Ele manteve esse expediente da Paulista, de procurar contratar pessoas da família do funcionário.] Isso era uma praxe, já, da diretoria. E isso eu vi naquela empresa em Londres. Também tinha uma escola dentro da oficina; davam preferência aos filhos dos empregados. Porque a firma estável, que tem empregados estáveis, que tem empregados que se empenham, tem que ser assim. Hoje em dia, você está dando um duro aqui, já deu dois, três degraus, quando você espera pegar o melhor degrau, a firma admite um de fora. Só com uma entrevista, ele entra. Isso desanima! O empregado manda a firma para... para o outro lado, lá: "vá, quando chega a minha vez você põe outro?!". Não se empenham. Isso quebra toda a harmonia interna da firma. No meu tempo não era assim.

[A Paulista, então, dava preferência para familiares de funcionários.] Isso para entrar, para cargos iniciais. Para trabalhador... Dava preferência, dava preferência. O Senai fazia isso, dava essa preferência. Os inspetores do Senai que vinham fazer o exame de admissão [para o curso de ferroviários] procediam assim. Porque eu só colaborava no exame de admissão. Nunca fiz o exame de admissão. Eram eles que faziam todo o exame de admissão. Faziam exame de português, de matemática, exame da família, exame psicotécnico, mandava o sujeito cruzar pauzinho, tudo! Depois [durante o curso], não. Eles acompanhavam tudo, mas não interferiam no exame. O exame era feito normalmente. Só a admissão que era feita por eles. [Eles usavam esse critério.] Eu colaborava com eles. Os oito anos que eu fiquei na escola, participava desses exames de admissão. E às vezes eu ficava penalizado, porque, às vezes, um rapaz que era de boa família, família conhecida minha e que queria que o filho entrasse lá, mas não tinha nenhum parente, lá, era um dado contra ele, isso. Eles davam preferência àqueles que tinham parentes lá dentro. E isso sempre foi usado, também, na Paulista.

[As mudanças que o Pelágio introduziu, vieram, em grande parte, daquele estágio.] Ele fez um bom estágio na Inglaterra, por aquela firma lá, a Western, que até hoje funciona, em Pernambuco. Está lá, em Pernambuco. De Recife vai para o interior. É uma ferrovia. Ele era um bom engenheiro. Ah, sim! Ele é que ia nos Estados Unidos para ver as locomotivas que comprava, os carros que comprava. Ele é que era o homem de confiança da diretoria, ele era entendido. Era um bom engenheiro! Tanto que ele se aposentou na Paulista e foi trabalhar na Cosipa. Morreu como engenheiro da Cosipa. Outros não têm coragem de fazer isso. Precisa ter capacidade para fazer isso.

Tinha um mestre-geral na Paulista, um engenheiro inglês. Era um dos ingleses que tinha aí dentro. Tinha o Adam Gray, que era o chefe da oficina, e tinha esse John Jones, que era o mestre-geral. Depois esse Gray – eu nem cheguei a conhecer –, ele morreu antes de a escola começar. O episódio que eu vou relatar é de 1938-1939, porque ele [o engenheiro John Jones] saiu aposentado e logo depois morreu, no começo de 1940. Nos primeiros anos de 1940 ele saiu aposentado. Ele levou umas visitas, lá na escola. Eu estava justamente ajudando alunos a dar acabamento no quadro de formatura. Ele levou essas visitas para ver o quadro de formatura. Eu me lembro de uma frase dele. Ele disse assim: "Essa escola só vai apresentar resultado daqui uns dez anos. Quer dizer: os resultados mesmos, da escola, só vão aparecer daqui dez anos" – ele falou para umas visitas. Eu guardei aquela frase dele. E verdade: depois de uns dez anos a escola já estava firmando-se. As turmas todas, o pessoal trabalhando lá dentro, mostrando que eles eram, já jovens, capazes de fazer coisas que os velhos se julgavam os únicos competentes para fazer.

Narrativa do Sr. Clóvis Paes de Oliveira

Entrei na Companhia Paulista no dia 2 de maio de 1934, como aprendiz de marceneiro. Estive antes na Escola Industrial. Parece que se chama Bayeux da Silva, na avenida 5. Isso! Era Industrial. Naquele tempo era Escola Profissional. O diretor da época era Armando Bayeux da Silva. Eu fazia o curso para marceneiro.

Meu pai e minha mãe eram de Jundiaí. Mas nós viemos para cá em 1921, quando meu pai arranjou emprego na Companhia Paulista. Ele foi ferroviário, depois, aposentado. Ele trabalhava na serraria. Você sabe o que é uma serraria?

Serraria, da Companhia Paulista, era uma seção. Uma seção que recebia vagões com toras. Você sabe o que é uma tora? É uma árvore grossa, sem desdobrar. Meu pai trabalhava lá. Existiam diversas qualidades de máquinas. Existia uma que chamavam de "francesa". E tinha as verticais, com algumas bem grandes, dessa largura! Aqueles dentões! E tinha o guindaste. Sabe o que é um guindaste? Vinham as toras, tudo em frente à oficina, lá na avenida 14. Havia duas entradas (chegou a ter três). Aqui na avenida 22, naquela época, e lá na avenida, como é até hoje. Hoje tem na 24; e por lá também entra e sai. Então, na serraria, chegavam aquelas toras. O guindaste pegava com aquela garra e punha em cima de um trolinho e levava nas máquinas, para aquelas serras. Trabalhava-se assim. Daquelas máquinas, uma tora, vamos dizer assim, de um metro redondo, saía tudo em tábuas. Dependendo da largura, tábua grossa, tábua fina. Conforme eles colocavam as folhas, já saíam as tábuas. Essas tábuas passavam para outras máquinas, para aperfeiçoar – para tirar em largura, tirar em grossura, ajustar, aparelhar, alargar – para serem consumidas em vagões, em carros de passageiro, em estações, em porteiras bonitas, nessas coisas todas. A madeira saía dali. Entrava uma árvore e saía tudo em tábua, sarrafo, caibro. Aquilo era chamado serraria. E tinha diversas qualidades de máquinas. As primeiras, elas desdobravam (falavam desdobrar). Depois, então, iam para a perfeição: uma ia para cortar mais larga, outra ia para aparelhar, outra para furar. Dali era distribuída para a carpintaria.

Existia uma turma que se chamava carpintaria. Foi o primeiro lugar em que eu trabalhei. Quando eu entrei de aprendiz, fui trabalhar na carpintaria. Uns três anos depois, o doutor nos mandou para a seção de carros, porque ele precisava de marceneiro. E nós já tínhamos um começo de estudo na marcenaria. Não cheguei a me diplomar lá [na Escola Profissional]. Faltava um ano para me diplomar, meu pai me tirou para pôr na oficina. Ele tirou porque lá eu não ganhava nada. Estava aprendendo o ofício. Então eu vim para a oficina, com um ordenado que era uma fortuna: duzentos réis por hora! Você nem sabe o que são duzentos réis. Ganhava quarenta mil réis por mês. Mas já servia. Ajudava meu pai. Ali eu comecei.

Eu entrei como aprendiz. Aprendiz é uma criança, um moço que vai começar um ofício. Então você vai ser um aprendiz de marceneiro: vai seguir a carreira de marcenaria. Você é um aprendiz de mecânico: vai seguir a carreira de mecânico ou de mecânico de manutenção. Mecânico de manutenção é mecânico que dá assistência para as máquinas, para as máquinas operatrizes. Máquinas operatrizes são as máquinas que ficam paradas: uma plaina de aparelhar, uma furadeira... não são máquinas que se locomovem. Então, o aprendiz vai se formando. Quando ele chega a uma certa altura, ele passa a oficial. Daí ele já tem competência para fazer o serviço sozinho. Ele é um aprendiz praticante – modo de dizer. Ele é praticante e, com o tempo, ele se torna um oficial. Quando ele é oficial, ele já é responsável pelo que faz. Enquanto é aprendiz, ele depende de uma pessoa que tenha mais conhecimento do que ele. Quando você vai fazer alguma coisa, quando está começando a fazer, você tem que ter uma orientação de um professor. Você tem estudo, mas depende do seu professor, porque ele já é mais tarimbado. Não é isso?

Aprendiz é isso. É de mecânica, é de eletricista, é de pintura, de todos os ofícios. Começa como aprendiz. Podia entrar, também, como trabalhador braçal. Trabalhador, quer dizer que você mandava varrer, mandava carregar uma madeira, fazer isso, fazer aquilo... Ele não tem um ofício, não tem um caminho certo para seguir. Ele está ali, e o que mandarem fazer, ele faz. Agora eu, sendo um aprendiz de marceneiro, eles não podem me mandar varrer, não podem me mandar limpar uma privada, porque eu já tenho categoria. Por isso que existe o trabalhador, o ajudante, e depois vem o oficial. A aprendizagem já vem só na parte de escolas, como o Senai. Então, eles vão aprender o ofício. Você, entrando como aprendiz, já tem o privilégio de seguir aquilo que você quer. Você é aprendiz de mecânico, você vai seguir; quer ser torneiro, a mesma coisa. Só se você entrar, já com conhecimento. Uma pessoa de uma certa idade, uma criança, moço não tem conhecimento. Se ele quer ser um torneiro mecânico, aprendiz, ele vai para a seção de torno mecânico. Torno mecânico trabalha com peças que torneia ferro, que faz parafuso etc. Outros já querem seguir a carreira de ferreiro. Então eles vão para a ferraria, praticar, fazer ferro batido, fazer essas peças pesadas, essas coisas.

O ajudante, ou o trabalhador, quando entrava, na época, conforme a vontade dele, a competência dele, ele seguia a carreira também. De trabalhador ele passava a ajudante. Então ele varria, depois punham ele lá para ajudar um ferreiro. Depois, com o tempo, passava a ser ferreiro. O outro saía como torneiro. Cada um na sua especialidade. Na oficina, felizmente existia tudo isso. E tinha chance para todo mundo. Um oficial de qualquer arte, de qualquer ofício, ele podia entrar como aprendiz ou como um simples trabalhador. Depois, dependendo da competência dele, do conhecimento dele, ele ia subindo de posto. Agora nós, que já entrávamos como aprendiz, já tínhamos carreira definida. Depois de um certo tempo nós passávamos por exame, tanto teórico como prático. Então eu ia nas aulas, lá, e tinha matemática, tinha português, tinha desenho, tinha tudo para ver o meu conhecimento. E ia na seção de marcenaria – aquele bando de marceneiros – (você já conhece essa parte) para fazer uma peça. Ele dava um desenho para você fazer a peça, para ver se o aprendiz já estava apto para fazer. Se você fosse aprovado, depois de um tempo – não era rápido – você ia sendo promovido a oficial.

Naquela época existiam três categorias de oficial. Eu não cheguei a pegar a terceira. Existiam a terceira, a segunda e a primeira. Primeira, era a última. Terceira era aquele oficial, meio marreta, que estava começando. Segunda, já estava melhor. Quando chegava na primeira, já era um oficial responsável. Oficial que conhecia desenho, fazia o serviço e não dependia de chefia. Se ele mandava fazer essa cadeira, você ia lá e fazia. Você conhecia desenho, conhecia metro, conhecia escala. Então não tinha problema. Acontecia isso aí: a pessoa chegava até a oficial.

Depois de oficial... Naquela época não existia o que existe hoje. Hoje, não sei a quantidade de engenheiro que tem na oficina. Calculo que tem uns oito. Engenheiros, mas de engenharia, para falar o português claro, de engenharia, eles não entendem é nada! Naquela época existia um engenheiro-chefe que se chamava Dr. Pelágio Rodrigues dos Santos. E existia um chefe-geral, o mestre-geral. Chamava-se John Jones. Era um inglês. Eles eram responsáveis pela oficina inteira. Existia, na oficina, não sei quantas turmas. De diversas, de todas as categorias. Essas turmas – a gente falava turma para distinguir a turma de marceneiro, turma de carpinteiro, turma de mecânico, de pintor, de ajustador, de tudo. Eu mesmo pertencia à turma 21, que era a turma de carros. Esses dois eram os maiorais da oficina. Depois deles vinha chefe de turma e um auxiliar de chefe. Só. Mas, com o tempo... quando eu saí já estava bagunça. Tinha o Dr. Betim, que foi um homem muito distinto. Ninguém esquece dele. Dr. Fernando Betim Paes Leme. Dali para cá começou: era chefe, era supervisor, era contramestre, era mestre. Na turma que tinha vinte pessoas, tinha cinco para mandar. Foi indo para o brejo! Não é isso? Tem mais para mandar do que para trabalhar. Foi o que aconteceu. A Fepasa, hoje, se tornou um cabide de emprego. Por que oito engenheiros, aqui, que tem somente quatrocentas pessoas? No meu tempo tinha mil e oitocentas pessoas e só dois responsáveis. Hoje tem oito engenheiros, para quê? Não fabrica nada. Não desfazendo, mas todo mundo fala. Você vai lá, hoje, não fabrica nada. E veja o estado dos trens que estão passando!

Na nossa época existia, como eu falei, a serraria, que era o início, lá na frente; tinha a mecânica de manutenção. E vinha vindo: torneiro mecânico, ferraria, solda, solda elétrica – tinha uma seção que era só solda! Trabalhava com solda a oxigênio ou solda elétrica. Tinha dois tipos. Você conhece, não é? Um vai com maçarico, outro com aqueles eletrodos. Existia a caldeiraria. A caldeiraria só trabalhava com chapas, com folha, com chapa grossa. Chapas grossas, finas, de todo tipo. Construíam-se vagões de ferro chapeado. Desses que passam hoje. A caldeiraria dava manutenção. Eram os caldeireiros.

Depois já vinha outro grupo, outro barracão, que era a seção de pinturia. A pinturia tinha três divisões: tinha a divisão que pintava os carros, tirava a tinta velha, pintava e deixava em ordem. Tinha a outra parte que chamavam de miudeza. Ela cuidava das partes miúdas do carro: os bancos, a janela... Nós (marceneiros) tirávamos tudo e mandávamos para aquela seção. Tinha que ser responsável para deixar tudo em ordem e depois colocar tudo de novo. E tinha outra parte de pinturia, que nós chamávamos de borração, que era pintar esses vagões. Era uma máquina, com ar, e só esguichava, pintava esse roxo-terra que passa aí. Não tinha acabamento, não tinha nada. O pintor da pinturia já tinha que ter conhecimento, porque naquela época tinha que fazer os letreiros: segunda classe, primeira classe, pullman, restaurante. Porque existe, na ferrovia, a quantidade de... Vamos deixar isso para depois.

Tinha, então, a pintura, que fazia isso. Depois, tinha uma seção que chamava de estofador. Estofador era uma seção pequena. Eles eram responsáveis pelos bancos, pelas poltronas, pelo couro que estivesse rasgado. Deixavam sempre em ordem. Tinha a seção de carros, que era a nossa. Tinha tanto os carros de madeira, construído de madeira — só a mesa que era ferro, o resto, a estrutura, era toda de madeira. E tinha os carros de aço. Hoje a gente fala carro metálico, naquele tempo era conhecido como carro de aço. Esses carros de aço foram os primeiros que vieram da Norte América. Eles vieram em 1928. Eu não tinha entrado na Paulista ainda. Foi em 1928 que vieram uns carros verdes. Talvez você não se lembre. Eram os P-5, que passavam às onze e meia. Era carro verde. Verde mais fundo que esse. Vieram uns 130 carros. Veio carro de primeira classe, de segunda, carro-bagagem, carro-correio. Naquele tempo, correio era tudo feito por trem. Não existia esse tráfego de caminhões, de ônibus, essas coisas. Carro-correio, restaurante, e vieram, também, naquela época, parece que sete ou oito carros-dormitórios de aço. Só que, naquele tempo, não existia outro trem de aço. Só veio aquele. Então, como não existia trem noturno de aço, de carro metálico, aqueles carros de aço corriam juntos com os carros de madeira, que iam atrás. Corriam dois carros daqueles na composição que ia de São Paulo a Barretos e de São Paulo a Marília, no fim da linha.

Depois, com o tempo, foram construídos aqui, na oficina de Rio Claro, em 1942 — eu não sei quantos — mas foram construídos carros metálicos. Quase iguais aos americanos. Tinha diferença porque era redondo, em cima, mas a diferença era pequena. Eles foram até multados, porque fizeram um carro-restaurante igual ao dos americanos, e eles processaram. Enquanto não veio a liberação, o carro não pôde correr, porque ele foi feito no mesmo modelo. Depois, ainda, fizeram capota redonda. Em 1942, nós trabalhamos lá. A caldeiraria fez a parte da estrutura, por fora, tudo metálico. A parte interna, toda, era o marceneiro que fazia. Fazia as paredes, o acabamento, as divisórias, os bancos. Era tudo parte de marceneiro. Naquela época nós fizemos tudo isso. Só não me lembro quantos carros foram feitos. Em 1952 veio nova remessa de carro americano. São esses que estão correndo, hoje. Um tal de "R". O "R", carro de luxo, era o carro azul, conhecido por carro azul senão, "R". Eram os carros de luxo, que eram um conforto! Tinha um acabamento...! Hoje estão abandonados, estão tudo judiados. Eles vieram em 1952. Mas, assim mesmo, continuou por muitos e muitos anos. De 1952 até 1964, por aí, porque quando eu estava para aposentar é que começaram a tirar os carros, a acabar, destruir os carros de madeira, que nós construímos.

De madeira, nós construíamos carros de primeira, de segunda, carro pullman. Carro pullman você sabe o que é: é carro de luxo. Um carro que é separado dos outros e com poltronas, em que vão poucos passageiros. Naquele tempo – hoje não existe mais – tinha carro-restaurante. Restaurante é um carro que tem tanto os de madeira quanto os de aço, o azul, eles têm três compartimentos: tem uma parte do salão – salão é o lugar onde existem as mesas para as refeições; depois tem uma parte onde fica o gerente; tem uma parte, que se chama copa, onde os garçons pegam a comida que vem da cozinha. Eles pegam na boqueta. Sabe o que é uma boqueta, não é? Então o garçom fala: "solta tal isso, tal aquilo", e fica ali. O cozinheiro entrega, e o garçom leva, porque o cozinheiro não vai sair da cozinha e levar no salão, não é isso? Então é tudo controlado. Existe a cozinha, a copa, a gerência e o salão. No salão existem dez ou doze mesas, não lembro bem. Isso existia tanto nos carros de madeira como nos de aço. Acho que hoje só existe no carro metálico, de madeira não existe mais. Então, o serviço era esse.

A nossa parte era fazer carros de madeira e dar assistência. Assistência quer dizer conservar os carros metálicos. Conservava os carros metálicos: consertava banco, trocava mesa, fazia tudo. E numa época, na nossa turma, foram construídos diversos carros, carros especiais. Carros para doente, porque naquele tempo não tinha ambulância, não tinha nada. É, tinha carro para carregar doente daqui para São Paulo e para Campinas. Tinha conforto: tinha banco, tinha mesa, tudo. Tinha carro de defunto. Tinha um carro só de defunto! Tinha uma mesa, assim, com uma porta grande para guardar defunto. Por exemplo: morria uma pessoa em Campinas, punha lá para descer aqui em Rio Claro. Porque não tinha esses transportes: vinha tudo pelos trilhos!

E tinha até um carrinho pequeno que nós chamávamos "carrinho de louco", porque era para carregar preso. Preso e louco. Naquele tempo, para levar um preso perigoso, por exemplo, daqui de Rio Claro para São Paulo, tinha aquele carrinho. Ele tinha uma grade, fechada, e era pequenino, não tinha nem porta. No lugar da porta tinha uma cortina, de medo que a pessoa se matasse ou fugisse. Seguia junto com um policial, para São Paulo ou onde fosse. A polícia ia acompanhando, no trem. Foram feitos esses carros e, depois, foram feitos, também, uns carros especiais, como é que chamava? Ambulância mesmo. Tinha até mesa de operação! Três carros nós fizemos ali. Tinha tudo! O médico ia junto. Uma pessoa ficava em estado grave, o médico acompanhava e a família tinha um compartimento próprio para ir sentada. E o médico ia junto com o doente. Nós construíamos tudo isso, na oficina de Rio Claro. Foi feito tudo em madeira. Construção de madeira. Só a mesa que era metálica. A mesa tem que ser, forçosamente... tem que ser metálica. Nós construímos tudo isso nas oficinas de Rio Claro!

Existiam muitas outras turmas. Existia turma de pedreiro. Devem existir, hoje, uns três ou quatro pedreiros. Aqueles pedreiros faziam manutenção da oficina: consertar um muro, fazer isso, fazer aquilo; sair para fora, fazer estação, subestação. Tinha a seção de truque. Truque você não sabe o que é, não é? Não é jogo de baralho [risos]. O truque é aquela parte, embaixo do trem, onde correm as rodas. É uma base de chapa pesada onde correm as rodas. Naquela época, a maior força dos trens era tudo com mancal. A pessoa pensa que o trem é que nem o carro, que a roda fica assim. O trem, o peso dele, fica para fora, na ponta que se chama ponta de eixo. Então, aquilo é mancal. O peso, aquela rotação, fica nas pontas dele. O carro já trabalha a roda aqui. Vira a roda aqui, ele vira o eixo junto. Depois que vieram esses carros azuis, eles já vieram com rolamento. Eles tinham um mancal em cima do eixo, que era um mancal de bronze, com uma camada de material potente, para não esquentar, e era posto óleo com estopa para estar sempre úmido. Depois que vieram esses carros azuis, adaptamos tudo com rolamento. Na ponta do eixo vai uma coroa cheia de rolamentos. Você sabe o que é rolamento, não é? Aqueles rolamentos facilitam. Fica mais leviano e não esquenta tão fácil. Agora já tem muitos vagões que estão com rolamento. Naquele tempo, todos os carros, tanto os de aço, antigos, como os de madeira, era tudo com mancal. Todos tinham que ser torneados, ajustados, bem certinho, na grossura do eixo.

Era aquela seção de truque que fazia esse serviço. Eles tinham aqueles quadros, grandes, de ferro, onde eles esticavam aquelas caixas, e punham em cima das rodas. E aquelas rodas, para você ter uma noção, como é que pode uma roda dessa, com um eixo dessa grossura?! Ele é posto com pressão. Você vê que... como é que podia? A medida, que especialidade de medida que, quando a bomba apertasse ela entrava ali e, depois, nem com marreta você tirava mais! Até hoje é feito assim. Quando vai trocar uma roda que está muito gasta – porque a roda do trem tem um friso para não sair do trilho. A cada certo tempo de uso, os carros entram para tirar aquele eixo. Ele sai inteiro. Vai para uns tornos chamados tornos de roda. Torneia, porque esse friso, com o tempo, vai gastando de tanto esfregar nas curvas. E, se ele ficar muito baixinho, ele sobe por cima e, quando chega na curva, ele rola direto, não acompanha. É por isso que a roda tem esse friso. Então, aquela seção de truque tira a roda, manda para o torno de roda e eles dão um passo. Passo quer dizer: tira, dá uma limpadinha, e volta no lugar outra vez. Daí é lubrificado, é aperfeiçoado, tudo, para voltar em tráfego.

A oficina era isso. Tinha mais turmas. Tinha turma de eletricista, uma turma muito boa! A seção era conhecida, lá, como usina. Usina que a gente conhece hoje é usina de força e luz, essas coisas. Então era usina, porque ali se trabalhava com rolamento de motor, com acumulador. Os carros são abastecidos com acumulador. Os carros de passageiro têm luz própria. Tem uma caixa, embaixo, com não sei quantas caixas de acumuladores. Parece que são 64 "volts". Além disso, ainda tem o dínamo que trabalha embaixo do carro. É um aparelho que produz eletricidade. Ele é ligado no eixo do carro, e gira. É um motor. É um motor diferente do outro. Com a velocidade do trem, tem um cabo que vira assim. Se um dia, na estação, você parar, você olha. Ele vira e aquilo lá abastece os acumuladores. Porque os acumuladores não agüentam. Pense num trem com dez carros. É muita coisa não é? Então ele abastece. Ele não deixa a carga do acumulador acabar. É como o carro: tem que recarregar, não é? Então ele carrega aqueles acumuladores para manter a luz. Você já viajou de trem, você vê que tem ocasião que ele dá uma piscada assim, que ele começa a baquear. Tem carro que acaba ficando no escuro. Então aquela seção de eletricista era para esse fim: cuidar dos dínamos, dos acumuladores, do motor estacionário. Motor estacionário é esse que toca uma oficina, para ligar uma máquina, furadeira etc. Essa usina faz essa parte. Chamava usina. Ali ficavam os eletricistas, as pessoas que trabalhavam nos acumuladores, tinha tudo.

Todas as partes da oficina tinham os oficiais, os ajudantes e os trabalhadores. Quando eu saí, eu era oficial. Oficial de marceneiro. Graças a Deus! Lutei, sofri, mas consegui! Quer dizer que eu vivi ali dentro da oficina 31 anos. Eu conhecia aquilo ali a palmo! Se for contar, eu conto coisas do arco da velha, que passou, não é? Tinha tudo isso. Tudo! Era uma oficina modelo! Uma oficina modelo!

Essa oficina, ela era só para serviço da ferrovia. Nós não fazíamos "um" banquinho para vender. Era só paro consumo dela. Para manutenção dos carros, das estações. Nós fazíamos gurita. Você conhece "gurita", não é? Aquelas casinhas de tábua que existiam. Gurita, subestação, que tem aquela parte de madeira. Era tudo feito aqui e distribuído para a linha inteira. Tanto daqui até Columbia, como daqui até Panorama. Hoje não se constrói mais nada disso!

A madeira vinha de fora. Não me lembro de onde vinha. Falavam que era da Alta Paulista. Não vinha do horto (de Rio Claro). Começou a vir, ultimamente, por falta de madeira de lei. Porque a Companhia não trabalhava com eucalipto. Ela tinha o horto (de eucaliptos), mantinha o horto. Nem dormente da linha – você sabe o que é dormente? – nem o dormente da linha era de eucalipto. Não, era de madeira de lei. Madeira de lei era madeira resistente, como o faveiro. Existia a peroba, existia o ipê e existiam outras madeiras. Tudo madeira rígida. Madeira rígida que durava anos e anos. Porque o eucalipto, hoje, é tratado. Naquele tempo não precisava tratar madeira. Do jeito que cortava, punha lá. Hoje tem que fazer um tratamento, se não ela não agüenta. Hoje estão pondo dormente de eucalipto. Mas tem que passar por um processo de tratamento, se não ele apodrece fácil, ele "bicha", dá caruncho. Então, essa madeira, nós falávamos que ela vinha da Alta Paulista, mas eu não sei ao certo de onde, eu não sei. Vinha de muitos lugares da Alta Paulista. Vinha de Mato Grosso...

Naquele tempo nós trabalhávamos com madeira de lei. Madeira de lei é madeira que você faz mobília. É imbuia, é cedro, é jequitibá (que existia), pinho. Pinho sempre foi usado. O eucalipto não aprovou. Nós fizemos um carro restaurante com eucalipto. Ficou uma coisa linda! Mas era só casca. Era como esse aglomerado que se faz hoje. Você compra móveis, hoje, é só uma casca e, no meio, é uma coisa parecida com bagaço de cana. Tem só uma casquinha para fora. Foi feito de eucalipto, mas ele não agüentou muito tempo não. Ficou lindo! Ficou lindo! Envernizado à boneca, lindo! Um carro restaurante. Mas com o tempo, a parte onde pegava embaixo, a parte que pega umidade, aquilo pretejou tudo, manchou tudo! Precisou tirar tudo e pôr o látex. Um carro tão bonito daquele! E com ipê, com outros carros que nós fizemos com ipê, não aconteceu isso. E com outras madeiras, também não.

Voltando à Fepasa, ou melhor, à Companhia Paulista: na frente, existia o escritório, onde trabalhavam os apontadores. Eram eles que faziam o movimento dos operários. O dia, hora, quem faltou, quem não faltou, para fazer o movimento do pagamento. E tinha nesse espaço um escritório separado que era do doutor: primeiro foi o Dr. Pelágio Rodrigues dos Santos, depois foi o Dr. Fernando Betim Paes Leme. Depois dele teve o Dr. Roberto. Morreu! Até não chegou nem a aposentar, foi embora. Depois ficou o Dr. Vanildo. Vanildo, acredito que ainda esteja trabalhando em Jundiaí. A oficina, aqui, era subordinada a Jundiaí. Nós, aqui, a parte de Rio Claro, era só de carros e vagões, e parte interna, também, de serviços. Jundiaí era uma oficina só para locomotivas. No começo, as locomotivas eram máquinas a vapor. Depois vieram as máquina elétricas e a diesel-elétrica, que é a máquina a óleo. Então, lá, é só reparação disso. E tinha a fundição, tudo, mas acabou tudo. Também está no fim. E lá existia o escritório central da Companhia Paulista. O escritório central da Companhia Paulista é em Jundiaí. Porque ela inicia em Jundiaí, de Jundiaí para cá. De Jundiaí para lá, já pertence a Santos-Jundiaí. Naquele escritório existia o superior do engenheiro daqui. Existia, na minha época, o Dr. Jaime de Ulhoa Cintra. Tem até o nome ali? Ele ocupava o cargo mais alto. Era um grande engenheiro! Por sinal, outros engenheiros, como o Dr. Durval de Azevedo e outros, que não me lembro mais no momento. Naquela engenharia estavam os principais responsáveis pela estrada de ferro. Em Jundiaí tinha, também, a contadoria. Era a contadoria que fazia o nosso pagamento. O movimento ia daqui e lá eles faziam. Naquele tempo não tinha esse "hollerith" que nós conhecemos. Vinha dentro do envelope, o dinheiro. Vinha no envelopinho. Na oficina tinha um caminhãozinho que entregava de turma em turma. Então nós formávamos a fila, ia chamando, você ia pegando. Cada notona desse tamanho! [risos] Vinte cruzeiros! Era verdade! Nós chamávamos de peru, porque a gente gastava na cooperativa. O que a gente ganhava ficava na cooperativa. Então quando não tinha o que receber eles davam vinte cruzeiros. Mesmo que você não tivesse direito, eles davam, para você pagar luz e água. Uh!, era salário de miséria! De miséria! Quando eu me casei, ganhava duzentos mil réis, em 1939. Eu ganhava duzentos mil réis. Naquele tempo era mil réis. É isso aqui, eu ganhava uma notona dessa, por mês, quando eu casei. Tinha que pagar aluguel de casa, comer, cuidar da família, que começou a crescer. E eu me virava na praça, trabalhando. Naquele tempo dava muito mais. Trabalhava, fazia um banco de carpinteiro, fazia o que aparecia. Reformava móveis, assentava porta, fazia forro – tinha que me virar. Tinha que me virar. Trabalhava até dez, onze horas da noite, todo dia. Não tinha horário. Não tinha sábado, não tinha domingo, não! Trabalhava até... Precisava! Para poder manter, tinha que fazer essa vida.

Naquele tempo, na minha época, de começo ao fim, eu entrava às seis e meia, saía às dez e meia para almoçar; entrava meio-dia e saía não sei se quinze para as cinco ou cinco horas. Foram anos e anos!

Anos e anos! E grande parte, também, eu trabalhei em horas extras. Saía às cinco, entrava às seis, e saía às nove da noite. Isso, muitas vezes: era direto! Anos seguidos. E trabalhei, também, em hora extra, voltando de noite para a oficina para consertar algum carro que chegava e tinha que voltar para o tráfego. Tinha que fazer o serviço de emergência, porque não podia esperar. E eu tive um tempo lá, que eu, quase todo mês, a cada mês, ou cada dois meses, eu ia para São Paulo, trabalhar no meu ofício. Eu tinha que acompanhar duas composições – sabe o que é composição, não é? São diversos carros: restaurante, pullman, tudo. Eu tinha que acompanhar duas composições que a Companhia Paulista emprestou para a Araraquarense. A Araraquarense, hoje, é unida com a Paulista, hoje é tudo Fepasa: Araraquarense, Sorocabana, Mogiana. Naquele tempo era tudo separado. A Companhia Paulista era sozinha. Como a Araraquarense precisava de trem noturno – eles não tinham carro suficiente, porque era bitola estreita. Depois eles passaram para bitola larga. Você sabe o que é bitola larga e bitola estreita? Bitola larga, ela tem, de roda a roda, nos trilhos, tem um metro e sessenta. Isso chama bitola larga. Tem a bitola estreita, que é bitola de um metro. Esse trenzinho que corria aqui era bitola de um metro. E existiu, também, na Companhia Paulista, no tempo da Companhia Paulista, de Porto Ferreira (Porto Ferreira fica para frente de Pirassununga) de Porto Ferreira a Santa Rita do Passa Quatro, tinha um trenzinho – nós chamávamos de trenzinho porque parecia brinquedo de criança. Os carrinhos que vinham para consertar, e a maquininha, eram bitola de sessenta centímetros. Não sei como não tombava, sessenta centímetros é isto aqui! A rodinha é assim. Os carrinhos eram um pouquinho mais largo. Você olhava, você até achava lindo. Era de passageiro! Passageiro e carga. Passageiro e dizem que naquela época andava lotado. Eu não sei quantos quilômetros. Nunca viajei para lá. Mas ia até Santa Rita do Passa Quatro, esse trenzinho. No tráfego, aqui, existia também. Hoje existe só bitola de um metro e sessenta. De um metro não existe mais. Existe só na Mogiana, na Sorocabana, mas aqui não.

O que acabou com o movimento da Companhia Paulista depois que foi cair nas mãos do governo é que arrancaram tudo que é ramal.

Ramal você sabe o que é. Aqui tinha um ramal, que saía de Rio Claro e ia até Analândia. Lá em Cordeirópolis, ia até Santa Bárbara do Oeste. Não, Santa Bárbara do Oeste, não, era Descalvado, para aquele lado. Hoje, para aquele lado, não está correndo mais. Então, o que aconteceu com o ramal? A mesma coisa que um rio. Se você tirar todos os *corguinhos*, todos os afluentes que vão paro o rio, vai acabando a água. Não acaba? Não é isso? Por que o rio é grande? Porque ele tem muitos riozinhos que jogam água nele, não é verdade? Com a Companhia aconteceu isso. Depois que caiu na mão do governo, não sei se foi o Laudo Natel, não me lembro mais também porque não guardo tudo. Ele acabou com todos os ramais. Este aqui traz quatro, o outro traz cinco, o outro traz dez. Quer dizer que estava sempre cheio de gente. Existiam muitos ramais: Bebedouro, Jabuticabal... muitos! Tiraram tudo! Então, o trem, hoje, sai de Rincão ou de Barretos e vem direto. Não tem nenhum ramal que traz passageiros. E com essa quantidade de ônibus que existe, tem que andar vazio mesmo!

Mas, vamos tocar.

***

Para entrar na Companhia Paulista eu fiz exame. Passei por exame. Eu fui chamado – meu pai deu o nome –, nós fomos chamados. Não existia o Curso de Ferroviários, ainda. Ia iniciar – parece que iniciou em 1935. Eu até cheguei a trabalhar para os alunos que estavam juntos com a gente, fazendo ferramenta para eles. Fazia plaina, fazia essas coisas do nosso ofício. Passamos, então, por um exame. Exame teórico, com o Dr. Pelágio. Tinha uma mesa grande, assim, Até hoje não esqueço, parece que estou vendo: uma mesa grande. Ele era bravo. Caboclo, lá, não dava risada não, hein! Era carrancudo. Então vinha o contínuo, vinha lá e distribuía o papel com as perguntas e respostas. Você tinha que marcar. Ele falava: "tudo em ordem? Então vamos iniciar. Tem dez minutos para fazer tal coisa". E ele ficava dando volta, assim. Venciam os dez minutos, ele pegava, tirando da mão. Nem que faltasse um número, levava embora. Não perdoava não! Fazia de português, de matemática, de desenho. Depois fazia o exame, acho que chama psicotécnico. Então ele pegava... tinha um "meco" – a gente fala "meco" –, era um pauzinho torneado, como aqueles do jogo de malha. Um pauzinho, vamos dizer. Tinha vários deles. Ele amarrava uma venda nos olhos para você escolher, para ver seu tato. *Tacto*, que fala, não é? Você pegava e, a hora que você achasse que os dois estivessem mais ou menos iguais, então ele abria e conferia se estava certo, ou com pouca diferença. Peso também. Tinha uns pedaços de chumbo. Tinha uma peça de chumbo, vamos dizer... um peso. E tinha diversos pedaços. Então você pegava isso aqui, depois você calculava, na hora que você ia pondo aqui, calculava se o peso estava igual, mais ou menos. Então eles pesavam e viam a diferença. Para ver se você tinha noção do que estava ali. Todas essas coisas nós passamos. Num ponto foi bom. Depois, então, ia ter a classificação. Foram escolhidos aqueles que estavam mais... como num exame. Era um exame.

Passaram uns dias e fui chamado. Entrei no dia 2 de maio de 1934. Fui chamado, entrei na carpintaria. Na carpintaria, nós trabalhávamos, a turma de carpinteiros trabalhava no ofício, praticando o serviço. Nós éramos novatos. E depois de uns seis meses iniciou o Senai [refere-se ao Curso de Ferroviários]. O Dr. Pelágio nos pôs lá para aperfeiçoar. Na primeira turma do Senai, que foi diplomada, nós fomos juntos. Só que não recebemos o diploma, porque nós já éramos empregados e eles, não. Nós tínhamos ordenado e eles não tinham. Ultimamente eles têm, mas não tinham.

Nós tínhamos três dias por semana de teoria. Nós íamos só na parte da manhã. Terça e quinta tinha matemática, vamos dizer. Segunda, quarta e sexta, tinha português e desenho. Os mestres, naquela ocasião, os professores, vinham da Industrial, da Escola Industrial. Eles que davam aula. Eu não me esqueço: o nosso mestre de desenho era defeituoso das duas pernas, andava de muleta e era um crânio! Chamava-se Anibal Gullo. Um crânio! Era um desenhista de primeira! Desenho profissional, porque existe desenho artístico: você desenha uma carreta, desenha uma casa. Aquele, não. Aquele é profissional. Se você faz um vaso e uma flor, já é artístico, já é desenho artístico. Eram esses professores que vinham dar aula para nós. Até o Dr. Vasco da Silva Melo, que foi um médico, aqui – ele já faleceu há tempo. Ele era médico do posto de saúde e dava aula para nós de saúde, vamos dizer, instrução de saúde. Ensinava a respeito disso e daquilo. Tinha aula de saúde. Naquele tempo a Paulista pagava para esses médicos, para esses doutores, para esses professores. O Dr. Mário Fitipaldi, você chegou a conhecer? Ele chegou a dar aula para nós. Mas há muitos anos!.

Nós freqüentamos quatro anos juntos com os alunos do Senai [refere-se ao Curso de Ferroviários da Paulista]. Quando eles se formaram, nós, também, passamos pelos mesmos exames. Só que nós éramos do curso de aperfeiçoamento, e eles eram do Curso de Ferroviários, da Companhia Paulista. A gente tem o mesmo estudo. Não sei se você já ouviu falar no tal de Walter Lucke? Aquele é um crânio! Tem um crânio! Tanto que ele sabia mais que mestre. Ele se formou com a gente. No fim, ele saiu como mestre da oficina. Aquele homem tinha... não sei, a inteligência dele!. Ele é grandão. O irmão dele é professor, também. Nós fomos formados juntos. Naquela ocasião formaram-se oito do Curso de Ferroviários e, da nossa turma, eu não lembro quantos foram. Tinha eu, tinha o Chiquinho, talvez você tenha conhecido, teve o Cardoso e outros colegas mais. A maior parte ainda vive. Foram formados naquela ocasião.

E esse curso, que depois passou para a rua 1A, naquele tempo era dentro da oficina. Naquele tempo não tinha, ainda, aquela parte de lá. Lá, era o cineminha. Depois de muito tempo fizeram o cineminha lá. Fizeram para ser não sei o quê, e depois o Dr. Betim e outros montaram o cineminha. Eu ia no cineminha! Não sempre, mas algumas vezes gostava de assistir aqueles filmes de *farwest*, essas coisas que passavam. E a gente, naquele tempo, gostava daquilo lá. Então a gente ia. Era em dia de semana. Também dia de semana. Parece que começava as sete horas e ia até nove horas. Mas muito gostoso!

Eu fiz o curso durante o serviço. Tinha hora. Por exemplo: nós entrávamos às seis e meia. Então, nós tínhamos aula, às sete horas nós íamos lá para a escola. As dez horas nós voltávamos para a turma, ficava meia hora lá, depois vinha almoçar. Depois do almoço ficava na turma. Todo dia, na turma. Depois do almoço ficava na turma. No começo eu trabalhei na carpintaria uns três anos. Depois o Dr. Pelágio achou que precisava de marceneiros nos carros, tinha falta. Então me mandou junto com outros amigos que iam ficar na carpintaria. Fomos em três ou quatro. Fui mandado para a seção de marcenaria exercer como aprendiz. Depois, com o tempo, fui subindo, subindo, até chegar a oficial. Depois cheguei a substituir o encarregado por algumas vezes.

Eu era oficial na parte de carro de passageiros. Eu fazia de tudo. Vamos dizer, um carro de madeira, por fora, era tudo feito de forro. Forro é isso aí. Só que era forro grosso. Forro de ximbó, uma madeira que se chama ximbó. Porque ela agüenta chuva. Ela não apodrece fácil. Então nós tínhamos que ou tirar tudo quando estava ruim, ou reparar. De cada trecho, assim, tirar aquele forro e colocar outro. Preparava a madeira, colocava, aplainava, lixava, deixava pronto. Quando ia para a pinturia, aquele forro estava pronto, remendado. Quando ia desmontar, quando o carro vinha para reparação geral, tínhamos que tirar todas as portas, essas portas de madeira. Tinha que tirar todos os caixilhos (janelas), tirar todos os bancos, tirar a parte sanitária, tirar a bacia da privada, tirar lavatório, tirar tudo. Nessa parte de sanitários nós trabalhávamos juntos: um marceneiro e um encanador. Ele que desligava os canos e a gente soltava tudo que é parafuso, braçadeira, para mandar lavar, para trocar, se precisasse, as portas, tudo. Tirávamos as janelas, bancos....Os bancos de madeira, que eram os de carros de segunda, naquele tempo, era tudo de ripinha. Não sei se chegou a conhecer, se se lembra disso. Eram uns bancos, todos daquela cor ali, amarelos! Era tudo marfim. Mas com o tempo ele ficava assim, encardido. Com o tempo – corria dois, três anos na linha – tinha que voltar para fazer limpeza. Então nós tínhamos que tirar aquela parte do assento e o encosto. Tudo da mesma madeira. Soltava os parafusos, tirava as peças, porque os pés eram de ferro. Os pés ficavam no carro. Pegava tudo aquilo ali, aquele material, punha num trole – chamava-se trole, trolinho de linha. Os trolinhos de linha, você chegou a ver? Punha em cima e levava para a seção de miudeza. Então lá eles iam preparar isso aí. Eles iam lavar com potássio. Existiam uns tanques de potássio. Na época da Guerra não tinha soda, porque a soda cáustica vinha de fora. Nós, eu e a maior parte das famílias que trabalhavam aí, cozinhávamos com lenha. Então tinha cinza. A cinza, a gente punha num saquinho, levava na oficina e trocava com madeira. Trocava com tábuas, com tocos, para fazer serviço em casa. Com aquela cinza eles faziam a tal de "dequada". Se você pegar a cinza, colocar numa lata com água e enfiar a mão, você queima que nem uma soda. Então aquilo lá tirava casca, sujeira, mas como ela queimava, ela queimava a madeira e a madeira pretejava. Então existiam uns tanques de madeira grandes, assim, que tinha um preparado chamado sal azedo. Eles punham aquelas peças – janelas, bancos (tinha muito mais banco por causa da madeira) –, punha no sal azedo e deixava uma noite ou duas. Aquilo puxava a cor da madeira novamente. A madeira voltava a clarear. Ele clareava a madeira. Hoje nem existe mais. Depois era bem lavado, porque se você lavar uma porta com soda e não lavar bem, você passa tinta e ela solta tudo. Ela não segura. Nós fazíamos isso. Tirava, muitas vezes, conforme o estado do carro, a gente tinha que arrancar todos os bancos, soltava tudo, no assoalho, com chave de fenda, se não com chave de parafuso. Tirava todos os bancos, reparava o assoalho. O assoalho, o piso dele era de madeira também. Às vezes já estava meio rostido, tinha que trocar. Nos carros de primeira existia um tapete grosso, dessa grossura assim, que chamavam de linóleo. Nós tínhamos que preparar o chão, passar a plaina, deixar bem limpinho, bem preparado. Depois, então, passar cola e soltar aquele rolo que ficava assim, marrom. Depois veio o tal de paviflex. Paviflex você conhece? Aquele tempo era o linóleo que se usava. Era um rolão de dois metros de largura. Você desenrolava, assentava, pregava o rodapé, colocava todos os bancos novamente. Marcava os lugares e parafusava tudo.

Nós fazíamos isso. O serviço nosso era esse. E colocar os caixilhos. Os caixilhos, naquele tempo, era tudo de descer. Hoje é de subir. Naquele tempo, ele descia. Você desengatava ele, assim, descia e reparava, embaixo. Tinha uns taquinhos lá que a gente pregava a borracha, lá no fundo, e um soquetinho, que pregava lá embaixo, para ele bater e não estourar o vidro, engatar, certinho, passar graxa; parafusava dois sarrafos, punha as venezianas. Aí, punha umas travessinhas por fora, que enfeitava. Naquele tempo chamavam-se pilastras. Eram mais largas. E, naquela época, na Paulista, todo serviço de carro, tanto de primeira como de segunda, era tudo com parafuso de metal, tudo amarelo. Era amarelo e, depois, uma grande parte ia ser niquelada. Mas depois que eu sai já tinha relaxado. Punham um parafuso de ferro, que enferrujava e era duro para tirar.

No tempo da Paulista, quando um carro vinha nós desmontávamos o carro, tirávamos tudo. Tirava a *barrigada* dele inteira e deixava só o *esqueleto*. Era tudo na oficina. Entrava no nosso barracão, já tirava o truque e punha em cima de quatro cavaletes. Então, a nossa turma fazia a sua parte. Depois, quando os truques estavam prontos, trazia, colocava embaixo e levava para a pinturia. E nós fazíamos toda essa parte. Tudo parafusado; pega-mão, niquelado. Era tudo serviço nosso. Era desmontar e, depois de tudo pintado, tanto na pinturia como na miudeza, voltava tudo na nossa mão para montar de novo. Que nem essa casa. Você tira toda a mobília depois volta tudo de novo. Você tinha que entregar os carros. Na turma, lá, era trocar lamparina, trocar esteio, todas essas coisas tinha que fazer. A gente fazia. Fiz muito tempo! Mas ultimamente eu mais trabalhava naquela parte de montagem, de acabamento. Então, quando o carro estava prontinho, com espelho, com lavatório, com banco... Tudo prontinho, a *manobra* vinha, levava para a estação e ficava à disposição do tráfego. A hora que precisasse, o carro já estava disponível. Vinha telegrama: "estão pedindo tal carro". E às vezes estava na metade do caminho e tinha que ir até nove horas da noite para entregar. Eles não queriam saber se estava pronto ou não. O prazo venceu, eles queriam o carro. Era assim.

Existia a turma da seção de vagão. Era o mesmo sistema. O vagão entrava, eles trocavam o assoalho e... Naquele tempo existia muito vagão de madeira, e gôndola. Sabe o que é gôndola? Gôndola passa aí, algumas vezes. É um vagão sem coberta, aquele baixo. É um vagão sem coberta, sem teto. Chamava gôndola. Mas como hoje, já um tempo atrás, passou a acontecer muito roubo, a maior parte agora é tudo *gamelão*. Nós transportamos tudo trancado. Porque, quando era só com encerado, parava na estação e roubava. Roubava sacaria, roubava cimento. Hoje passa muito pouco. Gôndola que passa aí, hoje, é para carregar dormente, carregar algum trator, alguma coisa. Naquele tempo, a maior força era gôndola e vagão. Tanto de madeira como esses *gamelões*. Aqui, na oficina, foram montados. Teve a tal de montagem. Não lembro a quantas montagens eu assisti. Era desses vagões, *gamelões*. Vinham todas as peças. Não sei se vinha de fora, não me lembro. Não sei se vinha de São Paulo. E já vinham as paredes, mas depois tinha que fazer montagem. Então foi feita montagem desses *gamelões*, nem sei quantos! Mas dava medo de passar naquela seção. Porque naquele tempo era tudo cravado com rebite. Rebite dessa grossura! Eles têm uma máquina lá que, quando usa, ele avermelha. Em *dois tempos* ele fica vermelho. Então enfiava naqueles furos – um, por dentro, com ferro e o outro, rebaixado. Você escutava, da sua casa você escutava o barulho! Hoje você não escuta. Hoje é tudo na base da solda. Então, foram feitas diversas montagens desses *gamelões*.

E lá na seção de madeira – de carro, de vagão – existiam os vagões da estreita, tanto os fechados como as gôndolas, de madeira e existiam, também, as gaiolas. Naquela época, os bois eram transportados por trem. Você lembra? Então existiam as gaiolas. Tanto na larga [bitola], como na estreita. Pegava lá em Barretos e levava para São Paulo. Depois passaram a transportar em caminhões e, hoje, parece que já proibiram, também. Hoje já levam o produto pronto nos caminhões frigoríficos. Então, fazíamos os vagões de madeira, fazíamos gaiolas, gôndolas, esse *gamelãozinho*, de madeira, também. Tanto da estreita como larga. Mas agora, ultimamente, acabou tudo. Parte de madeira acabou. Os carros de madeira acabaram. Continuam os carros de aço. A minha parte, mesmo, a minha seção, continua nos carros metálicos, dando manutenção. Mas não construíram mais nada. Depois que eu saí, não foi construído mais nada.

Na minha época foram construídos seis [carros] dormitórios desses azuis. Nós construímos, na nossa época, carro de madeira. Tanto construímos como reformamos carro que ainda veio da Bélgica, carro que veio da Inglaterra. Tinha o carro do diretor-geral, o Dr. Jaime Cintra. Era o carro número 23, eu não me esqueço. Nós dávamos manutenção para ele. Era um luxo! Ele corria tanto na larga como na estreita, trocando o rodeiro, trocando o truque. Tinha uma cama com um florão, na frente da cabeceira, tudo entalhado em carvalho! Madeira de carvalho! Não sei se você conhece. Mas carvalho é quase que nem essa cerejeira. Coisa linda, viu!. Um carro daquele só tinha a cama dele, o quarto dele, e um outro quartinho para um que corria com ele. Era um empregado, um servente. Então, aquele ali é que servia café na cama. Tinha um salãozinho, um salão na frente para reuniões deles. Eles viajavam. Tinha o do Dr. Durval: o de número 24 era do Dr. Durval. Cada doutor daquele, grandão, tinha um carro só para ele. E uma pessoa só para acompanhar ele. E tinha o carro 21, que era restaurante, para os doutores, também. Tinha um salãozinho, cozinha, copa. Quando eles viajavam seguiam três, quatro carros. E o restaurante ia com carro de empregado. Empregado que tinha que servir, carregar mala...

Narrativa do Sr. Valdomiro Moreira

Eu nasci em Rio Claro no ano de 1919, dia 21 de outubro. Fiquei morando aqui e depois fiz o curso primário no Marcelo Schmidt. Fiz até o quarto ano do grupo escolar. Depois que terminei o grupo, tirei o diploma, fui trabalhar no comércio. Trabalhava numa casa de cereais, entregava encomenda, ia buscar mercadoria no armazém da Paulista.

Passou mais um tempo, abriu esse Curso de Ferroviários, que era por intermédio da Paulista e a Escola Profissional de Rio Claro. Eu cursei três anos, e me formei como ferreiro. O curso de ferreiro e o de carpinteiro tinha três anos. Ajustador e torneiro era de quatro anos. Passados os três anos, naquele que seria o quarto ano, nós entramos na categoria de trabalhador. Depois dos quatro anos, quando os demais completavam o curso, nós recebemos a categoria de aprendiz adiantado, na Paulista.

Na escola [primária] eu tive boas relações com as professoras e fui sempre um aluno mais ou menos, de nível médio. Depois que terminei o primário, eu tive a oportunidade de fazer o Curso de Ferroviários. Nós tínhamos uma porção de matérias. Tinha matemática, português, desenho, ginástica. E essas aulas eram dadas das sete às dez horas. E depois do almoço a gente tinha aula prática nas oficinas de Rio Claro. Era de meio-dia às quatro horas da tarde. Lá eu aprendia a fazer serviço de ferreiro, por desenho. Eu comecei a aprender melhor o desenho: tinha que aprender pelo desenho. Estudei os três anos sem repetir, sem nada. Tudo muito bem.

No curso tinha as aulas práticas. Nós trabalhávamos na frente de ferreiro, mas obedecendo ao sistema que eles iam dando: desenhos e aula. Se a gente não estivesse fazendo um serviço mais ou menos de acordo, eles chamavam a atenção e ensinavam.

Depois eu fui para a seção de ferraria, porque eu tinha tirado diploma de ferreiro. Lá na ferraria nós éramos 120 homens, mais ou menos. E lá eu já fui direto para a forja. Começava a trabalhar e sempre os melhores serviços, os mais difíceis, o chefe sempre procurava encaminhar para mim. Porque eu tinha prática de desenho e, naquele tempo, o pessoal que trabalhava não tinha muita prática em desenho. Trabalhava pela prática, não pela teoria. Por isso estava sempre sendo escolhido para fazer os melhores serviços que apareciam. Os mais difíceis eram para mim. E lá eu passei o tempo até me aposentar. Isso foi de 1938, dia 10 de janeiro, quando eu comecei a trabalhar, até dia 23 de novembro de 1967, quando eu me aposentei.

Durante esse período nós fazíamos muitas peças, em geral. Peças de carros, vagões, acessórios para tornos mecânicos. Tudo que aparecia era feito na ferraria. Lá tinha contenções de sela, também, para alongamento da Paulista, da linha. Era serviço que a gente fazia e era calculado: uma por minuto, sessenta selas por hora.

Nós trabalhávamos no período das seis e meia da manhã até dez e meia. Saía para almoçar, voltava meio-dia e saía às seis horas da tarde. Era um período meio puxado, mas... controlado.

Eu nasci em Rio Claro e vivi aqui. Não tive oportunidade de sair da cidade. Eu, aqui, me achava bem. O meu pai também era empregado da Paulista e nós moramos sempre aqui.

Em 1967, a minha patroa se achava meio enferma, e eu quis fazer, deixar um pouco mais aliviado o serviço para ela. Então eu procurei tirar a aposentadoria e passei a fazer o serviço que mais facilitava para ela.

No período em que estava na escola, no Grupo Escolar e no Curso de Ferroviários, eu sempre tive boas notas. Sempre fui bem acatado e tive sorte, também, de me sair bem.

E na Fepasa [Paulista] eu tive bastante lucro, bastante harmonia. Eu construí a casa, por intermédio da Paulista, que fornecia o material. Vinha descontada uma parte, uma parcela por mês. Comecei a construir em 1947. Levou três anos para fazer, com labuta, com suor, mas consegui fazer a casa. Mudei em 1950. E lá permaneço até hoje. A mulher faleceu no dia 8 de julho de 1972. Fiquei sozinho, mas continuei morando na casa. Depois de uns anos de vida sem ter ocupação médica, sem nada, sempre gozando boa saúde, me aconteceu esta espécie de calo, na ponta do dedo. Eu fui ao médico e ele achou que tinha uma infecção e precisava ser operado. Aí me operou. Isso foi em fevereiro de 1992. Eu fiquei internado na Casa de Repouso Rio Claro, em tratamento de saúde. E aqui me encontro até hoje, ainda, esperando concluir a tarefa.

De modo que a minha vida sempre foi de alegria, porque nunca fiquei doente, tive boas relações com a família. Eu sempre tive um ambiente sadio.

Sobre a questão da minha vida em particular, quase não tenho o que expor, porque é uma coisa comum. Uma vida de casal e me dava muito bem com a mulher. Depois que ela faleceu eu não quis saber mais. Apareceram umas duas, três senhoras, mas eu não quis saber mais. Continuei sozinho e continuo sozinho até hoje. O problema é que eu tenho um filho só. Ele mora em São Paulo. Fica difícil de morar em conjunto. Ele lá também tem a vida dele. De modo que eu continuo aqui até ver o que vamos resolver.

Quanto à idéia de fazer o Curso de Ferroviários, foi que meu pai era ferroviário e eu estava trabalhando no comércio. Eu tinha pouca idade, estava com quatorze anos e ele achou que devia me colocar na Paulista. Mas, para colocar, eles não davam mais assistência assim, de pegar aprendizes ou oficiais. Tinha que ser formado pelo Curso de Ferroviários, que era um entendimento entre a Paulista e o governo: nós tínhamos aulas teóricas na Escola Profissional de Rio Claro e aulas práticas nas oficinas [da Paulista] de Rio Claro. Como eu tinha um avô que era ferreiro, saiu aposentado também como ferreiro e sempre tocava no assunto da ferraria, aquelas coisas – que gostaria de ter um neto que aprendesse o ofício de ferreiro –, eu tive a intuição de continuar a ver se eu poderia ser um ferreiro. E no fim, graças a Deus, consegui me formar. Me tornei oficial. Trabalhei como aprendiz, depois passei a oficial. E, depois, passei a auxiliar de chefe de turma e a chefe de turma. Saí aposentado, da Fepasa, como chefe.

Meu avô, que foi ferreiro, trabalhou muitos anos na Paulista. Saiu aposentado também da Fepasa. Naquele tempo era Companhia Paulista. Ele saiu aposentado. Ele era pai da minha mãe. O pai do meu pai trabalhou na Paulista, mas era outra repartição. Quando eu era criança, ainda, ele tinha falecido. Não tivemos muita convivência. Mas com o pai da minha mãe já tivemos mais conhecimento, mais convivência juntos. Cresci quase que junto com eles também. A gente tinha amizade, mais convivência. E foi ele que me induziu para que eu aprendesse ofício de ferreiro. Ele dizia que gostaria de ter um neto que aprendesse o ofício, que continuasse o ofício dele. E deu certo porque, no fim, eu consegui!

Ele não era de Rio Claro. Ele veio da Itália. Depois ele esteve em São Paulo, trabalhou numa companhia em São Paulo e em seguida foi para Mairinque. De Mairinque ele veio para Rio Claro. E aqui entrou na Paulista e continuou trabalhando até... trabalhou 35 anos, mais ou menos, também de ferreiro, na Paulista. Depois se aposentou e foi embora para Araraquara, onde ele fez o resto da vida dele e acabou falecendo. Lá ele ficou cego e acabou falecendo.

Os pais do meu pai eram portugueses. Eles eram de Portugal, mas já vieram casados. E vieram para Rio Claro. Primeiro ele foi para Jundiaí. Depois veio para as oficinas de Rio Claro e aqui permaneceu até que faleceu, de repente. Também não sei se foi do coração, do que foi que ele morreu. Foi aqui em Rio Claro. Mas trabalhou aqui, também, na Paulista. Deixou quatro filhos: meu pai e mais três irmãos que trabalharam, também, na Paulista. Lá se aposentaram e fizeram a vida. Então, foi o que mais me inclinou para ver se eu entrava na Paulista.

E para eu entrar, tinha que fazer esse curso (que era o Curso de Ferroviários). Eu consegui fazer o curso e consegui trabalhar. Lá trabalhava-se bastante. Eu chegava até a levar duas camisas para trabalhar. Levava uma, que era de casa, no serviço. Chegava lá, trocava, porque cada vez que a gente ia no martelete fazer uma peça a gente ficava molhado, completamente molhado de suor. E para não estragar a camisa a gente passava uma água nela e punha atrás da porta para secar. Ali, devagarinho, atrás da porta, secava. Depois trabalhava. Fazia-se balança, bola, barras de carga, caldeava-se pára-choque, batente da bitola de um metro, empanação de batente, ponta de barra. Enfim, todo serviço geral.

A sela é aquela peça que vai entre os dormentes. Ela é parafusada no dormente para fixar o trilho, para o trilho ficar preso em cima delas. É uma chapa retangular, mede mais ou menos seis polegadas de largura por doze de comprimento, onde são afixadas as garras, com parafusos, para segurar o trilho.

A produção da sela era tabelada pelo Dr. Betim, que era o chefe-geral. Era para fazer uma por minuto. Tinha que dar prontinha. Colocava as peças no forno – as selas eram postas no forno –, depois, na hora de estampar e modelar, tinha que dar uma por minuto. Tirava sessenta por hora.

Trabalhamos, nesse período, uns dois ou três anos, para fazer o alongamento da linha para Panorama. Esse foi um trabalho com maior dispêndio de energia. Os outros eram serviços pesados, mas isso já era mais controlado.

Essas selas eram produzidas com selas que foram compradas para outro tipo de trilho, mas como modificaram a bitola de um metro para um metro e sessenta, então foi adaptado esse sistema de sela. Foi aproveitado aquele material para a confecção de nova sela. Era diferente. Mas aquela primeira sela servia para a segunda, que foi modificada. Era o mesmo material. Só modificava o tipo. Mas o tamanho dela, tudo, era mais ou menos igual. A base, onde o trilho era assentado, é que era diferente, tinha uma pequena diferença.

Na confecção, trabalhavam o ferreiro e quatro ajudantes. Era uma tampa com os furos no lugar certo. Um só colocava os pinos naquela tampa. O outro trabalhava no forno. As peças eram postas no forno a lenha e elas ficavam vermelhas, do forno. Quando elas estavam quentes, já prontas para serem modeladas, um jogava para o que estava no pino; do pino punha na estampa e, o outro, punha a tampa em cima, modelava a parte de cima. Tirava aquela, punha a tampa já com os pinos para furar; furava, já saía pronta. O ferreiro ficava ali, modelando, tirando as peças, compreende? E era trabalhado entre o marteleteiro – era feito no martelete tocado a vapor – mais três ajudantes: um no pino, um no forno e outro que ficava trabalhando na estampa e o ferreiro, também. Antes de ser colocada no forno, o pessoal já fazia carregamento de trezentas, quatrocentas selas, para não faltar. Conforme ia tirando, ia pondo: trabalhava o dia inteiro, em combinação.

Começava a trabalhar às seis e meia. Das seis e meia às dez e meia tinha que produzir – seis vezes quatro... 240. Tinha que dar 240 selas em seis horas. O começo do processo era a saída do forno. Saía do forno, já estava contando, o tempo já estava correndo: tinha que estampar uma por minuto. Eram dois ferreiros, porque não se agüentava ficar o dia inteiro trabalhando. Um trabalhava meia hora. Saía aquele, entrava outro, meia hora. Essa meia hora tinha que dar, certo, trinta selas. E assim ia trocando – trocava os ajudantes e o ferreiro, o marteleteiro, não. O marteleteiro continuava o mesmo. Mas os ferreiros e os ajudantes trocavam.

Nós fazíamos um período das seis horas da manhã até as nove horas da noite. Fazíamos horas extras. A oficina trabalhava até as quatro e meia, mas nós continuávamos trabalhando até as nove horas da noite. Almoçava, jantava e voltava a trabalhar até nove horas da noite. Esse serviço durou dois anos, mais ou menos.

Eles adotaram, também, um sistema de serviço por tempo calculado. Então o chefe, o encarregado da seção, de acordo com aplicação da peça, eles já tinham tabelado o tempo. E aquele tempo não tinha distinção para um ou outro. Era tudo igual. O que recebesse, vamos supor, eu ia empanar batente, era um a cada meia hora. Se eu pegasse para fazer, tinha que dar a mesma produção. Se não desse a mesma produção, então a nota baixava. Compreende? Recebia a nota e era classificado em primeiro, segundo, terceiro lugar, conforme a produção dele durante o mês. O oficial recebia uma ficha diária. Era colocada uma ficha na prancheta e ali eram marcadas as horas trabalhadas. Se um serviço, vamos supor, sessenta peças, e o tempo tabelado era de sessenta horas, tinha que fazer naquele tempo. Se fizesse antes, ganhava ponto. Agora, se não fizesse, se tivesse no mesmo tempo, não tinha problema. O que não podia era ultrapassar.

Quando eu entrei não existia esse sistema. Ele foi criado depois de uns sete ou oito anos que eu estava na Paulista. No começo era dado o serviço pelo chefe. A pessoa acabava o serviço, ele trocava, pegava outro e assim ia. Mas não tinha ficha. A parte administrativa achou que devia pôr um tempo tabelado que exigisse mais produção de cada um. Era uma ficha individual. Cada um recebia uma ficha. Se tinha 160 pessoas na turma, tinha que dar 160 fichas. Cada um recebia uma ficha. E não era sempre o mesmo serviço. Era trocado. Um dia eu vou fazer um serviço, outro dia outro fazia esse serviço...

O sistema que mais permaneceu foi esse. Nos últimos anos, com o fracasso que teve – saíram muitos, aposentados, e eles quase não tinham oficial dentro da seção –, eles acharam conveniente tirar esse sistema de ficha. Não deram mais ficha. Davam o serviço, mas sem ficha. Resolveram voltar ao que era. Eu não me lembro bem quando foi, eu não tenho uma precisão. Eu sei que quando começou a entrar o sistema de ficha, eu já tinha uns quinze anos de estrada. E depois trabalhamos uns dez ou doze anos nesse sistema de tempo tabelado, e tornou a modificar outra vez. Quando trocou a direção, passou a trabalhar sem tempo tabelado. Lá dentro, a maior parte do tempo que eu passei foi com a ficha.

Na parte administrativa, primeiro era o Dr. Pelágio Rodrigues dos Santos. Era o primeiro chefe-geral que tinha. Depois foi o Dr. Betim Paes Leme e, agora, o último, quando eu ainda estava lá, era o Dr. Prado. Mas todos eles foram gente boa, tratavam bem a gente.

O sistema que a turma mais gostou foi trabalhar assim, de livre e espontânea vontade. Compreende? Que era dar a produção, não tendo tempo tabelado. Mas, quando saiu aquele serviço tabelado, também era uma coisa mais ou menos calculada, já certa, e não houve uma questão de acatar ou não, apenas se dava preferência para aquela outra forma. Para mim, trabalhar com ficha ou trabalhar assim, sem tempo tabelado, foi a mesma coisa. Pelo menos a produção foi a mesma.

Quanto ao salário, antigamente, quando eu entrei na Paulista, era tudo indicado pelo chefe de turma e depois era examinado pelo encarregado, auxiliar de chefe-geral, que levava ao conhecimento do Dr. Pelágio, Dr. Betim. E, nessa coisa de tempo, a gente pegava o meio mais prático de fazer o serviço. Mas não houve, assim, interferência. Nós éramos bem tratados por eles. Facilitava muito a gente.

Em termos de salário, não alterava. Alterou depois, porque, no começo, para trabalhar, ganhavam-se até cinqüenta réis de aumento por hora. Agora, ultimamente, não. Já vinha, já era feito por intermédio do governo: aumento geral, aquelas coisas. Então o senhor já recebia, não tinha mais, quase, promoção por produção. Com o governo, nessa parte, recebia aumento só quando ele dava o aumento. Era em geral.

Houve até melhora. Melhorou um pouco, porque o ordenado sempre foi subindo, mesmo no primeiro sistema, que era o da Companhia mesmo, a Paulista, o ordenado era de acordo com o merecimento e informações do chefe. E depois já passou a receber quase que em conjunto, quando ele [o governo] decretava um aumento geral, então vinha 20%, 10%, 15% em geral. Cada um recebia – conforme o que estava ganhando – mais aquela importância.

Voltando para a escola, no grupo nós tínhamos aulas de matemática, português, desenho e ginástica. No Curso de Ferroviários era também quase a mesma coisa. Era português, matemática, aula técnica, ginástica. Tinha a aula técnica. As aulas técnicas eram dadas pelo Dr. Betim Paes Leme. Ele dava, todo dia, uma hora de aula teórica. Lá a gente aprendia tudo o que se devia empregar para ser aproveitado no serviço.

Na matemática aprendiam-se raiz quadrada, raiz cúbica e a desenvolver os problemas. Compreende? Eles passavam o problema para ser resolvido. Eles ensinavam qual era o princípio para a gente poder resolver essas coisas.

Eu sempre tive mais gosto para a matemática. Português era mais difícil um pouco. No curso de português era verbo, leitura e tudo o que era de interessante para se aprender de leitura – se estava certo, se estava errado, como é que se devia falar, pronunciar. Era mais essa parte.

Desenho, era desenho prático e desenho teórico. Era aprender a desenhar, fazer os desenhos. E tinha o caderno, tinha as folhas – a gente tinha que fazer o exame na folha de exame. Aí era examinado pelo professor e dada a nota. E todo mês, todas as outras matérias, tinha a nota. Então tirava o conjunto para se completar, para ver a média geral que a gente tinha conseguido. Mas, graças a Deus, fui bem no curso.

Educação física era ginástica, correr (corrida rasa), fazer jogo de futebol, fazer ginástica. Era também interessante. O que a gente mais gostava era de jogar futebol. Tinha aula de medicina. Era o Dr. Vasco. Ele dava aula de medicina. Ele ia uma vez por semana, também, fazer essa aula. Essa era mais a parte de ensinamentos para evitar, para tratar da saúde, evitar que pegasse alguma doença, alguma coisa contagiosa. E era dada uma aula por semana para instruir o pessoal. E tinha as aulas práticas nas oficinas. As aulas teóricas eram acompanhadas pela prática. O que se aprendia na escola... por exemplo, se tivesse uma aula hoje, o que aprendia hoje, amanhã tinha que ser aproveitado na prática lá na oficina. Era em conjunto. Foi um conjunto de teoria e prática, até se formar.

A disciplina era boa. Nunca teve irregularidade. A turma era de 34 alunos, mas eram todos disciplinados, acatavam bem a ordem do professor e nunca houve caso de suspensão ou de abandonar a aula, nunca aconteceu. De modo que era bem administrado.

Para entrar no curso prestamos o exame. Foi em 1934. Foi feito um teste, um exame. Se apresentaram mais de 120 ou 130 candidatos para 34 vagas. Foram escolhidos os que melhor nota tiveram para começar fazer o Curso de Ferroviários. Isso foi em 1934. Prestamos o exame e depois começamos, em 1935, a freqüentar o curso. Eu fiz de 1935 até 1937. Depois, em janeiro, 10 de janeiro de 1938, eu entrei na Paulista. Fui chamado para entrar na Paulista.

Eram três anos. Quatro anos eram para ajustador e mecânico. Ferreiro e carpinteiro eram três anos, Tinha um ano a menos. Ferreiro e carpinteiro (marceneiro) eram só três anos. E de caldeireiro, ajustador, torneiro, eram quatro anos. Mas todos faziam o teste, todos tinham aulas práticas, era tudo igual.

Eu me preparei em curso particular. Tinha o professor Jorge Hebling. Ele dava aula das sete às nove da noite. Eu vinha diariamente. Saía do serviço, vinha para a aula. Ia todo dia. Precisei me preparar porque só o estudo que tivemos na escola não dava para prestar o exame. Então, consegui prestar o exame e ser aprovado. No meio dos 34 eu fui um, também.

As provas, durante o ano, eram dadas pelos próprios professores que administravam. Eles é que davam a relação, conforme era o aluno, as notas que eles tinham dado. Não tinha inspetor. Aquele tempo não vinha inspetor examinar ou ver, apresentar, tomar parte de uma aula, não tinha. Era dada só pelo professor ou mestre o que estava indicado. Não vinha ninguém de fora, na escola. Durante o tempo em que eu estive, não. A avaliação era feita de acordo com as notas mensais que o aluno tinha. Se ele, durante o ano inteiro, tivesse notas boas, passava. Se não fechou a nota, repetia o ano. Mas eram os próprios professores que faziam. Do governo nunca teve visita. O Senai teve visita, mas a própria Paulista encaminhava para um lugar, ali, para fazer uma visita, um passeio para ver como é que estava.

Aqui, a Paulista, antes de 1934 ela adotava o seguinte sistema. Por exemplo: ela precisava de aprendizes de ferreiro, de caldeireiro, de eletricista, então ela abria vagas, punha lá: para aprendiz de ferreiro precisa de tantos candidatos. Então o pessoal entrava. Depois desse período, quando eles começaram a formar pelo Curso de Ferroviários, então eles acharam que não podia mais entrar como aprendiz, na Paulista. Eles não adotavam mais. Eles só aceitavam se passasse pelo curso. Aí era formado pelo curso e, depois, admitido.

No período em que eu estive na escola eu nunca tive aborrecimento. A única coisa é que eu gostava das aulas e foi a única recordação que a gente tem do passado. Da Paulista, a única coisa que a gente tinha marcado é que ali a gente vivia mais com os colegas de serviço do que com a família. Porque o senhor vê o tempo que a gente tinha: entrar seis horas, seis e meia da manhã, e sair nove horas da noite! Em casa, chegava lá, era tomar banho e dormir. Então, a gente tinha mais convivência lá dentro, tinha mais amizade. Era considerado quase que irmão um do outro. Não havia discussão, não havia briga... Se um pudesse, facilitava: quando um sabia do serviço que o outro ia fazer e a gente tinha feito uma ferramenta para simplificar o serviço, a gente ia lá, indicava a ferramenta, mostrava. Tinha aquele elo de camaradagem um com o outro. Então, assim, de dizer, de salientar um acontecimento grande, não teve. Sempre foi uma vida normal.

Nós fazíamos horas extras conforme a Paulista precisava do serviço. Nesse tempo, por exemplo, que ela fez essa modificação na linha, ela necessitava daquilo lá. Então a gente tinha que fazer. Tinha que acatar as ordens. Mas, os outros tempos, não. A maior parte do tempo foi em hora oficial. Trabalhava-se das seis e meia às dez e meia, e de meio-dia às cinco horas, meio-dia às seis horas. De modo que não era assim. Esse período, que foi confeccionar as selas, esse aí foi estipulado nesse prazo.

Na ferraria, porém, se fazia sobretempo quase que diariamente. Fazia mensalmente. A ferraria era considerada o coração da Paulista, porque todo serviço, tudo – os vagões, carros, tudo – era tudo fabricado dentro da oficina. Então era a ferraria que fazia, que dava o início da coisa. Nós que fazíamos as peças e depois ia lá para dar o acabamento. De modo que a ferraria, o tempo todo, era abarrotada de serviço. Eram trinta e poucas turmas. Caía todo o serviço na ferraria. Então o sobretempo era dado quase que anualmente mesmo. Pouco tempo que não existiu o sobretempo. O resto, quase tudo tinha o sobretempo. Ou as dez horas, ou nove horas, mas tinha sobretempo. Tinha a seção de mola, seção de forja, forjamento de peças. Então o chefe lá punha: seção das molas vai até as nove, seção de forja até as seis... Mas a movimentação era tão grande que, para sustentar a produção, tinha que ter o sobretempo. Nas horas normais não dava para ser feito o serviço. Tinha que completar com horas extras. E, naquela época que teve a confecção de sela, havia sobretempo, também no sábado, até as quatro horas. Depois já não. Aí fazia hora corrida, de acordo com o horário do mês.

[Sobrava tempo, porém] para as amizades, para divertimento. Também dava para se divertir. Graças a Deus, toda a vida a gente teve amizades boas entre nós, colegas. Às vezes um combinava, ia passar, almoçar um domingo na casa dele. Aqueles mais chegados. Ou um outro vinha passar na casa da gente, a gente ia na casa do outro.

E divertimento, combinava, ia jogar futebol no Grêmio Recreativo. Era da Paulista, também. A gente ia lá, se encontrava lá. Cada seção, cada turma, tinha um time. Então abria a disputa. Era uma convivência alegre. Não tinha muito aborrecimento, não. Uma vez por ano eles faziam a comemoração do dia 1º de Maio, aquelas coisas de confraternização dos operários. Faziam aquelas disputas de futebol, bola ao cesto. As turmas todas participavam, alegres, contentes. Eu também jogava. Eu jogava de alfa-direito. Jogava com o São João Futebol Clube, também. Joguei com eles. Depois comecei a namorar e parei um pouco de jogar futebol.

Baile eu dancei bastante. Dancei bastante. Conheci a mulher dançando, na Cidade Nova. Depois ela passou para o Grêmio Recreativo. Mas aqui, eu era sócio da Cidade Nova, do Grupo Ginástico, do Grêmio Recreativo e da Philarmônica. Era sócio em quatro sociedades. Quando entrei na Paulista eu já entrei sócio. Eu era moço ainda, tinha dezenove anos. Eu entrei sócio no Grêmio Ferroviário. Já sabia dançar. Então comecei a dançar. Depois, gostei da Cidade Nova, entrei como sócio na Cidade Nova. Depois o Ginástico começou a dar baile, também, de sábado: entrei sócio no Ginástico. Aí, na Philarmônica, também.

Saía para fora, também – Araraquara... No começo ia sozinho. Depois começamos namorar e passamos a dançar só eu e ela. Deixamos de dançar com os outros colegas. Tinha amizade, mas dançávamos só eu e ela. Às vezes nós íamos para Piracicaba, às vezes para Araraquara, para Campinas. Faziam as excursões. A própria sociedade abria: "hoje vai ter baile em Campinas". E nós íamos.

Todas as associações faziam excursões. Uma vez dava a Cidade Nova, outra vez dava o Grêmio. A que dava mais era o Grêmio. Até piquenique dava. O Grêmio fazia piquenique em Nova Odessa, fazia aqui, perto de Americana. No Horto Florestal, também. Nós formamos, também – os mestres, todos que eram mestres –, uma sociedade. Nós pagávamos um tanto por mês. Todo mês nós fazíamos uma comemoração, uma reunião, uma confraternização entre o pessoal. Uma vez saía aqui, outra vez ia em Emas [Cachoeira das Emas]; fazia no Grêmio, outra vez fazia no Country Clube. Então não tinha essa distinção. Ainda existe essa sociedade, a Associação dos Mestres. Era a Associação dos Mestres da Paulista. Eu não sou mais sócio, porque já aposentei. Participavam os mestres, encarregados, auxiliares. Oficial, não: eram só os mandões, só os que tinham grau. Eu me aposentei como chefe de turma. Aposentei como chefe de turma e era para ter saído como supervisor. Tem o auxiliar, o chefe e o supervisor.

A ferraria, ultimamente, foi meio desclassificada. Achavam que o serviço de ferraria, com essa modernização que teve, de fabricação de peças, essas coisas, eles achavam melhor comprar do que fazer. Então decaiu muito. E agora, recentemente, as oficinas, a parte da ferraria, não existe mais. Está quase completamente extinta. E era uma das melhores turmas. Quem tocava era o Dr. Roberto. Também era engenheiro, chefe geral. Ele falava sempre: "A ferraria é o coração da Paulista". Porque todas as coisas saíam da turma, ali. Agora, com essa compra de materiais, essas coisas... ficou tudo modernizado. Máquinas... Como as peças que nós fazíamos, levávamos o dia inteiro para fazer uma barra de carga. E trabalhando, molhando a camisa! Agora, ultimamente, vinte minutos fazia, porque era cortado com "oxford": fazia o modelo, punha lá no maçarico, ligava, já cortava. Era só comprar o material, já fazia a peça. Assim, facilitou o serviço, mas acabou com a mão-de-obra.

Naquele tempo, na hora do café, quando ia tomar café, sempre um contava uma piada, o outro contava outra. Mas era tudo dentro da disciplina. Não podia fazer algazarra, não podia... tinha que obedecer às ordens. Mas era bem organizado. Olha, eu sinto saudades, desse tempo eu sinto saudade porque a gente era quase que nem irmão. Tinha mais convivência lá do que com a família.

E isso era em geral. Na ferraria, na carpintaria... Claro que cada seção tinha aquele bloquinho, aquele conhecimento. Agora, tinha sempre um amigo ou outro, que, como se diz, tinha mais distinção. Então a gente tinha mais amizade, confiava mais naquela pessoa. Às vezes tinha alguma coisa que queria consultar. A gente ia lá, consultava: "olha, precisa fazer isso...". A gente tinha essa coisinha.

Mas a amizade foi boa. Em geral, todo o pessoal lá dentro tinha boas amizades. Era difícil a gente ver que tinha um desentendimento, ou sair uma briga, ou sair uma brincadeira de mau gosto. Era bem disciplinado. Principalmente no começo da Fepasa, que era a Paulista. Era uma maravilha. Agora, ultimamente já decaiu um pouco mais. Modernizou mais, então decaiu. Mas antigamente era bom. A disciplina era ótima.

Não havia festa ou comemoração no local de trabalho. O Dr. Betim Paes Leme mesmo, ele fazia tudo no fim de ano: Natal, essas coisas. Ele dava presente para as crianças. Pedia a relação, o chefe de turma pegava a relação dos empregados, quantos filhos tinha, a idade, e encaminhava para ele. Lá ele tinha uma comissão formada por pessoas indicadas por ele. Esse pessoal distribuía brinquedos: caminhãozinho, bola, boneca, para fazer a comemoração do dia de Natal. E era feito aqui no Grêmio Recreativo.

No lugar de trabalho não. No lugar de trabalho não teve. Quando fazia essas festas – fazia festa de São João, essas coisas –, fazia tudo aqui, no Grêmio. Lá, nunca foi assim distinguido para fazer uma festa, separada. Não teve, não teve nada.

Eu terminei o curso no fim de 1937. Tínhamos sido aprovados e a Paulista esperou até o dia 10 de janeiro. Já mandou chamar – veio ordem para se apresentar. Foi dada uma caixa de ferramenta para cada um dos aprendizes, no curso. Levamos uma caixa de ferramenta com metro, esquadro, compasso, suta, martelo, marretinha, para poder exercer o serviço. Nos apresentamos no dia 10 de janeiro [de 1938]. E já entramos trabalhando [risos].

Entramos como aprendiz. Eles não quiseram dar aprendiz adiantado porque, como eu disse antes, nós fizemos só três anos de curso, então tivemos que esperar a outra turma que vinha com quatro anos, para passar a aprendiz adiantado. E ficamos ainda mais uns dois ou três anos trabalhando como aprendiz, para depois passar a ferreiro. Aprendiz adiantado já tinha mais conhecimento do serviço. O aprendiz é o que não tem prática nenhuma e começa aprender. Agora, quando já começa a fazer peça, já começa a confeccionar, já entende desenho, passa a aprendiz adiantado. E quando já está apto a fazer o serviço e confeccionar o serviço de acordo com o desenho que recebe, então já passa a cargo. Já passa a ferreiro. Quem é carpinteiro já passa a carpinteiro.

Eu entrei como aprendiz. Depois de um ano, fui aprendiz adiantado e depois de dois anos passei a oficial de ferreiro. Passei, depois, a auxiliar de chefe de turma. O tempo exato eu não tenho. Eu tenho cartas lá em casa, mas de cabeça assim eu não tenho. Eu trabalhei oito anos como auxiliar. De ferreiro eu trabalhei – eu tive trinta e poucos anos de serviço –, trabalhei vinte anos, como ferreiro. E depois, durante uns cinco anos, mais ou menos, eu andei substituindo. Quando o chefe se aposentou e eu passei para o lugar dele e o outro, que era encarregado, passou para o meu lugar. Eu fiquei como chefe de turma, mais ou menos, uns seis anos.

O salário não foi ruim. Principalmente eu, graças a Deus, toda a vida o meu salário foi bom. Desde quando eu era moço, desde quando eu era aprendiz, passando a aprendiz adiantado, a oficial, de vez em quando saía um aumento geral. Mas foi sempre melhorando. Nunca passei necessidade. Quando eu fiz a casa, em 1950, foi feita com sacrifício, mas o dinheiro dava para pagar [risos]. E foi tudo honesto Foi tudo direitinho.

A Paulista fornecia, para todos, em geral, até a planta da casa mesmo. O funcionário fazia um rascunho do que queria e encaminhava para a seção técnica. E lá na seção técnica faziam o desenho, a planta da casa, e faziam o cálculo de material necessário: quanto ia de tijolo, quanto ia de... só areia e o saibro que não davam. Mas o cal, cimento, mosaico, madeira... ela fornecia tudo, para pagar em prestações mensais, em quatro anos. Ficava pagando aquela parcela durante quatro anos.

Quando eu tirei o material, tinha já comprado o terreno. Eu comprei o material, arrumei um pedreiro para fazer o serviço. Ele fez o serviço de pedreiro. Agora, o resto, o serviço de carpintaria, tudo, fui eu mesmo que fiz. Eu com o meu cunhado e um tio meu, que fizemos. Nós trabalhávamos no fim da tarde, domingo, feriado, e fomos conseguindo fazer. Assentamento de porta e janela, foi tudo construído por mim. O meu diploma era como ferreiro, mas eu fazia de tudo! Até de pedreiro eu trabalhava! E a Paulista fornecia tudo.

Não levou muito tempo, não. Quando prometeram que ia sair o material, eu já procurei o pedreiro. Saiu o tijolo, eu já dei início à obra. Não levou seis meses, ou um ano, mais ou menos, fizemos a casa. Eu já era casado, já era pai. Foi feito tudo assim. A gente se reunia, combinava: hoje nós vínhamos ajudar o colega, amanhã ele vinha nos ajudar. Assim nós fizemos. Quase todo pessoal daquele tempo, da Paulista, construiu a casa nessa situação.

Eram casas boas. Eu fiz a casa com dois dormitórios – sala, dormitórios, sala de visita, tinha copa, cozinha, abrigo. Depois modifiquei. Depois passou mais um pouquinho, modifiquei mais. Mas quando eu fiz, já tinha dois dormitórios. Já fiz um para mim, o outro para o rapaz. Varanda, sala de televisão, tinha tudo. Casa ótima mesmo. E está lá, até hoje.

O material, também, que era fornecido pela Paulista, era tudo de primeira. Caibros de peroba, ipê, tudo de primeira, tudo material bom. Telha ela não dava. A única coisa que precisava comprar era telha. O resto ela fornecia tudo, para pagar em parcelas. Já vinha descontado do salário. O funcionário fazia o contrato e já vinha descontada aquela parcela.

E ela fornecia também, se houvesse necessidade de dinheiro da caixa, ela fazia empréstimos por dois anos. A caixa fornecia e pagavam-se 210 cruzeiros por mês. Já vinha com os juros. Emprestava quatro mil cruzeiros, e já vinha descontado o juro. A caixa, na Paulista, é que tomava conta do movimento. A gente fazia o pedido, ia encaminhado para lá, eles autorizavam, e depois a gente recebia o empréstimo – recebia o dinheiro e já vinha descontado na folha de pagamento, todo mês. Quer dizer que facilitava muito, também.

* * *

A escola preparava bem, mas tinha as dificuldades na confecção do serviço. Porque ferreiro é um serviço que o senhor não aprende. Quanto mais se faz, mais... Não é como um mecânico de carro, por exemplo. Se o mecânico tem conhecimento do motor, ele fica toda a vida ali. O ferreiro não. O ferreiro... aparece uma peça hoje, amanhã é outra. Modifica, não é sempre o mesmo serviço. É variado, é constantemente variado o serviço. Por isso que nunca se aprende todo o serviço.

Na Paulista, tinha peça que a gente nem sabia como é que ia começar. Tinha que bancar o durão e tocar o barco para a frente. Não podia se deixar intimidar. A gente é um ferreiro e fazia! Todo serviço que veio nunca voltou para trás. Sempre foi confeccionado. Às vezes dava quebra-cabeça, dava quebra-cabeça. Mas a gente conseguia. Graças a Deus nunca foi recolhido um serviço por não poder ter feito. Toda vida fiz o serviço e sempre sai bem. Graças a Deus!

Como eu expliquei antes, a minha turma, a ferraria, era uma das turmas que mais forneciam material para as outras. Confecção de peças, de carro, vagão, era tudo feito na ferraria. Quer dizer que ia para as outras turmas para furar, colocar no lugar aquilo lá. Por isso que era difícil não ter sobretempo. Ou era até seis horas ou era até nove horas. Quer dizer que nesse período o senhor mais permanecia no serviço do que com a família. Porque o senhor vê: saía às nove horas da noite e, no outro dia, às seis e meia tinha que estar no serviço. Então a gente tinha mais convivência lá, com os colegas da oficina, do que, quase, com a família. Não é verdade?

Chegava em casa – a gente tinha, graças a Deus, toda a vida tive uma vida conjugal boa. Tinha a minha diversão: ia divertir, ia ao cinema, freqüentava baile. Mas, somando as horas que ficava trabalhando e as horas que ficava em casa, as horas de trabalho suplantavam as de folga. Mas a relação foi sempre boa. Graças a Deus!

Eu gostava de divertimento. De divertimento eu gostava de tudo. De cinema, de piquenique, festa. Uma festinha, eu sempre tomei parte, sempre aceitei. Eu não era muito aborrecido, não. A mulher gostava, também. Nós íamos e nos divertíamos.

Pescaria foi a única coisa de que eu não gostava. Não é que eu não gostava: eu não aprendia a colocar minhoca no anzol. Não, não aprendia, rapaz. Eu pegava aquilo lá e não achava jeito para aquilo. Então não ia. Eu fui algumas vezes, fui em Emas. Mas foi mais para servir de companhia. Pescar mesmo, nunca pesquei.

Eu nasci aqui, em Rio Claro. E digo para o senhor que evoluiu muito. Rio Claro cresceu uma coisa assustadora. Eu conheci isso aqui onde nós estamos, aqui era tudo brejo. Era tudo brejo, era tudo taboa, aquelas taboas do brejo, aquelas coisas. A rua 1, da estação até na avenida 10, tinha calçamento daqueles paralelepípedos. Da avenida 10 para lá era um areal que só vendo!

Carro? Carro particular tinha, na praça. Eram aqueles carros puxados por animal. Tinha aquelas parelhas de cavalo. Depois começaram a aparecer os carros com chofer. Se eu contar para o senhor, o senhor pensa que é mentira! Às vezes vinha um, vinha vindo da rua, um para cá, outro ia para lá. Pois um parava para o outro passar, de medo de bater [risos]. E a rua era larga, a mesma coisa [risos]. Mas um respeitava o outro. Parava de medo de bater. Acontecia isso.

Dali até na 22, ainda depois, era chão. E não tinha calçada, nada. Depois começaram a fazer a sarjeta, fazer calçada... foi evoluindo. Mas a 22, lá para Aparecida, lá não tinha mais cidade. Era só uma ou outra casa. O resto era tudo vazio. Hoje o senhor vê, onde o senhor vai em Rio Claro aumentou. Tem lugares aqui que eu nem sei mais onde fica. Porque se falar em tal bairro as vezes a gente não sabe. Eu até comprei um mapa da cidade de Rio Claro porque às vezes perguntam: "onde é que fica esse lugar?". Então vou procurar lá, ver onde é que se localiza. E não é muito tempo, eu estou com 73 anos. Não é muito tempo. Quando aconteceu isso eu era molecão, tinha uns treze ou quatorze anos. De lá para cá, olha quanto que evoluiu! Em sessenta anos, mais ou menos, deu uma evolução medonha.

E eu não sei como é que expandiu aqui, porque Rio Claro toda vida foi fraca de indústria. Aqui foi uma cidade que foi fraca. Tinha a cervejaria e a Paulista. Depois veio a Matarazzo. Começou dar emprego lá na tecelagem. Mas, com esses empregos, nessa movimentação, foi adiantando um pouco. Já começou a evoluir mais a oficina, mas pouca coisa. Eu não sei se foi falta de apoio que essas empresas não tiveram, não conseguiram com a prefeitura. Eu sei que era para ter vindo mais indústrias para cá e não vieram devido à falta de apoio. Foi mal administrado, isso foi. Mas a evolução foi grande. A evolução da cidade foi grande e modificou tudo. A natureza mesma: onde era brejo, hoje é chão duro. Teve evolução. A cidade subiu. Acredito que isso seja em geral.

Para a cidade foi bom, foi ótimo. Aumentou a cidade, aumentou a população. Agora, o que está faltando é emprego, não é verdade? É o que está se passando no Brasil inteiro. Em todo lugar está faltando emprego. Esse mundo de gente desempregada. O salário sobe, não pode pagar salário, tem que fechar. No fim, tem que fechar. E provoca mais desemprego, aparecendo essa crise que estamos atravessando.

Naquele tempo, não é que era ruim: era difícil o dinheiro. Ganhava-se pouco e tinha bastante coisa para comprar. Então, o dinheiro que se tinha não dava para comprar o que queria. Hoje em dia é diferente. A gente tem o dinheiro, mas é tudo maneirado. Não há a fartura que tinha de primeiro. De primeiro não vinha nada por quilo. Mais era saco. Era saco de sal, saco de arroz, saco de feijão, saco de trigo. Farinha de trigo... ninguém quase comprava pão de padeiro, fazia pão em casa. A mãe da gente fazia pão em casa. Por que? Porque tinha facilidade de comprar. Hoje é difícil a gente estar achando meio de fazer isso.

Eu acho que nesse ponto, o que se tornava difícil hoje ficou mais fácil. Porque, de primeiro, o senhor queria comprar, não tinha dinheiro. Hoje, se o senhor tem dinheiro... o que o senhor quer, o senhor compra. Não é verdade? Se tiver dinheiro! Tendo dinheiro e tendo um bom emprego, graças a Deus, dá para ir remediando. Mas que está uma crise dura, está!

O que ficou ruim, na cidade, ruim, ruim mesmo... Bom, o policiamento não ficou. O policiamento é igual. Política, também, continua a mesma coisa. Eu acho que está mais ou menos o equivalente. No conjunto, o que está ruim hoje é difícil de descobrir. O que precisava que tivesse bom hoje é que tivesse indústria para dar emprego para a turma. Não é verdade? Para dar serviço para esses coitados. Por que tem roubo, tem tudo isso? Falta de serviço, não é verdade? Eu acho que se tivesse mais empresa na cidade, mais desenvolvimento, eu acho que seria mais fácil a vida. Tornava-se mais fácil a vida. Antigamente o serviço era braçal, era tudo manual. Hoje, vai fazer uma valeta na rua, vem uma máquina e em uma hora ela faz. Antigamente para fazer aquela valeta levava quinze, vinte dias. Hoje em dia, não. Vem a máquina ali, já trava, faz. Modificou. Isso é evolução.

Como eu expliquei antes, a ferraria era uma turma muito exigida de serviço. Tudo caía na ferraria. Era, vamos dizer, o braço-direito das oficinas. Então, o tempo que a gente saía de lá, a gente procurava se divertir ou trabalhar. Fazia um servicinho, como eu disse: eu era ferreiro, mas trabalhava de pedreiro, trabalhava de carpinteiro, trabalhava de marceneiro. Era para ajudar: um ajudava o outro. Mas de dizer de trabalhar mesmo, não. Nunca tive! Nunca trabalhei para ganhar dinheiro para fora. Eu vivia com o salário de lá e, graças a Deus, toda a vida vivi bem. Graças a Deus!

Depois que eu me aposentei eu não voltei mais lá, nas oficinas. Para eu falar sobre o que está se passando, hoje, lá, eu não sei. Fui lá só para receber pagamento, no Banespa. Mas fazer visita, olhar a turma, nunca procurei fazer mais, porque a gente ouve o pessoal falar que aquilo lá acabou tudo. Não existe mais aquela Companhia privilegiada. Antigamente se trabalhava lá dentro. A Paulista era a estrada de ferro mais privilegiada do Brasil. Tudo – os carros, os vagões – era tudo bem conservado, bem pintado. Os carros de primeira, todos com toalhinha, de primeira, branca, tudo engomado. Uma coisa! Hoje em dia relaxou muito, eu acho que decaiu muito. Do que era e o que é hoje, não é nem sombra. E do que se trabalhava de primeiro e o que trabalha hoje, deve estar, também, bem fracassado. Hoje, se a gente ficar lá na porta, no portão da oficina, vê as pessoas entrando de relógio de pulso, de anel, de aliança na mão. Antigamente era proibido trabalhar de aliança. Nem aliança não se podia levar, porque tinha medo que sofresse um acidente – conforme o serviço, enroscava na aliança, e machucava a mão. Então, podia usar, mas chegava lá, tinha que tirar. Não podia ficar com aliança na mão. Era assim, tinha essa convivência, que hoje lá não tem mais. O sujeito, hoje, tem liberdade lá. Eu não sei. Dizem que tem liberdade para trocar até de roupa antes de apitar. De primeiro, não. Se o chefe pegasse o senhor lavando a mão antes do apito, o senhor era advertido a primeira vez, a segunda vez e, na terceira vez, já recebia comunicado de advertência e era suspenso. Tinha pessoas que saíam até suspensas. Portanto, a disciplina era melhor.

    Naquele tempo eu andava de trem. Andava mais de trem naquele tempo do que anda hoje, porque nós tínhamos direito a dois passes livres por mês. Davam dois passes livres por mês. Os passes de 75 [75%] podia-se tirar quantos quisesse. Passes livres, somente dois por mês. A gente sempre guardava aqueles dois passes para uma viagem mais longa, mais dispendiosa. Procurávamos utilizá-los para essas viagens. E viajava-se sempre. Viajava mais de trem, naquele tempo, do que eu viajo hoje. Porque hoje, se a gente vai para São Paulo, o filho, que tem carro, vem aqui, e viajamos juntos. Para ir de trem, depois, chega lá, tem que tomar táxi, essas coisas. [Quando não vamos de carro] a gente pega o ônibus aqui, já desce lá, já vai direto. Mas eu não tenho viajado muito mais. Quando saí aposentado, eu recebi um talão de passes, e ainda estou com 24 passes. Se eu ocupei dez, foi muito. O resto está tudo lá. Não viajava mais. Era difícil viajar de trem.

    De automóvel, porém, viajei bastante. Eu acho que isso é geral: viaja-se de carro e de ônibus. Olha, explicar para o senhor eu não sei. Não sei se foi um pouco de relaxamento do horário. Porque hoje em dia é difícil ter um trem correndo no mesmo horário. Hoje ele passa numa hora, amanhã o sujeito vai na estação para tomar a uma hora, e ele acaba aparecendo perto das duas. Eu acho que decaiu muito. Antigamente, no tempo que era a Paulista e que tinha diretoria que cuidava, se o trem atrasasse um minuto, o maquinista, tinha que fazer uma declaração explicando por que ele atrasou aquele minuto. Hoje em dia é tudo mais moderado, eu não sei, eu não compreendo. Eu acho que é por isso que houve essa fuga, esse deslocamento. O pessoal não vai muito à estrada de ferro por causa disso. Mas eu acho que no trem se tem mais liberdade, tem mais conforto viajar de trem do que viajar de ônibus. Porque de trem o senhor quer ir no banheiro o senhor vai, se quer tomar um lanche, tem o restaurante. No carro, não. O carro, conforme o carro ou o ônibus que o senhor pega, o senhor tem que ir até no destino, sem esse conforto. Eu acho que o trem era coisa mais agradável para se viajar.

Eu acho que isso mudou, o trem decaiu foi por causa do horário. Foi por causa da falta de horário. [Naquela época], se acontecia um acidente, já era deslocada a turma que tinha nas oficinas, preparada para ir fazer o serviço de socorro. Quer dizer, tudo tomado nome, endereço, tudo da pessoa. Acontecesse qualquer coisa, a Paulista quitava tudo. Mas caía tudo lá. Já sabia, já tinha o número de apitos para cada tipo de acidente. Dois apitos, por exemplo, era descarrilamento. Três apitos, era um desastre muito feio. Às vezes dava dois, o responsável já saía correndo, ia lá saber. Se era ligado aquele bloco, ele ia. De modo que em prazo de pouco tempo era resolvido.

Hoje em dia, não. Hoje, o senhor não vê aqui? Ali, perto do pontilhão da rua 6, houve um desabamento de terra. Deu uma enchente grande e levou uma parte da linha, paralisou o tráfego por quase um ano, se não mais, para conseguir reparar. Quando era da Paulista, aquilo lá não durava um dia! Não durava um dia! Fazia das tripas o coração!

* * *

Hoje, graças a Deus, eu me sinto bem. Financeiramente, graças a Deus estou mais ou menos, e, de saúde, estou ruim por causa deste pé, aqui, mas do resto estou bom. Graças a Deus está tudo bom! Sempre tive amparado com boas relações de amizade. Aonde a gente vai, conhece uma pessoa, a gente cria, não sei se por facilidade, a gente cria aquele ambiente de amizade. Me sinto satisfeito. Confortável, satisfeito. Graças a Deus eu nunca passei necessidade na vida. Durante o tempo que eu fui empregado lá, o ordenado, toda vida, deu. Não sei se foi o meio que a gente adota de não querer gastar mais do que pode, mas eu, para mim, nunca houve dificuldade.

Eu fui uma criatura que nunca, nunca tive inimizade, nunca tive aborrecimento com nada, levei a vida como ela é. Viver no dia o que a gente pode viver, aproveitar o máximo. E sempre de harmonia, convivência boa, procurar fazer amizade melhor. E graças a Deus, está tudo bem. Eu espero que continue assim até que eu vá embora [risos].

Saudades é da mulher! A minha patroa, eu vou contar para o senhor, até hoje, a roupa dela, desde que ela faleceu, a roupa que ela deixou, que era dela, está tudo guardadinho no guarda-roupa. Não mexi, não dei. O pessoal fala "Ah, é bobagem!". Eu digo: "Não faz mal, é bobagem, é um capricho". Eu tenho um carro, um volks. Esse volks foi ela que escolheu para dar de presente para o filho, quando ele se formou. E eu não disponho dele, por causa disso aí. Eu já paguei o carro para o filho, paguei, dei de presente para ele e dei para ele trabalhar. Depois ele queria comprar um carro melhor e ia vender. Eu falei: "Não, você não vende. Faz o seguinte: você compra o outro, eu ajudo você a pagar, e fico com esse aí para mim". Eu falei para ele: "Aquilo lá eu vou dispor só no dia que eu não existir mais. Daí, se você quiser vender, você vende. Mas por enquanto não!". Está lá! E estou com ele até hoje.

A única coisa que eu sinto mesmo de ter perdido foi a esposa. Já fez 22 anos. Vinte e dois anos... O rapaz casou-se no dia 1º. É, dia 1º de julho. Caiu na sexta-feira. E, no sábado, no religioso, dia 2. Quando foi no outro sábado, foi o enterro dela – ela faleceu. Já fez 22 anos. E deixa bastante saudade. Bastante saudade.

O meu filho estudou em São Carlos. Ele se formou em São Carlos. Estudou aqui, fez o Ribeiro, fez tudo. Fez datilografia no Bilac. Depois ele falou para mim: "Pai, eu estou com vontade de tentar engenharia, o que o senhor acha? Será que vai dar para eu fazer?". Eu falei: "O custeio, dá para eu custear você. Agora, depende de você aproveitar lá. Você vê se aproveita, não vai querer começar e depois abandonar. Você vê: está com vontade, você vai!". Aí ele falou: "Ah! Eu vou!".

E fez. Ainda tinha que fazer um ano de preparatório e não fez o cursinho. Ele foi fazer direto. Já fez a matrícula lá, pagou a matrícula, tudo, para fazer direto. Saiu aprovado em segundo lugar. Só teve um aluno na frente dele. De modo que não deu embaraço nenhum. Ele fez o curso e não repetiu série nenhuma. Quando terminou, já estava trabalhando, estava bem. E continua bem, graças a Deus está bem. Está em São Paulo. Tem casa no Guarujá, tem em São Paulo, tem aqui. Está bem financeiramente, também.

Ele fez o curso de engenharia em São Carlos. O nome da escola eu não sei bem, eu não me lembro. Eu não me lembro muito porque eu deixei sempre por conta dele, da iniciativa dele. Eu sei que era Engenharia de São Carlos. Tem o diploma dele, mas eu não me lembro.

O tempo voa. Eu tenho lembrança viva de quando eu era solteiro, dos divertimentos que a gente tinha, das pessoas. Eu nunca tive inimizade com ninguém. Procurei sempre fazer amizade, o melhor possível. E deu tudo certo para mim. Só não deu certo a morte da mulher. O resto deu tudo certo. O resto deu tudo certo.

A minha infância também não foi ruim. O meu pai trabalhava lá [na Paulista]. Naquele tempo, como eu disse, o dinheiro era difícil. Passavam vendendo aquelas coisas na rua e a mãe da gente não tinha 200 réis – aquele tempo eram réis –, não tinha 200 réis para comprar um sorvete, comprar um pirulito, qualquer coisa. Hoje já não. A pessoa, nem que esteja meio apertada, nunca está sem nada no bolso. Mas nunca ficamos desamparado de tudo. Ficava, às vezes, com vontade de comer uma coisa e não podia comprar. Mas o resto foi tudo bom. O dinheiro que o pai ganhava dava para sustentar bem a casa.

Éramos sete irmãos: seis homens e uma menina. Dois deles trabalharam na Paulista. Um não quis aprender ofício. Ele entrou lá como trabalhador. Trabalhava na seção de acumuladores de carro. Ele organizava a instalação do acumulador de carro e a parte de eletricidade. E tinha um outro que também aprendeu o ofício de ferreiro. Ele viu que eu tinha aprendido o ofício de ferreiro e quis, também, ser ferreiro. Ele aprendeu e se formou bem, também. Morreu, foi no dia 16 de novembro que ele faleceu. Morreu assim, de repente. Deu uma pneumonia nele, uma recaída e faleceu. Ele foi, também, instrutor do Tiro-de-Guerra daqui de Rio Claro. Teve um vida, também, mais ou menos razoável. O outro irmão entrou como trabalhador e não chegou a passar a oficial. Ele não chegou a se aposentar, faleceu antes. Fazia uns vinte anos que ele estava na Paulista e deu um problema no coração e ele acabou falecendo.

Depois daquele, teve mais dois. Um era gerente do Banespa e o outro trabalhava em Limeira. Trabalhava no Iapi [Instituto de Aposentadoria e Pensão dos Industriários] em Limeira. Também já faleceram, os dois. O mais novo, esse último que morreu, era o mais novo de todos.

A irmã está viva ainda. Graças a Deus, está viva. Ficou viúva também – morreu o marido –, mas está viva. Também tem seis filhos. O marido trabalhava na cervejaria, aqui. O nome dele era Geraldo Zimpano. Ele trabalhava com os carros-restaurantes. Entregava bebida nos carros-restaurantes. Tinha que fazer a entrega no trem. Em todos os horários de trem, ele estava lá na estação e entregava as bebidas. Fora do horário ele vinha buscar o que faltava, na cervejaria, levava, e punha lá. Ele só fazia entrega para os carros-restaurantes.

E eu tenho, também, esse irmão mais velho, que é barbeiro. Foi barbeiro. Hoje ele está aposentado. Ele foi barbeiro ali, na avenida 1. Tinha o salão central, com a charutaria e tinha a manicure que trabalhava no salão. Ele também está bem de vida. Tem dois filhos formados. Um mora em Campinas e o outro, em São Carlos.

Eu me aposentei em 1967. A gente é como passarinho: se o senhor está com ele na gaiola ele canta, mas se o senhor soltar ele fica alegre. Para nós foi a mesma coisa. Quando consegui sair aposentado eu senti bastante alegria. Não porque não ia trabalhar mais. Eu senti alegria porque ia tomar uma outra vida. Já não tinha aquele compromisso de todo dia cedo escutar o apito da oficina e ter que trabalhar, porque eu trabalhei tanto tempo e nunca, nunca fui buscar um atestado para não trabalhar, graças a Deus! Por isso que quando eu me vi livre, me achei satisfeito. E procurei gozar a vida. E não gozamos mais porque a mulher não ficou. Porque senão nós teríamos gozado mais ainda.

Mas graças a Deus correu bem. E continua correndo bem até hoje. A única coisa é que teve esse embaraço, esse ano aqui, Mas o resto, de vida, foi maravilhoso.

Depois de aposentado a vida não fica chata não. Depois de aposentado é que a gente fica conhecendo o que a gente devia ter feito mais ainda, antes. A gente acha que o que trabalhou, o que a gente fez, acha que foi pouco. Devia ter continuado mais para a frente do ponto em que a gente parou. Mas no momento há coisas, dificuldades na vida do empregado, como a questão das promoções. Às vezes dava-se uma informação do empregado bom, chegava na hora, vinha para um outro e o bom ficava para trás. E não se sabia da onde tinha partido aquilo. Ninguém tomava responsabilidade. Só jogava nas costas da pessoa que estava na administração, junto com os operários. Eu pensei: ah!, para passar aborrecimento, essas coisas, melhor sair . Mas se não fosse isso eu tinha ficado um pouco mais. Porque não me incomodava de trabalhar. E depois, a mulher também começou a ficar doente e eu achei que seria melhor me afastar para ajudar. Dava mais ajuda para ela como aposentado do que trabalhando.

Quando se aposenta, só a gente passando para saber como é. Toma-se até uma satisfação de falar: "olha, hoje eu sou livre!". Não é verdade? Embora estivesse trabalhando – e a gente sabe que é preciso trabalhar para viver –, quando se percebe que não precisa mais trabalhar, que o dinheiro vem na mão, meu Deus do céu! É uma alegria imensa, é uma satisfação!

E o que eu mais fazia no início da minha vida de aposentado era passear. Ah, ia passear, ver tudo. Ia ver até exame de motorista. Ia passear, ia lá perto do cemitério, onde eles faziam exame para motorista. Passar o tempo, ler jornal, bater perna. Não tinha horário para dormir porque no outro dia não precisava levantar – levantava a hora que queria. Mas sempre arrumava alguma coisa: um parente vinha, pedia uma coisa, eu ia lá, fazia; outro pedia, ajudava. Ajudava um, ajudava outro e, graças a Deus, foi bem!

Eu me sentia satisfeito quando trabalhava e me senti mais satisfeito, ainda, quando me aposentei. Ah, quando me aposentei, para mim foi uma liberdade. Não por ser maltratado, mas por me ver livre daqueles compromissos. Compromisso foi diferente...

Narrativa do Sr. Benedito Guilherme Filho

Eu nasci em Rio Claro, no dia 11 de fevereiro de 1923, nesta mesma casa onde hoje me encontro. Sempre moramos em Rio Claro. Meus pais eram rioclarenses, descendentes de espanhóis. Eu entrei no Grupo Escolar Coronel Joaquim Sales, aqui em Rio Claro, em 1930. Em 1931 passei para o segundo ano, 1932 para o terceiro, e em 1933 para o quarto. Em seguida, entrei na Escola Alemã, hoje Ginásio Köelle. E entrei na terceira série, fui para a quarta e a quinta. Concluído o curso na Escola Alemã, comecei a trabalhar na entrega do jornal *Diário do Rio Claro*. Trabalhei aproximadamente três anos. A entrega era feita na madrugada. Nós iniciávamos a entrega às quatro da madrugada – quatro, quatro e meia –, e às seis horas, ou seis e meia, nós tínhamos a entrega feita. E, concomitantemente, depois da entrega eu ia trabalhar de servente de pedreiro, no cemitério municipal de Rio Claro, onde trabalhei cerca de três anos. Trabalhava o dia todo, até as cinco horas da tarde.

Depois disso eu ingressei no Curso de Ferroviários, através de uma seleção. Eu não me lembro certo, mas acredito que éramos uns cem, 120 candidatos. Foram aprovados, não sei o número certo, mas entre trinta a quarenta alunos, depois de um exame bastante complicado. O exame era constituído de matemática, português, e outro que eu acho que era para conhecer o nível intelectual da pessoa, e que hoje nós chamamos de psicotécnico. Naquela época não era psicotécnico. Davam um arame na sua mão, um arame plano, expunham uma figura na frente e o candidato tinha que ir contornando aquele arame de acordo com a figura. Mas o arame tinha um problema: tinha que fazer a dobra certa, porque, à medida que ia dobrando, ele ia endurecendo. Chegava ao ponto em que não se conseguia mais dobrar. À medida que ia trabalhando com ele, tinha que trabalhar de maneira correta, porque ele ia endurecendo, e aí não se fazia mais a figura. Poderia ser a letra *M*, poderia ser a letra *P*, não me recordo bem, agora. E outro tipo de exame: eram várias polias e essas polias eram com setas iluminadas. O professor fazia a pergunta: "Essa primeira polia virando no sentido do ponteiro do relógio, em que sentido viraria a segunda polia?".

E outras coisas mais que foram verdadeiras, mas nós estamos fazendo uma entrevista falando de coisas de mais de cinqüenta anos, meio século. Não me recordo, bem, de tudo. O último exame era o médico. Vinha o especialista de São Paulo para fazer esse exame.

A seleção se dava por eliminação. Fazia o exame de português e, se fosse aprovado, ficaria para a próxima prova. E assim sucessivamente. Eu consegui ingressar no Curso de Ferroviários no ano de 1939. Na primeira série, nós fazíamos os testes de aptidão. Havia várias especialidades. Nós tínhamos marcenaria, cujo curso tinha duração de três anos; tínhamos a ferraria, que também tinha a duração de três anos, e mecânico, eletricista e caldeireiro, com quatro anos. O meu curso se deu nos anos de 1939, 1940 e 1941. Foi quando eu me formei como carpinteiro, embora eu considere aquele aprendizado como de marcenaria. O diploma, eu guardo até hoje, comigo. Não é certificado, é diploma mesmo. Não sei qual a diferença que existe entre o certificado e o diploma, hoje. Parece-me que hoje não dão diploma.

Quando nos formamos no Curso de Ferroviários nós recebemos a caixa de ferramentas pelas mãos do chefe das oficinas, que era o Dr. Pelágio Rodrigues dos Santos. E ali, no momento da entrega, ele cumprimentava os alunos que se destacavam. E feito isso eu, aliás, nós fomos chamados e ingressamos na Companhia Paulista de Estradas de Ferro, hoje o grupo Fepasa, no dia 12 de fevereiro de 1942. Praticamente um mês e meio depois, porque, naquela época, na escola, nós tínhamos o período de férias em junho, que era de quinze dias, e no fim do ano, que era trinta dias.

Eu ingressei nas oficinas como aprendiz de carpinteiro e fui trabalhar nos carros de aço que a Companhia Paulista, na época, estava construindo, aqui em Rio Claro. Ali eu trabalhei, seguramente, de dois anos e meio a três anos. E como havia falta de elementos no escritório e a Paulista, na época, não admitia empregados, ela selecionou, não me lembro se eram trinta ou quarenta elementos formados pela escola, e nós fomos nos submeter a um concurso em Jundiaí, para ser recrutado para o escritório. Havia duas vagas. E eu fui incluído em uma dessas vagas.

No escritório, eu fiz a carreira de apontador, escriturário, escriturário da classe "A", passei para auxiliar técnico e cheguei a chefe de Seção de Pessoal. No fim da minha vida como ferroviário, a Companhia Paulista de Estradas de Ferro me recrutou para fazer o levantamento de cargos, dentro das oficinas de Rio Claro, nas oficinas de

Jundiaí e ao longo da linha da Companhia. Então eu viajava de São Paulo para Panorama e de São Paulo para Colômbia. Eu fazia entrevista com cada funcionário para posteriormente fazer a avaliação dos cargos em todos os setores: depósito, locomotiva, almoxarifado... Levantamento completo! Essa comissão de levantamento e de descrição dos cargos era composta de quatro elementos. Eram dois do tráfego e dois das oficinas. Depois de feito o levantamento, nós entregávamos para a comissão de análise e participávamos da análise, também. E aí eles iam dando o valor para o cargo. Isso foi três anos antes de eu me aposentar. Eu me aposentei em 30 de setembro de 1971. Deve ter sido nos anos de 1968, 1969 e 1970.

O meu cargo era de chefe de seção, mas eu havia sido substituído pelo encarregado de seção porque eu estava designado para outra função. Eu não parava mais no setor de trabalho. O meu setor de trabalho, que era o escritório, era composto de 34 pessoas. E eu passei a não ter mais o cargo de mando, embora provisório: o cargo efetivo era como chefe de seção de pessoal.

Eu trabalhei nas oficinas de 1939, quando entrei no Curso de Ferroviários, que era dentro da oficina, até três anos antes de eu me aposentar, que foi em 30 de setembro de 1971. Eu trabalhei, ao todo, 33 anos.

O escritório era dentro da oficina. Tudo passava na mão do chefe de escritório de pessoal. Na época, seguramente, havia 2.500 empregados, ou mais. Tudo passava ali na mão do escritório de pessoal, como passava na mão do escritório técnico, como passava no escritório de seção de materiais. Eu cuidava da parte pessoal, administrativa.

Houve um sistema de acompanhamento do trabalho por fichas. Isso era da alçada da seção técnica. Quem poderá falar sobre isso é o meu irmão mais novo, que foi chefe da seção técnica. Isso era um controle da seção técnica. E ocorreu nas oficinas, não por longo tempo. Foi um prazo, eu acredito, até curto. A pessoa recebia uma ficha determinando o serviço que ia fazer e o início do trabalho. E dificilmente estipulando o prazo para execução do serviço. Quer dizer, as oficinas de Rio Claro eram oficinas de reparação. Dificilmente se podia controlar o tempo do serviço. Porque, se o senhor repara, vai tirar um parafuso, esse parafuso, às vezes, o senhor tira em cinco minutos, e às vezes demora uma, duas horas para tirar esse parafuso. A oficina era oficina de reparação. Não é como se estivesse fazendo uma peça nova. Havia determinado tipo de serviço que era controlado. O chefe já entregava o serviço e com uma hora determinada. Se fizesse antes do tempo, tinha um prêmio. Dava umas horas de abono, que a pessoa recebia no seu pagamento. Havia muita gente que fazia antes do tempo. Tem gente que é morosa para trabalhar. Mas tem gente que tem mais expediente, mais rapidez. Eu entendo, também, que a rapidez impede que o senhor faça uma coisa bem-feita. Eu entendo assim. Mas tinha gente que fazia rápido e bem-feito.

Quando eu entrei, ingressei no curso em 1939, no meu primeiro ano, as aulas teóricas eu recebia aqui na Escola Industrial, hoje Armando Bayeux. Depois eu entrava ao meio-dia nas oficinas e ia até as quatro horas da tarde fazendo a parte prática, com um instrutor da Paulista. Os professores das aulas teóricas eram da Industrial. Matemática, era o José Fernandes; português, em princípio, foi o professor Léo, de Piracicaba – não me lembro o nome completo –, que foi substituído pelo professor Adolfo; tecnologia de madeira, foi o Albertino – não me lembro o sobrenome dele; tecnologia de ferro, foi Albano Nobreza; desenho técnico, era o seu Aníbal Gullo; eletrotécnica – que era dada na terceira série –, foi o Dr. Fernando Betim Paes Leme, engenheiro eletricista. No segundo ano tinha física, que também era ministrada pelo Dr. Fernando Betim Paes Leme, engenheiro da Paulista. Educação física, em princípio, era dada por professor cujo nome não me lembro, e, posteriormente, veio o professor Celso Rodrigues, que ainda hoje vive em Rio Claro.

Naquela época nós tínhamos, também, essa aula que era considerada higiene. Essa aula de higiene, em princípio, foi dada pelo Dr. Zico, já falecido, marido da Sonia Cartolano, hoje casada com um dos Buschinelli. Depois o Zico foi embora para São Paulo e ficou o Dr. Mário Fitipaldi, o velho Dr. Mário Fitipaldi, que ficou até o fim. Não era aula de dormir na sala, não. Ele ensinava mesmo! Ele ensinava dos pés à cabeça! De tudo, dos pés à cabeça! Ele utilizava cartazes do corpo humano e, com a varinha dele, era peça por peça. O Dr. Mário Fitipaldi, como o Dr. Zico, ensinava peça por peça, função por função: "Seu fígado é a maior glândula do corpo humano; seu corpo humano é coordenado pela cabeça...". Eles ensinavam mesmo!

Para se ter uma idéia, no Curso de Ferroviários eu aprendi álgebra! Não era matemática comum. Veja que escola que era o Curso de Ferroviários! Raiz cúbica, raiz quadrada, regra de três simples, regra de três composta. Enfim, o que eu sei hoje eu devo ao Curso de Ferroviários. E também, ao meu próprio esforço, porque depois que eu saí do curso eu continuei estudando por conta, sozinho, lendo livros. Cheguei ao ponto que cheguei com meu esforço. Meu pai não tinha condições. Salário da Paulista, na época, era um salário, aqui em Rio Claro, razoável. Todo mundo queria entrar na Paulista. Não tinha indústria, preservava-se aquele emprego. Não dava para levar uma vida folgada, não. Tinha que trabalhar um pouco por fora, também, como eu trabalhei, meus irmãos trabalharam. Mas era o melhor emprego que tinha aqui na cidade, na época. Eu, pelo menos, entendo assim.

[Para a contratação de funcionários que não tinham feito o Curso de Ferroviários] tinha o teste teórico, que seriam as quatro operações e uma redação. Copiava, fazia uma cópia de um livro. E as quatro operações. Operações simples, de uma casa.

E a prática, se ela estava chamando um carpinteiro, a prática era um cavalete. E ali a porca torcia o rabo. Porque construir um cavalete, obedecendo a medidas, ângulos, não é fácil. Ali o senhor tinha que mostrar sua habilidade. Então, a prova era um cavalete.

Na parte da mecânica também eram as quatro operações, a cópia de um livro e eu não me lembro a peça. Talvez os meus manos, que são da área de mecânica, possam dizer.

Antigamente, era feito "a olho". Antigamente não tinha nada disso: entrava a rodo. Mas de uns tempos para cá – quem organizou as oficinas foi o Dr. Pelágio. Do tempo do Pelágio para cá foi negócio duro. Antes do Dr. Pelágio era mais por indicação. Vamos dizer: nós tínhamos, aqui, o pai do Adolfo Gianicelli – que era o professor de português da Industrial, hoje Armando Bayeux. Eu não me lembro o primeiro nome do Gianicelli. Ele era ligado ao padre Bota.

Padre Bota foi um vigário, aqui da Matriz, cuja estátua está lá. Com uma carta do padre Bota ou do Gianicelli para o chefe das oficinas da época, cujo nome eu não me lembro agora, ah!, tinha o emprego garantido. Não o Dr. Pelágio – o Dr. Pelágio não aceitava.

O ponto principal era o senhor ter o pai, um irmão trabalhando na Paulista. Mas com uma carta de apresentação do padre Bota, ou desse Gianicelli – como é que ele se chamava, me foge a memória agora... era ligado à Igreja. Enfim, a Igreja católica, hoje eu não sei, mas tinha um poder danado... um poder danado! E entrava mesmo.

Depois que o Pelágio veio para cá – Pelágio era um mato-grossense, um caboclo, de Mato Grosso – ah!, não tinha bom para ele. Se tivesse errado – podia ser o chefe, podia ser auxiliar dele –, o que ele tinha que falar, ele falava. A partir daí criou-se o sistema de seleção. Mas a preferência por parentes continuou. Tinha preferência, como não? O candidato podia se submeter ao exame, mas, por exemplo, se eu tivesse a mesma nota que outro teve e ele não tivesse o pai na oficina, a Paulista dava a preferência para mim. A preferência era minha.

Meu pai trabalhou 44 anos, se não me falha a memória. No tempo dele não havia aposentadoria. Aposentadoria, na realidade, saiu com a encampação, quando veio a complementação. Porque a pessoa que saía aposentado e não tinha complementação tinha que trabalhar para fora. Mas, trabalhar para fora, já com uma certa idade, não ia arrumar emprego. Então ele ficava trabalhando lá mesmo, não é isso?

Meu pai era marceneiro. Era um homem que muito mal assinava o nome, era um semi-analfabeto que só fez primeiro ano de grupo, mas um *QI* alto. E lia um livro, que também orientava muito ele, que era a Bíblia. Não que ele fosse crente, tivesse religião. Lia dentro de casa, não saía de casa. Mas era um homem de *QI* alto. O senhor sabe que *QI* é inato: o senhor nasce com ele. Não se melhora o seu *QI* – não sei se o senhor concorda comigo –, o senhor desenvolve. Desenvolve como? Através do cabedal de conhecimento. E o que é o cabedal de conhecimento? É a leitura, livros. Não sei se o senhor está concordando comigo.

Meu pai entrou como carpinteiro, depois passou para a marcenaria porque o marceneiro era mais valorizado do que o carpinteiro. Ele entrou como carpinteiro e, numa reestruturação que houve, ele conseguiu passar para marceneiro porque tinha uma referência maior do que o carpinteiro.

Nós somos, vivos, seis irmãos. Desses, os quatro homens trabalharam na Paulista. Três entraram e se aposentaram. Um demitiu-se, calculo até com mais de vinte anos de serviço. Ele tinha uma certa habilidade e se propôs a construir acessórios para instrumentos musicais. As braçadeiras, talvez, foram os primeiros acessórios que ele começou a fazer. Eu já não me lembro muito bem, mas deve ser isso. Ele poderá confirmar isso aí, o José. Braçadeira, chave de piano, diapasão. Depois vieram as guitarras, na época do Roberto Carlos. Eram produzidas cerca de trezentas guitarras. Mas isso eu gostaria que ele falasse.

Meu pai era marceneiro, eu entrei como aprendiz de carpinteiro. Fiquei uns três anos, mais ou menos e, depois do exame em Jundiaí, eu fui aprovado e passei a apontador. De apontador eu passei a escriturário, depois para escriturário "A", em seguida passei a auxiliar técnico e, de auxiliar técnico, a chefe de seção.

O meu irmão mais velho, que é o José, ele formou-se caldeireiro. O Euclides, que vem abaixo de mim, formou-se mecânico. O Roberto, que é o quarto, formou-se como eletricista e, depois, chegou a ser instrutor-chefe do Senai.

Voltando ao conteúdo das matérias que eu estudava: português, infalivelmente, redação. Nós tínhamos verbos regulares e irregulares, análise de sentenças, que eu não sei dizer se eram sintáticas – está me fugindo o tipo de análise que nós fazíamos. Mas, dada uma sentença, tínhamos que definir o que era o substantivo – se era comum, próprio, abstrato; se uma palavra era o verbo, se era uma preposição, se era um artigo. Tinha que fazer uma análise completa daquela sentença. Verbo, análise etc.

Exercício de redação era a primeira coisa. Ele dava um tema e tínhamos que descrever. Não sei bem se seria uma descrição. Colocava o tema na pedra, tinha que fazer a descrição daquilo. E às vezes vinha, também, para fazer análise. Eram folhas. E tinha quarenta minutos para definir tudo aquilo.

Desenho, era tudo desenho técnico. Tinha eletrotécnica, tecnologia de madeira. Estudava-se o tipo da madeira – se é dura, se é mole, se é porosa ou se não tem poros – e a finalidade dela. Sé é para fazer um madeiramento, por exemplo. Qual a madeira indicada? O senhor não podia fugir da peroba. Tinha que ser peroba. Para fazer esquadria, uma porta, não podia fugir do cedro. A veneziana: o quadro de uma veneziana era cedro, assim como as palhetas eram cedro. Não se fazia uma porta de peroba. Os batentes, sim. Os batentes podiam ser de peroba. Hoje já não existe mais, porque a peroba está escassa. Mas o correto era de peroba. Não se podia fazer o batente de cedro. E de acordo com a dureza. Ou melhor, de acordo com o serviço era o emprego do material.

A eletrotécnica ensinava a parte elétrica, eletricidade. Como se fazia um paralelo, uma ligação simples.

Enfim, era um curso bastante proveitoso, mas bastante mesmo! Quando saía dali, a gente não se achava somente um aprendiz de carpinteiro. Fazia-se instalação, como nós fizemos na casa. Sabíamos porque ligava, porque tinha o positivo, porque tinha o negativo. Hoje não usa mais nem essa palavra "negativo": é o fio sem corrente. Antigamente as coisas eram meio diferentes. Antigamente era positivo e negativo e o neutro. Eram três fios. E tinha o 220 e o 110. Tudo isso o senhor aprendia. E tinha, também, a tecnologia de ferro. Os alunos faziam todas essas matérias.

Como eu disse anteriormente, marcenaria e ferraria eram três anos. Mecânica, eletricista, caldeiraria, eram quatro anos. No último ano, normalmente, era quando o aluno fazia as suas ferramentas que ia usar no trabalho. No quarto ano as pessoas se dedicavam, praticamente, a fazer as ferramentas que ia usar.

Eu, no terceiro ano, fiz minhas ferramentas, inclusive a caixa. E acondicionava tudo. Isso, de acordo com o desenho. Não se trabalhava sem desenho. A sua bancada estava aqui, o desenho estava aqui. Tinha que ler, interpretar e executar. Eu fiz plainas, garlopa. A plaina, eu estou com uma aí, posso lhe mostrar. Repetindo: plaina, garlopa, cabos de formões (aí já tinha que entrar no torno de madeira, também), cintel, cabo de enxó – hoje eu não sei se usa mais isso, mas eu tenho na minha casa.

O cintel é usado para fazer um, vamos dizer, um diâmetro de mais ou menos oitenta centímetros, que é uma medida que o compasso não pega. Com o cintel, que é uma vara comprida, regula-se nos extremos, numa espécie de ponteiro, fixa-se e gira.

Fazíamos, então, os cabos de formão, cabo de lima, tanta coisa que a gente fazia. E, também, a caixa de ferramenta. A caixa era uniformizada. Era na base do desenho, também. Almofadada, tudo certinho, tudo certinho. Ainda tenho em casa. E meus irmãos têm as caixas deles também. Só que já era diferente. A caixa do mecânico era diferente.

E tinha a educação física. Educação física não eram aquelas coisas, não. Infelizmente o Celso, o senhor conhece o Celso Rodrigues? Um homem de uma bondade extrema, mas ele gostava muito de dar futebol para lhe falar a verdade [risos]. Mas a gente fazia. Vira aqui, agacha, agarra, mas, no fim, virava em "pelada". Tem que falar a verdade. Mas ele era excelente. Tanto é que, depois, se tornou professor de português do Puríssimo.

Mas era importante, o futebol. Era um esporte; era exercício, e era bom para o desenvolvimento.

Na Paulista nós tínhamos times de futebol. Cada seção tinha o seu time: ferraria era um time, carpintaria outro time, marcenaria outro. Esses times congregavam elementos do Velo, [Velo Clube], do Rio Claro, Matarazzo. Era uma disputa acirrada. Principalmente no dia 1º de maio, na festa do Grêmio, o negócio era de "rachar". O escritório onde eu trabalhava também participava. Tenho fotografias, minhas. Fazíamos disputa entre Rio Claro e Jundiaí. O campo da Paulista, em Jundiaí, quantas vezes nós jogamos lá!

Voltando ao curso, durante o ano nós fazíamos prova e, no fim do ano, tinha o exame. Chamava-se exame. Durante o ano nós fazíamos prova. Era mensal, mas era prova. Era uma incoerência. No meu ponto de vista, era uma incoerência. Às vezes o aluno ia muito bem o ano inteiro e, por uma infelicidade qualquer, no exame, podia tomar bomba, podia ser reprovado. Infelizmente isso aconteceu com colegas meus. Hoje me parece que não é assim.

Tanto as provas mensais como o exame eram aplicados pelos professores. Eu posso estar sendo traído pela memória, mas, que eu me lembre, não vinha gente de fora. Eu tenho a impressão que a instrução vinha de São Paulo. Aqueles desenhos... aquilo era em série. Tinha o Roberto Mange, da Escola Politécnica, aquela escola, ali, na Estação da Luz, como chamava aquela Escola... Liceu. O Roberto Mange não era de lá?

Sabe qual era a primeira peça do marceneiro, do carpinteiro? Era o calço do pára-choque de um vagão. E era de faveiro. O calço tinha mais ou menos uns trinta centímetros, 35 centímetros. Só que tinha que serrar a mão. Não podia usar a máquina: serrava a mão. Tinha mais ou menos uns oito, dez centímetros de espessura. E era de faveiro. O aluno tinha que serrar no serrote, plainar com a garlopa ou com a plaina, e fazer os quatro furos para colocar os parafusos no pára-choque. Trabalhava-se com ficha. Não vinha com hora determinada, mas o senhor tinha que marcar o início e o término. Depois o professor ou instrutor é que anotava o tempo que o aluno gastava. Ele vinha, punha o esquadro, fazia a medida. E tinha que dar acabamento, embora não fosse peça para acabamento. Era uma peça bruta, não havia necessidade de se fazer o acabamento, mas ele examinava. Eram três fatores: medida, esquadro e acabamento. Aí ele dava a nota.

Essa era a primeira peça: calço de pára-choque. Recebia o desenho – era um desenho só. Cada peça que ia fazer recebia o desenho. Era por série, pela ordem. Aquilo era numerado. Eu acredito que fosse numerado. Não me lembro muito bem. "Número 1": era o pára-choque. O aluno fazia, tirava o desenho da... não me lembro como chamava aquela peça. Quando ia fazer a segunda peça, vinha outro desenho: punha aquela peça e fazia, baseado naquele desenho. Era um desenho só para cada peça. Não eram vários desenhos, não. Cada peça tinha o seu desenho. E, para mim, aquilo vinha do Liceu, conforme estava falando. Não era feito aqui, não.

Isso era feito na oficina. A escola era dentro da oficina. De 1940 em diante a escola já passou para as oficinas. Depois de 1940 veio tudo para cá. Inclusive com professores da Industrial, hoje Armando Bayeux. Mas, posteriormente, foram preparando professores da própria Companhia. Por exemplo: de português, o Rodolfo Calligaris. Um grande professor. Já falecido. Ele escrevia livros. Matemática, era o Walter Lucke. Um cérebro! Ele foi funcionário. Aposentou-se ali, comigo.

Mas isso veio vindo gradativamente, porque havia muita rixa. A rixa era violenta, entre o Curso de Ferroviários e Escola Profissional, hoje Armando Bayeux. Porque o Curso de Ferroviários era de um rigor violento. Uma disciplina que não tinha tamanho. O senhor não podia... escutava-se a mosca zumbir. Era uma disciplina violenta. Então, havia uma rixa danada. E os alunos formados pelo Curso de Ferroviários eram muito procurados por aquelas firmas grandes de São Paulo. Eles vinham em Rio Claro para levar os alunos. Se a pessoa falasse que era formada, se apresentasse o diploma (posteriormente passou a ser certificado), eles não queriam saber: levavam para São Paulo. Era a Frezimba, a Cibraço, Cosipa, Volta Redonda, Vale do Rio Doce. Eles iam lá e ficavam como engenheiros. Eram os "donos da bola". Era uma procura tremenda. Tremenda, tremenda! Quantos! Mas, olha, uma enormidade! Uma quantidade grande, mas muito grande!

O curso tinha essa disciplina rigorosa. Nas oficinas, apitava, tocava a campainha, tinha que estar no seu lugar, u-ni-for-mi-za-do! Quando eu falo uniformizado, é com macacão, e o bibi. Era bibi, chamavam de bibi. Se não tivesse o bibi, ia embora para casa. O traje de trabalho era o macacão e o bibi. Se o aluno não tivesse o bibi ia embora para casa. Perdia o dia. Quarenta faltas no ano (justificadas ou não-justificadas), o aluno perdia o ano. Era jubilado. O aluno podia entrar com atestado médico: não se aceitava. Quarenta dias de faltas no ano, perdia o ano letivo. Perdia não, era jubilado.

Era disciplina. A disciplina era violenta. E era tanto nas aulas teóricas como nas práticas, nas oficinas. Ali era dos dois lados. Tudo a mesma coisa. A disciplina era violenta. Se o aluno não se comportasse dentro da sala de aula, o professor chamava o professor chefe, e o aluno já ia embora. Em seguida, estudava-se a penalidade: três dias, dois dias, um dia. No meu tempo teve um aluno jubilado por falta, quarenta dias de falta. E teve outro, Paulo Donato, que se formou mas não ingressou nas oficinas por ter as notas um pouco baixas. Alcançou média, mas o Dr. Pelágio, na época da entrega do diploma, já preveniu que ele não tinha lugar na Paulista. Porque tinha que ter uma nota regular, pelo menos. Não era só ter uma nota mínima para passar. Mas normalmente a turma que começava, terminava. Desertava ou, às vezes, falecia alguém. Mas era difícil, era coisa muito difícil.

Mas contando uma passagem desse aluno, ele realmente era fraco de *QI*. Se notava isso. Mas era muito esforçado. Na parte prática dava o recado. E ele não conseguiu. Ele, com outros mais. Não me lembro, agora, os nomes. Há um ano, mais ou menos, ele esteve aqui, nas oficinas, contando a façanha dele. Ele chegou a ser auxiliar direto do ex-governador de São Paulo Lucas Nogueira Garcez. O senhor entende um negócio desses? E ele se apresentou aqui como engenheiro, dizendo que tinha se formado como engenheiro. De uma dicção horrível, horrível!

Disse que era auxiliar direto do Dr. Lucas Nogueira Garcez (que era engenheiro, se não me falha a memória). E assim é a vida. Eu acredito, porque não tinha a coisa de mentira não. Tanto é que ele sumiu de Rio Claro. Nunca mais a gente viu. Mas ele esteve aqui.

Eu acho que a Paulista era mais rigorosa que o governo do estado. O governo é mau patrão, mau pagador. Que mais? Tem mais coisa, que agora eu não me lembro [risos]. O senhor veja o problema da corrupção que nós estamos vivendo. Uma vergonha!

Na Paulista, a disciplina era tão rigorosa como na escola. A primeira vez que perdia a hora, recebia uma advertência. A segunda vez, recebia uma censura (não sei agora qual a diferença entre advertência e censura). A terceira vez que perdia a hora – um minuto, que fosse um minuto –, perdia meio dia de serviço. E, na quarta vez, puxava o carro.

Dava o primeiro apito, o senhor tinha que esperar no local de trabalho. Naquela época não havia relógio de ponto suficiente. Tinha relógio em que marcavam cem, 120 pessoas, ou mais. Eu, que morava aqui, trabalhava na avenida 24, entre as ruas 3 e 4-A, às vezes abusava. Procurava me aproximar do relógio. E fui chamado, por várias vezes, à atenção, inclusive ameaçado. Foi quando eu parei. Comecei a comer na estação. Minha mãe mandava marmita para mim na estação. Porque na estação era mais próximo, dava tempo. Era uma hora e meia, e eu perdia quase dez, doze minutos para marcar o cartão. Para vir até aqui, em casa, não dava. A fila congregava mais ou menos cem, 120 pessoas. Perdiam-se dez, doze minutos. Para vir até aqui, não dava. Tinha que ser assim. Tinha que ser assim!

Na oficina, quando se trabalhava próximo (as bancadas eram mais ou menos próximas, uma da outra), então sempre se batia um papinho. Tinha um chefe e um encarregado, mas nem sempre eles estavam ali. Então a gente sempre batia um papo: "O Velo ganhou, o Velo perdeu" – quando era na segunda-feira. Mas era uma coisa meio moderada, não podia abusar muito, não, porque tinha os "dedos-duros". Tinha colega lá que era "dedo-duro", como tem em todo lugar.

Fazíamos, também, amizade. Nossa mãe, quanta amizade! Quantas amizades nós fizemos ali! Conhecia gente de todo tipo, de todo naipe. Fazia-se amizade, sim. Boas e ruins [risos]. Então tinha que separar, saber separar.

Confraternização, não. Isso não havia. Fim de ano, ainda, dava alguma coisinha. Sempre um levava uma coisinha diferente (não bebida), uma comida meio diferente... mas era coisa muito rara. No tempo da Paulista essas coisas não existiam. A disciplina era meio... pelo menos dentro das oficinas. Talvez no tráfego, quando a chefia não estivesse por perto. Mesmo no escritório central, na Rua José Bonifácio com a Líbero Badaró, perto da Saldanha Marinho – não sei se o senhor conheceu ou conhece o prédio central da Paulista [em São Paulo].

Enfim, tudo passou. Não se ganhava muito, mas dava para levar vida de pobre. Principalmente se fosse casado com uma mulher que sabia levar a vida, controlar a vida, não gastava mais do que ganhava.

Eu sou casado. Tive dois filhos. Infelizmente, perdi uma moça com 32 anos e um neto, com quatro. Hoje só tenho filho. Meu filho é engenheiro civil. Trabalha na Cesp, em São Paulo, na Avenida Paulista. A filha era psicóloga, formou-se em Piracicaba. Não com os meus recursos diretos. Eu tive altos e baixos na vida, e na época eu estava ruim financeiramente. Quem financiou o estudo para ela foi o ex-governador de São Paulo Paulo Egydio. Deu aquelas bolsas de estudo. Então, através do imposto de renda... ela que tratou de tudo. Ela foi na Caixa Econômica, o gerente encaminhou para São Paulo e eu ganhei a bolsa de estudo dela. E, depois de um ano que ela se formou, a gente começou a pagar. No fim do tempo – faltavam dois, três anos – eu queria pagar tudo de uma vez, porque passou a ser uma mixaria. Era na base da tabela "Price" – 6% – e aquilo ficou tão pouco que não compensava nem ir ao banco. Mas não pude pagar tudo de uma vez, paguei devagar. Infelizmente, ela não aproveitou, porque ela foi infeliz na vida. Poderia ficar mais.

＊＊

Um fato significativo na minha vida, e que me deixou bastante satisfeito, foi ingressar no Curso de Ferroviários. Aquilo era uma façanha. Era um feito. Não perdi um ano. Felizmente não era o primeiro, mas também não era o último. Era um aluno mediano – meu QI talvez não fosse alto. Numa escala de 1 a 10, talvez 5. Então, eu ficava no meio. Se tinha 30, eu era o 15, o 16, 17, 18. Mas não era como esse meu irmão, com QI alto e, onde entrava, era o primeiro. Não estudava. Só o que ele aprendia na sala de aula era o suficiente. Por isso que eu digo que o meu QI não era alto.

Embora eu não tenha, na Paulista, trabalhado muito tempo na arte [como marceneiro], eu aproveitei muito por fora. E estou aproveitando até hoje. Porque, modéstia à parte, para fazer o serviço que eu faço aí dentro [trabalhando na fábrica de instrumentos musicais do irmão], tem que ter uma habilidade. Tem que ter pelo menos um começo de profissão. Porque para reparar os instrumentos que eu reparo e construir os instrumentos que eu construo, tinha que ter um princípio, se não, não seria possível. Violão, guitarra, contrabaixo, cavaquinho, bandolim. E aquilo que a gente, ainda, idealiza. Tem muita coisa, aqui, que foi idealizada por mim. Muitos instrumentos que eu idealizei.

Portanto, para fazer, hoje, o serviço que eu faço, é preciso ter um certo conhecimento e ter um princípio da arte. Uma pessoa que não tem, que não é especializada, não tem o princípio, não faz. Não quero me engrandecer – no meu ponto de vista, "rei morto, rei posto". Isso não tenha dúvida nenhuma. Aqui, nesta Terra, ninguém faz falta. O que fazia falta morreu na cruz. Não é isso? Eu não me considero absoluto, mas eu faço. O que for de instrumento e a pessoa chegar aqui, não tem problema: eu faço! Modéstia à parte, mas faço. Aparece cada pepino aqui, que esse meu irmão, que é o dono da firma, não pega. Por que não pegar? Eu faço. "Mas vai dar trabalho." Não tem problema: eu faço!

Eu fui desenvolvendo essa habilidade através do tempo. Exatamente! Através do tempo! Uma pessoa, por exemplo, sem expediente, ela não desenvolve. Ela pára, estaciona. Ora, a pessoa faz o serviço uma vez e refaz o caminho: não é assim, se eu passar para cá, vai dar mais certo. Então a pessoa vai procurando, sempre, melhorar. Sempre tem o que melhorar. Isso seria mais difícil sem o curso. O curso foi a base da minha profissão.

Se o senhor souber o que eu aprendi, inclusive com meu pai... No assentamento de portas – que eu nunca tinha feito –, no assentamento de janelas, feitura de batentes. Tudo na unha! Na unha, porque não havia máquinas. Então fui desenvolvendo, fui desenvolvendo, até chegar ao ponto em que eu cheguei. E a idade! Setenta anos de vida: sou de 1923!

Eu acho que a família, principalmente na época em que nós vivíamos, eu acho que não tinha outra opção, a não ser aprender uma arte. Fosse de pedreiro, fosse de pintor, fosse de marceneiro, fosse de carpinteiro ou fosse de mecânico. Então, eu me dava por satisfeito com aquilo. Porque para médico eu não podia estudar. Meu pai não tinha condições. Como dentista, também, nada. Engenheiro, também, de jeito nenhum. Acho que eu não tinha opção. Eu fiquei satisfeito com aquilo. E, por não ter parado, também. Porque eu podia ter morrido como marceneiro, como meu pai. Mas eu fui em frente.

Embora não houvesse escola, conforme eu já disse – escola noturna – mas eu pegava um jornal velho na rua, lia e ia indo, aprendendo. Nunca deixei faltar o dicionário na minha casa. Cheguei a ler dicionário de ponta a ponta, do Aurélio Buarque de Holanda. Até hoje eu tenho, na minha casa, e atualizava, quando podia, todo ano. Lia *O tesouro da juventude* – hoje deve estar tudo desatualizado. Eu ia à biblioteca da Paulista, na rua 1 com avenida 22, tirava aqueles livros que eu gostava, de higiene, de qualquer coisa. Enfim, a gente procurava melhorar, não parar. E depois, não tinha outra coisa. Não tinha televisão. Não é como hoje. Hoje a mocidade tem televisão e não quer saber de estar estudando. Não é isso mesmo? As coisas mudaram.

Portanto, eu acho que não tinha opção. E fiz certo a minha escolha. Foi certo, inclusive, a dos meus irmãos, do ofício, puxando do meu pai.

* * *

Rio Claro foi uma cidade que custou a se desenvolver, porque nós tínhamos o problema da energia e o problema da água. Mas a Paulista foi muito importante. No tocante a passageiros, tinha esse pessoal que estudava fora – São Paulo, Campinas, São Carlos. Não havia ônibus. A estação fervia, era tomada por esses jovens que iam estudar fora. E no escoamento de mercadorias: os vagões de carga, de petróleo – vagão-tanque, tinha um atrás do outro.

A Paulista teve desenvolvimento, embora em traçado errado. O traçado certo da Paulista não era esse, segundo o que dizem – dizem e está escrito. Mas eu acho que a Paulista teve um desempenho importante no desenvolvimento de Rio Claro. Porque isso aqui era denominado "Rio Claro, de dia falta água, de noite falta luz". Às nove horas apagava a luz. Isso aqui tomou o rumo que tomou depois que a Cesp encampou. E depois que nós tivemos o prefeito, que era o prefeito com "P" maiúsculo. Infelizmente está difícil de aparecer outro. Foi o Dr. Augusto Schmidt Filho. Era o homem que às seis e meia da manhã estava aqui. Manga de camisa! Esse foi prefeito! Está para nascer outro igual.

Naquela época, muitos queriam trabalhar na Paulista. Eu confirmo isso. Mas eu justifico: não havia emprego em Rio Claro. Não havia emprego. Não tinha indústria, de jeito nenhum. E por que não tinha indústria? Também justifico: não tinha energia, e não tinha água. Então, aquele que conseguia um empregozinho na Paulista era feliz. Agora, aquele que podia estudar para fora... Aqui também não tinha escola. Depois veio o *Joaquim Sales*, mas escola técnica não tinha. Não tinha escola técnica aqui em Rio Claro.

E a Paulista não pagava bem, não. Era um ordenado que... tinha que saber controlar sua vida. Tinha que saber controlar sua vida! Era um ordenadozinho. Pagava no dia certo, na hora certa, mas era aquele salarinho. Eu entrei na Paulista com 1.250 réis por hora, em 1940. E não era... não dava folgado. É que minha patroa bordava e, enfim, a gente fazia "bico". Fazia alguma coisinha para defender.

O senhor vai dar risada se eu falar [risos]. Eu tinha uma lojinha que minha mulher tomava conta. Eu fundei essa lojinha na avenida 7, onde eu moro, ruas 4 e 5. Chamava-se "A rendeira paulista". Era antes do posto. Indo daqui para lá (que é a mão), lado direito, bem no meio do quarteirão. Hoje, ali, está instalado um gabinete dentário, depois das modificações que eu fiz. Nessa loja eu vendia miudezas em geral. E não tinha o que não fizesse, na época. Entrava época de cintos largos, eu fazia aquelas fivelas na unha, na serrinha ticotico. À noite, trabalhando à noite. Entrava São João – festas juninas (São João, São Pedro, Santo Antonio), eu não vencia as encomendas de balão. Amanhecíamos, eu e minha mulher, no salão da loja fazendo balão. Fazendo papagaio, fazendo tocha para balão. Eu já estava na Paulista. Isso acontecia nas horas vagas. De noite... amanhecia! Até duas, três horas da madrugada. E não vencia. As encomendas que eu tinha do Letízio, Bianchini... não dava.

É de dar risada, mas é verdade. É a verdade nua e crua. Precisava fazer isso para ter uma vida mais folgada. Todos os meus irmãos – o senhor vai entrevistar e vai ver que eles faziam, também, faziam o deles. Um fazia planta em casa – ele era desenhista. O senhor vai testemunhar isso.

Bem, de saudades, o que a gente lembra, mesmo, é dos amigos, dos professores, daqueles que conviviam com a gente dentro do trabalho. Falando da Paulista, lá a pontualidade funcionava. E funcionava bem, bem mesmo. Acertava-se o relógio pelo apito do trem, aqui em Rio Claro. Não havia um minuto atrasado nem um minuto adiantado. O relojoeiro das oficinas, ele acertava todos os relógios de ponto, diariamente. Mas era fração de segundo. Ele tinha a ordem de ouvir a BBC de Londres, que é horário mundial, toda noite. Se não me falha a memória, às nove horas da noite. No dia seguinte, de manhã, ele entrava uma hora mais cedo e ia conferir todos os relógios de ponto. E assim era feito com o tráfego. O horário era rígido. Era absoluto! Não tinha nada de adiantar nem atrasar. O senhor acertava seu relógio com o apito das máquinas. Apitava...

Os cargueiros era a mesma coisa. Tinha horário absoluto. Eu não posso falar muito porque aí já é o setor de tráfego. Mas um trem não saía sem o *stafe*. Tanto deixava como levava. E o *morse* já se comunicava. O *stafe* é um documento que entra num arco, assim. Eu não vou lhe dizer com precisão a coisa, porque não era o meu setor. É um arco. O chefe da estação ficava na *gaia*, próximo à passagem da máquina, com a mão aqui; o maquinista soltava, entrava aqui. Em seguida ele ia para o escritório, pegava a ordem para partir o trem rumo à estação seguinte, encaixava, e vinha trazer de volta para o maquinista. Sem aquilo o trem não saia.

E a limpeza? E a limpeza dos carros?! O lema era o seguinte: conforto, rapidez e segurança. Era o lema da Companhia Paulista de Estradas de Ferro. O senhor nunca ouviu falar nessas três palavras? Ouviu falar, então não precisa dizer mais nada. Era o lema. E era assim, sim senhor! Era conforto... Era rapidez, conforto e segurança. Não tinha acidente, não tinha nada. Nem com vagão de carga. Não existia isso. Isso era coisa muito difícil.

Na cidade, quem controlava a hora era a Paulista. Tinha o relógio da Matriz, mas a Matriz – coitada! Quem cuidava do relógio da Matriz era o Estéfano. Era um relojoeiro nascido na avenida 1. Mas era comum a falta de sintonia, um com o outro lá. São quatro relógios, um de cada lado. Dificilmente batia um com o outro [risos]. Quem controlava a hora era a Paulista.

Era rapidez, conforto e segurança. Barbaridade! Era uma limpeza: banheiros, trens... Só para se ter uma idéia, o senhor não viajava num carro de primeira sem gravata. Não precisa falar mais nada. Ai do senhor se pusesse um pé, assim, em cima do descanso do braço. O guarda-trem, ou o auxiliar do guarda-trem vinha: "faça o favor de tirar o pé daí. Aí não é o lugar de por o pé".

Banco reclinável... era um negócio! Depois que apareceram os carros azuis, os 48 carros azuis, então, que eram numerados, chegava lá, na hora, o senhor tinha seu lugar marcado. Podia embarcar. Dificilmente tinha um imprevisto.

Os carros azuis foram fabricados na Pullman Standard Corporation, nos Estados Unidos. O Dr. Pelágio Rodrigues dos Santos foi vistoriar esses carros nos Estados Unidos. Eu acho que eram quinze carros de primeira, quinze de segunda, seis *pullman* e seis de bagagem e correio. Está me falhando a memória, estou sendo traído. Mas eram 48, ao todo.

Um fato mais relevante, assim, de momento, eu não me lembro. Eu agradeço a oportunidade que estou tendo, aqui, de recordar o meu passado, esperando que esses elementos que eu dei agora venham beneficiar o seu trabalho, angariando subsídios para o seu trabalho. Eu espero que isso tenha acontecido.

[Com relação ao salário] o descontentamento, praticamente, era geral. Com exceção daqueles que galgavam posto de chefia, na época, e que eram melhor aquinhoados. Mas o descontentamento, praticamente, era geral. E não tinha como! A Paulista era um grupo de acionistas. Naturalmente quem levava o dinheiro eram os acionistas. Eu não sei dizer, porque isso é uma parte que também me foge da... Mas pelo que consta, a Companhia não tinha condições de dar mais do que ela dava.

Havia comentários: que se ganhava pouco, que não dava para sustentar... O sujeito reclamava com seu chefe, mas quanto a prejudicar o trabalho? Não, de jeito nenhum. A gente, embora ganhando pouco, procurava fazer certo. Poderia ter aquele – porque toda regra tem exceção –, poderia ter aquele que, por isso ou por aquilo, matava o tempo no serviço, ou demorava mais do que devia demorar, Mas eram poucos.

O descontentamento havia. Eu mesmo não era contente com o salário. Mas nem por isso deixei de cumprir com a minha obrigação. E acredito que muita gente fazia como eu fazia. Teria um ou outro, porque, como eu disse, toda regra tem exceção. Não é isso? [Sobre o psicoténico], nós tivemos maquinistas que só faziam as viagens de inspeção do Dr. Cintra, Dr. Durval Lourenço de Azevedo, que eram maquinistas gabaritados, e que foram convocados para fazer o psicotécnico. E, para surpresa, o que aconteceu? Foram reprovados. Foram re-pro-va-dos! E outros, que eram maquinistas considerados de terceira, de quarta, chegavam lá e suplantavam esses. Foi a maior discussão. Foi o maior qüiprocó da paróquia. Isso foi, mais ou menos, em 1969, 1970, 1971. A Companhia, inicialmente, não fazia esses testes para maquinistas. Passou a fazer *a posteriori*. E eu me lembro, perfeitamente, do maquinista, de sobrenome Baungartner. Nossa mãe, foi reprovado! E era considerado pelo Dr. Jaime Pinheiro de Ulhoa Cintra, o melhor maquinista da Paulista. Foi reprovado no psicotécnico.

Sobre o Grêmio, ele teve uma importância muito grande na vida dos funcionários da Companhia Paulista. Na época, era uma sociedade que não se permitia uma mensalidade alta. Nós tínhamos uma mensalidade que se equilibrava com as despesas da sociedade. Procurávamos manter uma mensalidade módica que possibilitasse a todos serem sócios da sociedade, desde o trabalhador menor até o chefe de seção. Nós não tínhamos uma mensalidade alta que impedisse que o ferroviário não pertencesse ao quadro social. Não cobrávamos nem jóia do quadro de ferroviários, mas cobrávamos jóia para elementos outros da cidade, e com número de sócios limitado. Ilimitado era para o ferroviário, ilimitado! Quanto mais ferroviários a gente pudesse trazer para a sociedade, a gente trazia. Mas da cidade, a gente limitava. Eu estou falando da época que eu fui diretor.

Eu trabalhei uma vida lá. Trabalhei uma vida. Eu fui desde secretário até presidente. Fui até presidente do Grêmio Recreativo. Eu pertenci a uma equipe que, quando tinha aquelas festas juninas, nós arrebanhávamos Rio Claro para o Grêmio. Na frente dessa equipe de trabalho, liderava um inglês que se chamava James Blacke. Eu pertencia a essa equipe.

Quando nós fazíamos aquelas festas juninas, durante o dia e no anoitecer, Rio Claro parava! Parava! Tinha, desde um engenho moendo cana, com animais, e fornecendo, gratuitamente, para a pessoa que ali comparecesse, até – como se chama esses homens que tiram a sorte com o periquito? Não me lembro agora, fica naquela gaiolinha... realejo. Eu fui buscar na Estação da Luz, em São Paulo, dois homens daqueles. A pessoa aproximava-se do realejo e pedia o cartãozinho, o periquito vinha e dava. Tudo graciosamente.

Contratamos os pipoqueiros de Rio Claro, na época. O pipoqueiro estourava a pipoca, o senhor recebia graciosamente. Nós fazíamos miniaturas, bibelôs, abridor de garrafas, os quais, na entrada, a pessoa recebia graciosamente.

A Paulista não ajudava. O que ocorria – eu vou falar porque não temo –, nós tínhamos chefes superiores que eram gremistas de coração. Eles trabalhavam por fora, de forma velada, e muita coisa saía na clandestinidade e ia para o Grêmio. Mas a Paulista não ajudava. A Paulista não ajudava! Tudo que a Paulista fazia para o Grêmio era meio, era por baixo do pano, como fazia com a Santa Casa. Na Santa Casa, mantinha-se meia dúzia de funcionários diariamente: eletricista, encanador... porque o chefe da oficina era, naquela época, o mordomo. O Dr. Pelágio era o mordomo. Depois o Dr. Pelágio foi embora para Jundiaí, ficou o Dr. Betim, que passou a ser o mordomo. Tanto é que existe um pavilhão na Santa Casa com o nome de Fernando Betim.

Então, tem esse problema. E nós trabalhávamos de forma graciosa – tudo por amor à arte, como diz o outro.

Portanto, a ajuda da Paulista era dessa forma. Não tinha ajuda financeira. Ajudava com ordem do chefe das oficinas. Acredito que sem ordem de cima, da diretoria. Então o senhor mantinha lá cinco ou seis elementos: eletricista, encanador (dava muito problema), marceneiro – uma porta que não fechava, uma fechadura que não funcionava. Isso era feito, como era feito com o Grêmio.

A criação do Grêmio Recreativo foi de iniciativa de funcionários da Companhia Paulista de Estradas de Ferro. James Blacke, juntamente com outros, cujos nomes, agora, me fogem à memória, foi o fundador. Foi iniciativa de funcionários da Companhia. Funcionários de alto escalão das oficinas, não da Companhia em si, ou da diretoria da Companhia Paulista. Funcionários aqui, das oficinas.

O dinheiro vinha do quadro associativo. Naquele tempo não havia inflação. Então o senhor comprava a prazo. Eu, por exemplo, participei de várias compras de terreno ali. No lado direito de quem entra, do lado de lá, era da viúva do Oliva. Compramos uma área grande, dela, a preço de... a prazo de égua, como se falava na época. E assim, foi ampliando, foi ampliando...

Para falar do Grêmio, tem gente que, eu acredito – não me lembro assim, de momento – tem gente mais velha do que eu, embora eu tenha passado um tempo muito grande ali.

Na frente sempre estava esse inglês, como eu já falei: James Blacke. Na frente dos acontecimentos sempre estava esse inglês. E se inventou a possibilidade de se construir uma piscina. Mas como construir uma piscina? Onde é que tem a água? Vamos fazer um poço artesiano. Onde tem o dinheiro para construir a piscina? Mas o inglês era danado. Ele inventou umas matinês, umas domingueiras, como se chamava. Não era discoteca. Naquela época não era discoteca. E nós não podíamos cobrar ingresso. Então, o que nós fazíamos? Nós cobrávamos figurinha de cigarro. A pessoa que quisesse entrar teria que entrar com duas, três figurinhas – não me lembro a quantidade também. E essas figurinhas de cigarro, não sei como é que a gente transformava em dinheiro, porque eu não me lembro mais. Mas, aquela piscina do Grêmio, não lá do salão, mas para cá, à esquerda, a piscina do lado de cá, onde tem uma grande e uma pequenininha aos fundos – aquilo foi feito com figurinhas de cigarro. Isso faz tanto tempo que eu já não estou lembrado. Mas eram as figurinhas de cigarro; pedreiro, conforme eu disse antes, no Grêmio e na Santa Casa se conseguia, não oficialmente...

Duas piscinas – uma para crianças e outra para adultos – foram feitas, praticamente, com figurinhas de cigarro. O senhor não conseguiu entender ainda, mas foi! E [também], naturalmente, o comércio. Naquela época nós tínhamos uma firma que se chamava Irmãos Zotarelli. Hoje ainda existe o Aldo Zotarelli, que é remanescente da família. Ele é professor do governo do estado, não sei ao certo, e dono da TV Rio Claro. E a gente pedia contribuição: cinco sacos de cimento para um, cinco sacos de cimento para outro. Ferragem, veio tudo da mãe... E construímos. Conseguimos construir a piscina. Mas como eram convertidas [as figurinhas] eu não sei dizer para o senhor Não me lembro. E acredito que hoje não exista mais uma pessoa que possa te dar essa informação. Porque, do meu tempo, os que trabalhavam comigo lá, que ficavam na portaria apanhando essas figurinhas, já pertencem ao outro lado do mundo.

Narrativa do Sr. André Serrano Júnior

Nasci em Rio Claro, no dia 19 de abril de 1918. O meu pai era espanhol e minha mãe, descendente de alemães. Comecei o Curso de Ferroviários em novembro de 1934, já com dezesseis anos e meio. Era a primeira turma do Curso de Ferroviários. Fiz quatro anos de curso.

No primeiro ano tinha matemática, português, desenho, mecânica e a parte da oficina. O segundo ano também era o mesmo. Só que no segundo ano as matérias eram diferentes. Na parte da matemática nós tínhamos também raiz quadrada e uma pequena noção de álgebra, mas muito pouco.

Nós fazíamos a parte prática, na ferraria, nas quatro horas da parte da tarde. E, pela manhã, tínhamos a parte teórica. Teoria sempre foi na parte da manhã e prática, à tarde. No quarto ano decidia o ofício que queria. Por exemplo: se era ajustador, se era torneiro, se era eletricista. O ofício de ferreiro era de três anos.

Eu escolhi o ofício de ajustador. O instrutor de torneiro mecânico, que era o seu Francisco Bradna, queria que eu fosse para a tornearia, mas o chefe José Guarnieri não. Falou que a minha dedicação era para ajustador. De acordo com as observações que ele fez, eu tinha mais habilidade na parte de ajustagem.

No primeiro ano do Curso de Ferroviários, teve, também, outra turma, formada por alunos que já estavam na Paulista. O pessoal das oficinas fazia a parte prática de manhã e a teoria à tarde, depois do almoço, na escola. Mas eram turmas separadas, porque os alunos eram da oficina, e não do Curso de Ferroviários. Já eram funcionários. Eles tinham a mesma matéria que nós tínhamos. Os marceneiros, por exemplo, faziam o curso de marceneiros que era de três anos. Para marceneiro, também, eram só três anos de escola. Depois saía formado como aprendiz adiantado. Aqueles que já eram empregados estudavam na mesma escola, mas ficavam em salas separadas. Quando as salas estavam ocupadas, por exemplo, na parte da manhã, eles trabalhavam de manhã na oficina e à tarde vinham fazer a teoria. Invertia-se: os alunos do Curso de Ferroviários faziam teoria de manhã e prática à tarde.

No primeiro ano nós fizemos o exame na parte de ajustagem. Todos os alunos – menos os marceneiros –, até os alunos que depois seriam encaminhados para a especialidade de ferreiro, faziam o mesmo exame, que vinha de São Paulo. A escola recebia o desenho da peça com as medidas. O inspetor trazia o desenho da peça no dia e a gente começava a fazer a parte prática. O pessoal da outra turma, da oficina, também fazia o exame junto, ao mesmo tempo, porque se não eles iam saber adiantado o que estava caindo. Ficava uma parte lá, por exemplo: se eles faziam o primeiro ano, o segundo e o terceiro ano não tinham aula. Eles cediam o espaço para os outros poderem fazer ao mesmo tempo. Para não ter nada de falar: "Viu antes e já sabe...".

Então, no primeiro ano, nós fizemos a peça e concorremos com os alunos que estavam no Curso de Ferroviários, de lá. Eu tirei a nota igual a de um que era de lá, trabalhava na oficina, e trabalhou com o paquímetro. Eu trabalhava com esquadro e compasso. E ele tirou a mesma nota que eu tirei. Foi 1975. No primeiro ano. Eu tenho aqui, marcado no diploma, a nota que tirei.

No segundo ano foi feito assim, também. Foi feito tudo, a parte de teoria – na parte de teoria eu não tinha notas boas. Mas eu gostava de jogar futebol, namorar, dançar, jogar ping-pong... Quando chegava perto dos exames eu estudava um pouco, mas não ia bem na parte teórica. No entanto, em matemática, desenho, e tecnologia – da parte prática –, isso eu tinha nota. A nota era de zero a cem. Eu tinha sempre cem, 95, cem, 95... Perdia pouca coisa. No segundo ano, nos exames, eu também tirei o primeiro lugar de tudo. Só com compasso e esquadro. Tirei o primeiro lugar.

Veio o terceiro ano. A parte de teoria, você sabe, conforme vai mudando de ano, vai apertando mais, vai dando mais coisas. Fizemos os exames também da parte de teoria, de tudo, e eu tirei notas mais ou menos. O que me matava muito era o português. Português mata, principalmente negócio de verbo, essas coisas. Então, no terceiro ano, fizemos as provas todas. Quando ia fazer os exames, desde o primeiro ano, o instrutor que vinha fazer o exame, que vinha de fora, na hora do almoço ele fechava a escola, levava a chave junto. Só quando ele voltava é que abria para entrar e fazer. Antes de sair ele olhava tudo. Todas as peças em cima da bancada, desenho e tudo. Ninguém podia levar nada para casa. No terceiro ano também tirei o primeiro lugar. Primeiro lugar na parte de ajustagem.

E fomos para a frente. Do terceiro para o quarto ano, tinha a matéria eletrotécnica, mais matérias, apertando mais. Os meus colegas diziam: "Ô, Serrano, você não vai tirar mais o primeiro lugar. Três anos, já. Você não vai tirar mais. Três anos é muito. Deixa os outros também...".

No dia do exame, chegaram as peças: Eram duas peças, para fazer encaixe. Era um "rabo de andorinha". Ninguém sabia de nada. O inspetor chegou, deu o desenho, e todo mundo começou. Eu comecei, e dei um corte na mão, aqui assim. Saiu sangue, amarrei o dedo e continuei. O que eu fazia? Primeiro eu fazia uma base, para dar início. Esquadrejava a peça, fazia os três lados: a base e as laterais. Em seguida "tirava" os ângulos, as medidas, do encaixe, para começar a fazer. Fazia, por exemplo, a fêmea, e depois fazia o macho. Calibrava, limava bem a fêmea, fazia o mesmo com o macho para fazer o encaixe.

Fizemos o exame e as peças foram encaixotadas e levadas. As peças não ficavam aqui: o inspetor mandava fazer a caixa, encaixotava e ia embora com ele. Ele vinha de carro e já levava embora. Isso para evitar que alguns pudessem olhar, ou trazer uma peça ...

No quarto ano foi feito isso. Quando veio o quarto ano, nós estávamos esperando a nota, a nota de teoria, da peça, tanta coisa, e apareceu o Roberto Mange. Já ouviu falar no Roberto Mange e no

Roberto Simonsen? Ele veio e, depois do almoço, ele chegou e perguntou para o Carlito Rubini, que era colega meu: "Quem é o Serrano?" – ele não falou André Serrano, falou Serrano. Eu estava lá dentro, num polidor, polindo umas presilhas para pôr na caixa de ferramentas – até hoje eu tenho a caixa de ferramentas. Ele chegou, bateu nas minhas costas: "O Senhor é o Serrano?". "Sou sim." "Como é? Você vai se formar, sair diplomado, você tem confiança naquilo que fez?" "Tenho, confiança eu tenho. Agora, se vai ser melhor eu não sei, porque nos três anos que passaram eu tirei o primeiro lugar." "Eu sei" – ele falou. "Eu sei." Ele me perguntou, então, se eu sabia como fazia a peça. Eu respondi: "Eu faço as três bases, as três faces, e depois vou tirar a peça". "Ótimo. Você sabia que a peça encaixava de um lado, virava e encaixava do outro?" Falei: "Não, não sabia".

Então ele me deu os parabéns. O instrutor-chefe, que era o José Guarnieri, estava meio assim, meio rindo, mas não falou nada. Ele já sabia. E os outros vieram e falaram: "Como ele deu a mão para você?". Falei: "Não sei, eu não fiz aniversário, nada..." [risos] Eu disse: "Infelizmente ele veio falar para mim se eu sabia que a peça entrava de um lado, depois de outro, e eu falei que não sabia. Mas eu tirei a maior nota, o primeiro lugar do Senai que tinha no Brasil" [Refere-se, certamente, aos demais cursos de ferroviários supervisionados pelo CFESP]. Oitenta e sete, a maior nota! A turma ficou chateada, chateada não, porque, sabe, nos quatro anos eu tirei o primeiro lugar [na "parte prática"]. E eu penso que foi a partir disso que o Mange falou para o José Guarnieri, que era o instrutor-chefe, para me colocar como instrutor, para dar exemplo aos outros que vinham atrás. Mas isso é pensamento meu, o Guarnieri não me falou nada a respeito.

Com isso, eu saí formado no dia 7 de dezembro de 1938. Saí diplomado. Eu tenho as fotos e o diploma. Este é o convite da formatura. Aqui, junto com as moças da Industrial. O diretor da Industrial era o Bráulio Guilherme. Era um convite só. Sabe por quê? Foi feito assim porque o curso não tinha condições, sozinho. Então nos unimos, todos, para poder arrumar orquestra, arrumar o salão, tudo, para realizar o baile no Grêmio. Foi no dia 7 de dezembro de 1938.

Minha madrinha foi minha irmã Dirce, esposa do Valdomiro Moreira. Aqui estão as notas, quer ver? Aqui a nota geral; as notas do primeiro ano, nota de oficina. A média geral era 83, embora as notas de oficina fossem mais altas.

Eu queria mostrar, e não estou achando, o meu diploma de Grupo Escolar. Eu fiz o Grupo Escolar, o Curso Primário, aqui, no 3º Grupo Escolar, que ficava rua 2 com avenidas 20 e 22. O último ano eu fiz aqui, em Rio Claro, foi com a D. Elisa. Antigamente, fazíamos trabalhos. Na escola, fazíamos trabalhos: tapetes, porta-toalhas, essas coisas. E eu fiz o maior número de trabalhos. Parece que foram dezessete. Servicinhos pequenos. Tinha a aula e tinha esses trabalhos para fazer exposição. Depois, o resto, o quarto ano, eu fui para Itirapina porque se não eu ia ficar no terceiro ano. Eu tinha passado, mas não tinha vaga. Então eu fiz o terceiro e, depois, o quarto ano em Itirapina. Esse diploma eu não achei. Procurei mas não sei onde é que está. Mas eu concluí em Itirapina. A professora do quarto ano era D. Lúcia, esposa do chefe da estação.

Voltando ao assunto do Curso de Ferroviários, eu saí no dia 7 de dezembro de 1938 e no dia 19.12.1938 a Paulista nos chamou para fazer parte do quadro de empregados. Eu e os outros comparecemos aqui na oficina. Eu cheguei lá – não sabia –, me mandaram para uma turma lá, mas depois veio ordem que não era para ficar lá: eu tinha que voltar para a escola, já, como instrutor. O primeiro aluno a ser instrutor fui eu. Eu não fui trabalhar [na oficina]: só fiquei lá quatro horas para depois ir para a escola.

Fiquei como instrutor no Curso de Ferroviários de 1939 até 1943, até meados de 1943. Não fiquei mais porque o instrutor-chefe foi embora para São Paulo para fazer estudo de ficha de produção da oficina. Abaixo dele estava eu. Mas como eu tinha quatro anos de serviço, quatro anos e pouco, a Companhia Paulista não deixava: só depois de dez anos é que podia ter cargo de chefia. Então eu ensinei aquele que tinha ficado, no lugar do Guarnieri, o seu Theotonio Quaresma, e fui para a oficina.

Comecei em 1939, como instrutor da turma do primeiro ano, com 28 alunos. Eram 28 alunos, peguei 28 alunos que não sabiam nada.

Tem o Renato Souza – o Renato Stabelini, acho que não foi do meu tempo de aluno. Mas tem o Renato Souza. Não conhece? Tem o Renato Souza, e outros tantos deles que foram meus alunos.

Fiquei aquele ano dando instrução. Nós [os instrutores] fazíamos o horário das oficinas. Era o horário das seis e meia, com duzentas horas no mês. Mas os alunos entravam às sete, ficavam até as onze, voltavam às doze e ficavam até quatro horas. Depois desse horário nós tínhamos que fazer o quadro de produção dos alunos: o que ele fez, a nota que a gente deu, cada um no seu nome, tudo. Fazia o quadro porque o instrutor chefe vinha e queria saber o andamento do aluno, como é que ele estava indo.

No ano seguinte, um instrutor, Antonio Campos Ribeiro, saiu, foi promovido a chefe da turma "18", e me deram o primeiro e o segundo anos para eu olhar. Fiquei, então, com 26 do primeiro e mais 24 do segundo ano. Cinqüenta alunos para olhar. Do segundo ano nem tanto, mas do primeiro, a gente chegava, o aluno pegava a lima, e tinha que dizer: "Não é dessa forma; deve-se pegar aqui, fazer este movimento...". Talhadeira – pegava a talhadeira para cortar: "Não olhe aqui, você tem que olhar aqui. Tan, tan, tan". Às vezes batia na mão, davam risada da gente, mas tudo com disciplina.

Tinha os alunos bons, mas tinha aluno... tinha um lá que era peste. Era ruim. O que fizemos uma vez? Com ordem do instrutor-chefe nós deixamos ele um dia inteiro com um malho nas costas, assim, na porta, embaixo do relógio. De vez em quando ele fazia sinal para mim: queria ir ao banheiro. Dez minutos para ir ao banheiro e voltar. Voltava, ficava lá. Voltava a pedir. "Faz uma hora que você foi. Tem que esperar mais um pouco."

Ele ficava com um malho nas costas. Malho era uma marreta grande que pesa mais ou menos cinco quilos. Por sinal, eu ainda tenho comigo. Até emprestei para o neto de um colega que foi instrutor da ferraria, Jose Luiz Vizeu. Parece que você o entrevistou. Então, esse malho, eu justamente emprestei para o neto do Vizeu. Ele veio buscar aqui em casa, agora, e eu falei para a minha filha – porque eu não estava aqui: "Fala para ele desocupar e trazer, porque esse é um malho que eu arrumei na oficina".

Eu sei que, depois, eu acabei ficando com uma parte do terceiro e uma parte do quarto ano, também. E logo o José Guarnieri, o instrutor-chefe, foi a São Paulo para ver a questão das fichas, a produção por fichas, sabe, calcular tempo e tudo. (Mas, em reparação de peças velhas, não tem base, quase. Porque, numa peça velha, se você vai tirar um parafuso de uma peça, às vezes você tira mais rapidamente, mas, às vezes, tem que furar, passar o "macho", bater um quadradinho, semelhante a um mandril, para tirar. Vai demorar, no mínimo, meia hora, quarenta minutos, para uma pessoa esperta fazer isso.) Então, eu fui embora para a oficina. Lá, eu trabalhei uns dois meses, mais ou menos, no quarto de ferramentas, fazendo alicate para picotar bilhetes de trem, essas coisas. E logo veio a guerra, a Segunda Guerra. E quem estava tomando conta, lá, era alemão: veio ordem para ele ser recolhido. Então eu fiquei chefiando, lá. Tinha um outro, mais velho, Francisco Bortolin, auxiliar que pensava ficar no lugar do chefe. Sentindo-se rebaixado, não gostou muito, e foi falar com o Dr Betim. O Dr. Betim mandou falar com o Dr Pelágio. Foi lá, e o Dr Pelágio falou para ele: "Olha, é ele [Serrano] e acabou. Não, não! Deixa ele lá. Ele tem autoridade no lugar".

O Dr. Pelágio, quando eu saí da escola, ele foi lá para baixo [nas oficinas] – na escola eu me vestia diferente, com gravata e sobretudo –, chegou lá, eu estava na bancada, ele chegou e falou: "Ô, Serrano, você está por ai?". Eu falei: "É, estou, vou fazer o quê? Eu tenho que receber ordem superior". Ele falou: "Não se incomode, não se incomode, você está aqui e está bem encaminhado".

Na Fepasa, na Paulista (naquele tempo era Paulista), com menos de dez anos não podia ter cargo de chefia. Fiquei por lá. O pessoal às vezes brigava para fazer confusão comigo, eu dizia para eles: "Vocês pensam no que vão fazer, porque eu não pedi para vir aqui. Eu fui mandado pelo homem, o Dr. Pelágio. Não sei se foi merecendo, mas eu fui mandado. Por isso vocês tomem cuidado porque eu levo vocês ao escritório". O Dr. Pelágio tinha me falado: "Se houver qualquer coisinha, põe eles aqui" [batendo na mesa]. Aquele era homem!

E eu sei dizer que eu fiquei ali e depois passei para a turma "3", onde tinha construção de máquinas operatrizes, de reparação de máquinas, de serra, tudo. O Renato Stabelini trabalhou comigo nessa turma. Ele falou para você que trabalhou comigo, que fui chefe dele? Ele trabalhou comigo. Ele foi para fora, voltou, ficou lá comigo, e depois ele subiu para tomar conta de uma turma. Eu sei que eu trabalhei lá. Fiquei uns pares de anos. Passados dez anos, quando estava quase completando dez anos (nove anos e pouco), o Dr. Pelágio foi embora para Jundiaí, como diretor de operações. Subiu mais. Ele me disse: "Quando tiver dez anos você entra. Se eu pudesse eu daria para você, já, a chefia, porque você tem condições para ser chefe". Porque quando eu estava lá, antes disso, tinha um chefe, que era o Leonardo Bútolo. Ele era o chefe, mas ele só tinha prática. Prática de locomotiva, bomba, mas maquinário, não tinha. E teoria não tinha. Teoria era alguma coisa que o Dr. Pelágio queria para o chefe: fazer estudo, estudar. E eu tinha que fazer tudo para ele. Eu fazia tudo para ele. Ajudava bem ele. Eu sei que naquela época, quando precisava quebrar um galho, por exemplo, estudar o desenho de uma peça, o Dr. Pelágio, me chamava. Eu ficava meio... eu falava, "Mas Dr. Pelágio...". Ele me dizia: "Não, não se incomode eu já falei com ele".

Antes disso aqui, no tempo que eu estava na escola, com os alunos – antigamente faziam aquelas caixas de acumulador, com aquelas chapas de chumbo grandes. Então, há muitos anos antes de entrar tinha um fresador que fazia isso na fresa. Mas depois ele saiu e os outros não faziam mais. Então, como é que fazia? Vieram o Dr. Pelágio e o falecido Jonas – John Levis Jones – um inglês. Vieram na escola e, com o José Guarnieri, perguntaram se eu não era capaz de fazer uma estampa daquilo. Eu falei: "Se o senhor quiser, traga o modelo aqui que eu vou tentar fazer".

Ele mandou fazer a peça. Eu risquei, tudo. Ela tinha dois, quatro... dezesseis parafusos – trabalhava só com quatro. E tudo assim: a chapa é grande, assim, vem aqui, assim, vem aqui, É tudo riscado, assim, aqui. Olhando, assim, do lado contrário, era vazada, para encher com massa, para prender a massa senão, na carga, soltava tudo. Eu fiz, também, isso aí. Botei lá. Aí pediram para estudar uma ferramenta para cortar o molde. Eu fiz uma tesoura para cortar o molde, também. Eu que estudei e fiz.

Depois chegou o tempo da guerra. No tempo da guerra, sabe aquelas réguas triangulares de desenhista mesmo, umas com vinte, outras com trinta centímetros, conhece? Não tinha, não vinha mais. Então lá vinham eles outra vez comigo: "Serrano, você não é capaz de fazer..." (Esse Jones falou: "Seu Serrano, se o senhor precisar de qualquer coisa para fazer a casa, fala comigo que eu mando para o senhor, lá". Eu falei: "Não, eu estou começando a fazer...". "Não, mas pede, pede, não precisa falar. Se o senhor falar para mim eu mando tudo lá para você. Você merece." Ele falava meio atrapalhado, era inglês.) Então, mandei fazer, de marfim, aquela parte da madeira. Foi o Germaro Meyer, que era chefe de marcenaria – o filho dele mora na rua 1, é torneiro. Fizeram tudo e eu levei lá. Arrumei o modelo, arrumei uma lente grande, fizemos a plaininha (tinha uma plaininha). Pôs aqui, pôs lá de modelo, pôs a seta, tudo, indicando. Fizemos. Fiz a primeira, mostrei: uh! está bom! Eu fiz umas trinta mais daquelas, no tempo da guerra. Riscava, marcava, gravava bem os números. Depois, na seção de pinturia, dava uma lixadinha, passava aquele verniz preto para não sair. Ficava linda! Fiz umas trinta mais.

Fiz chapa de acumulador para caminhão também. Foi feito lá. Essa chapa de acumulador, sabe, diziam que não dava certo. Não é que não dava certo, é que não acertavam a massa. Dava a carga no caminhão (carburador), soltava a massa. O que mais eu fiz mais na escola...? Escala – comecei fazendo metro: fazer metro, gravar metro. Tudo isso foi feito quando eu era instrutor. Tinha os alunos lá e tinha que fazer essas coisas todas.

Depois eu fui embora para a oficina. Na oficina, o Dr Pelágio sempre me chamava. "Escuta, a diretoria está pedindo para fazer isso aqui. Você leva, mais ou menos, isso aqui, entendeu?" "É, mais ou menos, eu entendi." "Daqui três dias eu passo para ver o que você fez." Três dias ele estava lá. É como você [refere-se ao entrevistador]: faltavam dois minutos para as duas, estava aqui [risos]. Estava mesmo! Pergunte para o Renato. O Renato Stabelini sabe tudo.

Eu fazia coisas! Quanta coisa eu fiz! Fiz os copinhos cônicos. Aqueles trens "R" tinham os copinhos cônicos, lembra? Você não se lembra, não era do seu tempo. E tinha uma virazinha, assim.

Aquela virazinha precisava para segurar na copeira. Aqueles trens eram importados. Era o trem azul, que tinha guarda, tinha tudo, no tempo da Paulista. Era uma organização...! Aquilo é que era organização! Financeiramente, para nós, não era bom, mas na parte da organização, meu Deus do céu! A diferença era do dia para a noite. O Dr. Jaime Cintra, aquele era... quantas vezes ele não vinha, quando eu fazia socorro, quando eu era novo em socorro. Ele estava lá. Ele chegava, eu via ele. E tinha chefe de turma, tinha tudo, e ele chegava direto para mim: "O mocinho, como é que vai o serviço aí? Não, eu quero saber com você". Vinham os outros, correndo, com o guarda-chuva para cobri-lo, e ele: "Não, não! Cobre esse. Esse é que tem que cobrir, eu não. Ele está trabalhando, eu estou aqui olhando". Falava assim para os homens. Para você ver que homem que era o Dr. Jaime, Jaime Ulhoa Cintra. Ele morava em Jundiaí – Jundiaí, São Paulo...

Quantas vezes estive por aí, em socorro. Certa vez ali, entre Sumaré e Americana, Nova Odessa, caiu um trem com gaiolas de gado, ali. Tinha gado para todo lado. Uns escaparam, outros não; uns com pé quebrado, outros no meio daquela coisa toda. E chegando lá – eu era novo de socorro, naquele tempo – tinha um mais velho, e eu, na ajuda. O Dr. Antonio Campos Camargo, que também era diretor, falou: "E aqui, essas gaiolas...?". Eu falei: "Se vai pôr um macaco que levanta isso aqui, põe na altura do outro vagão, abre a porta, esse gado vai morrer. Podia fazer diferente". Ele falou: "Então faça!". Eu comecei a fazer, e veio outro engenheiro, que é daqui, o Dr. Betim, que a gente não devia falar o nome porque pode ser... mas ele disse: "Serrano, o que você tá fazendo? Não, não!, deixa assim mesmo! Toca! Derruba o gado! Mata o gado!". Você vê como é que era? Viu? Por que isso? Então, em Socorro foi muita coisa...

Agora eu vou mostrar para você o copinho de modelo. Este é o modelo. Este copinho, modelo, foi dado para um chefe de turma – não era chefe, era auxiliar, mas estava lá dentro – e solicitado a ele que fizesse igual. Ficou uns dois meses e meio, para mais, e ele não fez. Aí, o chefe da oficina, o engenheiro Vanildo Paiva, veio comigo, falou para mim: "Serrano, você não é capaz de fazer ...?". Eu falei: "É, eu vou tentar". Eu nunca falo que faço: eu vou tentar. "Então vamos lá no quarto de ferramenta." Eu falei para ele: "No quarto de ferramenta com quem?" Ele falou o nome da pessoa, falecida, já. Aquele era – Deus que o tenha em bom lugar – dos tais que são todos cheios de pose. Ele gostava de pegar qualquer coisa e correr para os homens, para suspender funcionário. Quanta gente eu peguei dormindo embaixo do porão, tudo. Eu chamava, conversava, e nunca suspendi um! Sabe quantos empregados tinha no meu setor quando eu saí aposentado? Quinhentos e vinte e cinco empregados, 525 empregados! Nunca suspendi um! Foi um suspenso, porque o chefe... Eram 525, fora o chefe de socorro, que era eu. Aí ele falou: "Se você não tentar fazer a máquina, eu vou dar parte para a diretoria". Eu devia falar para ele: "Vai dar parte!". Mas, sabe... Então, falei para ele: "Daqui para lá, pode jogar tudo fora. A única coisa que não vai jogar fora são esses quadros de madeira, que eu tenho que fazer. O resto pode jogar tudo fora". Ele falou: "Você não vai fazer, porque tem que molhar o papel para fazer isso aí".

Já estavam produzindo os copos, mas era um trabalho manual. Só que precisava passar cola. Então, tinha uma mesa grande, com um pessoal de idade – a aposentadoria estava fechada, não podia aposentar – e vai dar o que para eles fazerem? Passaram a fazer isso. Cortavam o papel, que era um tipo aberto, mais ou menos assim, com uma abertura aqui do lado, como este aqui: rasgou, pronto. E tinha esta outra parte que vem aqui em cima. Eles faziam – passavam, com a mão, viravam assim e saía. Eles faziam duzentos, trezentos, por dia. Aí eu falei para o chefe da oficina: "Eu vou tentar fazer na máquina". Ele perguntou: "Você é capaz de fazer?". Respondi, como sempre: "Eu vou tentar".

Peguei um aprendiz, que hoje é instrutor do Senai, Wilson Pinto Lopes. Conhece o pessoal do Senai? O diretor, o Arlindo, foi subalterno meu, na Paulista. O seu Nei, seu Olavo... tem bastante. Eu sempre vou tomar um café lá. Se um dia você quiser conhecer, fazer uma visita, você fala comigo, marca um dia e nós vamos lá. Você passa aqui e nós vamos lá, eu apresento eles. Eles sempre falam para mim: "Serrano venha aqui...". Eles queriam que eu fosse ensinar lá. Um tempo atrás, o Arlindo, que é o diretor – era da tornearia –, ele falou: "Serrano, você não quer dar aula de caldeira?". Eu tenho conhecimento de caldeira: montar, desmontar, injetora, reparo de injetora, todo o ofício. É que a minha vista, agora...

Então eu fiz essa máquina, para produção mecânica. Tinha uma mesa, onde ficava o papel; acima ficava um recipiente, o depósito da cola, e um rolete, que estava sempre girando. O papel passava no rolete, recebia aquela cosa especial, e subia. Eu tinha colocado uma resistência para secagem rápida: depois de colado, não abria. Quando subia, entrava o macho, que pegava o papel, enrolava e, ao mesmo tempo que enrolava, fazia a "vira", na parte superior do copo. Depois de feito o copo, ele caía num saquinho plástico até completar sessenta copinhos que era a quantidade máxima que cabia no copeiro daqueles carros de passageiros. Tinha um marcador, um contador e, a cada sessenta, virava automaticamente. O saquinho plástico era substituído e recomeçava a contagem. Produzia de 4.500 a cinco mil copinhos.

Este é o copo que eu fiz na máquina. Isso aqui foi feito em... deve ter a data aqui, no copo: 1935 ... não, isso é o papel "35". Devia ter data aqui. Isso aqui foi feito mais ou menos em... 1961, 1962... Por aí. Eram copos usados naqueles carros azuis, importados, aqueles carros que vinham naquelas composições.

Quanta gente não foi ver! Veio gente de Campinas para ver como é que eu enrolava uma virinha aqui! Olha aqui: não tem nada dentro. Olha aqui, pode abrir que não tem nada. Quer ver? Olha aí... essa aqui: uma pecinha que eu fiz, eu "engenhei" e fiz. Então, dobrava. Vinha gente de Campinas aqui. O Wilson Pinto Lopes, que agora é instrutor e ajustador no Senai, ele que trabalhava na peça. Ele era perito em peças. Então, fazia. O torneiro fazia também, tudo... Aí eu fiz isso aí: uma peça à parte. E veio o pessoal de Campinas, de São Paulo para ver como é que eu fazia a vira. Eu falava para o operador, o Wilson: "Olha, você põe, mas na hora que for chegar perto, você toca mais rápido e...". O pessoal perguntava: "Mas como foi, como foi? Como foi?". Nada [risos]. Mandava tocar rápido para não dar tempo de copiar, de aprender.

Quando eu estava de férias, ficou o meu auxiliar, Juvenal Hebling, instrutor, já falecido. Ele tinha um auxiliar que quis modificar a peça na máquina: começou a não fazer mais copo. Fazia, mas não dava a "vira". Chegou gente em casa, veio bater aqui em casa: "Ô, Serrano, você precisa entrar logo lá". "Por quê? Eu estou de férias, eu estou de férias e não quero nem saber." "Não, porque ele modificou a máquina e aquela peça de virar, aqui, assim, não vai." "Por que ele modificou? Por que ele fez isso?"

Aí, o Juvenal falou: "Serrano, ele mexeu na máquina lá e eu perguntei a ele por que modificou". "Ah!, eu pensei em melhorar" – respondeu. Eu, então, falei: "Escuta, e agora? Você faz a peça". Ele disse: "Eu já tentei e não faço. Não fui mais capaz. Não sei como é que você fez". Peguei o material, eu mesmo arrumei, fiz a peça, botei no lugar, acabou.

Nessa época eu era auxiliar de chefe de turma. Eu tinha mais ou menos – eu entrei em 1939 e em 1948... Não, espera um pouco, eu era chefe de turma. Naquela época eu era chefe de turma. Eu tinha, mais ou menos, na turma que eu estava, quando eu era chefe da turma de manutenção, eu tinha, de oficial, mais ou menos dezoito, fora ajudante, trabalhador, foguista da caldeira. Eu tinha, também, três foguistas da caldeira. A caldeira, que era a vapor, era alimentada a óleo cru. A caldeira grande. Uma vez, eu não estava aqui, eu estava chefiando a balsa em Panorama – eu fui chefe da balsa em Panorama, também. Conheceu Panorama? Lá tem uma balsa. Eu tenho fotografia. Quer ver?

Bom, então, de auxiliar eu passei a chefe de turma. Depois, em 1960, passei a supervisor. Parece que foi em 1963. Aí o chefe da oficina saiu aposentado e eu passei a ajudante de mestre-geral. Eu estava ajudante de mestre-geral antes. Era ajudante de mestre-geral. Era, na verdade, assessor administrativo, mas tiraram a categoria nossa, porque assessor já tinha margem para subir mais. Então tiraram e puseram ajudante de mestre-geral.

Eu passei a ajudante de mestre-geral e um outro, que era assessor chefe da seção técnica, passou a mestre-geral. Ele ensinou inglês ao engenheiro, aos filhos dele, e umas coisas mais, e teve mais valor que eu que quebrei a cabeça e tudo. Passou a mestre-geral. Infelizmente eu fiquei de lado, não pelo Dr. Pelágio. O Dr. Pelágio não viu isso aí. Foi com o outro, que ficou no lugar dele.

Foi como ajudante de mestre-geral que eu tinha os 520 empregados. Tinha na caldeira, reparação e manutenção de máquinas operativas em geral, tornearia, seção de caminhões, ferraria (na ferraria tinha cento e poucas pessoas), solda elétrica, oxigênio, solda de trilhos. Queriam me dar a serralheria, mas eu falei: "Eu não quero não, eu não posso ficar nem com a metade, eu fico com tudo, puxa vida!". E fiquei, também, com a seção de recuperação de materiais, e a seção de montagem de abrigo. Você viu esses abrigos da Paulista? Você chegou a ver?

Voltando atrás, quando eu saí diplomado do curso e entrei na Paulista, como instrutor, o engenheiro daqui, o engenheiro que estava aqui, ele veio atrás de mim, porque queria fazer uma máquina para produzir tacos [fora da Paulista]. Tacos de madeira. Eu trabalhava até as seis e meia, e ele veio: "Não, mas nós vamos lá...". Ele ficava lá, estudando e, às vezes, ele fazia o risco e dizia: "Vamos fazer assim". Eu olhava bem... Ele dizia: "O que você acha, Serrano?". "O Senhor quer que faça assim? Eu não sei, isso aqui não vai dar." Sabe? Ele tinha a teoria. Teoria, mas não da parte de fazer. "Mas como não vai dar?"

Depois daquele fazer e não fazer, era meia-noite, uma hora, a mulher dele telefonava: "Ô, Serrano, fala para o fulano para ele vir embora, o Senhor tem que estar às seis e meia, como é que vai ficar?". Então eu falava, e ele respondia: "Não, larga a mão, larga a mão, deixa minha mulher falar".

Comecei, então, a fazer as peças ali, na rua 1. O chefe de oficina arrumou um, para me ajudar. Fazia as peças, torneava, fazia tudo isso. Começou a fazer a máquina. Chegou um dia ele falou: "Serrano, vamos parar com tudo, não dá para fazer mais, não pode fazer mais". "Mas por quê?" "É nova ordem, não pode fazer mais." Eu soube, depois, que eles, aqui, pegavam o material, os eucaliptos, lá do horto florestal...

Depois disso começou a montagem de taco, lá na Paulista. A Paulista fazia esses tacos, de madeira, para piso, e vendia para os empregados. Antigamente vendia. Por exemplo, aqui mesmo, aqui na frente, tem janela de veneziana, tudo feito por lá. Fazia tudo e cobrava menos dos empregados, para construir a casa. Como o Jones, que queria que eu trouxesse tudo, de lá, que ele me dava tudo. Eu falei: "Mas já pedi". "E porque não falou com a gente, aqui, a gente levaria lá."

Eu sei dizer que depois – depois que não deu certo o que aquele engenheiro e os outros queriam – nós fizemos, então, a máquina para aparelhar. Eu fiz a máquina e aparelhava. Aparelhava tacos de cinqüenta, de 25 e de vinte centímetros. Tinha regulagem, tudo. E a Paulista passou a produzir esses tacos, que eram vendidos aos empregados, mas também saía muita coisa por fora. "Ô Serrano, e aquela máquina de aparelhar?" Aí eu desenhei e fiz a máquina. Porque era assim, montava assim, era mole, não tinha jeito de aparelhar. Aparelhar na desempenadeira, como é que ia aparelhar? Não dava. Então eu fiz a máquina, com duas vias, o apoio, cheia de roldanas. Entrava aqui, com quatro mil e poucas rotações, disco grande. Era "um em cima do outro". Tacos. Mas saía uma perfeição! Eu vou mostrar. Na minha sala tem, eu mostro.

Depois dessa parte, tem aquela dos dormentes de eucalipto. Antigamente, os dormentes eram feitos com madeira de lei, que era difícil para encontrar. Então queriam fazer dormente de eucalipto. Mas o eucalipto trinca muito. Fizeram, então, uma estampa, no quarto de ferramentas. Puseram numa prensa, e estamparam: era um de cada vez. Eram trezentos, quatrocentos, por dia. Eu passei lá, olhei bem e falei: "puxa vida, eu vou fazer um negócio que vai ajudar". Mas se eu soubesse o que iam fazer para mim, eu não tinha feito nada. Bom, fui lá, no caldeireiro: "Leva isso aqui". Fez lá, botou o calandro. Sabe o que é calandro? O que endireita a chapa. Aqueles rolos pelos quais a chapa passa. São três roletes. Aquilo chama calandro. Só que eu fiz com dois roletes. Dois roletes deitados. Um dos roletes tinha a faquinha para cortar. Eu pedi, na parte de ferramenta, para fazer uma peça para cortar: conforme punha assim, ela já cortava, já fazia o corte. O Otero disse que não era possível. Eu falei: "Se eu for lá, eu faço". E fiz.

***

Em 1942, eu tirei a carteira de terceira categoria de reservista. Em 1943, em junho ou julho, eu estava na minha casa – era solteiro, ainda – e apareceu um soldado dizendo que o delegado queria falar comigo. Eu falei: "O que é? Eu não fiz nada". "Não sei, ele quer conversar com o senhor." Eu falei: "Tudo bem".

Cheguei lá, o delegado: "Escuta, tem uma carta aqui que diz que o senhor está insubmisso. O senhor foi convocado, não se apresentou no tempo e está insubmisso". Mas o engenheiro, Dr. Pelágio, ele me segurou porque eu estava inscrito na rede ferroviária do exército.

Fui preso e fiquei três dias na cadeia aqui, na avenida 3, onde tem o Fórum. Fiquei de noite, ali, no xadrez. No xadrez vazio. No terceiro dia vieram me pôr em liberdade. Saí de lá e, no fim de 1943, em dezembro, eu me casei, no dia 15. Minha filha nasceu no dia 13 de setembro de 1944.

E veio o soldado outra vez. Eu estava na casa do meu pai. Fui para lá e já me prenderam. Fiquei preso aquela noite. No dia seguinte já veio um soldado de Ribeirão Preto com um fuzil e me levou para lá, de trem. Aí fui embora. Fui prisioneiro para São Paulo.

Cheguei, o trem ia sair sete horas da noite. O carro de madeira, que era de São Paulo, da antiga SPR. Cheguei lá, desembarquei e tinha um jipe da polícia. Peguei o jipe e fui ao quartel-general em São Paulo, no centro. Era um tenente, lá. Mas faltou só bater em mim! Falou o diabo para mim! Eu fiquei quieto. Aí eu falei: "O senhor dá licença?" "Pois não." "Assim, assim, assim..." "Mas o senhor tem documento?" "Não tenho, porque sabe, chegaram as autoridades e..." Aí me levaram para a 38ª Delegacia. Sabe onde é a 38ª Delegacia em São Paulo? Sabe na praça, lá embaixo, num lugar lá perto do mercado? Lá fiquei oito dias preso no xadrezinho.

Cheguei, era quase meia-noite. O camarada abriu a porta, me jogou para dentro, nem perguntou se tinha lugar para dormir, nem nada. Jogou para dentro. Fiquei lá, parado, com a minha malinha. Aí acordou um rapaz lá, um cabo do Exército: "Ô, colega, como é que vai?". Aí eu contei tudo. "Ah! Não se apresse, essa coisa não é nada..." Não é nada lá para ele, mas para a gente, que tinha deixado a mulher de dieta, tudo aquilo, meus pais doentes... Aí ele falou:

"Não tem problema. Eu vou botar a roupa, o senhor põe o cobertor embaixo, a malinha o senhor faz travesseiro. Toma cuidado: não tire as meias, de noite, para dormir, porque o pessoal pega jornal e, quando você acorda, está tudo assim – faz gasogênio. Dinheiro, você esconde. Você não sabe jogar nada, porque a turma quer jogar. Tá certo. Obrigado". Fiquei lá. Fiquei oito dias lá.

No dia seguinte: "Uh! tem gente nova aqui. Vamos jogar, vamos jogar...". "Ah! eu não sei jogar. Eu sou do sítio. Não sei jogar nada." (eu sabia jogar truco, essas coisas) "Eu não sei nada."

Dinheiro escondido; dormia de meia; qualquer coisinha já estava acordado, assustado. Barba crescendo. Estava daquele jeito. Vi que não resolvia nada, falei com o oficial do dia. Dormi. Comi aquele arroz grosso com aquele jabá, lá, aquela coisa e tudo o mais. Vinha pedra dentro do arroz: jogava fora, comia – tinha que comer, estava com fome! Veja o que eu passei!

Fui embora. Fui escoltado para Piquete. Chegou em Piquete, olhei, vi a prisão lá, um quadradinho, assim, pequeno. Eu falei: "Uh! meu Deus, se eu tiver que ficar aqui eu morro!". O sargento me disse: "O senhor vai ficar aqui para fora, mas tome cuidado. O senhor não vai sair, não vai querer fugir...". "Eu tenho família, tenho tudo. Eu estou pagando, inocente" – falei para ele.

Depois de três dias que eu estava lá, um coronel da rede comunicou-se com o coronel da fábrica, em Piquete, dizendo que era para me colocar em liberdade, porque eu estava alistado na própria empresa, fazia parte da rede ferroviária. "Mas – me falou o coronel da fábrica –, como não fui eu quem pediu para você vir para cá, eu segurei." O coronel que falou para mim. Quem mandava era o coronel. Eu fiquei 38 dias lá. Marchava – para tomar café-da-manhã, eu marchava uns três quilômetros até lá, na fábrica. Tomava café, voltava embaixo de chuva. Para almoçar e, mais tarde, para jantar, tudo isso, de novo. Cabelo estava daquele jeito. Tudo isso aí.

Veio o sargento comunicar que o tenente mandou falar para mim que se eu quisesse sair da cidade, cortar o cabelo... mas não fugir, porque se não piorava. Eu falei: "Eu não...!". Também me ofereceram para dar uma volta na Serra da Mantiqueira, que é ali perto.

Aquele puxa cavalo branco...! Eu não quis. Eu nunca tinha andado a cavalo, por que eu iria subir lá, para fazer o quê? Eu estava louco para ir embora!

Até que, nesse dia, nesse dia que está aqui, no jornal, dia 28.11.44, saiu esse *habeas corpus*, a meu favor. Estou liberado. Então – eu não sabia –, o coronel me chamou lá. Uma mesa redonda grande: coronel, tenente-coronel, major, capitão, tenente – o diabo a quatro! Acho que tinha uns oito ou mais. Eu cheguei: "Com licença..." Cumprimentei. Ele disse: "Seu André, eu peço desculpas por tudo isso que aconteceu com o senhor. Não fui eu o culpado, eu não mandei prender o senhor. O que eu não concordei, foi que o coronel da rede disse em termos ásperos que eu não podia prender o senhor, que eu não podia fazer isso. Mas eu não fiz. E eu fiquei conhecendo a pessoa que o senhor é". Eu disse: "Mas eu não fiz nada, aqui". Ele disse: "Mas não precisaria o senhor ter feito nada aqui, porque eu já tinha informações sobre o senhor. Eu vou fazer um pedido para o senhor. O senhor pensa bem no meu pedido. Eu quero que o senhor venha trabalhar comigo, aqui. O ordenado não se discute. Eu gostaria que o senhor continuasse conosco, aqui, porque eu preciso de um homem com as suas qualidades na fábrica. O senhor continuaria estudando e mandando. Se o senhor não vier o senhor poderá se arrepender, pois sairia aposentado com um bom ordenado.

Eu falei para ele: "Coronel, desculpe, mas o senhor não conhece a minha habilidade, nada". "Não precisa porque eu estou sabendo." Ele falou assim, para mim. Eu fiquei pensando... E ele insistiu: "Se o senhor concordar eu já mando rádio lá, para a família do senhor, esposa, filho, tudo. Já arruma tudo lá, vem para cá, arrumo a casa, e o senhor já fica aqui". Aí eu pensei bem, falei: "Olha, senhor coronel, agradeço tudo o que o senhor está fazendo por mim. Mas estou chocado porque eu larguei meu pai doente, a minha esposa está de dieta da primeira filha. Tudo isso aí, como o senhor sabe. A gente não vê a hora de ir embora". "Bom, eu quero que o senhor pense bem. Se o senhor não vem para cá, no dia em que o senhor se aposentar..." Hoje eu poderia estar aposentado, no mínimo, como capitão. Quanto deve estar ganhando um capitão? Deve ser uma nota. Tem reajuste, tem aumento "por baixo". Fica aumentando. Ninguém sabe, mas tá aumentando. Aí ele mandou fazer o passe para eu ir embora. "André, pensa bem. Vai falar com a sua esposa. Olha a oportunidade! Mande para cá um rádio, apenas um rádio, ou um telegrama dizendo: 'venha me buscar'". Eu mando. "Eu preciso falar com eles todos. Eu tenho que ver lá com o meu pai, que está doente, eu não sei como é que está a minha mãe..."

Vim para cá. Cheguei, era uma hora da manhã. Tinha duas casas, pequenas. Meu sogro morava numa delas, eu morava na outra, do lado de cá. Cheguei, bati na janela. Perguntaram: "Quem é?". Eu falei: "André". A turma saiu correndo, gritando, chorando.

Eu entrei, a minha mulher chorando, meu pai – tinham avisado meu pai que morava ali perto –, ele veio correndo, coitado. Isso foi em 1944. Ele viveu mais três anos. Em 1947 ele morreu.

Eu fui preso por causa do papel, que não deram baixa em Ribeirão Preto. Não deram baixa. Quando eu vim para cá, eu fui a Ribeirão Preto, para resolver o problema. Aí, deram baixa. Se eu tivesse ido logo na primeira vez, não acontecia isso.

Voltei para cá, o chefe de serviço disse: "Não, Serrano, pelo amor de Deus, nem escreva carta para lá, nada. Se você escrever uma cartinha ele vem buscar você e eu não posso mais segurar. Você vai ficar aqui". "Eu fico."

Fiquei. Depois, esse mesmo engenheiro que me segurou, Pelágio Rodrigues dos Santos, foi para Jundiaí, aposentou-se e foi para a Cosipa. Aí ele veio atrás de mim querendo me levar para lá, me levar embora para a Cosipa. A minha mulher falou: "Ah não! Nós não vamos, não. Lá tem muito pernilongo, muita coisa, e...".

Fiquei por aqui trabalhando. Depois, veio o engenheiro Roberto Henry, atrás de mim, para eu ir embora trabalhar com ele, em São Paulo, na Fox, Conexões Fox. Era uma fábrica de conexões de ferro, cotovelos, "T", luvas etc. Falou: "Serrano, quanto você está ganhando aqui?". Eu ganhava, naquela época, treze mil e pouco. "Eu te pago, nas oito horas, cinqüenta mil. Fora o sobretempo. Você vai ganhar, por mês, uma base de sessenta, sessenta e cinco mil. Vamos para lá, você tem férias, tire um mês de férias e vai lá." Eu não fui, mas arrumei outro, arrumei outros dois: um foi. Depois ele falou para mim: "Serrano, se você quiser vir, ainda está de pé, mas outro eu não quero mais. Outro eu não quero. O único que eu tenho confiança é você". "Não é tanto. Também eu não sou Deus!" "Ah! mas eu sei do que você tem capacidade." "Está bem! Eu agradeço muito, mas não dá." Não podia: a minha mulher não queria, a minha filha namorando...

Depois, quando eu me aposentei, o gerente da Tigre – não me lembro o nome dele –, ele se aposentou, está na avenida 24-A, trabalha com esse material de... fazia carrinho, carrinho de pedreiro, essas coisas. Ele queria que eu fosse para lá, na Tigre. Queria que eu fosse lá. Eu falei: "Eu não quero marcar cartão". "Não, você não marca cartão, Serrano. Você vem aqui. Eu mando buscar você na sua casa, você almoça aqui ou em casa; vai para lá, levamos você e trazemos, também. Você pode almoçar aqui, conosco. Eu quero você aqui para você estudar, para fazer uns canos com rosca. Eu tenho que fazer com rosca." Eu falei: "É tão fácil fazer os canos com rosca". "Mas como é que é?" Falei: "Tem umas tarraxas que são vendidas já prontas. Compre um conjunto daqueles, coloque a tarraxa na extremidade e regule. Com o tempo, você dá uma espiadinha nela, porque o PVC corrói muito o aço, e regula. Terminou, corta aqui, tira... Saiu, coloca o outro. É só isso". Depois eu vi que fizeram. Mas eu falei para ele sobre essas tarraxas que se compram prontas, na Rua Florêncio de Abreu, ali, com a Senador Queirós. Conheço bem ali: tem bastante ferramentas. Comprei muito material lá.

Bom, vamos voltar para o nosso assunto. Meu pai era marceneiro na Companhia Paulista de Estradas de Ferro. Minha mãe era doméstica. Meu pai veio da Espanha, veio direto para Rio Claro. Veio ele, com a mãe e a irmã. A irmã é falecida. Faleceu logo. Ele veio mocinho, ainda. Nasceu em 28.4.1889 e veio para cá com quatro anos. Faleceu a irmã. Ela chamava Catarina.

O primeiro emprego dele foi na Paulista. Ele entrou como trabalhador. Depois passou a carpinteiro, carpinteiro de vagões e carpinteiro dos carros. Ele veio, mais ou menos, com quatro anos de idade. Ele pouco escrevia: assinava o nome dele, mas não tinha muito... muita teoria. Já a minha mãe, neta de alemães, fez escola. Falava até alemão. Faleceu meu pai no dia 7.12.1947. Em 1938 eu saí diplomado e em 1947 meu pai faleceu.

Eu fiz o Curso Primário, depois fiz a Escola Industrial. Quando estava com dezesseis anos, no fim do ano de 1934, eu era para sair diplomado de torneiro mecânico, na Industrial. Eu estudei, na Industrial, três anos: 1932, 1933 e 1934. Quando eu ia tirar o diploma de torneiro, o professor, que era o seu Samuel Kleimer, que era o mestre de torneiro, não me deu a nota: eu não fiz a peça da prova porque o meu pai pediu para eu sair e entrar no Curso de Ferroviários. Sabe, o pai falou e ele sempre quer o bem da gente.

Nesse ano, a Companhia Paulista abriu o Curso de Ferroviários. Eu saí da Escola Industrial, sem o diploma, e entrei no Curso de Ferroviários, que foi no fim de 1934, mais ou menos no começo de dezembro de 1934 [refere-se aos exames de seleção para ingresso, pois o curso tem início em 1935].

O primário, como eu já falei, eu fiz até o terceiro ano aqui, com dona Elisa, depois fui para Itirapina e tornei a fazer o terceiro, porque não tinha vaga no quarto. Fiz o terceiro, fiz o quarto, e vim para Rio Claro, estudar na Industrial. E todo dia de manhã, ainda cedo, eu pegava o trem e, à tarde, voltava.

Eu fui para Itirapina porque meu pai foi transferido para lá. Ele era marceneiro. E, quando foi em 1932, depois da guerra dos paulistas, da revolução dos paulistas, logo depois, houve uma desavença. Tinha um senhor que não se dava muito bem com o meu pai. Houve um atrito lá, e então meu pai foi recolhido, voltou para Rio Claro. Esse homem trabalhou 48 anos na Paulista. E veio aqui, depois que eu me aposentei, ele veio aqui em casa umas duas, ou três vezes. Mas eu sabia que esse senhor tinha feito isso para o meu pai. Depois que houve aquela coisa, lá, meu pai achou que não estava certo. Recolheram. Ele era inspetor, examinador, lá em Itirapina. Ele morava em Bauru. Esqueço o nome dele. Ele veio atrás de mim – quando eu trabalhava, ainda, ele veio conversar comigo. Como estava havendo roubo, violação dos lacres das portas dos carros, ele queria que eu trabalhasse com ele. Esses lacres, na Paulista, eram feitos com chumbo. Então eu arrumei outro lacre, lá, e ele queria que eu estudasse para ele. Dizia que íamos ganhar muito dinheiro com isso. Mas eu pensei bem no meu pai e falei: "Depois do que você fez para o meu pai, eu não posso fazer nada para você". É ou não é? Está certo: pode ser que meu pai estivesse errado, eu não sei. Mas eu falei: "Não. Eu não vou estudar não".

Ele veio – depois que me aposentei – aqui em casa, várias vezes. Ele só ficou na área: aqui dentro não veio. Trouxe um lacre, que era um tipo de folha, e tinha que fazer uma peça para travar. Eu até estudei a peça, mas falei: "Eu não vou, não vou fazer". Isso me corta o coração! O meu sangue: o que fazia para o meu pai, estava fazendo para mim. O que você acha? Tenho razão ou não tenho? É outro problema que você não sabia, da minha vida. Eu pensei comigo: "Não dá!".

Voltando a falar sobre cursos, de aperfeiçoamento, este eu fiz no Rio de Janeiro. Foram oito meses [exibe o certificado]. Esse curso eu fiz em 1945, no Senai. Eu fui escolhido. Foi logo depois que eu retornei, em 1944, quando eu tinha sido detido. Quando eu voltei, apareceu esse curso. O engenheiro, Dr. Pelágio, falou: "Serrano, você vai fazer esse curso. Esse curso é bom para você. Você vai fazer a prova". Tinha que fazer prova. Eu fiz, fui aprovado e fui para lá. Eu recebia o ordenado da Paulista e mais um ordenado lá, porque morei numa casa modesta, casa de família, e almoçava no Senai da Marinha. Você pode ver, aqui [mostrando documentos]. Este aqui é para a entrada, no Senai, na Ilha das Cobras, no Senai da Marinha, no tempo da guerra. Tem vários outros, que agora eu não encontro. Este aqui [na foto] sou eu, um pouco mais novo [risos]. Este é o meu cartão, da minha inscrição no curso, no Rio de Janeiro. Foi a primeira vez que eu fui no Rio, cheguei uma semana antes da Semana Santa. Na Semana Santa viemos para cá, para ver a mulher, e depois eu fui para lá e ficava dois meses sem vir.

Este certificado é do Senai do Rio: certificado de aperfeiçoamento. Este outro é do Sesi, de 1963. E este certificado é de 1968. Fui também presidente da Cipa, aqui da oficina.

Eu me aposentei em 1969, no dia 16.9.1969, mas trabalhei até o dia 30.9.1969. Eu estava com os papéis prontos, esperando o começo de 1970. Com uns dez ou doze dias do ano 1970, eu saía com trinta anos (fora o tempo de escola, que é contado). Mas o Sodré cortou a complementação em setembro. Cortou e nós fomos correndo para Jundiaí. Eu e mais uns dez ou doze que estavam aqui, também, na mesma condição. Acertamos tudo, e eu saí com a complementação. Saí com 34 anos, nove meses e 26 dias.

Saudade? Da Paulista? Saudade... sabe, a gente tem saudade do tempo que – como se diz? – do tempo que a gente era novo. Era novo, tinha vontade de vencer na vida, trabalhando, procurando fazer coisas, trabalhando para fora. Eu trabalhei para fora, também. No tempo da guerra, aquelas bronzinas de caminhão, de carro. Sabe aquelas bronzinas? Não vinha, importada, por causa da guerra. Então tinha, aqui, o "Dito São Paulo", que era da agência da Chevrolet – o Dr. Pelágio era um dos donos da agência, aqui em Rio Claro, que ficava na avenida 3, onde hoje está o Banespa. E tinha um outro, também – eu esqueço o nome, agora – que fazia essa bronzina. E aqui trabalhava com o micrômetro. Sabe o que é o micrômetro? Eu tenho aqui, guardado, um, zerinho. Aquele era de quatro polegadas, como um tipo de ferradura. Então tinha aquele calibre "passa-num-passa". Sabe aquela "sapatinha", que faz dos dois lados? Tinha um ajustador que trabalhava durante o dia acertando aquilo lá e deixava mais ou menos, faltando meio milímetro, mais ou menos. E eu, de noite, saía do Senai [refere-se ao Curso de Ferroviários, onde, na época, era instrutor], jantava, e ia lá na rua 11, na oficina que tinha lá, desempenava uma sapatinha daquela, acertava a medida num compassinho pequeno, que até hoje eu tenho; acertava a medida, com o micrômetro, media tanto; a bronzina, tanto, por exemplo, 0,90. Então acertava – eu via quantos milímetros tinha – já estava marcado. Acertava o paquímetro, cortava, ajustava... Fazia isso, lá. Quanto eu fiz disso aí! E ficaram me devendo mais de noventa horas de serviço.

Eu trabalhava duzentas horas por mês, na Paulista. Conforme o número de feriados, no mês, trabalhava até mais de oito horas por dia – até nove, ou nove horas e meia. Depois da escola [depois que deixou de ser instrutor do curso] a gente entrava na oficina, sempre entrava um pouquinho mais cedo, porque o chefe e o auxiliar tinham que entrar um pouquinho mais cedo. Acompanhava a marcação de cartão do ponto, para um não marcar o cartão do outro. Hoje em dia você vai lá, um marca o cartão do outro. Eu entrava às seis e meia. O horário era seis e meia. Saía conforme o horário: quatro e meia, quatro e 45, cinco e quinze... Depois desse horário, quando eu tinha serviço, eu vinha em casa, jantava e voltava. Quando não tinha, no tempo que eu estava fazendo a minha casa, eu ficava fazendo peça, fazendo dobradiça, ajustando peça, arrumando algum material para construção, comprando uma coisa ou outra. Além disso, quando eu estava lá, no tempo que era instrutor, eu trabalhava à noite, no torno, torneando peça para carro. Eu ficava fazendo sobretempo. Trabalhei mais ou menos um ano e meio fazendo esse sobretempo. Agora você pergunta, por quê? Sabe por quê? Para ajuntar dinheiro e comprar móveis para o casamento. Foi no tempo da fabricação dos carros. Depois que eu passei a chefe de turma, eu não ganhava sobretempo. Podia trabalhar – quando eu fui chefe de socorro, por exemplo, eu trabalhava, às vezes, saía daqui de manhã cedo e ficava dois ou três dias sem voltar para casa. Eu só telefonava. Eu tinha telefone, em casa, da Paulista. Qualquer coisa que acontecia – desastre, descarrilamento, tudo – o superintendente das quatro divisões, Dr. Murdoch, Montgovery Murdoch – conheceu ele? Era um inglês, ou descendente de inglês. Bebia uísque que só vendo. Uma vez eu fui com ele numa inspeção e eu falei: "Não quero beber uísque". "Não, experimenta esse aqui!" No fim, fiquei tão ruim, que o guarda precisou me levar no carro para dormir. Eu falei: "Está vendo o que você fez? Eu não posso beber".

E tinha, também, um, da 2ª divisão, que me telefonava de lá. Naquele tempo eram quatro divisões: de Rio Claro a Araraquara, era a 2ª; de Araraquara, até Colúmbia, que era o final, era a 3ª; de Itirapina, até Adamantina, era a 4ª; e a 1ª era de Jundiaí a Rio Claro. E às vezes me ligavam da 2ª divisão e eu dizia: "telefona para o engenheiro". "Não adianta telefonar para o engenheiro, Serrano. Eu telefono para você porque é você quem organiza. Eu telefono para o engenheiro e ele vai telefonar para você. Avisa ele que eu já avisei você."

Nesse tempo eu já era mestre de setor. Nós entramos na Paulista como aprendiz, com 1.250 por hora e em seguida passei a instrutor.

Fiquei, mais ou menos, como instrutor, três anos e pouco. Eu era instrutor, mas a categoria era aprendiz. No meu cartão não tinha instrutor. Era aprendiz. Faziam isso aí. Dava aula e tudo, e não ganhava mais por isso.

Como eu falei antes, quando me formei, eu fui direto para instrutor do curso. Fiquei umas quatro horas lá numa turma, umas quatro horas, e já era para eu voltar para lá, para a escola. Quando eu saí da escola, como instrutor – porque eu não podia ser instrutor-chefe, já que não tinha dez anos de trabalho –, eu fui para o quarto de ferramenta. Aí fiquei mais ou menos dois meses trabalhando, como aprendiz. Nem bem dois meses porque logo eu passei para oficial, para ficar no comando mesmo. Passei a oficial, com 1.500 por hora. Eu tenho todas as cartas.

Quando eu me casei, eu já tinha feito o sobretempo, e comprei os móveis e tudo. Não tinha dinheiro para fazer uma festa muito grande, mas foi tudo pensado. Eu namorei seis anos e meio. Além disso, eu precisava fazer hora extra para ajudar meu pai. Meu pai tinha quatro mulheres, quatro filhas mulheres. Uma já estava casada – casou em 1935. As outras eram solteiras. Trabalhavam, também, mas eu tinha que ajudar um pouco. Por isso, quando veio a oportunidade para sair e ir embora, eu também não podia porque o meu pai dizia: "Meu único filho homem é você. Você não pode sair daqui. Você tem que olhar sua mãe". Eu não era o mais velho; mais velho, dos irmãos, era uma irmã que morava em Louveira. Essa tem três anos mais que eu. Ela é do dia 20 de abril de 1915.

Eu me casei em 15 de dezembro de 1943. Tive quatro filhos: três mulheres e um homem. A filha é costureira, Sônia, que mora aqui, ao lado. Casada com o gerente da Eletro Lima, José Luiz. Conhece ele? Magrinho, de óculos. O filho, Sérgio, é metalúrgico. Ele trabalhava na Mastra, era chefe de seção da Mastra, quando se aposentou. O outro genro, casado com a Sirlei, é instrutor e professor, de pneumática hidráulica, no Senai, em São Carlos. Ele dá aula e estuda, também, a parte de cilindro, toda essa parte. E a filha, mais nova, Solange, mora em São Paulo. Ela é formada em psicologia. As outras duas fizeram a Escola Profissional aqui em Rio Claro.

Quando eu era instrutor, o material era preparado aqui. Só vinha o desenho que o inspetor trazia. O material, eles pediam tal material, de tantos milímetros, por exemplo, de aço nobre ou ferro – material duro é mais difícil para trabalhar. Daquele material tinha que sair a peça, cujo desenho o inspetor trazia. Isso, no começo do Curso de Ferroviários.

O inspetor vinha de São Paulo. Quando o Roberto Mange veio falar comigo, já tinha, em São Paulo, a organização que depois passou para o Senai. Quem trouxe o Senai aqui no Brasil? Foi o Roberto Simonsen, não é isso? O Roberto Mange era auxiliar dele. Ele já vinha para cá, já veio me cumprimentar, dar os parabéns, pela minha nota, em 1938. Não tinha, ainda, o Senai, mas já tinha, em São Paulo, a organização que depois passou para o Senai.

O Mange veio mais de uma vez. Ele era baixinho. Vinha um outro também. O Soares, que foi também diretor do Senai, parece que já faleceu, o Soares, ele veio fazer estágio, aqui em Rio Claro. Quem ensinou ele a pegar numa lima fui eu. O Mange vinha fazer vistoria. Ele vinha examinar tudo, ver como é que estava. Tinha um senhor – eu esqueci o nome; tinha outro, que também não me lembro o nome, um moço novo. O Curso de Ferroviários era mantido pela Paulista. A Paulista fornecia material, pagava os instrutores, os professores. Mas tinha a supervisão de lá, do Mange.

Quando eu era instrutor – eu trabalhava na parte prática –, nós recebíamos o material, nós pedíamos para a oficina o material já cortado, chapas forjadas na ferraria, tudo. Já vinha na medida. Então dava o desenho, que vinha do Curso de Ferroviários, de São Paulo. Do curso ferroviário, que vem a ser o Senai, hoje em dia. Recebia os desenhos, a ficha. Fazia aquele bloco. Fazia a ficha individual, com o nome, com o número do aluno. Tinha a dona Terezinha que anotava os dados; tinha o que levava o serviço para fazer. À tarde, depois que os alunos iam embora, às sete horas e, no outro dia, de manhã, antes das sete horas, eu trabalhava: fazia a medição, fazia o mapa.

O inspetor chegava, queria ver o mapa. "Esse aluno, por que esse aluno está assim? Por que você não procura orientar mais, dar mais assistência para ele?" Entendeu? Isso, comigo, dificilmente acontecia. Eu sempre procurava acompanhar, observar. Se o aluno ela mais fraco, eu ficava mais em cima, mas tinha o aluno mais esperto. Eu dava as instruções: como é que você pega um esquadro, para ver o defeito? Como é que você acerta o esquadro? Qual é o defeito que tem que acertar no esquadro? Esquadro, transferidor... Para riscar uma peça, como é que se faz? Bater punção; fazer um furo de guia – faz-se a circunferência na medida e outra aproximada para saber se esta bem no centro. Tudo isso aí...

Quantos alunos eu ensinei! Eu fiquei lá, mais ou menos, quatro anos, eu tive mais de cem alunos. A prática de oficina, quando eles saíam de lá, ainda precisavam pegar. Mas naquele tempo eram quatro anos. Hoje é um ano, um ano ou dois. O que se pode aprender em um ano?

Todos os alunos, do Curso de Ferroviários, quase todos, entravam na Paulista. Eram raros os que não ficavam. Quando nós formamos a primeira turma de ajustador, teve quatro que foram para Jundiaí: o Sebastião Otelo, Carlos (Carlito) Rubini, Renato Reis e Vítor Hugo Estung. Foram esses quatro. O Otelo voltou para cá; o Rubini saiu. Ele estava trabalhando na oficina de Jundiaí, na reparação de locomotiva. Antigamente havia aqueles aprendizes que entravam direto, como o Clóvis, o Dirceu Ignate, que mora em São Paulo, e outros mais. O Renato Stabelini não. O Renato tem escola [refere-se ao Curso de Ferroviários]. Eu estou falando de quem não fez escola e entrou direto. O Renato trabalhou comigo. Eu falei que ele trabalhou comigo. Eu fui chefe dele. Ele trabalhou no depósito de locomotiva, também. E tinha, também, aqueles que... sabe, quem pode fazer alguma coisinha, também fez. Todo lugar tem. Não tem no governo, também? Não tem? É um ajuste, um ajuste [risos].

Naquele tempo, o emprego na Paulista era o melhor emprego que tinha. Era o melhor emprego que tinha aqui. Não pagavam bem, mas, se você chegava para comprar alguma coisa: "Você trabalha na Paulista? Tem aí a carteirinha? Pode levar o que quiser".

Tinha a cooperativa, também, aqui, na avenida 14, rua 3. Conhece a cooperativa? Hoje não tem mais nada. Eu nunca gostei de gastar lá. Era um perigo! Se você gastasse muito, eles davam só vinte mil para você [o restante do salário era retido para cobrir as despesas da cooperativa]. Então, se tivesse que pagar aluguel da casa, você não tinha dinheiro. Por isso eu comprava sempre para fora. O meu pai comprava com caderneta, porque não tinha dinheiro. Tinha, mas era aquilo: coitadinho!

Nós tínhamos, também, no curso, educação física. Era o Antonio Mangara, o professor de educação física. Ao lado da Escola Industrial, tinha um lugar ali, que nós fazíamos exercícios. No ano de 1936 ou 1937 – foi em 1936 – nós fomos fazer ginástica no Parque Antártica, fazer uma pirâmide de alunos. Parece que éramos dezoito ou vinte alunos. No curso, o professor dava ginástica, dava o que tinha no programa. Mas, acabavam os exercícios, aí vinha o "racha". A gente tinha outras coisas. A parte física era mais para movimentar. Mas, nesse caso [a apresentação no Parque Antártica], eu vou contar uma passagem. Eu nunca fumei. Quando eu saí de Rio Claro, o pessoal: "Fuma, Serrano. Fuma!". Comprei um maço de cigarro Fulgor e uma caixa de fósforos. Sentei à janela do carro, no trem, e puxei... Daí a pouco eu fiquei ruim, mas fiquei ruim! Fiquei ruim e de repente eu não enxerguei mais nada. Senti aquela coisa... me deram remédio. Fui para lá, fiz a ginástica, e vim embora. Nunca mais eu pus cigarro na boca. Nunca mais!

A única vez que eu fumei, foi essa. E, outra vez, eu era moleque, tinha um primo meu – eu morava lá na rua 3 com avenida 22 (a 22 era fechada). E a minha mãe estava no portão, conversando com uma tia minha. Eu estava dobrando a esquina da avenida 20, e ele, meu primo: "Acende o cigarro!". A minha mãe foi chegando: "Você fumou!" "Não, eu não fumei!" "Você fumou. Deixe eu cheirar!" Cheirou... tomei!

Voltando com a educação física, quando terminavam os exercícios, virava futebol. Eu não gostava porque, às vezes, os outros vêm com maldade e machuca. Eu joguei futebol, um tempo, mas larguei, porque, no tempo que eu estava no curso, eu jogava contra a turma lá de dentro. O camarada ameaçou uma botinada em mim, podia contar que ele ia levar. E aí... Mesmo agora, um time quando joga e perde... Eu sou corintiano – empatou, ontem. Como está ruim esse time do Corinthians. Ele vai jogar amanhã contra a Portuguesa. O Cilinho é um bom técnico, mas vai sair da Portuguesa.

Tinha, também, a matéria de higiene e saúde. O professor era o Dr. Vasco da Silva Melo. A gente aprendia muitas coisas. O pessoal perguntava sobre essa parte de doenças venéreas, e ele ensinava essas coisas. Ensinava essa parte sobre doenças, como evitar. Falava contra as doenças, para evitar o fumo – não fumar, não fazer extravagância com bebida. Esse é o exemplo que ele dava nas aulas.

Quanto à disciplina, naquele tempo se exigia. Não tinha esse elo, essa amizade entre professor e aluno, de conversar. Não tinha. Ele chegava, pegava o livro de chamada, fazia a chamada e começava a aula. Terminada a aula, pronto: até logo! Era assim. No meu tempo era assim. Tinha, por exemplo, quando fazia ginástica, no tempo do Antonio Margara, a gente conversava com um, com outro. Mas nas demais matérias, com os outros professores, não.

Na escola Industrial, tinha o professor de desenho, era um senhor que tinha um defeito na perna, e foi operado. Chamava-se Aníbal Gullo. E na aula de plástica, o professor era o Biancalone, ele fazia pequenas estátuas, estatuetas etc. E como se trabalhava com barro – o professor dizia: faça uma escultura... Então o pessoal fazia aquela bolinha de barro e atirava. Quando você olhava, era pá! na cabeça! [risos]. Isso, no tempo da escola industrial. Aí, era aquela folia.

Eu nunca aproveitei da ausência do instrutor ou do professor na sala de aula. Sempre procurei, na hora em que ele estava distraído, conversando com outro, não aproveitar. Nas aulas teóricas tinha disciplina. E na prática, comigo, por exemplo, eu era disciplinado. Eu sei que tinha alunos que, às vezes, destoava. Eu via o sacrifício que meu pai fazia para eu poder estudar. Então eu procurei fazer o certo.

A única coisa que eu gostava, depois que eu saí de lá, como falei, eu gostava de dançar. Meu pai também gostava. Minha mãe gostava de dançar, também. Eu gostava de dançar, jogar futebol. Só que nunca deu em nada. Caí fora, senão eu ia quebrar a perna de alguém ou alguém quebrar a minha perna. E namorava, também. No tempo que eu namorava a minha esposa, antes dela, eu namorei mais três. Depois eu comecei a namorar com ela. Uma vez eu passei com uma outra na frente da casa, a janela aberta... [risos]. Coisas de jovem...

Eu dançava no Grêmio. Eu fui conselheiro do Grêmio, quase fui presidente. Em 1963, quando saiu o Mazini – você não o conheceu, não é? Quando ele saiu, o Dr. Pelágio e um outro engenheiro, queriam que eu fosse o presidente. Mas eu era chefe de socorro. Como é que ia fazer? Eu, certa vez, tinha alugado uma mesa para um baile com o Silvio Mazuca. Eu, com a minha mulher, meu genro (agora – na época ele namorava). Mas lá perto de Dois Córregos tinha um socorro. Tinha que atender. Tinha caído uma locomotiva e eu não queria ir. Escondi. E o chefe da oficina atrás de mim: "Chama o Serrano que ele vai. Ele não tem nada que ficar no Grêmio. Ele vai, ele vai!". E, depois, tinha que ouvir: "Serrano, está escutando o Silvio Mazuca, aqui?" E aqueles sapos: uón-uón, uón-uón... Ia fazer o quê?

Então eu não quis ficar. Fui conselheiro durante muitos anos. Fiquei dezoito anos no Grêmio. Trabalhei muito nos carros alegóricos. Não sei se você viu os carros alegóricos do Grêmio, há muitos anos atrás, você não é de Rio Claro.

Você é de Dourado, não é? O Casadei é parente seu? Ele vinha de Dourado. Ele vinha no meu escritório. Ele está vivo ainda? O Domingos Casadei, ele mesmo. Se um dia puder conversar com ele, você fala: "Conversei com um colega seu, da oficina". Ele vai falar: "Quem é?". É o Serrano, eu fiz uma entrevista com ele, na casa dele. Ele vai dizer para você: "Ele está bom? Ele está bom?". Ele vai falar isso. Ele sempre vinha pedir as coisas para mim aqui. Ele é carpinteiro, marceneiro. Quando precisou recolher umas máquinas, eu fui lá em Dourado retirar as máquinas. Eu que fui lá para ver o que precisava recolher, o que tinha que tirar. Se tiver oportunidade de conversar com ele, com o Domingos Casadei, pergunta de mim que ele conhece.

Então, no tempo de carnaval, formava aqueles cordões, nos bailes. Eu gostava de dançar. Dançava no Grêmio, na Cidade Nova, no Ginástico. E a esposa – o pai dela não deixava ela dançar. Então eu ia, dançava. E às vezes uma colega dela via e... ela chegava para mim – ela trabalhava na fábrica – chegava e dizia: "Você dançou com a fulana de tal". "Não, ela queria dançar comigo, mas eu não quis, eu não dancei." Na verdade, eu tinha dançado. [risos]. Coitada, o pai não deixava!

No carnaval, eu ficava no Grêmio e, quando chegava nove horas, nove e pouco, ela dizia: "Você vai no baile?". Eu falava: "Eu vou pensar". Chegava em casa, os meus pais iam para o baile – minha mãe e meu pai gostavam muito de baile. E eu também ia para o baile. Juntava lá com os outros e, como nunca fui de beber muito, bebia um pouco, bebia um guaraná, e brincava. Quando eram três horas, três e pouco, voltava, porque precisava ir trabalhar.

* * *

Eu decidi fazer o Curso de Ferroviários porque meu pai era ferroviário e não tinha condições para que eu pudesse estudar. Como eu falei antes, eu tinha mais três irmãs e precisava ajudar. Ele tinha uma casa pequena, com três cômodos. Morávamos em três cômodos. Tinha o quarto; eu dormia na sala e, a cozinha, nós fechamos, e lá dormiam as minhas duas irmãs (uma tinha se casado). Fizemos a cozinha para fora. Não tinha condições de estudar. Não tinha! O ordenado, o que eu ganhava, eu ajudava ele.

Nos testes para entrar no curso, como eu já estava no 3º ano da Industrial, eu não tive dificuldade. Tinha matemática, português. Parece que tinha um outro teste, que não me lembro bem, agora. Parece que tinha um pouco de tecnologia, também, mas eu já sabia fazer cálculos.

O ambiente de trabalho, quando ainda era a Paulista, desde que eu entrei, o trabalho era mais rígido, tinha que cumprir os seus deveres. Eu, por exemplo, eu gostava de, passando num lugar e ver uma coisa diferente, observar, estudar, aprender, para melhorar, mudar. E não procurar me encostar. Essa coisa, não! Eu gostava de fazer!

Na Paulista, antigamente, tinha um espaço grande entre os barracões de reparação de vagões e carros e de pintura. E tinha dois carretões. Não sei se ainda tem – faz tempo que eu não entro lá. Esses carretões vieram importados da Inglaterra. Eles eram usados para pegar os carros, e transportá-los de uma linha para outra. Antigamente reformavam-se carros, construíamos carros, nas oficinas. Então, toda vez que saía do lugar, precisava desviar. Para isso se usava o carretão. Os carros de aço, os carros de madeira – até cerca de sessenta toneladas dava para pegar. E tinha a bitola larga, que é de um metro e sessenta, tem a de um metro e tinha, também, antigamente, a bitola de sessenta centímetros, pequenininha, que ia para Santa Rita do Passa Quatro. Cada vez que se utilizava o carretão, quebrava os estribos dos carros. Tinha que tirar os estribos. Se não tirava, quebrava. Esse é um dos casos. Tem muitos casos que eu resolvi. Eu pensei bem – naquele tempo eu era auxiliar do chefe da turma, era auxiliar, ainda –, eu estudei bem, e pensei: "Eu vou modificar isso aqui!".

Quando chegavam as férias gerais da oficina, parava um carretão para reparar e trabalhava-se apenas com um. Então eu falei: "Eu vou modificar isso". Estava preparando as coisas quando, não sei por que cargas d'água, um funcionário tinha falado para o ajudante de mestre geral, um inglês, que se chamava James Blacke, e ele falou para o Henrique, que era chefe de carpinteiro: "Esse camarada, esse metidinho (referindo-se a mim), o que ele quer fazer? Isso aqui é feito na Inglaterra, não tem modificação, tem que fazer desse jeito mesmo!". E ele falou para mim: "Serrano, eu estou falando isso para você porque você vai querer modificar e...". Eu falei: "Não tem importância, pode deixar, não tem problema! Eu vou ver o que posso fazer".

Tirei as peças, desmontei, modifiquei, e montei tudo outra vez. Com essa modificação, que eu fiz no carretão, os carros podiam ser transportados, sem que precisasse mais tirar o estribo. Antes, cada vez que ia colocar o carro no carretão, tinha que tirar o estribo, senão quebrava. Eu fiz a modificação e falei para o outro: "Fala lá para o homem: o carretão é da Inglaterra, mas o brasileiro modificou". Ele, depois, me falou: "Eu falei para ele: o homem aí, o Serrano, é fogo. É fogo! Para estudar as coisas ele é miserável!".

Passados uns dias ele andava louco comigo. Ele andou atrás de mim, me perseguindo. Eu disse a ele: "Escuta! O que é isso aí? O senhor está me perseguindo, por quê?". "Porque você é metido e..." "Olha, eu vou ser franco em falar para o senhor: Eu também não gosto de você. Você pegou esse lugar jogando tênis com o Dr. Pelágio. Você ensinou e pegou esse lugar." E foi verdade! E ele falou para o Pelágio. O Pelágio falou comigo: "Ô, Serrano! – falou assim mesmo!

– veja o que você está falando para os outros. Não fale essas coisas para os outros".

Ele gostava de mim. Uma vez eu estava no socorro, aqui perto de São Carlos. Caíram uns vagões-tanques com gasolina e com óleo. Estava muito perigoso. Tinha um vagão que estava derramando gasolina. Se desse uma pequena faísca, daria uma explosão que acabaria com tudo! Era o meu primeiro socorro. Lá estavam o chefe, a diretoria, o Dr. Pelágio, outros engenheiros. Estavam todos ali. O Dr. Roberto, que era outro engenheiro – aquele que queria que eu fosse para São Paulo. Chegou o Dr. Pelágio: "Serrano, escuta, você vai fazer isso aqui. Esse vagão-tanque que está ali, você vai pegar uns dois ou três e vai acompanhar esse vagão até à estação. Não quero saber! Eu quero o vagão lá! E fala para o chefe tomar cuidado. Enquanto estiver pingando, tem que tomar cuidado". O vagão estava bem danificado. Não sei quantos mil litros de óleo diesel em cima, e tudo quebrado! Puxa vida, como é que eu vou fazer isso!? Fui lá, falei com o maquinista: "Vamos bem devagarzinho..." E fomos, com muito cuidado, sempre olhando, atentos. Chegamos à estação, guardamos o vagão, coloquei pessoas tomando conta e voltei. Voltando, o Dr. Pelágio: "Ô, Serrano!, você não vai falar nada para mim?". "Já vou falar: está tudo em ordem, deixei gente lá, cuidando." Ele falou: "Muito bem, muito bem. Então vamos voltar e ver umas coisas, mais". Tinha que puxar um truque: amarraram uma corda e puseram bastante gente para puxar. Naquelas condições não se podia usar um guindaste comum. Conversando, eu falei: "Escuta, vocês vão querer puxar com corda, não vai dar". "Vai sim, vamos, vamos...!" Sabe, pessoas que não tinham prática... A corda se rompeu e foi todo mundo para o buraco, todos eles caíram! [risos]. Teve um ou outro que se esfolou, mas não aconteceu nada de grave. Depois demos um jeito e resolvemos: veio um guindaste a óleo. Tinha que ser a óleo, porque não podia bater. Se batesse, poderia soltar uma faísca e pegar fogo.

Eh! minha nossa senhora! Quanto socorro eu fiz por aí! Eu estava falando, há pouco, do James Blacke. Uma vez, em Guariba, caiu uma locomotiva, no tempo que ele era ajudante de mestre-geral. E nós fomos para lá. Ele disse: "Eu peguei o socorro! Fui embora".

Chegou lá em Rincão – conhece Rincão? – o cara que ia comigo, que era um guarda-trem, estava num pau só. Bebeu que nem sei o que lá. Quando chegou na estação, perto de Guariba, eu tinha que descer num buraco. E lá embaixo estava a diretoria antiga, a diretoria velha da Paulista. Aí eu peguei a lanterna, porque já estava escuro, e fui falar com o maquinista. Porque a máquina ia empurrar o trem, não ia na frente, para puxar. Eu falei: "O senhor é o maquinista, o guarda-trem está nessas condições precárias, como é que o senhor vai fazer para chegar lá e não capotar mais? Eu não sei, eu não sei como vamos fazer isso aí". Eu falei: "Vamos combinar: eu vou lá em cima, com a lanterna, e quando eu fizer sinal, assim, para, que está perto. O senhor fica atento, o *foguista* fica atento, olhando para trás, também (a máquina era *a diesel*...) [risos], e nós vamos, bem devagar – o senhor sabe, mais ou menos, o ponto que é para parar?". "Eu sei, mais ou menos, o ponto que é." "Então o senhor vai devagar e, eu vou deixar a minha lanterna preparada: se der qualquer coisa eu já viro o vermelho, aqui, e o senhor já para." Tinha que ir guiando, falando, para ele poder conduzir o trem. Ele não enxergava, estava escuro. Foi assim mesmo, juro por Deus! E o guarda-trem, num canto, lá, querendo dormir. O James Blake, que era ajudante de mestre geral, estava lá. Tinha mais outro. Ninguém olhou isso. O maquinista perguntou o meu nome, e disse: "Seu Serrano, ainda bem que veio alguém como o senhor para resolver isso". Eu sei que quando chegou perto, perto, faltando uns vinte metros, eu dei sinal e ele parou. Nós descemos e fomos lá, arrumamos umas coisas mais e, como o pessoal estava sem janta, sem nada, voltamos para cá e, no dia seguinte retornamos. E a máquina estava lá, tombada, deitada.

Depois me informaram que o guarda-trem bebia porque tinha tido um desgosto na vida. Tinha feito uma cirurgia por causa de uma complicação com uma doença. Na Paulista, era muito difícil acontecer isso. Não acontecia de trabalhar assim, bêbado. Não, isso não. Sabe, como eu acabei de falar, esse caso se deu porque o homem tinha esse desgosto na vida e ele então... Mas quem é que permitiu que esse homem, nesse estado, pudesse estar trabalhando naquela função? Como é que pode ser!?

Mas havia disciplina. Nas oficinas, no trabalho, se você, por acaso, ficasse batendo papo sobre o serviço que estava fazendo, os dois, não havia problema. Agora, bater papo de coisa particular, aí o chefe tinha que observar. Isso não podia, não estava certo. No tempo da Paulista era mais rígido. Depois, quando passou para o governo, já começou a decair. Facilitou, para nós, na parte financeira, mas na parte de disciplina, decaiu. Antes, não. Antes, no local de trabalho, havia a disciplina. A gente tinha a bancada. Cada um ficava no seu setor. Daqui você sai para aquele serviço, vai para outro. Acabou, volta. Mas a gente passava por todo lugar: onde estava o serviço...

Nós, chefes de turma, mestres, nós tínhamos a Associação de Mestres. Todo mês nós fazíamos um almoço ou jantar. Às vezes nós íamos para Jundiaí, outras vezes o pessoal de Jundiaí vinha para cá. Na minha turma, na turma que eu tomava conta, nós tínhamos o quadro de futebol de salão. Eu ia junto com a turma para jogar. Jogador bom a gente trazia para a turma, para jogar futebol de salão.

O curso trouxe mudanças no trabalho. Sabe, tinha aquelas pessoas antigas, com seu modo de fazer as coisas e queriam que fizessem igual. Por exemplo, vou contar um caso que aconteceu comigo, com um outro instrutor, que era velho de lá. Não vou dizer o nome. Nós fomos lá para baixo, nas oficinas. Eu tinha chegado ali, de novo. Eu, de aluno, passei a instrutor. Então, nós fomos lá para baixo, na oficina, para riscar duas desempenadeiras. Sabe o que é desempenadeira? Fomos lá para baixo, para a oficina, porque a escola era separada. O instrutor chefe, o José Guarnieri, já falecido, falou: "Fulano, você vai lá para riscar essas duas mesas. Você vai lá, vai riscar, e o Serrano vai junto, para ajudar. Ele vai ajudar a riscar as peças para fazer os encaixes para a desempenadeira". A peça já estava fundida. Tinha que riscar a peça para plainar. Nós fomos. E ele ficou ali rodando, rodando, até que eu falei: "Escuta, fulano, você vai dividir por aqui? Por que não divide por cima?". "Não, quem manda no serviço aqui sou eu. O serviço é por baixo." "Está bem, está bem."

Ele ficou lá e eu fiquei ajudando. Foi um dia, foram dois – sempre de manhã, porque depois do almoço eu não podia, eu ficava com os alunos. Eu era instrutor. E o pessoal das oficinas, que estava lá, dando risada dele. No terceiro dia, ele falou: "Eu sabia fazer isto, agora não me lembro...". Eu fiquei quieto. Eu me lembrava do que ele falou para mim: era só para ajudar, não dar palpite. Fiquei quieto. Aí ele chegou e falou para o Guarnieri: "Eu estou lá, sabe, eu sabia como é que fazia aquilo, mas agora eu não me lembro mais...". Eu tinha falado para ele: "Olha, eu não vou pôr a mão em nada. Se o homem perguntar, eu vou ser obrigado a falar o que aconteceu: que eu queria falar e você não quis". "Ah! pode falar!" "Está bem!" Aí o Guarnieri falou: "Serrano, você é capaz de riscar?". "Se o senhor quiser, o senhor me dá um ajudante, eu posso tentar, pois não." "Como é que você vai fazer?" Eu falei: "Eu vou dividir a parte que vai ser aplainada, não a base, de baixo, eu vou dividir o encaixe, onde vai encaixar o tambor". "Como é que você vai dividir?" "Aqui, faz por matemática: é tanto; faz por geometria: é tanto." Parece que tinha 135 graus da mesa. Foi por isso que ele ficou embaraçado, porque você tinha que dividir o material: se não dava 135, punha 136 ou... para usar o material para fazer a mesa e, depois, completar 180 graus. Aí dividia o resto: 45, dividia, então dava 22,5 graus para cada mesa, para dar 180 graus.

O instrutor-chefe, o Guarnieri, falou: "Está bem, vai". Eu fui lá, risquei as peças, depois risquei as mesas, também, plainou, ajustou... Fizemos as desempenadeiras, para a escola e para a oficina. Ele ficou meio assim, e eu falei: "Está vendo? Eu não quis prejudicá-lo, você que não concordou". Ele era muito bom. Mas era teimoso...!

No geral, não tinha rixa entre os que vinham da escola e os que já trabalhavam. Porque os alunos, quando saíam da escola, eles já eram mais ou menos orientados, já sabiam que iam trabalhar com gente que estava acostumada com o seu jeito e trabalho. E se eles andassem bem, ia ver se dava resultado. Sabiam que eram homens já de certa idade. Então eles já vinham preparados. Pelo menos eu, quando fui para lá, fui preparado. Apesar de ter ficado pouco tempo – foram dois meses e meio, eu trabalhei, fiz máquinas, e teve gente que vinha trabalhar comigo, e me chamava de senhor, como um soldador, que me falou: "Serrano, a turma falava muito de você, do senhor". "Por que, senhor?" – ele era mais velho do que eu – "Me chame de você!" "Ah!, mas eu vou chamar o senhor de senhor." "Não precisa me chamar de senhor, nada."

Eu conversava de futebol com todo mundo quando ia em socorro. Bebia um pequeno aperitivo, junto com os outros, porque o trabalho era fora, às vezes debaixo de chuva, à noite, com frio. Então, se era um golinho só... Mas às vezes tinha que esconder, porque tinha, por exemplo, um cozinheiro, lá, que bebia que era uma desgraça! E, uma vez, teve funcionário que saiu para fora, bebeu que nem não sei o quê, e depois correu atrás de uma mulher, lá. O pessoal me contou. Precisei dele para cortar uma peça; procurando, não achei. Chamei um outro e falei para cortar a peça. Depois fui saber com ele. "Onde você estava?" "Eu estava..." "Estava nada! Você estava em tal lugar, assim, assim. Você não me faça mais isso, senão eu não vou mais trazer você." "Desculpa, desculpa..." Eu o chamei mais uma ou duas vezes, mas depois troquei.

No socorro, quando precisava fazer baldeação, sempre tinha alguns que procuravam aquelas pessoas mais bem apresentadas para levar a mala, para carregar a mala. Eu ficava olhando: dos coitados que não tinham nada, e das senhoras, com dificuldade, não queriam carregar. "Venha para cá! Pegue a deste, aqui. É a deste, aqui, que precisa pegar!" "É, mas...!" "Venha, pegue, vamos...!" Aquele lá, eu já marcava o nome dele e, no próximo socorro: "Você não me chamou...". "Sabe o que é? O chefe da sua turma precisa de você na turma. Então eu precisei trocar por outro." Eu não falava que ele fez isso aí, eu não falava diretamente. Eu só dava demonstração para ele de quem era bom e quem não servia.

Nesse meu tempo de Paulista eu tive boas experiências, mas tive experiências ruins também. De ruim, foi aquela que eu contei que eu fui preso – uma daquelas, de mal. De bem, eu posso dizer que onde eu procurei fazer alguma coisa, eu sempre me saí bem – da época da Paulista, mesmo. Como, por exemplo, naquele caso de Guariba. Os engenheiros estavam também. Tinha um, dois, três... tinha uns seis engenheiros, fora o inspetor de locomotiva. A máquina caiu, ficou aqui, assim, e eles ficaram lá quinze dias, para colocar duas estacas para não dobrar a máquina. E quando eu fui para lá, para retirar a máquina, eu falei para eles: "Vocês ficaram aí quinze dias e não fizeram nada, só puseram duas estacas!".

E nesse tempo que eles ficaram lá, eles pediam queijo, requeijão, lingüiça, essas coisas. Isso era embarcado no "noturno", que saía de Rio Claro pouco depois de uma hora da manhã. E tudo que seguia no noturno, toda aquela comida, vinha de volta no outro trem e ia para a casa do cozinheiro e de outros – era tudo dividido. O mestre-geral, o Leonardo Bútolo, quando soube, perguntou para mim: você sabia? "Eu sabia." "E por que não me avisou?" "Eu não falei porque não é caso meu, não sou mestre geral, não sou nada, eu não ia falar nada. Quantos homens tem lá e quanta comida vai indo? Era só fazer o cálculo." Eu estava sabendo. Eu chegava lá de noite, chegava no noturno, que passava mais tarde um pouco, a mala já voltava para cá e distribuía na casa do chefe da cozinha...[risos].

Narrativa do Sr. Renato Stabelini

Meus pais vieram da Itália. Meu pai, de Carrara, e minha mãe, de Verona. Chegou no Brasil, família de sitiante, e entrou na Companhia Paulista, ele e o irmão dele. O irmão dele desistiu e ele ficou. Acabou passando a chefe da oficina. Teve nove filhos: cinco mulheres e quatro homens. Infelizmente, agora, restam eu e mais uma irmã. Faleceram todos os outros.

Eu nasci na vila Operária, entre as ruas 4 e 3 e avenida 24, na chácara que o meu pai tinha ali. Não me lembro da chácara porque eu era, ainda, muito criança. Viemos aqui para a rua 3 com a avenida 28. Meu pai comprou uma casa na rua 4, entre as avenidas 28 e 26. Construiu na esquina, quando passou para nós. A família era muito grande. E depois alcancei idade. Faço aniversário dia 9 de março.

Naquele tempo não podia entrar com menos de sete anos na escola, então perdi o ano. As aulas iam começar em fevereiro ou março. Mas a escola só podia pegar com sete anos, então perdi aquele ano. Depois fiz os quatro anos, de 1928 para frente. Fiz os quatro anos, tirei o diploma e fui para a Escola Industrial. Fiz até a 2ª série e desisti de lá. Quis fazer o preparatório para entrar no Curso de Ferroviários. Eu fazia o preparatório à noite, na avenida 12 com a rua 8 e durante o dia eu ia trabalhar de aprendiz de ajustador na fábrica que tinha na rua 9 avenida com 12, mais ou menos. Fiz o preparatório São Jorge e consegui entrar no Curso de Ferroviários na segunda turma, porque a primeira entrou em 1935 e eu comecei em 1936.

Fiz o curso, os quatro anos, e em 1939 me formei. Em 1940, no dia 7 de fevereiro, fomos chamados para começar a trabalhar na Companhia Paulista. E eu fiz o tiro-de-guerra, também, junto. Comecei em 1940. Quando foi em 1941, eu me casei. Tudo em seguida: o tiro-de-guerra, o serviço e me casei. Tive três filhos. O mais velho vai fazer 50 anos; depois eu tenho a Maria Helena, com 46, e o Gilberto, que mora em São Paulo, com 41.

Naquele tempo, quando eu trabalhava na oficina, tinha um rapaz que trabalhava de ajustador, tomava conta das obras entre Pederneira e Bauru: a bitola era estreita e precisava fazer bitola larga. Tinha um maquinário da Paulista lá e precisava de ajustador para acompanhar o serviço. E o colega meu que trabalhava lá estava para operar. O chefe ofereceu para mim, perguntou se eu queria ficar lá até ele convalescer. "Se você se acostumar você pode continuar lá senão depois ele volta."

E fiquei lá treze meses. Levei minha patroa. Depois ela ficou grávida, lá no meio do mato: tinha apenas cinco casas e a casa do chefe. Então eu comprei essa casa aqui. Trouxe ela para cá e continuei trabalhando lá. Esta casa, onde nasceu minha filha, agora em dezembro [1992] vai fazer 47 anos que estamos nela.

Depois de treze meses. Eu voltei para a oficina. Trabalhei até 1949. Em julho de 1949 o Dr. Pelágio ofereceu uma remoção para mim, para o depósito. Estavam precisando de gente para fazer locomotiva e o pessoal de Jundiaí não vencia mais. Tinha pouca gente. Então fomos eu e mais um colega trabalhar, emprestados, em Bauru. Daí ofereceram remoção para eu escolher em Jundiaí, São Carlos, Bebedouro ou Triagem. Eu aceitei São Carlos. Isso em 1949 (julho). E saí daqui com promoção. Eu era 5ª classe e fui para lá como 2ª classe, já.

Eu era oficial de manutenção e aceitei a remoção para lá como 2ª classe. Apareceu, então, a vaga em Triagem como encarregado. Eu aceitei. Fui promovido. Isso foi em 1951. Fui para lá. Peguei a família também e fui morar em Bauru e trabalhar em Triagem. Inspeção de locomotivas. A locomotiva chegava de viagem e tinha o encarregado, o oficial e o ajudante para examinar. O trajeto era de Marília até Bauru e de Bauru até Marília. Logo que a locomotiva chegava tinha que ser feita a inspeção na valeta, no carro, assim, por baixo. O oficial de lado e o encarregado, que era eu, examinavam tudo: as partes de velocímetro, parte do injetor, bomba, freio... Fiquei ali até maio de 1954. Fecharam a casa em Triagem porque ia ficar muito pouca gente.

Fui, então, para Marília. Eu e mais dois encarregados. Fiquei em Marília até novembro de 1954 (seis, ou sete meses). Pedi o regresso para Rio Claro. Não estava acostumando muito lá em Marília. Então me ofereceram São Carlos de volta. Vim para São Carlos tomar conta da preparação de locomotivas. Já era encarregado. A primeira vez eu era ajustador, agora já era encarregado.

Tomava conta da preparação de locomotivas. Fiquei até 1961. E antes de 1961 estávamos em greve. E eu não ia trabalhar em greve. Eu não ia. Quando acabou a greve, o superintendente, Dr. Lúcio, me chamou no escritório dele lá dentro da estação. E ele perguntou por que eu não fui trabalhar. E começou aquela marcação em cima de mim. Eu não agüentei mais e regressei. Me ofereceram se eu queria vir aqui, só que era para trabalhar na ferramenta porque, na época, não tinha vaga de encarregado. Aceitei! Trabalhei um ano na ferramenta.

Eu já era encarregado. Vim trabalhar na ferramenta aqui. Pouco depois começaram a aparecer vagas dos aposentados, e decidiram a vaga como encarregado lá na seção de vagão. O encarregado tinha aposentado, a turma me apresentou e eu peguei o lugar em março de 1963. Tomei conta da turma de 1963 até aposentar em 1967. E nunca parei. Sempre trabalhei para os meus netos, para os meus filhos, para mim.

Bem, eu faço a parte de mecânica. Mas essa parte que o senhor vê, aqui em casa, eu que fiz tudo. Isso aqui não está bom porque eu comprei de terceira. Pintura, parte elétrica, forro, encanamento... eu fiz de tudo. Fiz o quintal, umas partes... Aqui, onde morava minha filha quando se casou, fiz o meu quarto de ferramentas.

Meu filho (ele é engenheiro, trabalhou na Rodovia dos Imigrantes) comprou uma chácara e tinha dificuldades com a chácara. Eu continuei ajudando. Ele terminou a chácara e eu continuei trabalhando para os netos, da mesma forma: faço viveiro para um, ajudo fazer uma coisa para outro, para mim mesmo, ou para algum parente. Nunca parei. Parado nunca fiquei!

No Curso de Ferroviários eu me formei ajustador. Ferreiro e ajustador. E antes, na praça, fui aprendiz de ajustador, quando eu saí da Industrial. Na praça, fazendo martelo, foice, aquele instrumento para castração de boi...

Cheguei lá no curso, eu e o meu colega, na hora de preencher a ficha tinha a cor e a folha quadriculada. Era tudo por série, no Curso de Ferroviários. Aquela ficha, cada nome! Os números então iam subindo. Era cor-de-rosa, amarelo... O instrutor dava a nota e ia subindo. Eu sei que nós dois estávamos lá em cima e os outros cá embaixo. Eu já tinha prática na praça, não achava dificuldade na ficha.

Nasci no dia 9 de março de 1920, mas sou registrado dia 16 de março de 1920. Meu pai me registrou nesse dia. Entrei no primário com sete anos, em 1928, no 2º Grupo Escolar, depois Marcelo Schmidt. O Marcelo Schmidt tinha umas casas, ali, em frente àquela lotérica da avenida 1. Duas casas bonitas ali. Ele era dono dali. Pai do Augusto Schmidt. Ele faleceu e deram o nome dele ao Grupo Escolar.

Em 1932, inauguraram o 3º Grupo. Lá era o 2º Grupo. O 1º Grupo era o Joaquim Sales, o 2º era o Marcelo Schmidt, e o 3º, o Irineu Penteado. Quando foi no meu último ano, no meio do ano, inauguraram aqui [referindo-se ao Irineu Penteado]. O diretor [do Marcelo Schmidt] chegou e falou: "Quem mora na vila Aparecida?". Esse Grupo aí, Irineu, funcionava na rua 2 e tinha só umas cinco, seis classes. E foi lá para a avenida 1. Então o diretor falou: "Quem quiser passar para o Grupo que vai inaugurar, o 3º Grupo, da Vila Alemã, e desejar ficar lá, forma uma fila aqui. E se desejar permanecer no

Marcelo Schmidt, permanece nessa outra fila". Como eu morava para cá, vim, junto com outros. Mas já tinha começado o ano. Eu terminei então o 4º ano aqui, na rua 1 [onde é o Irineu Penteado atualmente], em 1932. E dali eu fui para a Industrial, para a Profissional. Todo mundo ia na mecânica. Mas não entrava na mecânica. Fazia um ano de fundição, ia para a ferraria, para a serralheria. Da serralheria é que ia para mecânica: ajustador, torneiro. Eu estava na ferraria quando desisti e fui trabalhar durante o dia e me preparar, à noite, para entrar no Curso de Ferroviários. Me preparei na casa do Emilim, já falecido. Ele dava aula de datilografia, de matemática, de português, na casa dele, na garagem. E a gente pagava por mês.

Lá tinha mais ou menos a matéria que caía no Curso de Ferroviários. Era matemática, português e desenho. Depois tinha umas aulas também... eu não sei a que pertence aquilo. Era um aparelho que traziam de São Paulo. A pessoa tinha que ter idéia para fazer. Tinha que levantar uma parte para poder passar... O que vem a ser uma aula dessas? Eram uns trilhos, tinha uma manivela e, chegava um certo ponto, enroscava. Era safadinho! Tinha a inteligência: abaixava, levantava, usava a manivela. No exame, acho que de tato, era um negócio comprido, assim... todo em forma de cilindro, com várias espessuras, com cabo, assim. Colocava um mais grosso, outro mais fino, para lá, para cá, tudo certinho, na parte de cima e na parte de baixo. Depois tinha o tato: tinha um pano cobrindo e tinha que pegar na mão, calcular: é mais grosso, em cima, é mais fino... Eu não me lembro o nome daquilo lá.

Era exame para entrar na escola. Isso não aprendia no preparatório. Não, isso não! Ele só dava teoria. Era o professor Jorge: matemática, português... verbo... Ele era bem preparado. Acho que era formado. Não só para o Curso de Ferroviários: dava, também, datilografia, escrituração mercantil... Ele ensinava tudo, o senhor Jorge. Eu fiz o preparatório com ele.

Fiquei no preparatório um ano. Eu saí da Industrial, trabalhava de dia e, à noite, ia para o curso preparatório. Era das sete às nove. Tinha aluno que ia aprender escrituração mercantil, mas este faleceu. Ele era sogro da filha daquele que tem relojoaria na avenida 6 com a rua 3, o Salomão. Tinha outros que trabalhavam em banco e iam estudar com ele, lá.

Fiz o teste, eu não lembro se era em janeiro ou dezembro que eles vinham de São Paulo. E eles davam preferência para filho de ferroviário. Se tivesse empatado, um da praça, outro filho de ferroviário, o filho de ferroviário tinha preferência. A Paulista mantinha o Curso de Ferroviários e dava preferência sempre para o filho de ferroviário. E prejudicava bastante gente. Na seleção, se tivesse dois empatados, eles davam preferência para o filho de ferroviário.

O meu pai foi carpinteiro. Naquele tempo não tinha negócio de teoria. Só sabia usar o metro, ali, para o que está fazendo. Ele trabalhava com enxó. Isso ele sabia fazer. Arrumar carroça. Quando ele foi apresentado, trouxeram meu pai no Centro Operário, à noite, para escrever o nome dele. E passou a chefe! Aposentou mais ou menos em 1949. Foi no ano em que minha mãe morreu.

Tive um irmão na Paulista. Ele desistiu. Era modelador e desistiu. Foi para Mogi das Cruzes. E o outro também. Era formado marceneiro. Aquele lá faleceu. Dos três filhos do meu pai, dois entraram. O outro era alfaiate e não quis entrar. Mas não sei se acharam problema na hora dos remédios... não conseguiu entrar. Ele tinha coisa no coração e não conseguiu entrar. Os meus cunhados aposentaram aí na oficina, também.

Eu saí do preparatório e fiz o *vestibular* para entrar no Curso de Ferroviários. Eu sei que na primeira turma entraram mais ou menos uns 25. Depois acho que alguns repetiram. Não sei como que era. E completamos com quinze. Eu e mais quatorze. Éramos quinze quando terminamos o curso de mecânico. Eu não lembro o limite de alunos quando começou. Me parece que foram 25 que entraram na primeira turma. No teste tinha matemática, português, desenho... raiz quadrada. Não, isso foi o que nós estudamos depois. Não me lembro quantas perguntas tinha.

Tinha também a prática. Era uma espécie de vocacional. Eu queria entrar na mecânica, mas eu tinha prática de carpinteiro. Meu pai era carpinteiro, meus irmãos, carpinteiros, e eu ajudava meu pai. Procurei não caprichar na parte de madeira e caprichar na parte de mecânica. Agora, uns queriam mecânica e entravam como marceneiro. Eu tinha decidido entrar para a mecânica. Por isso eu procurei não caprichar tanto na carpintaria. Vou falar para o senhor: eu não me lembro bem do exame da parte mecânica, não lembro mais que peças que eram. Eu sei que o curso inteiro era fazer peça. Era para a gente se formar ajustador de bancada. Torneiro já era outro, marceneiro era outro. Mas não me lembro bem como foram os testes.

Nós nos formamos num grupo de quinze. Teve a festa de formatura. Cada um levava a sua madrinha. A minha turma foi lá no Excelsior, no salão de cima. Quando nos formamos, éramos quinze. Era, no início, um número maior, mas alguns foram desistindo. Tinha marceneiros, caldeireiros, os dois italianos que depois mandaram embora. Na mecânica tinha eu... o Raimundo... Agora não me lembro, teria que olhar no quadro.

O curso tinha quatro anos. Entrei em 1936 e me formei em 1939. Em 1940 fomos chamados para começar a trabalhar, no dia 7 de fevereiro. Ficamos um mês em casa, mas não fiquei parado. Fiquei trabalhando para o meu pai [risos]. Fazia madeiramento de casa. Naquele tempo ele estava reformando a casa na rua 1. Ele já tinha madeira e começamos a medição para levantar as paredes. Fiz toda a base, todos os encaixes, lá.

No curso tinha prova todo mês. Depois tinha o exame do 1º semestre e do 2º semestre, que era para valer! Mas todo mês tinha prova: matemática, física... Tinha exame, também, no meio do ano, mas feito pelos professores daqui. E no fim do ano vinha o Bologna, lá de São Paulo. Vinham para cá, para examinar os alunos. A parte prática começava cedo. Saíamos para o almoço – no meu tempo, às dez e meia, nas depois mudou o horário. Às dez e meia, então, eles paravam e iam para o hotel. E enquanto eles não chegavam não podia mexer em nada. Eles acompanhavam tudo. Tinha o instrutor-geral, com quem se podia conversar, mas eles acompanhavam tudo. E na teoria era a mesma coisa. E nada de escrever caligrafia corrida, não! Eu não sei escrever do jeito que eles escrevem. Era tudo escrito com letra de forma. Tudo eles escreviam assim; o nosso exame era tudo com letra de fôrma!

Naquele tempo as aulas começavam por volta das oito horas, as aulas teóricas. Era lá na avenida 5 [na Escola Profissional de Rio Claro]. Depois começou a funcionar aqui [no prédio da Paulista]. As aulas de física, de química... passaram para cá. O Dr. Betim, esse que foi nosso paraninfo, chegou a dar aula para nós de eletrotécnica, física, e química. Eram dadas aqui, mas, no começo, era tudo lá na avenida 5. Não estava preparado, ainda [o espaço na Paulista]. Agora, prática sempre foi aqui. Fazia a prática aqui.

A teoria era cedo e a prática depois do almoço, geralmente. Depois de um certo ponto a gente ia fazer um estágio das turmas. Entrava cedo. O aluno ia para uma seção e o chefe mandava um oficial de confiança acompanhar aquele aluno. Outro aluno ia para outra seção e o chefe mandava, também, o oficial de confiança dele para acompanhar. Depois vinha em casa e fazia o relatório do que achou interessante do estágio. E entregava o relatório.

Naquele tempo, como eu falei, a gente respeitava os professores. Não precisava muito rigor porque a gente já sabia e obedecia. Tinha brincadeira, mas não era aquele negócio... como eu falei para o senhor, o professor de português brincava: "Vocês vão ser os futuros chefes". Nós dávamos risada. Depois, foi mesmo, todo mundo passou a chefe. O pai do Brochini não chegou a ser chefe; aposentou-se no escritório. Ele era marceneiro, mas aposentou-se na seção de materiais, no escritório. Mas a maior parte do pessoal do Curso de Ferroviários passou a chefe.

Eu aprendi no curso, mas aprendia na prática, na ferramenta. Eles davam o material e davam o desenho. Tinha o desenho, as medidas, o que era de precisão. E a gente entregava as peças e a ficha, com o desenho, para o instrutor. Ele ia com o calibre lá, conferia as medidas, o acabamento, o esquadro. E dava a nota para nós. Agora, maquinário, no meu tempo, não tinha esse negócio de ensinar o pessoal, pegar o instrutor, pegar uma máquina, ensinar, não tinha. Quem lidava com máquina era o torneiro, o fresador... Marceneiro, a maior parte, era tudo no braço!

Aprendi a fazer peça; fazer encaixe, fazer esquadro. Depois tinha, também, dois tubos para cortar, soldar e tirar no esquadro. O senhor imagine! Tem o traçado (seguia o traçado); cortou a chapa daquele jeito lá, arcou, era só dar uma acertadinha. O senhor conhece a forma dela? Ah! é elíptica! Como é? Figura elíptica, não é? Eles falam oval, mas oval é a parte mais... eles falam espelho oval, mas não é espelho oval, é espelho elíptico. Deve ser a geometria... é geometria. Tinha essas aulas, também. Os alunos também tinham que pegar a chapa, pelo desenho, cortar aquela chapa, arcar os dois tubos para sair a meia esquadrilha, a "45", não é? A "45"? Então, dava o acabamento, ia na forja e usava aquele pó de tincal, aquele pozinho de latão, serragem de latão, na forja e sentava para fazer colagem. Aquilo era fácil: colocava o tincal e o pozinho para derreter. Ele dissolve sozinho e, depois, tem que emendar, também.

E tinha os exames. Para ajustador, era encaixar uma peça na outra. Dá mais ou menos uns doze centímetros, doze centímetros e meio. Em polegada, dava umas quatro polegadas por cinco oitavos. Depois tinha que fazer o encaixe; encaixe à meia cana. Encaixar bem, na esquadrilha, à meia cana. E depois, o *rabo de andorinha*. A gente tinha que pegar e fazer a peça entrar, assim. O André Serrano, que foi meu chefe, mora ali na avenida 26, entre as ruas 4 e 5, o Serrano, o senhor olhava o exame dele, era como se pegasse um ferro e riscasse, assim, só com a ponta do riscador; o senhor não via nada! As peças dos outros, de alguns, a gente via até uma barata passar: estava aberto [risos]. E cada um tinha a nota dele. O pessoal de São Paulo examinava.

Ferreiro já era diferente. Ferreiro, para tirar o diploma, pegava o ferro vazado – não podia usar martelete no exame –, tinha que puxar, puxar cônico, assim, e paralela, assim. E depois acabava, aqui, numa espécie de um cilindro... um quadrado, aqui. Nessa outra ponta, então, tinha que abrir um rasgo e, no meio das duas orelhas... Cada um tinha um jeito de proceder, no exame. Tinha que fazer! Era para passar do segundo para o terceiro. Daí, já era redondo. Mais ou menos uma polegada e um oitavo, uma polegada e um quarto; pegava uma ponta e puxava redondo. O senhor tinha que entalhar e fazer uma espiga redonda, mais ou menos de meia polegada ou cinco oitavos. Na outra ponta tinha que sair um sextavado e formava um cilindro no meio. Isso, na espiga, que dava mais ou menos a grossura de meia polegada. Tornava a entalhar e saía o sextavado. O sextavado achatava, vinha assim, virava, fazia uns ganchos... tudo na medida, com calibre! Era tudo na medida! O pessoal de São Paulo examinava tudo!

Todos os alunos, de ajustador e caldeireiro, todos passavam pela ferraria. Agora, os marceneiros já eram de outra turma. Mas nas aulas teóricas ficavam todos juntos. Tudo: se era 1º ano, era tudo junto; 2º ano, tudo junto; 3º ano, tudo junto; nas aulas práticas, se separavam. Na ferraria todo mundo tinha as mesmas aulas.

Os caldeireiros trabalhavam o ano inteiro na parte deles. No exame deles, para tirar o diploma, parece que houve engano. Não tinha traçado para aquela chapa que deram e não saiu como eles queriam, mas eles toleraram. Em cima era redondo. O aluno tinha que cortar, arcar e, em cima, ficava um cilindro. Depois saía reto. E aqui ficava meio oblíquo, assim, e embaixo virava outra vez. Não tem traçado para isso aí. Isso foi no exame de caldeireiro. Mas teve uma tolerância e eles passaram. Eles eram bons alunos. Só no exame, aquele traçado que não dava para fazer, só se soldasse, mas não era soldado. Era tudo virado, arrebitado. Agora, soldado, dava. Dá-se um jeito: puxa aqui, rebaixa ali... O Serrano – era muito inteligente, o Serrano! O Serrano pegou o riscador, assim, trabalhou... A gente olhava a peça e só via aquele risquinho, não se via claridade, não se via nada. E logo o Dr. Pelágio colocou ele para auxiliar o chefe. Depois ele passou a encarregado da minha turma e, às vezes, ia para São Paulo tirar modelo de máquinas. Aqui era meio atrasado com relação a maquinário. Então ele ia para São Paulo para tirar desenho de máquinas. Acabou que passou a encarregado, depois passou a chefe, de chefe passou a auxiliar do Lucke. O Lucke era bem preparado na teoria; o Serrano era na prática.

História e geografia tinha no preparatório para entrar no Curso de Ferroviários. Tinha esses homens ilustres, davam os negócios dos rios, afluentes, capitais dos estados... davam tudo para preparar para o vestibular do Curso de Ferroviários. No curso não tinha.

Na física tinha um aluno, colega meu, ele achou que não precisava de física. Então o professor disse: "Você não precisa de física?".

Ele achou que marceneiro não precisava de física, que era bobagem, e o professor disse: "Escuta, você já viu bater na ponta de prego, antes de pregar na madeira?". Ele disse: "Já!". "Por que, então, se bate na ponta do prego?" Ele não sabia [risos]. Ele não sabia por que se bate na ponta do prego. O senhor já viu: às vezes o senhor bate, achata o prego, para depois pregar. Ele não sabia para que era. Sabe por que precisa bater na ponta do prego? O prego é pontudo, pontiagudo; você bate, afunda, a madeira abre e racha a madeira. Se você bater na ponta do prego, essa ponta vai cortando a fibra e evita de ela rachar. E ele não sabia disso.

Os professores, no início, não eram como são agora. Agora está muito adiantado, na teoria e na prática. Os professores nossos, da primeira turma, eram, da oficina. Professor de ferreiro, o Sr. José Vizeu, era ferreiro [da Paulista]. Era ferreiro. Outro, que era professor da mecânica, era torneiro. O instrutor-geral, o Guarnieri, era chefe da ferramentaria; ele estava como instrutor-geral. O professor de marceneiro, Bertolim, já falecido, também era carpinteiro da construção e reparação dos carros e dava teoria e aula prática para os alunos. E depois, conforme os alunos iam se formando, eles se tornavam professores e instrutores.

Tinha, também, aula de educação física que, na minha turma, funcionava no prédio da Escola Profissional. E aula de higiene, dada por um médico, o Dr. Vasco da Silva Melo. Ele era professor e médico-chefe do Centro de Saúde e tinha que dar aulas para nós, também. Já para entrar, no exame vestibular, fazia exame com ele. Mas não tenho lembrança do que ele ensinava, sei que ele dava aula de higiene. Dr. Vasco da Silva Melo.

O horário das aulas, não me lembro se começava às sete ou oito horas. Eu sei que a gente saía antes, meia hora antes do pessoal da oficina. Se o pessoal saía dez e meia da oficina, a gente saia dez horas. Se chegasse atrasado, na oficina, perdia meia hora. Agora, na escola perdia a aula.

Passando pelo Curso de Ferroviários, se foi aprovado, já tem vaga garantida lá dentro – entrava como aprendiz. Era só aguardar a chamada para se apresentar paro o Dr. Pelágio. E no dia que nós nos apresentamos, ele nos chamou uns dias antes de começar a trabalhar. Ele chegou, nós rodeamos a mesa dele. Ele sentava na mesa, firme. Não tinha bajulação com ninguém. Pegava a pasta: "Fulano de tal". A pasta tinha informação desde quando entrou, até quando tirava o diploma. Ele abria a pasta: "Fulano de tal, você, no primeiro ano, teve tanto em matemática, tanto em português, tanto, assim, no desenho, tanto, assim, na prática; você foi tanto, assim, no comportamento, foi tanto na assiduidade. No segundo ano você foi isso...". Se era alegre ele falava, se não caprichava ele falava, se era bom ele falava. Acabava de falar aquilo, chamava outro. Daí, a mesma descrição que ele fazia da primeira pasta fazia, também, das outras.

Quando chegou neste aluno, Irineu [mostrando a foto], ele falou para o Irineu: "Escuta, você não é mau aluno, só que, pela pasta, você está muito lerdo para trabalhar". O Irineu falava meio molinho (agora ele está em Bauru): "Ah, doutor, sabe o que é? É que eu gosto de fazer bem caprichadinho. Por isso que eu demoro". "De agora em diante, que você vai trabalhar, tem que fazer bem caprichadinho e no tempo certo" [risos].

Da turma toda, somente aqueles dois não entraram: o Tavares e o Turolla. Para esses, o Dr. Pelágio deu a caixa de ferramenta. Quando a gente se formava já tinha a caixa de ferramenta: esçala, graminho, esquadro, compasso, suta, esquadro "T", régua... Era a caixa de ferramenta prontinha. Cada seção recebia as ferramentas da seção dele. No 4º ano o aluno preparava todas as ferramentas dele. O marceneiro fazia as caixas. Os alunos, então, faziam as ferramentas. O marceneiro tinha que encaixar, para ele, tudo certinho. E o ajustador tinha a caixa de ajustador, ferreiro era caixa para ferreiro, caldeireiro era caixa para caldeireiro e marceneiro era caixa de marceneiro. Agora, a caixa de ferramenta de marceneiro era muita ferramenta esquisita, maior... O Turolla era não me lembro se cunhado ou tio do dono do *Diário* [*de Rio Claro*]. Então, o Dr. Pelágio deu a caixa de ferramentas para ele e para o Tavares. Um foi para São Paulo trabalhar de corretor e o outro trabalha para o cunhado dele, com o jornal. Ele tem a minha idade. Não parece, mas ele já tem idade.

Quando eu comecei a trabalhar, eu me preparei para ajustador ferramenteiro. Sabia como limava, como pegava no martelo, como pegava na lima, como tinha que trabalhar com a lima. Fazia o serviço de ajustagem. Depois que chegamos na oficina, uns foram para a parte de freios e os melhores alunos iam para a parte de ferramentas, trabalhar com a parte de máquinas pneumáticas, esmeril, essas coisas. Quem foi para a mecânica tinha que enfrentar a graxa, reparando guindaste e outras máquinas. Tinha a ferraria, a parte de freios e a parte de eletricista. Tinha a parte de eletricista também! O eletricista já trabalhava com enrolamento de motor, dínamo... E o caldeireiro ia fazer carrinho, carrinho de mão, de caçamba, fazer peça para carro de aço, cesta, montar cesta, isto é, porta-malas para carro de aço.

E tinha a serralheria. Alguns iam para a serralheria. Serralharia trabalhava com fechadura, dobradiça, aqueles copos descartáveis que não existem mais. Os marceneiros iam para a marcenaria e para a fabricação e reparo de carros. Eu fui para a ferraria. Fiquei um ano e pouco. Meu pai passou lá e falou: "Ah!, você está bem aí, na ferraria!". Mas aí eu estudei para a mecânica. O Dr. Pelágio falou para eu aguardar. Eu aguardei. Depois de dias mandaram me chamar para trabalhar, porque o pessoal da escola ia entrar de férias – a escola era na [avenida] 24 – e os tornos iam ficar parados. Aquele tempo era o tempo da guerra, o tempo do gasogênio, parafuso, pino... Então eu e mais um fomos trabalhar até terminar as férias dos alunos, para aproveitar o maquinário parado. Quando nós voltamos para a ferraria, ele falou: "Olha, amanhã você se apresenta para o Martim (que era o chefe dos torneiros) e você se apresenta para o Ricardo (que era o chefe da ferramentaria, alemão)". Ele reorganizou a mecânica e precisava de duas pessoas...

O trabalho era como eu falei: com o seu Ricardo, por exemplo, eles entravam e sentavam, todos juntos, naquela rodinha, no almoço. Começava a trabalhar, daí já não era tudo igual. Ele era o chefe! Daí era o chefe, não é? Nós éramos oficiais e ele já era o chefe. O respeito era outro. E quando eu fui trabalhar para fora, também, de Pederneira para Bauru, no alargamento, o meu chefe me chamou, me convidou para ir para lá e tudo o mais. Eu aceitei. Daí ele falou para mim: "Olha, Stabelini, tem isto: (eles não falavam Renato, falavam Stabelini) a Paulista quer que o empregado seja direito aqui e lá fora também. O que vocês são aqui dentro tem que ser lá fora também". E é verdade!

No local de trabalho cada um tinha a natureza dele. Como eu falei, eu trabalhava lá numa bancada que o chefe mandou fazer para a turma dele. Eu trabalhava numa *volta*, aqui. A bancada era como se fosse uma mesa, assim. Eu trabalhava aqui e meu irmão, ali. E eu não conversava e nem meu irmão conversava. Nós só trabalhávamos. Nós tínhamos amizade, éramos vizinhos! Agora, na hora do café, na hora de ir embora, aí sim. Mas na hora de trabalhar, nós trabalhávamos. Eu trabalhava e ele trabalhava. E tinha uma bancada lá onde trabalhava o Armando de Campos e seu Renato de Souza. E conversavam o dia inteiro. Um dia o chefe chegou e falou para mim: "Stabelini, pega sua ferramenta e põe lá na bancada do Renato de Souza!" (meu xará). E falou para o Renato: "Renato, pega sua ferramenta e põe lá na bancada do irmão do Stabelini!". Mudamos. O Renato de Souza, com o meu irmão, eu não sei se conversavam. Agora, o Armando de Campos ficou comigo naquela prosaiada: "tatatá, tatatá, tatatá...". Eu nunca conversava. Ele perguntava, eu respondia. Um dia o chefe me chamou: "Oh, Stabelini, puxa vida! Eu pus você lá perto do Armando de Campos para ver se você o endireitava e ele está entortando você, por quê?". Ah, mas o Renato de Souza conversava o dia inteiro. E eu ficava o dia inteiro com ele também. Eu falei: "Bom, então eu volto para o lugar onde eu estava porque minha educação não permite uma pessoa perguntar uma coisa e eu não responder". Ele falou: "Mas se você for responder o que ele pergunta, você fica o dia inteiro respondendo, porque ele fica o dia inteiro conversando". Depois eu fui para a construção Pederneira-Bauru. Separamos e não sei como ficou a situação lá.

Mas tinha disciplina. Lá dentro não era ficar conversando a hora que quer! A pessoa tinha as suas obrigações. Quer ir ao banheiro, vai ao banheiro; quer ir beber água, vai beber água; quer dar um recado para uma pessoa... Só que não podia atrapalhar quem estivesse trabalhando. Lá tinha disciplina. Tinha disciplina, sim! Agora, tinha a turma mais disciplinada e a menos disciplinada. E a turma que eu fui tomar conta, quando eu vim de São Carlos para cá, na parte de truque, a turma tinha quarenta, cinqüenta homens. Mas o chefe era menino, já falecido. Ele era do interior, mais novo, e tinha dificuldade na relação com os subordinados, mais velhos. Ninguém respeitava mais ele. Às vezes uma pessoa fazia uma coisa errada, então ele falava: "Eu vou levar você para o escritório!". E o pessoal falava: "Então vamos!" (O pessoal fazia a caveira dele, também). E chegava no meio do caminho, batia nas costas do empregado: Ah! Vamos deixar pra lá, vamos voltar para trás...". A gente não pode fazer isso, não é mesmo?

Depois que eu fui para lá, no tempo do Valentim, chegava aquele monte de truque no carretão que corria lá do estradão de cima até embaixo. Guardava carro, guardava vagão... E aquela turma já estava viciada, porque tinha empregado, também, malandro. Na hora de descarregar o truque, ficava por ali. E o Valentim falava: "Vamos descarregar aquele truque". Um falava para o outro: "Vá você", e o outro... Os malandros eram todos companheiros na hora que chegava serviço ruim. Eu fui lá, peguei um quadro de folha quadriculada com o número e o nome de todos os empregados, desde os mais baixos, os mais novos, até os mais velhos. E tinha, então, o nome de todos os empregados e o número do cartão. Na porta ficava um rapaz só para tirar os enchimentos ou anotar o truque que chegava. Depois, quando eu fui tomar conta da turma, já sem encarregado, eu fiquei sozinho na turma. Então eu falei: "Quando chegar o primeiro carretão de truque, quem vai descarregar vai ser esse número do cartão aqui; a outra remessa que vier, esse debaixo; a outra, esse debaixo... Se ele estiver no banheiro, então pula e, na outra, ele vai descarregar".

E, para fazer outros serviços, também pesados, como, por exemplo, aqueles tanques da Esso ou outros (a Paulista tinha convênio e reparava esses tanques e depois fazia o orçamento e cobrava), acontecia a mesma coisa. Como na minha turma não tínhamos aqueles macacos possantes, levantar o carro, que às vezes vinha carregado com gasolina, ou óleo diesel, era um serviço que ninguém gostava de fazer, porque tinha que levantar carregado, tirar o truque, reparar e colocar embaixo. Era uma vez de cada um, também. No serviço, cada um fazia a parte dele, mas nunca se dava conta do serviço. Porque se o empregado era malandro – não no meu tempo, no tempo do Valentim –, se era malandro, e tinha aquele monte de truque para reparar, se o meu truque já estava pronto – eu sou malandro e o outro não é –, se eu entregar o meu que está pronto, eu vou ter que pegar aquele ruim lá. Eu amarrava, amarrava... e quando o outro pegava o truque ruim, eu entregava o meu, pronto, e pegava o outro, bom, que vinha depois. Com isso, o serviço estava sempre atrasado. Todo mundo amarrava!

Depois daquilo que eu fiz, organizando o quadro de serviço, não tinha mais amarração. O único que amarrou ali foi um rapaz que eu acabei colocando fora da turma. O único empregado que eu coloquei fora da turma. Ele tinha muitos anos de Paulista e não pegava mesmo. Ficava todo mundo com serviço pronto e ele, dois, três truques marcados no nome dele. Chegava um funcionário dos bons e falava: "Será que eu não podia pegar, adiantado, um truque do colega porque eu estou sem serviço lá e, na próxima, eu passo o meu para ele". Eu dizia: "pode!". E quando vinha, colocava na mão dele outra vez. Ele, o colega, estava sempre com serviço atrasado.

Um dia tinha lá um tanque que precisava de roda. A Paulista não tinha roda para substituir nos tanques. Tinha que adaptar roda de carro: pegar o eixo, fazer uma bucha. E isso era na seção de eixo. Então, o responsável, colega meu, falou: "Stabelini, sexta-feira eu te entrego as rodas do tanque". "Está bom. Não tem problema!" Quando chegou sexta-feira, ele disse: "Stabelini, não vai dar para entregar as rodas". E o truque parado, esperando as rodas. "Stabelini, não vai dar certo, a roda." "Não tem problema!" Eu cheguei para aquele funcionário [que estava sempre com o serviço em atraso] e falei: "Pega esse truque, amontoa lá e pega outro, porque o Dagmar ia entregar hoje e não vai dar. Só na quarta-feira que vem". "Eu não vou amontoar! Eu não vou amontoar!" "Você não vai amontoar? Por que você não vai amontoar?" Eu falei: "Dagmar, com licença!". Peguei o cartão e o número do cartão dele e falei para o meu supervisor, o

Thélio, que estava acima de mim e supervisionava três, quatro turmas: "Thélio, não quero mais esse homem aqui na turma". Ele falou: "Por que? O que houve?". Eu falei: "Foi assim, assim, assim... ele falou que não coopera, ele ficou com o serviço atrasado e eu não quero mais ele na turma". Ele falou: "Então tem que esperar arrumar outro lugar, um outro empregado, aí faz a troca". "O pior trabalhador pode vir para o lugar dele, que vai ser melhor que ele. Não quero mais ele na turma." "Bom, eu vou ver se acerto!"

Isso foi na sexta-feira. Quando foi no sábado, tocou o telefone do escritório: "Stabelini, aquele empregado, segunda-feira (isso foi no sábado), você manda ele lá para o Moreira. Ele vai trabalhar na máquina de fazer parafusos". Eram aqueles parafusos grandes. "Está bem." Eu falei para o encarregado que trabalhava comigo: "Segunda-feira ele vai lá para a turma do Moreira". "Tá bom!" Chegou segunda-feira cedo eu falei: "Você não vai pegar no serviço! Você vai se apresentar lá para o Moreira, vai trabalhar com o Moreira". "Por que? Ah! eu não vou!" "Eu só vou com ordem do doutor." "Você não vai, então?!" Eu peguei o telefone, toquei para o Thélio, e falei: "Ele só vai com ordem do Dr. Sérgio Massa e do Lucke". O Lucke era auxiliar do engenheiro. Aquele chefe da oficina que eu falei que era um dos melhores alunos. "Então manda ele lá para o Lucke!" O Lucke já sabia o que era. "Em vez de mandar para o Lucke, vai você e apresenta ele para o Lucke." Chegou o auxiliar e disse: "Renato, onde está aquele funcionário?" "Vai lá com o Moreira." Eu fui lá com o Moreira, também. Chegou lá, veio o Moreira, de encontro: "Puxa vida Stabelini! Combinamos e eu mandei um rapaz forte, esperto, e agora você me manda um rapaz que sofre de tontura?!" Ele tinha falado que sofria de tontura. Eu falei: "Ah, Moreira, eu não tenho que conversar com você. Eu tenho que conversar com o Lucke e com ele, agora. É para ir lá para o Lucke". O Moreira falou: "Então eu vou junto". "Vamos, ora!"

Fomos: eu, o Moreira e o funcionário. Chegamos lá, o Lucke nos chamou para entrar. Eu expliquei o que tinha acontecido. "A ordem é para ele ir para lá e ele falou que não vai." O Lucke falou: "Mas não vai por quê?". "É, porque eu estou acostumado com a turma, há muitos anos lá com a turma, estou acostumado e logo a frente eu aposento e não sei que lá..." "Então você está quase se aposentando, vai lá, você sabe fazer uma coisinha de mecânica e..." "Vamos que eu caia em cima de um ferro quente, lá, quem fica responsável?" Já apertou o Lucke! Ele já tinha falado para o chefe que sofria de tontura e não sofria. Mas falou que sofria. Eles já mudaram: e se ele sofrer? Ele bem que avisou. O Lucke falou: "Vamos fazer assim. Em vez de ir para a turma do Moreira você vai para a serralheria. Lá tem um trabalhador que trabalha na bancada com serviço de ajustador. Ele passou para empreiteiro há pouco tempo. Então você vai no lugar dele que ele vem no seu lugar, lá nos truques". "Ah! e tal, não sei que lá..." "Não, você vai lá e aprende a ajustar; aprende trabalhar com fechadura, dobradiça e depois você pode trabalhar por conta."

Sabe onde ele foi trabalhar por conta? No bar!...
Tinha disciplina sim!

***

A menina que estava aqui, a solteira ainda, a mocinha [referindo-se à neta, cuja foto nos mostrou], viu os papéis tudo amarelo e jogou tudo: carta de promoção, carta de nomeação, carta de remoção, contrato. Aquelas cartas... o papel ficou amarelo... ela jogou tudo. E os netos, então, abrem o criado-mudo e pegam os desenhos que eu tinha, tudo amarrado, assim, desenho profissional, desenhos de várias peças, alguns em nanquim. Eram lembranças que eu tinha. E acabaram com todos os meus desenhos, desde os tempos de aprendiz.

No começo entrava como aprendiz. E ganhava 1.250 por hora. Aliás, 1.250 por mês. Saía na base de 1.250 por mês e descontava os 7% da caixa. E depois, como aprendiz, eu fui a 1.500, a 1.750 e, depois fui a 2.050.

Como aprendiz eu fiquei um ano e meio, na ferraria, e o resto fiquei na mecânica. E um pouco trabalhei para fora, lá na construção. Fui para São Carlos em 1949 e, na hora da remoção, o Dr. Bertim perguntou para mim quanto eu queria ganhar. Eu falei que por menos que um oficial de segunda eu não ia. Daí ele perguntou para mim:

"Quantos anos você tem de Paulista?". Eu falei: "Eu tenho nove anos. Eu entrei em 1940. Estou com nove anos de Paulista". "E de oficial?" "De oficial eu tenho quatro anos e meio" Trabalhei quatro anos e meio de aprendiz. "Então, Stabelini, você aceita?" "Aceito!" "Onde você quer: Jundiaí, Bebedouro, Triagem ou São Carlos?" "Eu vou para São Carlos!" Pertinho daqui, não é?

Ele anotou e perguntou para o colega que foi comigo, como oficial, o Osvaldo, já falecido: "Osvaldo, e você, quanto tempo tem de Paulista?". "Tenho quatro anos, quatro anos e meio." "E de oficial?" "De oficial eu tenho um mês!" "Ah, então, para você, só oficial de terceira que nós vamos pegar. Serve?" "Serve!" Fazia um mês que ele tinha passado a oficial. "E quando você quer ir?" Ele era solteiro, estava namorando. "Eu vou para Jundiaí. Mas só que eu gostaria de permanecer auxiliando a turma de Jundiaí, lá em Triagem mesmo." E ganhava bem: cama, mesa e... ganhava livre! Ele continuou. Então, auxiliando, lá em Jundiaí, e lá em Ferraz, oficial, em Ferraz, também. E depois ele acabou passando a chefe, em Dois Córregos, foi chefe em Trabijú. Depois acabou morrendo, não chegou a se aposentar.

Portanto, eu fui para São Carlos em 1949, em junho de 1949. Em São Carlos eu fiquei de junho de 1949 até fevereiro de 1951. É, meu filho nasceu dia 14 de novembro de 1950. Depois eu fui para Bauru, ele era criança de colo. Em 1951 eu fui para Bauru. Em Bauru eu fiquei de 1951 até maio de 1954. Maio de 1954! Então ia diminuir a turma. A máquina ia passar a correr, já tinham alargado os trilhos, fizeram o alargamento. Então deixaram tudo mais ou menos no jeito. Fizeram o alargamento antes do tempo, até, para chegar em Marília. Como a máquina ia chegar lá, nós fomos um mês, mais ou menos, antes. Fui eu e mais dois encarregados para lá.

Em Marília, fiquei de maio de 1954 até o fim de outubro de 1954. Fiquei uns seis meses, mais ou menos. Daí eu pedi o regresso para Rio Claro. Como em Rio Claro não tinha vaga, me ofereceram como chefe. O chefe de reparação de São Carlos ia aposentar e eu voltei para tomar conta da turma em São Carlos, na reparação. Aí começou aquele negócio de greve e eu não ia trabalhar na greve. Ah! achava chato trabalhar na greve, não é? Então, em novembro de 1961 eu voltei para cá. Fiquei, em São Carlos, de 1954 até 1961. Em 1954, finzinho de novembro, eu me apresentei em São Carlos; em novembro, eu me apresentei aqui. Então é isso: de 1954 a 1961.

Quando eu voltei para Rio Claro, em novembro de 1961, fiquei na ferramenta, aguardando vaga – não tinha vaga como encarregado. "Aceita ficar na ferramenta até abrir vaga?" "Aceito!" Eu queria mesmo era ir embora. E quando abriu vaga, me deram uma vaga. Fiquei, mais ou menos, um ano, trabalhando na ferramenta. Reparando guindaste, martelete... Eu fiquei mais ou menos um ano, ali, mas não mexeram no salário, nada. Eu já era encarregado há anos – de 1951 a 1961 – eu tinha dez anos de encarregado! No salário não mexeram.

Depois que eu vim para cá (eu tenho carta de nomeação aqui), eu fui trabalhar para lá. E no fim de 1962 saiu, aposentado, um encarregado do chefe e eu fiquei sozinho tomando conta da turma. Daí um mês, mais ou menos, houve a promoção. Não era só eu que estava aguardando vaga, tomando conta da turma no lugar do chefe: pinturia, marcenaria, mecânica... O chefe se aposentava, o encarregado ficava e tinha que aguardar nomeação. Então eles se aposentaram e eu fiquei aguardando de março até... Daí fizeram a carta de promoção.

Fiquei, então, tomando conta da turma até me aposentar. Fiquei sozinho uns três, ou quatro meses. Como a gente, às vezes, tinha que sair da turma, buscar recibo de pagamento no escritório... a turma ficava sozinha. Eu falei para o Lucke: "Lucke, eu estou sozinho e, às vezes, sou chamado no escritório e a turma fica sozinha lá, não tem ninguém tomando conta da turma". E me deram o Siqueira. O Siqueira, eu aposentei ele ficou no lugar. Ele se aposentou, daí um mês que ele se aposentou, ele morreu.

Eu me aposentei em 23 de novembro de 1967. Vai fazer 25 anos agora, no mês que vem.

Narrativa do Sr. Euclides Guilherme

Eu saí do Grupo Escolar com quase doze anos e entrei na Escola Industrial. Naquele tempo era Profissional. Eu entrei na Escola Profissional, fiz o vocacional, fiz o primeiro ano e depois eu fiz o exame para entrar no Curso de Ferroviários. A vantagem do Curso de Ferroviários, na época, é que terminava o curso e já estava com o emprego garantido. O meu pai era ferroviário e isso era um elo, era uma corrente: continuava. Ele me colocou no curso e eu segui até a conclusão.

No que diz respeito ao ensino, nas aulas teóricas eram praticamente os mesmos professores daqui que iam dar aulas lá. Mas a questão da prática da mecânica, do ofício mesmo, o Curso de Ferroviários tinha uma vantagem muito grande em relação à Profissional, porque lá você tinha tudo: você tinha material, tinha recursos à vontade. E aqui na Profissional, eu acho que dependiam muito de verba, essas coisas, embora trabalhasse também. Tinha bastante serviço. Naquela ocasião tinha alguns serviços que eram até rentáveis para a Escola. Era para eu falar do Curso de Ferroviários e estou falando da Escola Industrial. Mas eu me lembro que quando estava na Escola Profissional, a seção de fundição trabalhava com peças para a praça. Naquela ocasião, as buchas, aquelas buchas para rodas de carroça, eram todas fundidas na Escola Industrial. Eu estou sempre trocando Profissional por Industrial: lembre-se que era Profissional. Tinha também a marcenaria, que fazia peças, móveis e apresentava em exposições, vendia. Mas a questão de série, para você fazer, para você ir aprendendo a trabalhar, no Curso de Ferroviários foi criada uma estrutura melhor. Tinha material. Por exemplo: na ferraria, na Escola Profissional, se você fosse fazer uma peça, às vezes você não tinha o ferro necessário. Tinha que buscar em sucata. E no Curso de Ferroviários, não. Lá era diferente. Tinha aquela série – no primeiro ano que nós fizemos tinha uma série de peças a serem feitas. Isso em todos os tipos de exercícios: exercício de talhadeira, exercício de lima. Depois de um certo tempo você também ia na ferraria aprender a puxar um ferro: tinha o martinete. A gente aprendeu, na parte de ofício – na parte didática, na parte de aulas, não, porque os professores eram quase os mesmos. Mas na parte de ofício, em dois anos e pouco que eu estive na Profissional, eu não tive uma série tão boa como eu tive no primeiro ano do Curso de Ferroviários.

Na Escola Profissional, a gente era garoto, tinha treze anos, então você não tinha muito... Tinha os professores, mas os professores também trabalhavam muito. Então, o aluno, quando pega uma folguinha, ele gosta de uma folguinha [risos]: ele pára, ele conversa – ficava mais à vontade! Os professores não ficavam muito em cima. No Curso de Ferroviários, não! No Curso de Ferroviários tinha aquele professor em cima dos meninos da primeira série. Ficava em cima! Ficava ali, olhando, um por um, ali. Não tinha muito como conversar, como divagar. O aluno ficava aprendendo mesmo. Naquela época – pelo menos naquela época, não sei se depois melhorou ou não –, o curso ferroviários era, na parte de ofício, era mais organizado. Se aprendia mais, se trabalhava mais. E trabalhando mais, se tornava melhor.

Naquela época, quando eu estava na Profissional, meu pai tinha seis filhos e o dinheiro dele, o que ele ganhava na Companhia Paulista, não era suficiente. Na época que eu entrei na Profissional, eu entregava jornal. O horário da Profissional era das onze horas às cinco e meia da tarde. Pela manhã, para ganhar um dinheirinho, eu entregava jornal, e à tarde, eu ia para a escola.

Na Paulista, no Curso de Ferroviários, não. Lá não tinha jeito. Na Paulista nós entrávamos às seis e meia. Quando tinha aula de educação física, seis e meia já começava a aula de educação física. Depois, saía da aula, ia para a oficina, tomava banho (tinha chuveiro, lá, para todos) e já ia – se tinha aula logo em seguida, ia para a aula; se não tinha aula, ia para a oficina. Não se perdia tempo! Depois parece que – não sei se isso ocorreu mesmo, o Roberto, meu irmão, pode informar melhor –, parece que em um certo tempo, eles estabeleceram que, pela manhã, seria teoria e só à tarde seria a prática. Se o professor chegasse atrasado ou faltasse, os alunos ficavam ali... Mas no nosso tempo, não. No nosso tempo, se um professor de teoria faltasse – porque muitos professores eram da Escola Profissional –, se um deles faltasse, então você ia limar ferro. E isso, às vezes, acontecia: um professor pode vir a faltar, não é?

Quando eu comecei o curso, as aulas já eram todas aqui, na Paulista. Durante alguns anos – se não me engano o meu irmão Benedito ainda pegou essa fase – as aulas teóricas eram na Profissional. Mas no meu tempo já não. Quando eu entrei, em 1941, era tudo no curso, na Paulista.

O curso funcionava na própria área, junto às oficinas. Era apenas cercado. Tinha a oficina da escola, do curso, e tinha quatro ou cinco salas de aula. Mas as aulas eram ministradas todas lá. Os professores iam para lá. No tempo do Benedito, se não me engano, eles vinham aqui, na Profissional. Isso, nos primeiros anos, mas depois passou a funcionar lá. Eu já não tive aula aqui. Quando entrei, já era tudo lá.

O curso primário eu fiz no Joaquim Sales, aqui na rua 7, avenidas 7 e 5. Eu sou de 1925. Em 1932 eu devo ter entrado no Grupo Escolar. Repeti um ano. Depois, como eu falei, fiquei dois anos e meio na Industrial, que foi até 1940. Quando eu passei para o segundo ano na Industrial, eu cheguei até mais ou menos metade do ano. E como meu pai queria que eu entrasse no Curso de Ferroviários (engraçado, eu estava aprendendo o ofício e ele me tirou da Profissional e me pôs numa escola particular, porque ele achava que a Industrial não ia me preparar suficientemente para entrar no Curso de Ferroviários), eu saí e entrei numa escola particular, que era do senhor Jorge Hebling, que ensinava matemática, português... Isso foi no meio do ano, mais ou menos. Eu acho que foi depois das férias. Prestei o exame e entrei.

O curso do senhor Jorge Hebling era uma escolinha particular, um curso preparatório. Era um curso particular, mas não era considerado especificamente preparatório. Talvez fosse, para ginásio, isso tudo. A gente era criança, mas eu me lembro que estudei, ali, para prestar exame para entrar no Curso de Ferroviários.

No fim de 1940 eu fiz os exames e entrei. Comecei em 1941. Tinha mais candidatos do que o número de vagas. Eu não sei precisar quanto. Mas existia uma quantidade boa de pessoas que queriam ingressar no curso. Não me lembro agora. Se eu falar para você que de trinta vagas tinha quarenta candidatos, não me lembro. Como também não me lembro quantos alunos tinha na minha turma. Eu me lembro que quando eu me formei – eu tenho até um álbum, que está lá em casa, guardado – devia ter uns dezoito alunos, entre mecânicos, ferreiros e marceneiros. Mas não me lembro. Eu estou falando quando eu me formei, porque havia os repetentes ou, às vezes, aqueles que saíam. Então, parece que quando eu me formei, não me lembro se tinha dezoito ou vinte alunos. Tanto é que, para fazer a festa de formatura, o nosso grupo era pequeno, nós nos reunimos com os formandos aqui da Escola Profissional e fizemos a festa juntos, a minha turma e a turma de lá.

Essa festa era muito chique! Todos com gravatinha borboleta, terno azul-marinho, madrinhas! As madrinhas todas de vestido longo. Era uma coisa! O palco foi todo decorado. Naquela ocasião, tinha um senhor lá na oficina que era bom desenhista – artista! Chamava-se Edmundo Rossi. Ele pintou, no chão – nós vimos ele fazer a pintura – aquela máquina elétrica que tinha chegado, moderna. Pintou! Fez um painel bonito! Era uma sessão solene, batuta! Para nós, foi uma sessão solene. Tinha autoridades, ia o chefe das oficinas... Foi no Grêmio Recreativo. Teve o baile! A orquestra que foi já não me lembro mais. Mas teve orquestra, tudo.

Era uma festa bonita! Cerimônia religiosa... tinha. Se não me engano alguns faziam, mas como o meu pai nunca foi religioso – não sei se comentaram com você, meu pai era mais, vamos usar o termo assim, era meio fanatizado com estudo bíblico. Não acreditava muito nesse negócio de religião e nós, também, nunca fomos, nunca partimos para a religião. Ficávamos com o nosso livre-arbítrio para, depois de certo tempo, procurar um pouco o caminho espiritual da gente.

A disciplina do Curso de Ferroviários era rígida. Como a disciplina nas próprias oficinas da Companhia, que era uma disciplina rígida. E no Curso de Ferroviários era rígida, a mesma coisa.

As matérias teóricas dependiam muito do professor. Nós tivemos um professor de português que, com o passar do tempo a gente verifica e pode falar: ele não era muito dedicado. Depois esse professor de português saiu, entrou um outro professor, o Rodolfo Calligaris, que era funcionário. Foi do escritório da Companhia. Ele tinha conhecimento. Ele escreveu livros, tudo. Já é falecido.

Mas esse, quando ele começou a nos dar aulas – nós já estávamos na terceira série –, ele falou: "Puxa vida, mas vocês não estão com conhecimento para a terceira série!".

De matemática, nós tivemos bons professores. Matemática eu gostava, também. Nós chegamos a ter álgebra, equação de segundo grau... Física, era com o engenheiro Dr. Fernando Betim, que foi engenheiro muito tempo na oficina. Física e eletrotécnica, a gente falava eletrotécnica. Desenho, no início era o senhor Aníbal Gullo. Ele era professor de desenho aqui, da Profissional. Ele começou, dava aula para nós lá. Mas, na última série, o professor era um senhor de lá das oficinas, desenhista da oficina.

Nós tínhamos bons professores e aprendemos bastante, aprendemos! Tanto é que, eu vou ser sincero para você, os alunos que se formaram aqui, os que não quiseram ficar e foram procurar outras praças, são raros os que não se deram bem. A maioria se saiu bem. Como se diz: "em terra de cego, quem tem um olho..." [risos]. Muitos colegas se saíram muito bem por aí. Inclusive teve um, da minha turma. Por volta de 1944 vieram dois ou três senhores de Volta Redonda, logo que nós nos formamos, para arrebanhar a turma que estava formando e teve uma meia dúzia desses que foi para lá. Mas dessa meia dúzia apenas um ficou, ele ficou e sobressaiu. Tinha um colega dele que falou: "Olha, ele está tão bem que tem até quem abre a porta do carro para ele!" [risos]. Eu falei: "Não diga!". Mas a maioria não ficou. Naquela época, Volta Redonda acho que estava iniciando. Não era essa cidade, ainda. As casas, parece que eram todas de madeira e muitos não se acostumaram. Mas vieram, naquela época, quando eu me formei, vieram buscar formados do curso. Eu já não tive coragem de largar a casa do meu pai e da minha mãe, aqui. Fiquei aí na oficina.

Era comum representantes de outras empresas virem procurar ex-alunos. Aqui em Rio Claro, naquela época, não havia muitas indústrias. Tinha a Companhia Paulista, a Matarazzo, a Caracu, Cervejaria Caracu, Bruno Meyer. Bruno Meyer era uma oficina que tinha aqui, na avenida 7, rua 7, na esquina. Pegava acho que um quarto de quarteirão. Era uma indústria considerada média. Eles produziam equipamentos para selecionar laranja, construíam marombas. Teve uma pessoa aqui, do nosso bairro, que trabalhava lá, que foi até para a Argentina montar maquinário produzido nesse Bruno Meyer. Rio Claro se resumia a isso. A turma procurava um Curso de Ferroviários, como nós fizemos, por isso: você saía, já estava empregado. E como não tinha muita opção...

Quando a indústria começou a se desenvolver no Brasil, aí não teve mais jeito. Eles vinham buscar mesmo. Um fato curioso, que eu vou contar para você. Eu tive um colega que se formou junto comigo. É o João Morais Batista. Era um desenhista excepcional. Ele estava fazendo o curso conosco, mas no desenho ele era bom. E ele falou: "Não, aqui na Companhia Paulista eu não fico". Ele era mecânico formado. Mecânico, porque não tinha, no curso, a formação para desenhista. Ele entrou, falou: "Aqui eu não posso ficar". E foi para o Senai, dar aula no Senai. Os dirigentes do Senai, naquela ocasião, em São Carlos, gostaram muito dele. Ele era bom. Ele era bom para ensinar, mas ele não conseguiu entrar no Senai por causa do teste psicológico, do psicotécnico. Toda vez que davam o psicotécnico para ele, não sei se ele ficava apavorado, só que ele não conseguia passar no psicotécnico [risos]. Mas queriam segurá-lo. Ele falou: "Não, agora também eu não quero saber". Entrou na Pereira Lopes, fábrica de geladeiras. Da Pereira Lopes, parece que um ou dois anos depois, foi para a Brastemp, Brasmotor, em São Paulo. Ficou funcionário categorizado lá. Cheguei a conversar com ele. Psicotécnico...! [risos]

Quando eu entrei no Curso de Ferroviários, tinha desses testes. A gente, com quatorze anos, e davam esses testes. Por exemplo: "Quando uma roda gira de um lado, se ela está com uma correia cruzada, para onde é que gira essa outra?". Fizemos bastante testes, assim. Testes de tato. Esse aí, psicotécnico, não sei: colocava uma tábua assim, em cima, com cilindros de diversos diâmetros embaixo – tinha que ordená-los pelo tato. Ordenar, segundo o tamanho. Havia um outro: davam um arame, de cobre, mas quanto mais você mexia com ele, mais o danado endurecia. Era para fazer uma letra. Davam o desenho da letra para fazer, dobrando, assim, na mão. Tinha que fazer uma letra sem... Outro, que estou me lembrando: eles davam um martelo, um martelo normal, mas embaixo ele tinha uma ponta aguda. Eles botavam um papel com bolinhas, assim, e tinha que dar três pancadas nessa bolinha, três pancadas nesta outra, para ver se acertava. Isso teve, naquela ocasião [risos]. Depois, com o tempo, mudaram. Mas quando eu fiz o exame tinha tudo isso. Os que mais me marcaram foram esses; do arame, do martelo, do cilindro. A transmissão, essa transmissão que eu falei: gira ali, tem essa correia cruzada que gira aqui, passa para aquela outra lá, e qual o sentido da última polia? Todos eles com tempo marcado.

Além desse tipo de testes, para entrar no curso tinha outras provas. Tinha as matérias didáticas: português, matemática... parece que eram só essas.

Depois das aulas da manhã, tinha a prática, nas oficinas. Não podia chegar atrasado. Tinha um quadro com chapinhas. Cada aluno tinha seu número. Eu era número onze, se não me engano. Tinha que chegar no quadro e tirar sua chapinha. Quando tirava, onde é que eu punha? Eu já não lembro. Eu sei que tinha que chegar e tirar a chapinha. Não era cartão de ponto. No trabalho era cartão de ponto, mas lá era chapinha. E tinha que chegar cinco, dez minutos antes. Havia um ou outro que chegava em cima da hora. Quando chegava, cada um tinha seu armário. Punha o macacão – a maior parte, eu acho, já ia com o macacão no corpo, no período da tarde. Quando batia a campainha, cada um ia para a sua bancada e ficava fazendo os exercícios que eram mandados pelo professor.

No primeiro ano, ensinava como bater o martelo, como pegar uma talhadeira. Tinha os exercícios para ensinar a usar a lima. O primeiro desses, com lima, eles davam um pedaço de ferro, com forma semelhante a de um paralelepípedo, para o aluno limar as seis faces: as quatro e as outras duas. Então o professor ia ensinando na medida, determinar a medida. A medida nós aprendíamos na teoria: a polegada e o milímetro. Ensinava usar o compasso, colocar o compasso na medida certa e limar até deixar na medida, no esquadro. Utilizava-se o esquadro para ficar com a medida correta. Depois davam um exercício para aprender dobrar uma chapa. E assim sucessivamente.

Trabalhava-se com a talhadeira: eles davam um pedaço de ferro para ser trabalhado. Mas era grosso para você tirar na lima. Então você riscava, tinha que fazer no torno e "desbastar" o máximo possível com a talhadeira para, depois, passar a lima. Nós, que já tínhamos um certo conhecimento, pensávamos: "mas por que tudo isso, com o esmeril ali, tão perto..." [risos]. Era só passar o esmeril e... Mas a finalidade era aprender a usar uma talhadeira, a bater o martelo. E pancada no dedo, virava e mexia, você dava mesmo. Não tinha jeito.

No segundo ano, nós ficamos quase que o segundo ano todinho fazendo a nossa caixa de ferramentas. Eu tenho uma caixa de ferramentas aí que é uma coisa! Que eu nem bem usei, ninguém usou, também, ninguém aproveitou. Mas eu tinha uma caixa de ferramentas com todas as ferramentas, quase, de um mecânico. A pessoa saía do Curso de Ferroviários, saía com essa caixa de ferramentas.

Então, no segundo ano, nós passamos praticamente confeccionando nossa caixa de ferramentas. E ali o aluno usava tudo, porque, para fazer uma ferramenta, você tinha que empregar os conhecimentos obtidos – a caixa era composta de muitas ferramentas e o aluno tinha que usar, nessas ferramentas, todo conhecimento que já tinha adquirido no primeiro ano. Tínhamos, na caixa, arco de serra, talhadeira, dois ou três tipos de martelo, tudo feito por nós. Cada um fazia o seu.

Depois, na época da guerra, nem escala vinha para cá. A escala passou a ser feita lá, a escala inglesa, importada, não vinha mais. Nós tivemos que fazer nossa própria escala. Na minha caixa de ferramenta eu fiquei com a escala feita no Curso de Ferroviários. Não tinha exatamente a mesma precisão. Porque na mecânica se trabalha com precisão. Mas, fizemos a nossa escala. O Serrano andou bolando a maquininha para fazer escala.

Serrano! O Serrano é uma capacidade! O Serrano era bom, de fato. O Serrano e o Walter Lucke. O Walter Lucke é teórico. Na parte de oficina – ele aprendia marcenaria – eu não sei, nunca vi ele trabalhar. Mas era um autodidata espetacular. E tinha um *QI*! Tinha, não, tem. Está vivo, ainda.

O Serrano era prático. Ele tinha bom conhecimento, tanto é que chegou à categoria mais alta, também, da oficina: mestre, mestre de oficina, uma coisa assim. Ele era bom, sim. Você o entrevistou? Ele é espanhol, filho de espanhol. Ele era bom!

Eu, como falei, fiz o curso para ajustador mecânico. Mecânico ajustador, ou ajustador mecânico – será que há diferença? Acho que dá na mesma, não é? E a caixa de ferramenta era de madeira. Essa caixa de madeira era feita lá também. Eram os alunos da marcenaria que faziam. Fazíamos todas as peças e depois a marcenaria fazia a caixa, entalhava tudo lá dentro, colocava cada ferramenta no seu lugar. Cada ferramenta, na tampa de cima e na tampa de baixo, tinha sua presilha para não cair. Lá tinha talhadeira, puxador, graminho, arco de serra, compasso, compasso de precisão de mola...

No terceiro ano, parece que já fazia um estágio para dentro da oficina. Eu não me lembro bem, parece que não cheguei a fazer esse estágio. Mas vinha, às vezes, serviço de dentro da oficina para ser feito ali, na bancada, pelos alunos. Naquela ocasião, na época da guerra, devido à falta de gasolina, surgiu o gasogênio. Tinha peças do gasogênio, as peças mais delicadas, que eram feitas no Curso de Ferroviários. Não me lembro, agora, exatamente que tipo de peça era. Mas foram feitas lá.

No terceiro ano e também no quarto, trabalhava-se com as peças como se já estivesse trabalhando na oficina. Mas somente peças de bancada. E eram peças para serem utilizadas. No terceiro, como no quarto ano, as peças... acho que já eram utilizadas. Já eram peças utilizadas. Pelo menos eu me lembro de ter trabalhado em peças para caminhões de gasogênio. Mas no quarto ano – parece mentira – já não me lembro tanto o que eu fazia no quarto ano. Mas eram, também, peças utilizadas. Eram feitas nas bancadas da escola. Os alunos não se deslocavam para a oficina. Teve um tempo em que os alunos de quarto ano já iam fazer estágio nas oficinas. Eu não me lembro, parece que eu nunca fui. E depois parece que cessou isso – fazer estágio. Mas teve um tempo – eles não contaram para você? Teve um tempo que saíam para a oficina. Mas no meu tempo parece que já não houve, não houve esse estágio. Não me lembro de sair para a oficina para trabalhar.

As atividades nas bancadas do curso eram diferentes das da oficina. Na escola, o aluno ficava na sua bancada fazendo aquelas peças. Quando eu me formei e fui para a oficina, a gente estranha. Eu fui para uma seção de manutenção de máquinas. E a seção de manutenção de máquinas não é ficar numa bancada limando uma peça, confeccionando uma peça. Você vai – determinada máquina da marcenaria deu defeito você tinha que ir lá e corrigir o defeito da máquina. Tinha que verificar e procurar corrigir. Mas para isso a gente já não tinha experiência. Tanto é que quando nós éramos admitidos na Paulista não era como oficial: éramos admitidos como aprendiz. E ficávamos dois ou três anos como aprendiz. Como aprendiz, acompanhava aqueles oficiais mais antigos para ir adquirindo prática na reparação de máquinas. A turma até brincava: "aprendiz..." – parece que você estava sendo castigado.

Logo de início me puseram com um oficial que fazia reparação de caldeiras. Trabalhar numa reparação de caldeiras! Não era fácil! Era um serviço pesado, um serviço de responsabilidade porque era uma caldeira. Tinha injetores de água, tinha válvulas de segurança que você tinha que examinar, verificar. São coisas que o aprendiz, na sua vida de aluno, dentro de uma escola, praticamente não sabia que ia encontrar. Tinha seções que o aluno ia, quando saía da escola, e ficava naquela mesma rotina da escola, como a seção de fechaduras. A oficina tinha seção para tudo. Era tudo feito ali. O aluno que saía formado e ia para a seção de fechaduras ia trabalhar com ajustagem. As fechaduras eram feitas, eram fundidas em Jundiaí, e vinham para cá. O aprendiz só trabalhava mesmo em ajustagem, ajustagem de fechadura. O aluno saía do curso e ficava praticamente no mesmo serviço. Mas como eu saí dali e fui para uma seção de manutenção de máquinas, então mudou. Para mim mudou completamente! Não existia aquilo de liminha, isto e aquilo, não! Tinha que pegar no pesado e procurar resolver o problema que a máquina tinha dado.

E tinha o quarto de ferramenta que, na época, era considerado "a menina dos olhos" das oficinas. Era uma seção de mecânica mais fina. Chamava-se quarto de ferramenta porque lá ficavam as ferramentas. Todas as ferramentas que se usavam na oficina saíam dali.

Então tinha que ter umas ferramentas de acordo. Nessa caldeira, vamos dizer, tem séries de válvulas que você tem que ajustar. Essa ajustagem de uma superfície que tem que ser feita, tinha que ter um bom desempeno. Desempeno era uma peça bem feitinha, bem plana. Passava aquela tinta azul, laprússia, e aquela ferramenta tinha que ser uma ferramenta precisa. Hoje tem retífica, tem tudo. Antigamente não: tinha que desempenar. Então, passava aquela tinta – azul de metileno – naquela superfície que estava desempenando. Onde a tinta marcava, você tinha que trabalhar. Hoje, se falar uma coisa dessas, a pessoa até dá risada. Mas naquele tempo não era para dar risada não: tinha que ser feito.

No quarto de ferramenta, tinha que deixar as ferramentas tudo em ordem para seu uso, como no exemplo que eu estava dando. Por isso era considerada uma seção de ajustadores mais capazes.

No Curso de Ferroviários o aluno recebia o desenho e o material para trabalhar. Era tudo bem organizado. Tinha uma estante onde você colocava o desenho. Não deixava em cima da bancada, não. Tinha um vidro, colocava o desenho. Isso no primeiro ano, que tinha a série para você fazer. Mas depois, no terceiro e no quarto anos, só se você recebesse uma peça para ser feita, com desenho junto. Mas eu não me lembro se no terceiro ano era sempre assim.

Cada peça tinha um desenho. Você recebia o material e o desenho. Fazia e ia aumentando a dificuldade! Aumentando a dificuldade e aumentando o tipo de serviço, o tipo de operação que você teria que fazer. Como eu falei, uma hora o aluno trabalhava com a lima, outra hora trabalhava com um compasso. Tanto é que os exames que se faziam não eram fáceis. No primeiro ano, como exame, o aluno tinha que trabalhar o material que recebia: uma peça, um quadrado. Tinha que esquadrejar todo ele, com lima, deixar na medida. De um lado, tinha que fazer uma espiga quadrada, com a serra; do outro lado, você tinha que fazer uma espiga redonda, mas não no torno, não: na lima. Era isso mesmo: um quadrado. Então, de um lado você fazia uma espiga quadrada, do outro lado, você fazia... eu vou até fazer em projeção: tinha, também, um rasgo aqui; aqui tinha uma espiga e, neste ponto, era vazia; aqui, redondo e aqui era quadrado.

E tinha um rasgo para você fazer. Não me lembro se do outro lado tinha mais alguma coisa. O aluno deveria fazer a peça em seis ou oito horas. O professor ficava longe: o aluno tinha que se virar. E eles avaliavam assim: cada décimo de milímetro que o aluno perdia numa medida, perdia um ponto. Parece que é isso! Cada décimo de milímetro, perdia um ponto. Para definir a nota, considerava tudo: esquadro, acabamento e medida. Esquadro, você olhando essa peça de topo, assim, tem que dar 90 graus aqui, 90, aqui... você tinha que fechar. Ficou inclinado, já perdia.

Era esquadro, medida, acabamento e o tempo. Ele tinha um tempo máximo. Podia passar do tempo, mas aí parece que começava a perder, também. Se fizesse antes do tempo, ganhava. Se passasse do tempo, perdia.

Os exames eram feitos por aqui. Não me lembro que viesse gente de fora. Naquele tempo acho que nós não tínhamos ligação com São Paulo. Acho que teve ligação com São Paulo quando o Senai entrou. Aí eu não sei se houve, mas, no tempo do Curso de Ferroviários mesmo, não. Tinha visitas. Muitos vinham visitar o Curso de Ferroviários porque era considerado uma escola-modelo. Mas, visita de supervisão, não. Não que eu me lembre. Eu não me lembro. Sobre isso o professor pode falar. O Serrano falou alguma coisa sobre isso? O Roberto Mange era do... mas eu acho que eles não tinham influência, acredito eu, não sei se o Serrano falou isso. Eu acho que eles não tinham influência. Será que tinha influência, na peça? Se vinham na época dos exames ou fazer supervisão, isso eu não me lembro. Bom, eu estava no primeiro ano e falar sobre uma coisa dessas, se vinha gente de fora...

Eu, quando concluí o curso, já entrei na Paulista. Nem férias tivemos, praticamente. Dia 3 de janeiro [de 1945] já entrei. Entrei como aprendiz de mecânico! Fiquei como aprendiz, acho que uns três anos. Depois passei a ajustador. Como ajustador aconteceu o seguinte: naquele tempo não se formava eletricista. Não tinha. E a eletricidade precisava de oficiais. E com o Dr. Betim, que dava aulas de eletrotécnica, eu tive notas boas. Como precisavam de aprendiz de outros setores, eles quiseram fazer um rodízio dos aprendizes nas diversas turmas, diversas seções. E naquela ocasião eles me colocaram na eletricidade. Iam fazer um rodízio e eu fui para a eletricidade. E acabei me acostumando na eletricidade. Gostei da coisa, fazia tudo: enrolava motor... na Paulista fazia-se de tudo, até motor.

Como me dei bem na eletricidade, fiquei. Até que um dia eu fui convidado pelo Guarnieri para trabalhar na seção técnica. Eles tinham criado um sistema de fichas de produção que já estava funcionando há um certo tempo e me convidaram para trabalhar nesse controle de produção. Eu deixei a eletricidade e fui para a seção técnica, mas isso depois de ter ficado uns dois anos na mecânica, na manutenção de máquina e, na eletricidade, mais uns dois anos ou três, não me lembro bem: a questão de data é fogo para mim!

Na seção técnica eu comecei como controlador de produção. Depois eles acharam que o controle de produção não era aquilo que eles esperavam, porque a oficina era uma oficina de manutenção. Não era de construção. Na construção, na fabricação, talvez se possa determinar o tempo de trabalho por peça. Mas, numa oficina de manutenção, recebia-se uma peça para reparar e determinava-se o tempo empregado naquele serviço – quantidade de horas ou de dias. Mas às vezes a peça vinha numa condição, às vezes vinha em outra, tornando-se difícil a manutenção desse sistema. E esse controle de produção por ficha cessou. Como eu já estava na seção técnica me colocaram na seção de orçamento.

Da seção de orçamento eu passei para a de desenho. Eles estavam precisando de desenhista, eu pedi para fazer um teste e fui aprovado. Terminei minha carreira na seção técnica de desenho. E no fim da minha carreira cheguei à chefia da seção. Fiquei uns cinco anos mais ou menos.

Aquele sistema de controle do tempo de produção por ficha eu não me lembro quanto tempo durou. Foi um sistema idealizado por um senhor chamado José Guarnieri, talvez o Serrano, também, não tenho certeza. Se não me engano foi idealizado por ele, pelo José Guarnieri e outro senhor do escritório, o Dr. Pelágio, na ocasião, objetivando controlar a produção. Mas o tempo de duração desse sistema eu não me lembro. Eu trabalhei nisso...eu me casei em 1951

– agora acho que vai dar para lembrar –, quando me casei eu já estava no escritório. É: até 1950, mais ou menos. Até 1950. Funcionava assim: para determinado serviço era calculado uma quantidade de horas (horas, dias...), e a pessoa tinha que fazer naquele tempo determinado. Se ele fizesse antes daquele tempo, ganhava pontos. Tinha coeficientes. Ela ganhava pontos. A dificuldade do serviço também atribuía pontos. E esses pontos eram revertidos em dinheiro: tinha um prêmio de produção – o Serrano não explicou isso para você? Tinha um prêmio de produção. A gente dava o serviço numa ficha. Se não me engano tinha letras que determinavam a dificuldade do serviço. Era o tempo, a dificuldade, se não me engano, e a qualidade do acabamento do serviço. E isso nós calculávamos, tudo, naquela régua de cálculo – como é que chama aquela régua? Já não me lembro mais como é que era. Já não me lembro mais – e estabelecia pontos ganhos ou pontos perdidos. Com o ponto ganho tinha prêmio de produção e ponto perdido tinha que reaver aquele ponto perdido. O trabalhador recebia uma ficha com a tarefa que ele tinha que desempenhar. Tinha dois tipos de ficha: tinha uma ficha branca, que era um serviço conhecido e com tempo tabelado. E existia uma ficha amarela, que era um serviço desconhecido, um serviço que você não sabia quanto tempo ia levar. Eles[a equipe da seção técnica] indicaram umas pessoas para fazer controle de tempo de serviços conhecidos, de peças conhecidas que tornavam possível determinar o tempo. E quando aquele serviço não tinha tempo determinado o controlador de tempo ia lá, controlava e depois estabelecia o tempo. Aí virava uma ficha branca. Mas isso durou muito pouco tempo. Eles chegaram à conclusão que não dava resultado. Não demorou muito esse sistema.

* * *

Eu me casei em 1951. Tenho um casal de filhos e já estou com cinco netos. Mas perdi minha esposa há pouco tempo. O filho é engenheiro civil. Formou-se aqui, em Piracicaba. E a filha é psicóloga. Mas, tanto um quanto outro trabalham em ramos diferentes. O filho, hoje, é dono de floricultura. Ele presta serviço para o Inocoop. É fiscal, mas autônomo. Durante um certo tempo ele foi empregado. Depois desistiu porque tinha que viajar muito. Ele se casou, foi morar em Bauru, foi para Avaré, foi... Ele achou que não dava certo. Quando ele se casou foi morar em Bauru. Depois de um tempo ele veio aqui para Araras. Aí ele disse: "Papai, não dá! Ficar andando feito cigano, não dá!". Ele desistiu da fiscalização, mas o Inocoop começou a dar fiscalização a ele como autônomo. E ele entrou numa imobiliária, com o Rui Ladislau, que faleceu há pouco tempo, não sei se você chegou a conhecê-lo. Nesse ínterim ele tinha montado uma floricultura, ele e a mulher dele, minha nora, em Santa Gertrudes. E continuam.

A filha, psicóloga, no começo entrou aqui, no Anglo, e agora está com representação de materiais aqui em Rio Claro. Ela deixou, praticamente, a formação. Nem sempre aquilo que a pessoa estuda vai ser a meta mesmo. Hoje o casal, para sobreviver, é preciso que os dois trabalhem. No meu tempo já não foi bem assim. No meu tempo, embora a minha patroa fosse professora, ela lecionou um pouquinho no começo da nossa vida de casado, mas abandonou. E não porque o salário da Paulista fosse suficiente. Não era. Eu vou ser sincero para você. Para você viver, comer, para aqueles que fossem acomodados, como muitos foram, era suficiente. Depois que eu passei para o escritório, melhorou um pouco o ordenado. Mas, paralelo ao serviço da Paulista, eu tive isto aqui [refere-se à atividade profissional na fábrica de aparelhos musicais do irmão, também ex-ferroviário]. Se lá eu trabalhei 35, aqui já vai para quase 45. Até hoje eu trabalho aqui. É uma vida dura, não é fácil, não! Eu trabalhava lá na oficina e sábado, domingo e feriados e também durante a semana, no fim da tarde e à noite, trabalhava aqui para melhorar o rendimento. E na Paulista eu também fazia hora extra. Mesmo no escritório. No escritório nosso horário era até as quatro horas e, numa grande parte do meu tempo, eu trabalhei até as seis. Eu acredito que a própria Companhia, não sei, dava...

A questão do sobretempo já vinha desde o tempo do meu pai. Meu pai também fazia tudo quanto era sobretempo que aparecia porque não era fácil cuidar da prole. E eu também fazia. O sobretempo que aparecia eu fazia. E assim mesmo, trabalhava aqui [na fábrica do irmão]. Fazia sobretempo, mas trabalhava aqui. Com isso, não vou dizer que eu tenho... eu melhorei um pouco o conforto da minha vida. Pude dar uma instrução melhor para os meus filhos. Logo que eu me casei, em 1951, eu já comecei a trabalhar aqui. Não era propriamente uma oficina. Meu irmão explicou para você que ele foi músico, toda vida foi músico. E como ele era mecânico [formado, também, no Curso de Ferroviários] e dava aula de música, ele começou criar esses acessórios de instrumentos. Criar não, ele tinha muita ligação com casas musicais e foram aparecendo esses pequenos serviços. Eu não sei se ele falou para você, ele começou com aquele cordãozinho para segurar o violão; com aquela braçadeira de pôr no cabo do violão; com chave de afinar piano. A braçadeira, toda vida, fui eu que fiz para ele. O meu filho nasceu em 1954... eu já comecei trabalhar para ele em 1953, quando ele começou com a primeira peça.

Na Paulista, quando eu estava na oficina, eu não me lembro se tinha muita hora extra. Só quando necessitavam eles faziam. No escritório, onde nós trabalhávamos, o nosso horário era até quatro horas, mas houve um tempo em que nós trabalhávamos até as seis horas, fazendo duas horas de sobretempo.

Nós fazíamos. Na oficina, já não lembro muito. Todas as seções tinham hora extra. Mas, no escritório, durante muito tempo, nós fizemos hora extra.

Tanto na oficina quanto no escritório, a gente tinha bons amigos. Acho que não havia diferença. Quanto à disciplina, sempre foi marcante, no tempo da Companhia Paulista. Sempre foi. Era uma disciplina rígida, mesmo no escritório. Cada um tinha seu lugar de trabalho. Se você saía do seu lugar para conversar com outro, o superior já olhava. Nesse ponto, na oficina, tinha-se mais liberdade, não bem liberdade: no tempo que eu trabalhei na manutenção de máquinas, eu não parava na bancada porque tinha que fazer manutenção de máquina: você ia para cá, ia para lá – ficava, geralmente, longe da chefia da seção. E na seção de eletricidade, a mesma coisa. Quando estava dentro da seção, com serviço de bancada, tinha que ficar na sua bancada. Não podia ficar zanzando porque chamava a atenção mesmo. Mas também tinha, na eletricidade, essa coisa de você ter que ir lá, ver o motor para cá, ver uma máquina para lá e a parte elétrica de outra máquina. Mas no escritório, não. No escritório já tinha que ficar mais parado. No tempo que eu trabalhava na produção chegava tudo na minha mesa. Não precisava sair da mesa para trabalhar. No orçamento, no desenho, a mesma coisa. No desenho, não. No desenho, às vezes você tinha que sair. Tinha que ir para a oficina, por exemplo. Mas depois que chegava para desenhar, depois que já tinha o croqui, tinha que ficar na prancheta.

**

O aluno que vinha do Curso de Ferroviários tinha a teoria e aqueles senhores mais antigos tinham aquela prática que a gente não tinha, mas a gente tinha o conhecimento teórico que eles não tinham. E quando o aluno ia trabalhar, por exemplo, naquela caldeira a que me referi antes e encontrava com um oficial que não tinha o conhecimento que a gente tinha, mas tinha o conhecimento prático da caldeira, quando trabalhava com o oficial que reconhecia e que, às vezes, já tinha filho também estudando, esses já compreendiam melhor. Mas quando topava com pessoas que não estava com uma certa... eu não sei dizer ao certo, talvez fosse até impressão da gente, mas tinha um pouco dessa rixa... Principalmente porque diziam que, no futuro, as chefias das seções seriam destinadas somente a alunos que saíam do Curso de Ferroviários. Isso era ruim para aqueles senhores de mais idade que pretendiam chegar a um cargo de chefia. E na verdade isso aconteceu. Isso aconteceu. Chegou uma época em que, na maioria das seções, o chefe já era ex-aluno do Curso de Ferroviários. E tinha que ser, quer queira quer não! Mesmo um pouco antes de eu sair aposentado já não existia, eu acho, seção nenhuma em que o chefe não fosse ex-aluno. Salvo raras exceções. Mas a maioria era de pessoas que foram alunos.

A gente, quando era aluno, às vezes ouvia alguma coisa, ouvia comentar [sobre ocupar postos de chefia]. Mesmo o Walter [Lucke].

O Walter era um autodidata. Um sujeito espetacular. Tinha muito conhecimento. E dentro da própria oficina ele dava diversos cursos. Eu fiz muitos cursos. Eu tive curso de inglês, fui escolhido para fazer o curso de inglês, de matemática, outros voltados para especialidades de trabalho. Eram cursos que eu freqüentava. O Lucke sempre falava: "Vocês não vão se arrepender de estar estudando. Ponham sempre na cabeça. Estudem, vocês não vão se arrepender. Vocês vão chegar...".

E, de fato. Quando se é apenas um desenhista e o chefe é que tem que se virar, tudo bem. Mas no momento em que eu me tornei chefe da seção eu vi quanto foi importante, para mim, aquele conhecimento de inglês, porque, na ferrovia, a bíblia do ferroviário (a turma falava "a bíblia do ferroviário") era o *AR – American Railway*. Era um livro, em inglês, onde tinha tudo. Um livro grosso, assim. E quase todos os meses, quando havia modificações em regras, a Companhia recebia e substituía as folhas: estava sempre atualizado.

Nesse livro tinha tudo sobre ferrovia: administração, tráfego, tudo! Administração, não. Era sobre a parte técnica. Por exemplo, um mancal, um rolamento: ele trazia o desenho, dava todas as dimensões, dava todas as folgas.

Voltando para o Curso de Ferroviários, ele foi criado para ir melhorando o quadro de ferroviários. Mas, é engraçado, porque foi criado, mas houve a preocupação em não quebrar, também, o elo dos ferroviários, vamos falar assim. Porque geralmente eram filhos de ferroviários que iam seguindo. E não tinha mais opções em Rio Claro. Mas eram os filhos [que tinham preferência]. Mesmo para ser admitido na Companhia, sem ser aluno, a primeira coisa que perguntavam era se tinha parente ferroviário. Talvez fosse para agradar até ao próprio ferroviário, para manter como se fosse uma família. Não sei. Mas a verdade é que tinha mesmo. Veja o nosso caso: pai e quatro filhos. Tios, primos... era uma família.

Para ser admitido parece que preenchiam umas fichas, com os dados. Talvez se o pai fosse bom funcionário pesasse na escolha, não sei. Eu sei que esse meu irmão, mesmo, colocou primos nossos. Indicava, marcava... era uma família.

No Curso de Ferroviários era a mesma coisa. A maioria que estava ali, você perguntava, o pai trabalhava na seção, outro trabalhava noutra; eram quase todos. Eram raros os que não tinham parentes ali dentro.

Esse processo [de substituição das chefias] foi gradativo. Quando começou isso aí, já tinha aqueles senhores na chefia que, embora não tivessem tido estudo, eram homens competentes. Eram homens que respondiam. A ferrovia funcionava. Tem que se reconhecer isso: a ferrovia funcionava. Mas, com o tempo, para esses lugares foram mesmo sendo nomeados ex-alunos embora, também, demorasse. Eu mesmo: eu fui admitido em 1945 e saí em 1951, tive que ficar cinco anos. Veja quantos anos para chegar lá. Não foi fácil.

Eu não sei se eles comentaram sobre quando a Paulista – Paulista não, já era Fepasa – resolveu fechar os cursos de ferroviários. A ferrovia – eu vivi dela, vivo dela, mas ela nunca teve um ordenado como tem essas firmas hoje. Então, o que aconteceu? Os alunos que foram, depois, mais tarde, se formando ferroviários já não entravam mais na ferrovia. O sujeito adquiria os conhecimentos aqui e ia embora. Dizem que isso foi um dos motivos pelos quais a ferrovia fechou a escola. Ela gastava o dinheiro na formação dos profissionais e os profissionais, quando terminavam o curso, iam embora. Mas iam embora por quê? Iam em busca de melhor ordenado.

No tempo em que eu fui chefe da seção de desenho, em cinco anos e pouco, me passaram pela mão umas três equipes de desenhistas, desses mocinhos. Porque aqueles mais antigos saíam e eu fiquei ali. Ficamos eu e um outro colega. Nós tínhamos que ir substituindo. Íamos no Curso de Ferroviários, pegávamos a ficha dos melhores alunos que estavam dentro da oficina, ainda, e escolhia para levar para o escritório técnico. Via a nota de desenho, dava um teste para ele e levava. No tempo que eu estive na direção da seção eu formei uma turma de desenhistas. Mas naquela ocasião eles vinham como aprendiz e recebiam um salário mínimo como ordenado, um pouquinho mais que um salário mínimo. Eles chegavam e depois que começavam trabalhar, desenvolver o serviço, eles falavam: "Mas precisava melhorar o ordenado".

Acontece que a sede da Paulista era em Jundiaí. Não é como uma oficina particular que você chega, reconhece o valor do sujeito, já dá um aumento. Na Paulista não era assim. Você podia falar com os chefes das oficinas. O chefe: "Vamos ver o que nós podemos fazer". O que acontecia? Eu exigia deles. Tinha alguns que eram mais diretos: "Olha, seu Guilherme, não dá. A gente trabalha e...". "Eu vou falar uma coisa para você: você trabalha aqui, está sob a minha direção, você vai ter que trabalhar. Trabalhando você está aprendendo. Eu não quero que você fique parado. Você está aprendendo. Isso aqui tudo te serve. Você tendo, amanhã ou depois você pode pegar coisa melhor para fora." Eu tinha que abrir o jogo. E com isso, conforme eles iam se desenvolvendo, aparecia oportunidade, eles iam. Iam para a Dedini, iam para Limeira. Perdia muitos. Daquela meia dúzia ficavam uns dois. Você chama outro, a mesma coisa. Tudo por que? Questão de ordenado. Chega num certo ponto que não se podia mais segurar. Antigamente a gente chegava para o desenhista e dizia: "Faça isso!". Ele sabia do que se tratava. Tinha conhecimento técnico, tinha conhecimento de ferrovia. Chegou num ponto em que, às vezes, o engenheiro falava: "Puxa vida! Como é que fica a coisa aí quando você sair?". Eu dizia: "O senhor teria que formar os profissionais e segurar, mas para segurar tem que dar ordenado".

Muita gente fala da encampação da ferrovia pelo governo. Está certo, caiu. Caiu, mas na ocasião, melhorou o ordenado. A pessoa que está trabalhando não quer saber se o sujeito que está viajando está tendo mais conforto, menos conforto. Eles queriam saber que a Sorocabana pagava melhor do que a Paulista, o outro pagava melhor, etc. e nós, sempre a mesma coisa.

Quanto à encampação, é certo que ela aconteceu quando a Paulista já estava em declínio, vinha com sucessivas greves. Eu me lembro de ter convivido com muitas greves. Hoje a turma reclama que a ferrovia passou para o Estado. Passou para o Estado, mas na ocasião, melhorou o ordenado. E o que a pessoa queria era isso. Tinha que ter mantido a qualidade também. Melhorar o ordenado e manter a qualidade. Mas aí são outros fatores.

Com relação ao pessoal do tráfego, eu não estou a par do que se passava. A única coisa que eu sei do tráfego é que eles tinham uma carreira. Começava como limpador de máquina, passava para foguista, no tempo que tinha máquina a vapor. Era uma coisa assim. Mas isso aí demorava anos. Não era assim, entrar hoje e amanhã já promovia. Depois passava para maquinista de manobra, para maquinista de trem de carga e somente depois disso é que ele conseguia galgar o posto de maquinista de trem.

O guarda-trem, eu não sei como era. Maquinista eu sei que passava por toda essa fase. Mas se não me engano eles tinham curso, também, sobre tráfego de ferrovia. Eu acho que tinham.

Em termos de salário, cada um tinha uma escala. Eu não sei se tinha diferença com o pessoal da oficina. Eu acho que era tudo mais ou menos. Eu acho que o limpador ganhava igual trabalhando na oficina, eu suponho. Eu acho que não tinha diferença.

Mas o tráfego não dependia de estudo profissional. Sei lá! Eu acho que não dependia. Eu penso que eles faziam seleção. Eu acho que quando a pessoa estava para galgar um posto de maquinista de trem de carga, qualquer coisa, eu acho que eles faziam um teste. Não tenho certeza disso, mas acredito que deviam fazer. Porque eles exigiam exames de saúde, exames de vista, constantemente, deles. Eu acredito que para ser um maquinista de trem de passageiros tinha que ser via curso. Simplesmente galgando, assim... mas não sei dizer. Porque o transporte é o ponto forte, é a razão de ser da ferrovia.

Talvez você conversando com um maquinista eles possam informar. Eu sempre soube dessa hierarquia: limpador, foguista... Existia até o inspetor de maquinista, que estava acima do maquinista. Mas se existia curso, também, para formar o pessoal de tráfego, isso eu não sei.

Tinha o curso de aperfeiçoamento [para as mesmas qualificações do curso regular]. Isso tinha. Eles pegavam aqueles que já eram, que já tinham categoria de oficial, ou já trabalhavam com eles e queriam passar a oficial, então eles tinham curso de aperfeiçoamento, mas não na parte prática. Era um curso de aperfeiçoamento, só com a teoria. Eram ministradas aulas para eles. Eles pegavam, vamos dizer, pessoas da oficina. Acho que, para aqueles que julgavam que tinham possibilidade de ser oficial, ofereciam o curso. Tinha aqueles que aceitavam e iam lá, estudar. Como já eram funcionários, eles formavam outra turma. Não tinham nada que ver com o Curso de Ferroviários. Eu não me lembro bem como funcionava, mas eles iam, como eu disse para você. Eu acho que até reuniam categorias diversas: mecânico, carpinteiro etc. Mas eram só aulas teóricas, porque a prática eles tinha na oficina, trabalhando. Eu acho que eram só aulas teóricas: português, matemática, geometria. Eu penso que era isso.

Eu acho que falei, que me lembrei de coisas que pensava que nunca fosse me lembrar. Se você tiver mais alguma pergunta, e se eu me lembrar... mas já faz tanto tempo...

A importância da Companhia Paulista de Estradas de Ferro era muito grande. Não existia a rede rodoviária, a Companhia Paulista era tudo. Era tida como a principal ferrovia. Quando apitava uma máquina na oficina você via aqueles senhores arrancando o relógio e dizendo: "Uh! tá certinho!".

Acertava-se o relógio pelo apito da máquina. Era verdade. A ferrovia, a máquina, era pontual. Olha, está certo que podia existir, eventualmente, alguma coisa, mas se você conversar com um maquinista ou um guarda-trem, você vai saber que um pequeno atraso na chegada ou na partida eles eram intimados a explicar o porquê, tudo direitinho. A coisa era rigorosa. E esse negócio de falar que acertava, acertava mesmo! É lógico que o sujeito pegava o relógio, acontecia lá de o trem ter um pequeno atraso, mas geralmente ele pegava o relógio... Meu pai tinha um reloginho... e tinha também, na estação, um apito das nove horas. Isso nunca mais teve. Tinha o apito das nove horas. Isso foi muito famoso durante muito tempo. Não era das oficinas, era na estação. Uma máquina apitava. Não era oficina, era uma máquina a vapor. Ela ficava ali, quando chegava nove horas, apitava.

Havia, também, um senhor que, para que o pessoal todo da esplanada ouvisse, tocava um sino em determinada hora do dia. Eu não me lembro bem disso. Esse senhor até hoje é vivo. Ele vai pegar comida aqui, onde eu costumo pegar. É Schio, o nome dele. Esses dias eu estive conversando com ele, perguntando para ele: "Hei! eu toquei sino lá, muito tempo!" – ele falou para mim. Chegava uma determinada hora ele tocava o sino. Acho que era para indicar na esplanada toda porque além da estação tinha os armazéns...

Você conhece os armazéns da Cidade Nova? Aqueles armazéns eram movimentados toda vida. Você já passou lá em frente, quantas portas têm ali para carga e descarga! Tinha que ver como era aquilo! Era movimentado, muito movimentado. Era praticamente o único meio de transporte. Para você tomar um trem, quando você falava em tomar um trem para Campinas, se esse trem viesse de Bauru ou de outra cidade distante, podia contar que você ia em pé no trem. A ferrovia, a Paulista, foi o meio de transporte daquela época. Sem igual, não tinha outra. Não é que não tinha outra, ela era organizada mesmo. Era organizada, era pontual.

Ela era pontual! Com que idade você está? Está com 46 anos? Hoje você ouve falar da ferrovia com desprezo, com galhofa, não é? Mas era pontual, uh! se era pontual! Aqui, na linha tronco – São Paulo-Bebedouro, São Paulo-Tupã era difícil, muito difícil atrasar. Tupã, não. No caso era Bauru. Porque foi no meu tempo o prolongamento de Bauru a Marília e de Marília a Tupã. E já era eletrificado. Até Bauru já era, aqui em Rio Claro já era eletrificado nessa época. No meu tempo de aluno do Curso de Ferroviários, já era eletrificado. Não era eletrificado de Jundiaí a São Paulo. A turma, às vezes, comentava que nós entregávamos para a Rede – naquele tempo não era Rede, era SPR –, nós entregávamos no horário certinho. E dali para São Paulo era pouco. Eu vou contar uma coisa para você. Quando o trem chegava em Jundiaí para pegar as composições da Paulista, as composições de aço, o trem de aço, como se falava, e seguir para São Paulo, precisava de duas locomotivas. Lá era a vapor. Por isso eles faziam com duas locomotivas, porque era uma tração pesada. E a Paulista já tinha tudo eletrificado. Agora já não estou me lembrando bem se de Jundiaí até Bauru, até Bebedouro, ou se a eletrificação de Bebedouro foi feita depois. Isso já não lembro mais.

Mas aqui era assim. A turma brinca, brinca, mas pergunte para esses mais antigos, para você ver. Hoje é motivo de piada. Mas era pontual. Era difícil atraso de trem. E se você conversar com guarda-trem, com maquinista, pergunta para eles como é que era rígida a questão de horário. Quando chegava atrasado eles eram interrogados. Eles eram...

    Voltando sobre a questão do relacionamento com os colegas, nós fazíamos amizade. O círculo de amigos da ferrovia era muito grande. Naquela ocasião, quando eu entrei na Paulista, tinha cerca de dois mil ferroviários, de 1.500 a dois mil. Hoje, vamos falar em trezentos, quatrocentos ferroviários. Então, você fazia amizade. Às vezes não sabia nem o nome da pessoa, mas fazia amizade, conversava, topava na rua e cumprimentava. Às vezes você conhecia por apelido. Tanto é que eu, na idade que eu estou, às vezes vejo certo falecimento, eu falo: "Esse aqui era conhecido". Nem sempre dá para lembrar quem era. Mas nós fazíamos amizade. Mesmo no escritório, porque o escritório técnico não era composto só do desenho. O escritório técnico (meu irmão também trabalhou no escritório técnico) tinha a seção de desenho, seção de controle de carros e vagões, seção de orçamento e tinha uma outra seção, de intercâmbio. Essa seção de intercâmbio era nada mais nada menos que o intercâmbio entre a Companhia Paulista e as demais ferrovias. No intercâmbio, um vagão da Paulista (o meu irmão trabalhou muito nisso, já deve até ter relatado para você), um vagão da ferrovia Paulista entrava na SPR e sofria um acidente, sofria uma avaria. Esse vagão era consertado pela SPR que mandava a conta para a Paulista, e vice-versa. Era a seção de intercâmbio. Tinha cerca de trinta ou quarenta funcionários, mas eram todos conhecidos, todos amigos. Quer dizer, uma rixa ou outra, às vezes existia, mas a gente tinha um conhecimento de amizade.

    Fora do trabalho, a gente se encontrava em festas do Grêmio. Não sei se você ouvir falar, também, daquele famoso piquenique do pessoal da Companhia Paulista, em Americana. Eu fui uma vez lá. Era um pouco antes de Americana, onde tinha aquela indústria de tecelagem, Carioba. Tinha muita gente que ia nesses piqueniques.

    Tinha os festejos do Grêmio. No Grêmio, quantas vezes aquele inglês, James Blacke, um sujeito dinâmico, ativo, promovia aquelas festas para congraçamento de ferroviários. As festas do Grêmio! O

Grêmio é uma sociedade que, embora hoje a maior parte dos sócios sejam da cidade e não mais da Companhia, mas ainda se mantém como Grêmio Recreativo. Não sei se você conhece o Grêmio. Você já esteve no Grêmio? Você não vê uma sociedade igual àquela. O salão de festa e a parte poliesportiva... é espetacular. Vá lá para você ver que maravilha, que sociedade! Eu sou sócio remido. Dificilmente vou lá, agora. Há pouco tempo peguei meus netos e fui. Até eu mesmo fiquei vendo, admirado, o que fizeram na sociedade: uma beleza! Uma sociedade completa! Faça uma visita lá. Você poderia entrevistar o presidente, José Roberto Gonçalves. Ele é ferroviário aposentado. Foi aluno do curso. Não foi aluno do Curso de Ferroviários, eu acho que ele já foi aluno do Senai, mas é ferroviário aposentado. Vá fazer uma visita lá. Você pelo menos verá a grandiosidade da coisa.

4
Nos trilhos da memória:
Aprendizado, trabalho e tempo livre

No estudo do processo de formação profissional desenvolvido a partir da criação do Curso de Ferroviários da Companhia Paulista de Estradas de Ferro, buscando identificar elementos constitutivos da prática racionalizadora de organização do trabalho naquela empresa, a partir de meados da década de 1930, alguns dados, presentes em quase todas as narrativas, merecem atenção especial.

O primeiro deles se relaciona às características econômicas da cidade de Rio Claro e de municípios vizinhos, naquele período. Além da Paulista, apenas duas ou três indústrias de menor expressão estavam em atividade na época, com oferta bastante restrita de emprego, especialmente para aquelas ocupações consideradas como as mais importantes no quadro funcional da ferrovia e que constituíam a base de sustentação das oficinas: ferreiro, marceneiro, ajustador-mecânico, torneiro, caldeireiro e eletricista.

Num cenário predominantemente rural, com apenas 20% da população ocupando os núcleos urbanos no território brasileiro, como indicavam os dados do Censo de 1920, a região de Rio Claro foi se constituindo em importante pólo de atração de mão-de-obra, nas últimas décadas do século XIX, após a construção da ferrovia que ligava o município de Rio Claro a Jundiaí a partir de 1876. O transporte ferroviário chegava até a cidade de São Carlos, com a Companhia Rio Claro, comprada pela Paulista em 1892.

A substituição das estradas empoeiradas por onde escoava, especialmente, a produção do café, nos lombos das mulas, pelos caminhos de ferro, símbolo maior do progresso econômico, não transformava, com a mesma velocidade das locomotivas, a geografia do interior do estado de São Paulo. O processo de urbanização se dava em ritmo lento e concentrava-se em poucos pólos, entre eles Rio Claro, sobretudo quando abrigou, a partir de 1892, as oficinas da Companhia Paulista que, na década de 1930, já contava com mais de 1.500 trabalhadores. E mesmo nesse município a presença da ferrovia parecia não ser fator suficiente para fazer crescer o investimento no setor industrial.

Embora não se observasse, de pronto, uma expansão industrial, uma empresa do porte da Paulista, com as dimensões das suas oficinas, contribuiu para que se desenvolvesse, na cidade, uma certa cultura profissional. Quando a primeira turma de alunos do Curso de Ferroviários foi constituída, em meados da década de 1930, a empresa já contava com três gerações de trabalhadores.

Para um mundo ainda muito próximo das coisas do campo e com escasso mercado de trabalho, o prestígio de que gozavam o oficial de ferreiro, o trabalhador que dominava os segredos de uma caldeira, o artífice do enxó, do formão e do verniz, na marcenaria, ou o ajustador mecânico, senhor das ferramentas, as mais precisas, exercia um forte fascínio naqueles jovens, especialmente os filhos e netos daqueles senhores das artes e ofícios.

Para esses, os espaços privados da vida familiar já se constituíam lugares do aprender-fazer. Em casa, os relatos do cotidiano do trabalho do pai, e mesmo do avô, que compunham os feitos daqueles oficiais responsáveis pelo funcionamento da ferrovia, eram, por si só, fatores motivadores para as crianças. Para alguns ofícios, especialmente os da carpintaria e marcenaria, era muito comum o filho, ou o neto, acompanhar, no âmbito doméstico, os trabalhos realizados pelo pai ou avô e que não eram poucos, como mostram as narrativas, dada a necessidade de complementação de renda para manter a família – na maioria das vezes, com prole numerosa – em razão dos baixos salários da Companhia.

Na bancada do puxado e, muitas vezes, também no madeiramento do telhado, nos forros e assoalhos, nas portas e janelas das casas em construção, entre serrotes, martelos, plainas, grosas, lixas e bonecas de verniz, o caminho da profissão começava a ser traçado.

Para o pai, a preocupação com a sobrevivência do filho e da família que por certo ele iria constituir, mas também com a ajuda que ele poderia dar, enquanto solteiro, na manutenção da casa, encaminhar o jovem para um emprego na ferrovia era uma tarefa quase que natural. Não se ganhava bem, mas, para uma cidade sem empregos, a Paulista era um porto seguro. E ela, a empresa, não fechou os olhos para isso. Ao contrário, fez disso um dos esteios, talvez o mais forte, de sustentação da sua estrutura de organização e controle do trabalho: a Paulista tornara-se uma grande família.

Essa cultura do trabalhador fabril se intensifica com a entrada em funcionamento da Escola Profissional Masculina de Rio Claro, em setembro de 1920, "a quarta Escola Profissional instalada no estado de São Paulo, sendo a segunda a funcionar no interior" (Gonçalves, 2001, p.116). Muitos dos jovens contratados pela Companhia nos anos subseqüentes passaram pelos bancos e bancadas da Profissional, principalmente nos cursos de marcenaria e mecânica, com destaque para a qualificação de ferreiro. E, entre os primeiros instrutores das aulas práticas nas turmas iniciais do Curso de Ferroviários, encontramos oficiais da Companhia formados naquela Escola.

Para a Escola Profissional dirigia-se boa parte dos filhos de trabalhadores da cidade, sem condições de desenvolver outros estudos em razão, também, da inexistência de escolas formais secundárias locais. E a ferrovia, que já não encontrava muita dificuldade para suprir suas necessidades de mão-de-obra, a não ser nos períodos iniciais da implantação das oficinas, no fim do século XIX, passava a contar, agora, com um aliado importante para sua política de racionalização do trabalho. O aprendizado ia, aos poucos, se desgarrando das mãos dos artífices ferroviários e começava a ganhar *status* de ciência, como conhecimento teórico e técnico, ensinado por mestres, na escola.

O limitado mercado de trabalho local possibilitava à Companhia Paulista recrutar trabalhadores entre os jovens das famílias de oficiais e, agora, também com passagem pela formação profissional escolar. Reproduziam-se as condições favoráveis à manutenção de baixos salários, com estrutura promocional inelástica, que mantinha o jovem, contratado como aprendiz, nessa mesma função, por um tempo não inferior a cinco anos. E, quando passava a oficial, cumpria uma demorada trajetória de longos anos até vencer, quando conseguia, as cinco fases dessa função – de oficial de quinta até oficial de primeira categoria.

E a empresa continuou a manter essa mesma estrutura após a criação do Curso de Ferroviários em 1934, quando a Escola Profissional já contava com mais de dez turmas de novos trabalhadores formados, grande parte deles contratados pela ferrovia. A partir de 1935, mesmo funcionando no prédio da Profissional, o novo curso passou a ser orientado segundo os interesses diretos da Companhia, já que as aulas práticas, que correspondiam à metade da carga horária, eram desenvolvidas nas suas oficinas, com os primeiros instrutores sendo recrutados entre os seus próprios oficiais.

Preocupados com o controle da formação profissional, a Paulista já conseguira, quatro anos depois de iniciada a primeira turma, em 1939, transferir todas as atividades para as oficinas. E a partir de 1946 todos os professores, incluindo os responsáveis pelas aulas consideradas teóricas, eram contratados pela empresa.

Se as condições do mercado local já eram favoráveis ao controle do processo de trabalho, antes mesmo do início da formação profissional escolar, em 1920, agora, contando com a sua própria escola, a Paulista fortalecia o seu aparato. O saber dos velhos artífices, que já se sentiam ameaçados pelo conhecimento escolar de que eram portadores os novos contratados, ex-alunos da Escola Profissional, poderia tornar-se ainda mais desqualificado diante do novo saber produzido por uma escola especializada em ferroviários. Já não era mais suficiente o domínio da técnica adquirido com os longos anos de experiência no trabalho. A arte do fazer ou o fazer como arte deveria continuar se desfigurando caracterizando-se, ainda mais, como coisa das ciências e da técnica. O saber do ofício não mais concederia ao trabalhador a qualificação de artífice, como, também, parecia não emanar mais do trabalhador, mas da ciência. Da ciência que emanava da própria empresa.

Nessa caracterização do trabalho como atividade definida e orientada pela ciência, por algo estranho ao universo do trabalhador, por um saber do universo do capital, o desenho adquire função das mais importantes. Instrumento básico nos cursos de formação profissional, na mecânica e na marcenaria, o desenho aparece como a nova linguagem do mundo do trabalho avalizada pela ciência da geometria. Todo trabalho a ser realizado teria que ter como ponto de partida a sua representação gráfica, observados os princípios geométricos. Como lembra Moraes (1990, p.211 – grifos no original):

> os conceitos teóricos gerais apropriados pelos alunos viabilizariam a leitura da "representação gráfica" do trabalho a ser realizado ou, ao inverso, a tradução do método de trabalho na "linguagem" própria do mecânico: *no desenho* [...] em todas as atividades, os empresários industriais aspiravam uniformizar a realização do trabalho, impor-lhe um rendimento padronizado. E o desenho – expressão do novo campo de saber *normalizado* que vinha substituir os *métodos empíricos do trabalho* – permitia tal uniformização.

A desejada internalização dessa linguagem como valor, símbolo do *status* científico no aprendizado da profissão, parece ter sido realizada com sucesso na Companhia Paulista de Estradas de Ferro, com o Curso de Ferroviários. Pode-se observar em quase todos os relatos de ex-alunos a ênfase dada ao aprendizado do desenho, bem como a sua utilização no desempenho profissional, como na passagem em que o Sr. Benedito fala da caixa de ferramentas que ele confeccionou: "Eu, no terceiro ano, fiz minhas ferramentas, inclusive a caixa. E acondicionava tudo. Isso, de acordo com o desenho. Não se trabalhava sem desenho. A sua bancada estava aqui, o desenho estava aqui. Tinha que ler, interpretar e executar".

Mas a mística da grande família ferroviária se mantinha. Os novos empregados continuavam sendo recrutados nas famílias dos que já trabalhavam na empresa, especialmente os filhos desses. Melhor ainda: antecipava-se o processo. Agora, os filhos eram primeiramente encaminhados para a escola, também, de ferroviários. Isso, depois de terem obtido o diploma do curso primário. Estávamos nas décadas de 1930 e 1940, quando um contingente superior a 70% da população brasileira era constituído por analfabetos. Conseguir completar as quatro séries do ensino básico já era, para a época, um grande feito. A Paulista, no processo de seleção para o Curso de Ferroviários, escolhia entre os eleitos.

Esses eleitos, depois de receberem os conhecimentos técnicos e científicos da escola da empresa, por parte dos professores que também eram funcionários – a grande maioria formada pela mesma escola – quando eram contratados, na função de aprendiz, encontravam, entre os oficiais mais velhos, o próprio pai ou tios, ou mesmo primos, muitos deles ocupando posto de comando, como de encarregado ou de chefe. Isso certamente contribuía para atenuar possíveis conflitos no processo vagaroso que foi marcando a substituição daqueles velhos artífices, especialmente nos postos de comando, como se observa no relato do Sr. Euclides:

> O aluno que vinha do Curso de Ferroviários tinha a teoria e aqueles senhores mais antigos tinham aquela prática que a gente não tinha, mas a gente tinha o conhecimento teórico que eles não tinham. E quando o aluno ia trabalhar, por exemplo, naquela caldeira a que me refiri antes e encontrava com um oficial que não tinha o conhecimento que a gente tinha, mas tinha o conhecimento prático da caldeira, quando trabalhava com o oficial que reconhecia e que, às vezes, já tinha filho também estudando, esses já compreendiam melhor.

Em geral, essas relações eram conflituosas, "principalmente porque diziam que, no futuro, as chefias das seções seriam destinadas somente a alunos que saíam do Curso de Ferroviários. Isso era ruim para aqueles senhores de mais idade que pretendiam chegar a um cargo de chefia" (Sr. Euclides).

O longo período de espera que tinha que ser observado para, depois de cumpridas as diversas categorias de oficial, começar a galgar postos superiores mantinha-se inalterado. Mesmo o posto de encarregado, primeiro na estrutura de mando, imediatamente anterior à chefia, somente poderia ser alcançado depois de cerca de dez anos de trabalho. O extenso e penoso caminho percorrido pelo Sr. Renato, transferindo-se para diversas cidades, submetendo-se, muitas vezes, a condições menos favoráveis de trabalho na busca de promoção, ilustra bem essa política de pessoal da empresa. A peregrinação começa quando ele, como aprendiz – função na qual tinha ingressado em 1940 –, buscando promoção para oficial, trabalhou por treze meses nas obras de mudança da bitola estreita para larga, entre Pederneira e Bauru:

> Levei minha patroa. Depois ela ficou grávida, lá no meio do mato: tinha apenas cinco casas e a casa do chefe. Então eu comprei esta casa aqui [em Rio Claro]. Trouxe ela para cá e continuei trabalhando lá [...] Depois de treze meses voltei para a oficina. Trabalhei até 1949. Em julho de 1949 [...] fomos, eu e mais um colega, trabalhar, emprestados, em Bauru. Daí ofereceram remoção para eu escolher em Jundiaí, São Carlos, Bebedouro ou Triagem. Eu aceitei São Carlos. Isso em 1949 (julho). E sai daqui com promoção. Eu era [oficial] 5ª classe e fui lá como 2ª classe, já [...] Apareceu, então, a vaga em Triagem, como encarregado. Eu aceitei. Fui promovido. Isso foi em 1951. Fui para lá. Peguei a família também e fui morar em Bauru e trabalhar em Triagem [...] Fiquei ali até maio de 1954 [...] Fui, então, para Marília [...] até novembro de 1954. Pedi o regresso para Rio Claro. Não estava acostumando muito lá em Marília. Então me ofereceram São Carlos de volta. Vim para São Carlos tomar conta da preparação de locomotivas. Já era encarregado. A primeira vez eu era ajustador, agora já era encarregado [...] Fiquei até 1961. E antes de 1961 estávamos em greve. E eu não ia trabalhar em greve. Eu não ia [...] E começou aquela marcação em cima de mim. Eu não agüentei mais e fiz o regresso para cá [Rio Claro] [...] Só que era para trabalhar na ferramenta porque, na época, não tinha vaga de encarregado. Trabalhei um ano na ferramenta [...] E no fim de 1962 saiu, aposentado, um encarregado de chefe e eu fiquei sozinho tomando conta da turma. Daí um mês, mais ou menos, houve a promoção [para chefe] [...] Fiquei, então, tomando conta da turma até me aposentar [novembro de 1967].

Esse processo bastante moroso na política de promoção da empresa alcançava todos os trabalhadores. Mesmo aqueles alunos que mais se destacavam, como o Sr. Walter ou o Sr. André, também tiveram que se submeter a essa estrutura. "Eu modifiquei tudo isso", dizia o Sr. Walter Lucke. "Não era assim antes de mim. Também o pessoal da escola tinha que trabalhar quinze, vinte anos para poder ser um chefe. Eu passei a nomeá-los com dez, doze anos, com menos. Porque eles tinham competência."

Medidas como essas do Sr. Walter caracterizam a ação racionalizadora que se pode observar na Paulista, com a entrada dos trabalhadores egressos do Curso de Ferroviários. Considerado pelos colegas "um crânio", ele foi responsável por inúmeras ações voltadas para a reorganização do trabalho na empresa. Organizou cursos especiais de matemática e de estudo da língua inglesa, destinados àqueles que já tinham iniciado ou que reuniam condições para iniciar a carreira de mando. Depois de acompanhar cursos no Idort, em São Paulo, atuou como agente multiplicador das coisas da racionalização do trabalho dentro da ferrovia, atividade que se intensifica com o estágio que fez em ferrovia inglesa, a mesma por onde passou, segundo afirma na sua narrativa, o engenheiro Pelágio, que veio para trabalhar na Paulista, em Rio Claro, ocupando o principal posto de comando, a partir de 1928.

O desempenho funcional do Sr. Walter desde as atividades de instrutor, de diferentes disciplinas, que começou a desenvolver logo que concluiu o curso, até as inúmeras interferências na organização do trabalho, o levou ao cargo de mestre geral, posição mais alta na hierarquia. Nas oficinas, acima dele tinha somente o cargo de engenheiro chefe. O mestre-geral era responsável pela administração de toda a oficina. Quando assumiu o cargo, em 1963, ele reformulou a estrutura de mando:

> Eu nunca compreendi por que um chefe de uma turma de vinte, trinta homens, que recebia o título de mestre, ganhava mais que um outro que tinha uma turma de quarenta, cinqüenta homens. Eu nunca concordei com isso. E no dia em que dependeu de mim, eu mudei. Mestre tinha que mandar em três ou quatro turmas congêneres. Por exemplo: tem o mestre de carro. Ele cuidava de carro da larga, carro da estreita, carro de madeira, carro de aço. Em cada um desses setores tinha um chefe de

turma. E eles tinham que trabalhar em harmonia. O mestre era para promover harmonia entre eles.

Promover a harmonia significava diminuir o tempo gasto com o trabalho, ou "poupar mão-de-obra". O emprego da solda, por exemplo, começava a generalizar-se, enxugando o setor de ferraria, até então considerado o "coração da oficina". "Estávamos fazendo peças de ferraria e era um absurdo" – afirma o Sr. Walter:

> Uma peça que levava dez horas, a solda fazia em meia hora. Eu falei para o chefe da solda, que era o mais velho, o mais competente, que já era mestre: "Agora você não vai ser mestre de solda, você vai ser chefe de caldeiraria, solda e ferraria. E o que puder fazer na solda, não faz mais na ferraria. E o que tiver que fazer na caldeiraria e que não compete à solda, a ferraria dá para a solda e vice-versa. Você vai harmonizar essas turmas. Quando um serviço puder ser feito com menos mão-de-obra, ele tem que ser feito. E você é quem manda".

Interferências de menor amplitude, mas não menos importantes no processo de racionalização do trabalho, aparecem em quase todos os relatos. O Sr. Renato Stabelini descreve como fez aumentar o ritmo do trabalho quando assumiu a chefia da seção de reparos de vagões, no setor de truques, depois de comentários sobre a falta de autoridade do chefe anterior:

> no tempo do Valentim, chegava aquele monte de truque no carretão que corria lá, do estradão de cima até embaixo. Guardava carro, guardava vagão... E aquela turma já estava viciada, porque tinha empregado, também, malandro. Na hora de descarregar o truque, ficava por ali. E o Valentim falava: "Vamos descarregar aquele truque". Um falava para o outro: "Vá você!". Os malandros eram todos companheiros na hora em que chegava serviço ruim. Eu fui lá, peguei um quadro de folha quadriculada com o número e o nome de todos os empregados, desde os mais baixos, os mais novos, até os mais velhos. Tinha o nome de todos os empregados e o número do cartão [...] Daí eu falei: "Quando chegar o primeiro carretão de truque, quem vai descarregar vai ser esse número do cartão, aqui. A outra remessa que vier, esse debaixo. A outra, esse debaixo... Se ele estiver no banheiro, então pula e, na outra, ele vai des-

carregar [...] Porque se o empregado era malandro ... tinha aquele monte de truque para reparar ... se eu entregar o meu que está pronto, eu vou ter que pegar aquele ruim, lá. Eu amarrava, amarrava... Quando o outro pegava o truque ruim, eu entregava o meu, pronto, e pegava o outro, bom, que vinha depois".

Ao destacar o sucesso da sua medida, o Sr. Renato registra, com ar um tanto pesaroso, o único episódio negativo: "Depois daquilo que eu fiz, organizando o quadro de serviço, não tinha mais amarração. O único que amarrou ali foi um rapaz que eu acabei colocando para fora da turma. O único empregado que eu coloquei fora da turma".

Descrições como essas, presentes nas diferentes narrativas, constituem-se em elementos dos mais significativos nesse processo com o qual vão se revelando, no cotidiano do trabalho, ainda que pudessem não estar claramente explicitados pelos seus idealizadores, alguns dos objetivos do Curso de Ferroviários. Já com a primeira turma formada, no fim de 1938, que proporcionou o início da substituição dos primeiro instrutores, por ex-alunos do próprio curso, difunde-se, entre os alunos, como lembrava o Sr.Euclides, a informação de que aos poucos eles passariam a ocupar os cargos de comando, em substituição àqueles mais antigos que não tinham tido a oportunidade de freqüentar o curso da Paulista. "E na verdade isso aconteceu [...] Chegou uma época em que, na maioria das seções, o chefe era ex-aluno do Curso de Ferroviários [...] Mesmo um pouco antes de eu sair aposentado, já não existia, eu acho, seção nenhuma sem que o chefe da seção não fosse ex-aluno".

Nos demais cursos que eram ministrados, como os de matemática ou de inglês, os funcionários eram sempre alertados para a importância do aprendizado daqueles conteúdos para a carreira e para o bom desempenho nas atividades em cargos de chefia. Referindo-se aos cursos de inglês ministrados pelo Sr. Walter Lucke, o mesmo Euclides lembra que:

> o Lucke sempre falava: "Vocês não vão se arrepender de estar estudando. Ponham sempre na cabeça. Estudem, vocês não vão se arrepender. Vocês vão chegar..." E, de fato [...] no momento em que eu me tornei

chefe de seção, eu vi o quanto foi importante, para mim, aquele conhecimento de inglês porque, na ferrovia, a bíblia do ferroviário [...] era o *AR - American Raiway*. Era um livro, em inglês, onde tinha tudo.

Reforçava-se, assim, nos cursos de curta duração, aquilo que acabou se confirmando como um dos principais objetivos do Curso de Ferroviários: a formação "técnico-científica" dos novos chefes. E uma formação tal que tornou possível a definição de um outro objetivo, caracterizando o curso, ele mesmo, como uma prática racionalizadora do processo de trabalho. Como indicamos em algumas passagens antes, os ex-alunos atuavam como agentes multiplicadores na implementação de técnicas de organização racional do trabalho. Treinados e cobrados, no lugar da aprendizagem, para produzir as peças buscando otimizar o fazer quanto ao tempo, precisão nas medidas e acabamento, muitos desses aprendizes de ferroviários acabaram por desenvolver, no lugar do fazer, uma habilidade no olhar para identificar problemas na rotina do trabalho e solucioná-los de acordo com as máximas orientadoras do curso.

E sendo a escola administrada diretamente pela empresa, funcionando nas próprias oficinas, com instrutores formados por ela e, eles próprios, funcionários atuantes no chão da fábrica, a Paulista conseguia adequar, tanto quanto possível, a formação de seus oficiais às exigências características da ferrovia. O nível de realização dessa adequação pode ser observado a partir da trajetória dos dois principais alunos, ambos da primeira turma: André Serrano e Walter Lucke. E ambos, também, os mais bem-sucedidos na carreira: o primeiro atingiu o cargo de auxiliar de mestre-geral, o penúltimo na hierarquia das oficinas, enquanto o segundo, como vimos antes, chegou a mestre geral. Tanto um quanto outro gozavam do reconhecimento geral, especialmente por parte dos ex-alunos do curso, como pode ser observado em quase todas as narrativas. E os seus feitos conferiam a eles a autoridade de que ainda desfrutam entre seus contemporâneos.

"O Serrano é uma capacidade! O Serrano era bom, de fato. O Serrano e o Walter Lucke" – afirma o Sr. Euclides, que ocupou por muitos anos o cargo de chefia da seção técnica de desenho, função na qual se aposentou. "O Walter Lucke é teórico. Na parte da oficina – ele aprendia marcenaria – eu não sei, nunca o vi trabalhar. Mas era um autodidata espetacular. E tinha um *QI*...! O Serrano era prático". Ou, nas palavras do Sr. Renato: "O [Walter] Lucke era bem preparado na teoria. O Serrano era na prática".

Nessa observação simples e direta o Sr. Renato sintetiza bem as características dos feitos desses dois trabalhadores, que podem ser observadas nas respectivas narrativas. O autodidata, filho de alemães, sempre disposto a aprender mais e transmitir o conhecimento de forma a melhor instrumentalizar a ação dos detentores de postos intermediários de comando, especialmente os chefes, procurando reforçar sua autoridade, alicerçando-a nos princípios da ciência e da tecnologia; e o engenhoso filho de espanhol, prático, que tinha dificuldades no aprendizado de conteúdos teóricos, mas que sempre obtinha as melhores notas nas disciplinas práticas. Ambos sempre atentos, procurando identificar problemas e buscando soluções. O primeiro com visão mais macro e de médio e longo prazos, e o segundo, com os olhos mais para o imediato, para a intervenção direta, procurando garantir a continuidade do fluxo do trabalho, inventando novos artefatos, reformulando e/ou adaptando melhor as necessidades da ferrovia, máquinas e equipamentos produzidos, na maioria das vezes, fora do país.

O Sr. Walter, difundindo as coisas da Organização Racional do Trabalho, ministrando cursos de inglês e de matemática, reformulando o conteúdo das disciplinas do Curso de Ferroviários, buscando novos conhecimentos no Idort, ou em estágio fora do país, interferia de maneira importante na política de racionalização do processo de trabalho, procurando sempre apresentar um caráter *científico* e atuando na capacitação de agentes multiplicadores. O Sr. André, inventando e colocando em funcionamento máquinas para produzir copos descartáveis de papel para abastecer os carros importados dos Estados Unidos; readaptando os carretões, produzidos na Inglaterra, visando ao melhor desempenho no transporte de carros e vagões para reparos; reformulando os equipamentos mecânicos para uma produção mais eficiente de dormentes, ou atuando ativamente nas atividades de socorro, as quais comandou por muito tempo, para repor, de pronto, o normal funcionamento do tráfego, cumpria essa outra exigência de racionalização do trabalho, característica de empresa de transporte ferroviário. Quando procura explicar por que, no tempo da Paulista, "o trabalho era mais rígido" e "tinha que cumprir os seus deveres", o Sr. André assim define a sua atuação: "Eu gostava de, passando num lugar e ver uma coisa diferente, observar, estudar, aprender, para melhorar, mudar. E não procurar me encostar. Essa coisa, não. Eu gostava de fazer!". E logo em seguida, para exemplificar, relata o caso da modificação que fez nos carretões ingleses, observando, sempre com a expressão de quem se orgulha de seus feitos: "Esse é um dos casos. Tem muitos casos que eu resolvi".

As dificuldades encontradas pela Paulista para implementar um processo de produção com o tempo controlado por meio do sistema de fichas, também lembradas por quase todos os entrevistados, constituem-se em elemento importante de advertência para a abordagem da questão da organização científica do trabalho. Em especial, no que diz respeito a uma certa tendência generalizadora em se identificar, como taylorismo, qualquer interferência racionalizadora relacionada à chamada ciência do trabalho, concebendo-o como um sistema, constituído por elementos claramente definidos e que pode ser implementado nos mais diferentes lugares do fazer.

Quando a Paulista encaminha o instrutor-chefe do Curso de Ferroviários de Rio Claro a São Paulo, no início da década de 1940, para desenvolver o processo de produção por fichas, visava impor um controle maior no processo de trabalho, definindo, *a priori*, sempre a partir de *estudos técnicos*, o tempo *cientificamente* estabelecido para a confecção de uma determinada peça. "Era um sistema que procurava um modo de avaliar a produção de cada empregado" – explica o Sr. Walter.

> Quando o chefe dava o serviço para o empregado, ele dava uma ficha que o empregado tinha que preencher com as horas trabalhadas naquele serviço. Quando ele terminava o serviço, encerrava a ficha, somava as horas e entregava o serviço e ficha para o chefe. O chefe dava outro serviço e outra ficha [...] Quando ele fazia em menos tempo ele ganhava

e, quando fazia em mais tempo, perdia. No fim do mês havia uma recompensa somente para os que ganharam, somando todo o tempo.

Na busca de implementação do processo, percebeu-se que uma empresa de transporte ferroviário, com características mais marcantes de prestadora de serviços e menos de produtora de máquinas, equipamentos ou peças, que eram, em grande parte, importados, tal medida não era adequada, como registra o Sr. Euclides, quando relata a sua passagem para a seção técnica:

> Na seção técnica eu comecei como controlador de produção. Depois eles acharam que o controle da produção não era aquilo que eles esperavam porque a oficina era uma oficina de manutenção. Não era de construção. Na construção, na fabricação, talvez se possa determinar o tempo de trabalho por peça. Mas numa oficina de manutenção, recebia-se uma peça para reparar e determinava-se o tempo empregado naquele serviço – quantidade de horas ou de dias. Mas às vezes a peça vinha numa condição, às vezes vinha em outra, tornando-se difícil a manutenção desse sistema. E esse controle de produção, por ficha, cessou.

O Sr. Walter também se manifesta a esse respeito:

> O maior problema foi estabelecer o tempo calculado para a execução da peça. Muitas peças, desde logo, pudemos calcular, mas outras, por se tratar de oficina de reparação, ficou difícil. Muitas peças, quando você abre, não sabe se vai levar dez, vinte ou trinta horas de serviço. Então, nesse caso, havia uma certa intervenção do chefe. O chefe é quem mandava fazer o serviço e observava o tempo que levava, para servir, depois, para os outros que fazem o mesmo serviço.

A intervenção do chefe na definição do tempo descaracterizava o processo, uma vez que o tempo para a confecção da peça, nesse caso, perdia muito da sua natureza *científica*, da sua *neutralidade*, ao deixar de ser orientada diretamente por uma *gerência científica*, portadora exclusiva do saber técnico, como um saber-fazer que emanava da própria empresa. Essa intervenção do chefe conferia poder ao trabalhador, ainda que no cargo de chefia. Cargo que já vinha sendo ocupado por oficial *formado pela própria empresa*, a partir do Curso de Ferroviários. O Sr. Walter reforça o problema em se manter a produção na dependência do chefe, ao relacioná-lo diretamente com a desistência, por parte da administração, desse sistema de produção por peças:

> Mas isso não funcionou muito tempo, porque havia um diretor lá que não avaliou bem o sistema. Achou que havia muita dependência, ainda, do chefe, por causa do serviço de reparação. Isso para o serviço de reparação não funcionava bem, e ele mandou suspender tudo. Nós não perdemos muito tempo com isso, talvez um ano e meio.

Essa dependência do chefe, por sua vez, ia ajudando a definir, como princípio norteador do Curso de Ferroviários, a preparação de novos trabalhadores para a substituição nos postos intermediários de comando. Continuava-se a valorizar o cargo, mantendo-se o critério de tempo de serviço, mas agora a chefia era definida, antes de mais nada, pelo aprendizado da teoria e da técnica desenvolvido, de forma metódica, nos bancos da escola. Mais do que isso, as bases do saber que faziam do trabalhador um chefe passavam a ser transmitidas pela própria empresa.

O conteúdo desse aprendizado da teoria e da técnica parecia estar voltado mesmo para o fazer, para o desenvolvimento das habilidades necessárias ao desempenho das tarefas do cotidiano do trabalho. Isso talvez explique, em parte, por que, nas narrativas, os relatos sobre o curso ocupam um espaço menor do que as atividades do trabalho. São bem mais raras as referências ao cotidiano do aprender, especialmente quanto ao conteúdo teórico, mesmo os relacionados às disciplinas mais técnicas. A referência à maneira mais correta no uso da ferramenta adequada aparece com freqüência muito maior nos relatos dos ex-alunos do que aquelas relativas às coisas da matemática, de física, de eletrotécnica e, principalmente, de português. O Sr. Walter, ao procurar ressaltar as qualidades superiores do Curso de Ferroviários em relação à Escola Profissional Estadual, lembra que, quando aquele curso passou a funcionar nas oficinas da Paulista, os conteúdos das disciplinas de matemática e português foram reformulados e adaptados às exigências do trabalho da Companhia. "No início, as disciplinas teóricas contribuíam muito pouco para a formação técnica do aluno [...] Foi depois que passou para cá, que nós orientamos nesse sentido, de o aluno empregar todo conhecimento teórico na profissão, diretamente". Em outra passagem, referindo-se às alterações feitas na disciplina de matemática, ele afirma:

> O conteúdo das aulas não tinha ligação nenhuma com o ofício. Eu modifiquei isso [...] Eu não dava aula dizendo que a área de um quadrado era o quadrado do lado, ou que a área do triângulo é isso, que a área de um losango é aquilo. O problema era: uma tábua de tanto por tanto, quantas tábuas de tanto por tanto precisa para assoalhar? Era assim; a linguagem passou a ser profissional [...] Eu fiz a ligação com a profissão.

O mesmo aconteceu com a disciplina de português. O professor "não mandava fazer uma cartinha de namorado. Mandava fazer um relatório, mandava fazer uma carta ao chefe, mandava fazer um pedido [...] Hoje vocês vão fazer um pedido para os seus chefes para alterar o sistema de funcionamento de tal máquina...".

A ênfase dada à adequação do curso à natureza do trabalho realizado na Paulista indica, na verdade, a sempre presente preocupação da empresa com o controle direto do processo de formação de seus trabalhadores. Por isso, tão importante quanto o conteúdo das disciplinas e a metodologia do ensino, era a manutenção do curso nos espaços internos da empresa, dentro das oficinas; separado do lugar do fazer, propriamente dito, mais muito próximo dele. E tal proximidade procurava juntar espaço e ação. É como se o aprendizado, embora deixasse de ser produto da observação direta do fazer do artífice, por parte do aprendiz, guardasse as vantagens de ser desenvolvido no chão da fábrica. Ao ensinar o fazer nas bancadas da escola, a Companhia procurava diminuir o poder do antigo artífice, fonte, até então, do aprendizado do ofício por parte dos aprendizes. Ao mesmo tempo, administrando diretamente o curso e mantendo-o funcionando junto às próprias oficinas, procurava garantir o controle do processo como um todo, como forma de sustentação do exercício do poder nas coisas do trabalho.

Categorias mais próprias de um universo simbólico podem ser observadas, também, nessa busca do controle do processo de trabalho. A confecção das ferramentas, assim como da caixa que deveria acondicioná-la, pelos próprios alunos, faz parte desse universo. Todos os entrevistados registram esse fato como um elemento de significativa importância na qualificação do curso. A maioria deles afirma, com satisfação, que ainda mantém guardada a caixa de ferramentas que recebeu das mãos do Dr. Pelágio, na cerimônia de recepção que marcava a entrada dos ex-alunos como aprendizes na ferrovia. Eles exerceriam as suas funções utilizando os próprios instrumentos de trabalho, por eles produzidos, como se todas as ferramentas necessárias para manter em funcionamento uma empresa com a complexidade dessa ferrovia pudesse caber naquela pequena caixa. O relato do Sr. Euclides parece reforçar essa observação:

> No segundo ano, nós ficamos quase que o ano todinho fazendo a nossa caixa de ferramentas. Eu tenho uma caixa de ferramentas aí, que é uma coisa! *Que eu nem bem usei, ninguém usou, também, ninguém aproveitou.* Mas eu tinha uma caixa de ferramentas com todas as ferramentas, quase, de um mecânico. A pessoa saía do Curso de Ferroviários, saía com essa caixa de ferramentas. (grifos nossos)

A mística da grande família, como já vimos, também cumpria função das mais importantes nesse universo simbólico. De fato, na empresa trabalhava o pai, às vezes o avô, tios, primos. "O meu pai era ferroviário e isso era um elo, era uma corrente: continuava", dizia o Sr. Euclides. "Quanto à idéia de fazer o Curso de Ferroviários, foi que meu pai era ferroviário", relata o Sr. Valdomiro. Mas não foi somente por causa do pai: "Como eu tinha um avô que era ferreiro, saiu aposentado também como ferreiro e sempre tocava no assunto da ferraria, aquelas coisas – que gostaria de ter um neto que aprendesse o ofício de ferreiro – eu tive a intuição de continuar a ver se eu poderia ser um ferreiro". Era bom trabalhar na Paulista, porque se trabalhava em família. E não se espera que um dos membros possa ter uma conduta que a desagrade.

Suportar a labuta diária também poderia ser menos desgastante em família. Especialmente para uma empresa que, pagando baixos salários, forçava o empregado a estender a jornada de trabalho com o sobretempo, de tal maneira que, não raro, gastava-se mais tempo com a família do trabalho do que com a família, ela mesma, como lembrava o Sr. Valdomiro:

> Da Paulista, a única coisa que a gente tinha marcado, é que ali a gente vivia mais com os colegas de serviço, do que com a família. Porque o senhor vê o tempo que a gente tinha: entrar seis horas, seis e meia da manhã e sair nove horas da noite! Em casa, chegava lá, era tomar banho e dormir. Então, a gente tinha mais convivência lá dentro, tinha mais amizade. Era considerado quase que irmão um do outro. Não havia discussão, não havia briga...

A política de baixos salários que era possibilitada pela limitada oferta de emprego e pela disponibilidade de mão-de-obra qualificada e que passou a contar com formação escolar profissional desde 1920 garantia, também, o recurso contínuo às horas extras. O sobretempo – expressão corrente entre os ferroviários do período estudado – está presente em todas as entrevistas realizadas. Como está presente, também, o trabalho realizado fora da Paulista, pois o salário, mesmo acrescido da remuneração das horas extras, não era suficiente para manter a família. O Sr. Clóvis, ao referir-se ao horário de trabalho, destacava o tempo das horas extras:

> Naquele tempo, na minha época, de começo ao fim, entrava às seis e meia, saía às dez e meia para almoçar; entrava meio-dia e saía não sei se quinze para as cinco ou cinco horas. Foram anos e anos! Anos e anos! E grande parte, também, eu trabalhei em horas extras. Saía às cinco, entrava às seis e saía às nove da noite. Isso, muitas vezes: era direto! Anos seguidos. E trabalhei, também, em hora extra, voltando de noite para a oficina para consertar algum carro que chegava e tinha que voltar para o tráfego. Tinha que fazer serviço de emergência porque não podia esperar.

> Mas isso não era suficiente, porque "ganhava-se salário de miséria".

Quando eu me casei, ganhava duzentos mil réis, em 1939 [...] Tinha que pagar aluguel de casa, comer, cuidar da família, que começou a crescer. E eu me virava na praça, trabalhando [...] Trabalhava, fazia um banco de carpinteiro, fazia o que aparecia. Reformava móveis, assentava porta, fazia forro – tinha que me virar. Trabalhava até dez, onze horas da noite, todo dia. Não tinha horário. Não tinha sábado, não tinha domingo, não. Trabalhava até... Precisava! Para poder manter, tinha que fazer essa vida.

O tempo de trabalho necessário para a sobrevivência ultrapassava, e muito, as duzentas horas mensais obrigatórias, que resultava em jornada mínima de oito horas, incluindo o sábado. Isso se não houvesse feriado no mês, pois, nesse caso, as oito horas desse dia, não trabalhado, seriam distribuídas ao longo do mês, para completar as duzentas horas. As horas extras pareciam já estar incorporadas no cotidiano, como se pode observar nos relatos. E, em algumas ocasiões, o trabalho roubava, também, algumas horas do sono necessário ao repouso diário, como acontecia nos tempos da lojinha *A Rendeira Paulista*, do Sr. Benedito:

Entrava São João – festas juninas (São João, São Pedro, Santo Antonio) eu não vencia as encomendas de balão. Amanhecíamos, eu e minha mulher, no salão da loja fazendo balão. Fazendo papagaio, fazendo tocha para balão. Eu já estava na Paulista. Isso acontecia nas horas vagas. De noite... amanhecia! Até duas, três horas da madrugada.

O Sr. Benedito, assim como o seu irmão, o Sr. Euclides, passou a manter jornada dupla desde o início da década de 1950, até a aposentadoria da Paulista no fim dos anos 60, trabalhando na empresa de instrumentos musicais, do irmão mais velho, José, que deixou a ferrovia depois de vinte anos de trabalho como instrutor do Curso de Ferroviários. Ambos continuaram trabalhando na empresa do irmão, juntamente com o mais novo deles, Sr. Roberto, também instrutor do Curso de Ferroviários, após a aposentadoria.

Essa extensão da jornada de trabalho para muito além das horas regulamentares talvez explique, em parte, as raras referências a atividades de lazer. Essas, quando aparecem nos relatos, estão quase sempre relacionadas à empresa. Ao falar sobre as poucas horas de não trabalho, o Sr. Euclides comenta:

> Fora do trabalho, a gente se encontrava em festas do Grêmio [Grêmio Recreativo dos Empregados da Companhia Paulista de Estradas de Ferro]. Não sei se você ouviu falar, também, daquele famoso piquenique do pessoal da Companhia Paulista, em Americana. Eu fui uma vez lá. Era um pouco antes de Americana [...] Tinha muita gente que ia nesses piqueniques.

Depois de se referir aos bailes do Grêmio, e aos longos anos que lá passou como conselheiro, tendo trabalhado "muito nos carros alegóricos" do carnaval, o Sr. André Serrano lembra, também, de duas outras atividades de lazer, sempre relacionadas à ferrovia. A primeira, a da Associação de Mestres: "Nós, chefes de turma, mestres, nós tínhamos a Associação de Mestres. Todo mês nós fazíamos almoço ou jantar. Às vezes nós íamos para Jundiaí, outras vezes o pessoal de Jundiaí vinha para cá". Em seguida, ele fala dos times de futebol: "Na minha turma, na turma que eu tomava conta, nós tínhamos o quadro de futebol de salão. Eu ia junto com a turma para jogar". E acrescenta: "jogador bom a gente trazia para a turma, para jogar futebol de salão". O Sr. Valdomiro também jogava futebol no Grêmio: "ia jogar futebol no Grêmio Recreativo. Era da Paulista, também. A gente ia lá, se encontrava lá. Cada seção, cada turma, tinha um time. Então abria a disputa. Era uma convivência alegre. Não tinha muito aborrecimento, não". E sobre a Associação dos Mestres, ele afirma: "Era a Associação dos Mestres da Paulista. Eu não sou mais sócio porque me aposentei. Participavam os mestres, encarregados, auxiliares. Oficial, não: eram só os mandões, só os que tinham grau."

Mas o Grêmio recebia toda a família ferroviária. Aqui não se fazia distinção de nenhuma natureza. Todos eram acolhidos, "desde o trabalhador menor, até o chefe de seção", dizia o Sr. Benedito. Numa época em que as grandes instituições voltadas para o lazer da classe trabalhadora ainda não tinham sido criadas no Brasil – O Sesc e o Sesi datam de 1946 e o Grêmio já do fim do século XIX, 1896 – a Companhia Paulista procurava garantir o entretenimento de seus funcionários, nas escassas horas de folga, buscando fortalecer os laços da grande família.

Como se observa na narrativa do Sr. Benedito, que foi membro da diretoria durante longo período, "desde secretário até presidente", o Grêmio sempre procurou trazer para dentro de suas dependências um número cada vez maior de trabalhadores da empresa.

Nós tínhamos uma mensalidade que se equilibrava com as despesas da sociedade. Procurávamos manter uma mensalidade módica que possibilitasse, a todos, ser sócio da sociedade, desde o trabalhador menor, até o chefe de seção [...] Não cobrávamos nem jóia do quadro de ferroviários, mas cobrávamos jóia para elementos outros da cidade, e com número de sócio limitado. Ilimitado era para o ferroviário, ilimitado! Quanto mais ferroviários a gente pudesse trazer para a sociedade, a gente trazia.

As mensalidades, baixas, além de possibilitar a adesão de todos, ajudava a reforçar a idéia de que a instituição era uma criação dos próprios trabalhadores. "A criação do Grêmio Recreativo foi de iniciativa de funcionários da Companhia Paulista de Estradas de Ferro [...] Funcionários de alto escalão das oficinas, não da Companhia em si, ou da diretoria...", ressaltava o Sr. Benedito. A empresa ajudava indiretamente, fornecendo profissionais como pedreiro, encanador, eletricista, como, aliás, fazia com relação à Santa Casa da cidade. Mas as despesas com manutenção e ampliação de instalações eram pagas com as mensalidades dos associados e, eventualmente, com outros recursos, como ocorreu quando da construção das novas piscinas. Houve ajuda do comércio local, além do dinheiro que se obteve com a troca das "figurinhas de cigarro", que eram cobradas como ingresso em eventos promovidos pelo Grêmio. "Mas, como eram convertidas, eu não sei dizer para o senhor", afirma o Sr. Benedito. "Não me lembro. E acredito que hoje não exista mais uma pessoa que possa te dar essa informação. Porque, do meu tempo, os que trabalhavam comigo lá, que ficavam na portaria apanhando essas figurinhas, já pertencem ao outro lado do mundo." Um segredo que não poderá mais ser revelado?

A preocupação em disseminar a idéia de um espaço de lazer criado e mantido pelos próprios trabalhadores, e que se destinava prioritariamente à família ferroviária, parece estar de acordo com a política de controle do trabalho que deveria se estender para além dos muros da empresa. Afinal o Grêmio era uma casa de lazer, onde os trabalhadores poderiam usufruir seu tempo, do pouco tempo que lhes restava depois das horas de trabalho, que também poderia ser usufruído, por exemplo, no "famoso piquenique da Paulista, próximo a Americana". Já os "graduados" desfrutavam, também, dos eventos, por eles mesmos promovidos, por intermédio da Associação dos Mestres.

Tratava-se, contudo, de horas de lazer e não de ócio, como lembraria Marcuse, e também Hannah Arendt. No tempo de *folga*, no seu tempo livre, no pouco tempo que sobraria depois da labuta para a sobrevivência, o ferroviário continuaria a ter as suas atividades controladas pela empresa. Como falar, porém, em controle do tempo se tais atividades se *desenvolvem por livre e espontânea vontade do trabalhador* e, na maioria das vezes, no Grêmio Recreativo, *criado e mantido* pelos próprios trabalhadores?

No relato do Sr. Valdomiro, quando ele fala da nova vida que passara a experimentar depois que se aposentou, com a *descoberta* de um tempo livre, não encontramos referência ao Grêmio. "Ia passear, bater perna" – dizia ele. "Passar o tempo". Como estava aposentado, liberto do tempo do fazer, não ia mais à oficina da Paulista e, talvez pela mesma razão, não ia mais ao Grêmio. Aqui, no Grêmio, o tempo "livre" do trabalhador, controlado pela Paulista, perdia as características de ócio transformando-se em lazer e, dessa forma, permanecia como parte constitutiva do tempo do trabalho. Reino da necessidade e não da liberdade, como lembraria Marx.

Mas as narrativas dos velhos trabalhadores da Companhia Paulista de Estradas de Ferro estão longe de caracterizarem-se como discursos lamuriosos de indivíduos que sofreram frustrações de sonhos não realizados, ou de vítimas de uma condenação a um trabalho contínuo e intenso que viesse a impedir o desenvolvimento de potencialidades. Ao contrário, o que se vê são relatos de pequenos e grandes feitos, mesmo por parte daqueles que, em alguns momentos, tenham lamentado o pouco tempo disponível para outras atividades que não fossem aquelas voltadas para o ganha-pão diário. Não estamos diante de sujeitos absolutamente passivos, objetos da busca de controle ou, melhor dizendo, do exercício de poder político por parte do capital. Esses primeiros alunos desempenharam papel de fundamental importância na organização da estrutura do Curso de Ferroviários, que vai se constituindo ao longo do período entre 1935 e 1946, como também interferiram diretamente no trabalho, modificando o fazer ferroviário que se observa no longo processo de substituição dos antigos artífices, especialmente daqueles que ocupavam postos de comando.

O Sr. Walter, que tinha a formação de marceneiro, em vários momentos relata a sua atuação como instrutor e professor de desenho, de matemática, e mesmo de física, quando substituiu o engenheiro responsável pela disciplina. Enfatiza o processo que levou à autonomia do curso, quando, "a partir do início de 1946, a escola passou inteiramente para a Paulista". Considerando-se, juntamente com outros colegas, responsável pelo feito, ele afirma: "Os professores eram *nossa gente aí, da oficina*. Professor de desenho era um desenhista [...] Eu era professor de matemática" (grifo nosso). E como professor de matemática procedeu à modificação que citamos anteriormente. "O conteúdo das aulas não tinha ligação nenhuma com o ofício. Eu modifiquei isso [...] A linguagem passou a ser profissional". Tal modificação teria sido incorporada, depois, pelo Senai: "E o Senai aprovou plenamente porque, pouco tempo depois, editou um livro assim [com conteúdo semelhante]".

O Sr. André Serrano, com formação de ajustador mecânico, também, como o Sr.Walter, aluno da primeira turma, assumiu as funções de instrutor de ofício logo após a sua entrada na Paulista, como aprendiz adiantado. Tinha sido o primeiro aluno, na parte prática, em todos os anos do curso e, com sua habilidade no uso das ferramentas, passou a orientar os novos aprendizes do ofício. Habilidade que ele já havia demonstrado no exame final do quarto ano, na confecção da peça objeto da avaliação, quando, obtendo a "maior nota do Brasil", recebeu, pessoalmente, os parabéns de Roberto Mange, como relata no início da entrevista. Ao falar de Mange, o Sr. André lembra que orientou os primeiros técnicos do Senai que, quando a entidade começou a funcionar, fizeram estágio no Curso de Ferroviários de Rio Claro. Sem esconder o orgulho de senhor do ofício, e de instrutor da escola da Paulista, ele registra: "O Soares, que foi também diretor do Senai [...] veio fazer estágio aqui em Rio Claro. Quem o ensinou a pegar numa lima, fui eu".

Tal habilidade, aliada à engenhosidade da qual já falamos anteriormente, levava constantemente o Sr. André a atender a solicitações para resolver problemas que surgiam na ferrovia, com grau maior de dificuldade, durante os quase quatro anos que permaneceu como instrutor, até que a empresa resolveu deslocá-lo definitivamente para as oficinas e para o serviço de socorro.

A ação direta, no desempenho de funções de instrutor ou de professor, por parte dos ex-alunos, contribuía para ir dando forma e conteúdo ao curso. E a interferência deles nas atividades específicas de trabalho, juntamente com o desempenho dos demais formados que não exerceram função de instrutor levavam, das oficinas para a escola, elementos preciosos nesse processo de construção do Curso de Ferroviários. O Sr. Renato lembra que o curso foi se fortalecendo, na verdade, quando os ex-alunos, formados nas primeiras turmas, foram ocupando o lugar daqueles primeiros professores, que eram recrutados entre os antigos oficiais da oficina da Companhia:

> Os professores, no início, não eram como são agora. Agora está muito adiantado, na teoria e na prática. Os professores nossos, da primeira turma, eram da oficina. Professor de ferreiro, o Sr. Vizeu, era ferreiro [...] Outro, que era professor de mecânica, era torneiro [...] O professor de marceneiro, Bertolim, já falecido, também era carpinteiro da construção e reparação de carros e dava teoria e aula prática para os alunos. E depois, conforme os alunos iam se formando, eles se tornavam professores e instrutores.

Era o curso se constituindo, ganhando forma, com os próprios trabalhadores. De início, com a participação dos velhos oficiais, alguns deles com passagem pela Escola Profissional e, especialmente, a partir da entrada dos primeiros formados pelo próprio curso. O Sr. Walter, ao se referir a esse processo, lembra o comentário feito por um mestre-geral da ferrovia, acompanhando um grupo de visitantes no Curso de Ferroviários, no ano de sua formatura:

> "Essa escola só vai apresentar resultado daqui uns dez anos. Quer dizer: os resultados mesmos, da escola, só vão aparecer daqui dez anos" – ele falou para umas visitas. Eu guardei aquela frase dele. E verdade: depois de uns dez anos a escola estava firmando-se. As turmas todas, o pessoal, trabalhando lá dentro, mostrando que eles eram, já jovens, capazes de fazer coisas que os velhos se julgavam os únicos competentes para fazer.

Foi o mesmo Sr. Walter que, ao interferir na estrutura de promoção da empresa, como registramos anteriormente, reduzindo o tempo de serviço para alcançar o posto de chefia, consolidou o que ele próprio definia como objetivo principal do curso: formar trabalhadores para ocupar postos intermediários de comando. O aluno, dizia ele,

> tinha um conhecimento prático que um engenheiro não tinha. E tinha um conhecimento teórico que o artífice não tinha. E foi com essa finalidade mesmo que foi criado esse Curso. Para conseguir pessoas de um nível médio que pudessem fazer a ligação do engenheiro com os artífices. Esse era o objetivo do curso.

A partir dele, o estímulo para aprender mais, mesmo quanto aos demais cursos de curta duração que implementou, aparecia sempre relacionado à obtenção de postos superiores na hierarquia. E sobretudo o jovem do Curso de Ferroviários, desde os primeiros dias de aula, já ouvia dos mestres e dos colegas mais velhos que eles estavam sendo preparados para, futuramente, exercerem as funções de chefia.

Essa estruturação do Curso de Ferroviários como feito dos próprios trabalhadores, ex-alunos, pode ser observada em inúmeras passagens da narrativa do Sr. Walter Lucke. A importância e as dimensões atribuídas a essa escola reforçam essa constatação. Ao lamentar o fechamento do curso, que se deu no início da década de

1970, ele enfatiza: "Nossa escola era modelo! O Senai trazia visitantes do exterior para ver nossa escola, aqui. Foi um pecado fechar uma escola como essa".

As referências ao Senai, e também ao CFESP, são dignas de registro. Embora reconhecendo a interferência dessas entidades, supervisionando as atividades do curso, o Sr. Walter procura relativizar a sua importância, ressaltando a competência dos professores e instrutores, bem como a eficiência e a autonomia, da escola da Paulista. Indagado sobre uma possível supervisão por parte do CFESP, ele afirma:

> Havia uma equipe, sim, *mas eram, também, profissionais recrutados dos ofícios, que também não tinham conhecimento técnico.* Eram profissionais muito hábeis. Um deles era um profissional muito competente, dava opiniões muito acertadas e nos ajudou muito. Não me lembro o nome dele agora. Ele vinha freqüentemente aqui, quase todo mês, para, como se diz, inspecionar e nos orientar na parte do Curso de Ferroviários, nos anos 1930. Depois, com a formação do Senai, apareceram outros. (grifos nossos)

Admite a ajuda, mas desqualifica os membros da equipe. E, ao falar do Senai, observa:

> E nós preparamos aquele pessoal para o Senai, pouco antes de entrar em funcionamento. O Senai já tinha admitido os empregados. Deve ter sido no fim de 1941. Nós mesmos, aqui da Paulista, treinamos cerca de quarenta candidatos que o Senai admitiu. Eram, na sua maioria, professores normalistas. Não tinham a mínima idéia de profissão. E havia até desistente de curso de engenharia; tinha um até que desistiu do curso de padre. Desistiu do seminário para entrar no Senai [...] Eles ficaram aí, fizeram um trabalho de marcenaria, de mecânica, de tornearia, de ferramentas e, depois, três deles ficaram inspetores aqui.

Embora o novo oficial formado pelo Curso de Ferroviários pudesse adquirir um conhecimento teórico e técnico que o antigo oficial não tinha, incorporando, também, a prática, domínio desse antigo artífice, esses ex-alunos, trabalhadores da Paulista, continuaram a manifestar o velho orgulho característico daqueles senhores das artes e dos ofícios, ostentados pelo pai ou avô, e motivador primeiro na busca da carreira. "A ferraria é o coração da Paulista", repetia, o Sr. Valdomiro, a frase que ouvia do seu avô, que o estimulou a ser ferreiro. Na fala do Sr. Benedito, marceneiro aposentado que continua a trabalhar na fábrica de instrumentos musicais do irmão, podem-se observar, na valorização do ofício, o velho e o novo, a *arte* e a *profissão*:

> para fazer, hoje, o serviço que eu faço, é preciso ter um certo conhecimento e ter um princípio da arte. Uma pessoa que não tem, que não é especializada, não tem o princípio, não faz [...] Eu não me considero absoluto, mas eu faço. O que for de instrumento e a pessoa chegar aqui, não tem problema: eu faço! [...] Ora, a pessoa faz o serviço uma vez e refaz o caminho [...] Isso seria mais difícil sem o curso [...] Se o senhor souber o que eu aprendi, inclusive com meu pai. No assentamento de portas – que eu nunca tinha feito – no assentamento de janelas, feitura de batentes. Tudo na unha! Na unha, porque não havia máquinas.

A passagem pela escola, na verdade, valoriza ainda mais o velho saber do artífice, no lugar de desqualificá-lo, quando a antiga prática passa a ser explicada pela *teoria científica*. Quando o Sr. Renato, ajustador mecânico, quer destacar a importância da física na atividade prática, ele se refere à carpintaria – ofício cujos segredos ele aprendera com seu pai, carpinteiro da Paulista – e não à sua própria formação escolar profissional. Comentando o questionamento de um colega de curso sobre a importância do estudo da física para o exercício do ofício de marceneiro, ele afirma, na entrevista:

> O senhor já viu: às vezes o senhor bate, achata o prego, para depois pregar [...] Sabe por que precisa bater na ponta do prego? O prego é pontudo, pontiagudo; você bate, afunda, a madeira abre e racha a madeira. Se você bater na ponta do prego, essa ponta vai cortando a fibra e evita de ela rachar. E ele não sabia disso.

O trabalhador da Paulista, agora, aprende pela ciência da física. E isso não é pouco. *Mas eu, que não sou carpinteiro* – pensava, certamente, o Sr. Renato –, *aprendi a bater na ponta do prego com meu pai, há muito tempo, embora ele nunca tivesse me dado a mesma explicação.* Ou, em outras palavras, com a física, o velho saber do carpinteiro ganhava *status* científico.

Donos de um saber que, apreendido na escola, preservava a arte do ofício, esses velhos trabalhadores narram passagens de sua vida de ferroviários apresentando-se como sujeitos ativos que deixaram suas marcas na história da ferrovia, do chão da fábrica às bancadas do curso. O tom épico que se observa na maioria das narrativas revela indivíduos cuidadosos em guardar pedaços significativos de uma vida que procurou dar conta da tarefa de construção de uma morada humana na terra. Sem ignorar as condições pouco confortáveis na busca do ganha-pão, conscientes dos baixos salários que recebiam e das extensas jornadas a que tinham que se submeter, relatam, muitas vezes orgulhosos, coisas do cotidiano de trabalho que ganham dimensões de grandes feitos.

Essas características, presentes em todas as entrevistas, acentuam-se no relato do Sr. André Serrano. Como acontece em toda narrativa, aqui também uma lembrança puxa outra; e é quase sempre a lembrança de um outro trabalho, de uma outra façanha. "Quanta gente não foi ver! Vinha gente de Campinas para ver como é que eu enrolava uma virinha aqui!" – afirmava ele mostrando como foi capaz de construir uma máquina para produzir os copos descartáveis usados nos carros norte-americanos, com os mesmos detalhes dos originais. Não foi diferente a sua expressão quando mandou o recado para o mestre-geral, inglês, que duvidara da sua capacidade para promover uma adaptação daqueles carretões: "Fala lá para o homem: o carretão é da Inglaterra, mas o brasileiro modificou". Essa valorização do trabalho é tão significativa que, num dos episódios mais marcantes que compõem o seu relato – o da sua detenção na época da guerra –, ao apresentar um final destacando algo positivo do ocorrido e demonstrando, de forma contundente, o absurdo da infundada acusação que não cabia, evidentemente, a uma pessoa de seu caráter, ele assim registra o pedido de desculpas por parte do coronel:

Seu André, peço desculpas por tudo isso que aconteceu com o senhor. Não fui eu o culpado, eu não mandei prender o senhor [...] E eu fiquei conhecendo a pessoa que o senhor é [...] Eu vou fazer um pedido para o senhor [...] *Eu quero que o senhor venha trabalhar comigo, aqui. O ordenado não se discute* [...] *eu preciso de um homem com as qualidades do senhor.* (grifos nossos)

Falar das coisas do trabalho, para esses velhos ferroviários, é falar da própria vida. Contar a história de sua vida é falar das coisas do trabalho. Uma existência vivida no tempo do fazer. Rememorar o tempo vivido, em voz alta, quando encontra um ouvinte interessado, é quase sempre uma atividade prazerosa para o velho. Rememorar é preciso. Buscar velhos papéis, rever fotos, consultar amigos, parentes. As coisas tangíveis, as coisas dispostas no mundo são sempre instrumentos, ferramentas da memória. Por isso, para esses senhores dos trilhos, que dedicaram a maior parte do seu tempo ao trabalho, a tarefa de reconstituir a história de sua vida torna-se mais difícil e pesarosa: o trem, que passou, não está passando mais.

Eles trabalhavam na Companhia Paulista de Estradas de Ferro! Naquele tempo, como dizia o Sr. Clóvis, "tudo vinha pelos trilhos". As pessoas e as coisas iam e vinham com o trem. O tempo era marcado pelo apito das locomotivas. A ferrovia marcava o pulsar da cidade – e também do campo, por onde o trem passava. Era ela que dizia a hora de sair da cama, a hora do almoço, do café da tarde, do jantar. Ela dava o toque de recolher. Acertava-se o relógio pelo apito da máquina – diziam todos os entrevistados. "Quando apitava uma máquina na oficina, você via aqueles senhores arrancando o relógio e dizendo: Uh! tá certinho!", lembrava o Sr. Euclides. A velha e imponente Matriz tornara-se coisa do passado. Era o Sr. Benedito que lembrava, meio brincando: "Tinha o relógio da Matriz, mas a Matriz, coitada! [...] São quatro relógios, um de cada lado. Dificilmente batia um com o outro".

Quando narravam sua história de ferroviários, a velha Paulista já não existia. Tinha sido substituída, há muito, pela Fepasa. O governo assumiu as ferrovias do estado de São Paulo "para tentar evitar o pior". Agora era a Fepasa que anunciava o seu fim. Esse processo era lento, mas irremediável, como sugeria o Sr. Clóvis. Iniciara-se há muito tempo, quando começaram a ser extintos os inúmeros ramais:

> Então, o que aconteceu com o ramal? A mesma coisa que um rio. Se você tirar todos os *corguinhos*, todos os afluentes que vão para o rio, vai acabando a água. Não acaba? Não é isso? Por que o rio é grande? Porque ele tem muitos riozinhos que jogam água nele, não é verdade? Com a Companhia aconteceu isso [...] Existiam muitos ramais: Bebedouro, Jabuticabal... muitos! Tiraram tudo! O trem, hoje, sai de Rincão ou de Barretos e vem direto. Não tem nenhum ramal que traz passageiros. E com essa quantidade de ônibus que existe, tem que andar vazio mesmo!.

O desaparecimento definitivo da ferrovia, que se avizinha, é o grande fantasma a ameaçar a importância e grandeza da obra realizada que, como atividade do *work*, diferentemente do que ocorre com o *labor*, tem como característica a durabilidade. O fantasma de um monstro de dimensões quase que inimagináveis e que, para reproduzir o seu metabolismo, insiste em transformar em labor o que teria sido construído pelo *homo faber*. Ainda que tivessem sido somente objetos de uso, esses artefatos, produtos do trabalho, fazem parte do mundo, das coisas que ficam, como testemunhas da lembrança, como matéria viva da memória. Na fabricação, no *work*, alimenta-se o desejo da contemplação: o homem faz e deseja contemplar o feito que, como coisa tangível, ali permanece para que possa ser visto e revisitado por infinitos olhares. No tempo do fazer os trabalhadores dão conta de se reproduzirem enquanto tal, mas cumprem, também, a tarefa de produzir e preservar o mundo como morada dos homens na Terra, como lembra Hannah Arendt, e, com isso, garantem um tempo livre para contemplar a sua obra.

Quando enfatiza a pontualidade dos trens da Paulista, o Sr. Euclides procura lembrar como era a ferrovia, destacando a importância que tinha para a economia da época. Referindo-se aos grandes armazéns por onde passavam as mercadorias transportadas – "tinha que ver como era aquilo! Era movimentado, muito movimentado" – ele ressalta: "A ferrovia, a Paulista, foi o meio de transporte daquela época. Sem igual, não tinha outra. Não é que não tinha outra, ela era organizada mesmo. Era organizada, era pontual". E como alguém que parecia estar acostumado a ouvir manifestações de dúvidas diante de tais afirmações, dado o estado de degradação da ferrovia, ele complementa: "Com que idade você está? [...] Hoje você ouve falar da ferrovia com desprezo, com galhofa, não é? Mas era pontual, uh! se era pontual! [...] A turma brinca, brinca, mas pergunte para esses mais antigos, para você ver. Hoje é motivo de piada. Mas era pontual".

Essa mesma preocupação pode ser observada, também, nos relatos sobre o Curso de Ferroviários. Esse havia sido fechado no início da década de 1970, momento em que a ferrovia já tinha deixado para trás os seus anos de glória. São inúmeras as passagens em que os ex-alunos procuram sublinhar a qualidade e a importância do curso. "Para se ter uma idéia, no Curso de Ferroviários eu aprendi álgebra!" – registra com ênfase o Sr. Benedito. "Não era matemática comum. Veja que escola era o Curso de Ferroviários! Raiz cúbica, raiz quadrada, regra de três simples, regra de três composta. Enfim, o que eu sei hoje eu devo ao Curso de Ferroviários". Ou, repetindo a observação do Sr. Walter: "A nossa escola era modelo! O Senai trazia visitante do exterior para ver nossa escola aqui. Foi um pecado fechar uma escola como essa".

As referências ao processo de desintegração da ferrovia e de um mundo criado em torno dela são sempre acompanhadas por um forte sentimento de perda por parte daqueles que dedicaram a maior parte do seu tempo na sua construção e manutenção. O Sr. Valdomiro, com tristeza, prenunciava o fim:

> Depois que eu me aposentei eu não voltei mais lá, nas oficinas [...] Fui lá só para receber pagamento, no Banespa. Mas fazer visita, olhar a turma, nunca procurei fazer mais, porque a gente ouve o pessoal falar que aquilo lá acabou tudo. Não existe mais aquela Companhia privilegiada. Antigamente se trabalhava lá dentro. A Paulista era a estrada de ferro mais privilegiada do Brasil. Tudo – os carros, os vagões – era tudo bem conservado, bem pintado. Os carros de primeira, todos com toalhinha, de primeira, branca, tudo engomado. Uma coisa linda! Hoje em dia relaxou muito, eu acho que decaiu muito. Do que era e o que é hoje, não é nem sombra.

E para reforçar esse estado ele se refere à degradação do trabalho, ao afrouxamento da disciplina que aparece, também, como causa da deterioração da ferrovia:

> Hoje, se a gente ficar lá na porta, no portão da oficina, a gente vê as pessoas entrando de relógio de pulso, de anel, de aliança na mão. Antigamente era proibido trabalhar de aliança [...] porque tinha medo que sofresse um acidente – conforme o serviço, enroscava na aliança e machucava a mão [...] O sujeito, hoje, tem liberdade lá [...] Dizem que tem liberdade para trocar até de roupa antes de apitar. De primeiro, não. Se o chefe pegasse o senhor lavando a mão antes do apito, o senhor era advertido a primeira vez, a segunda vez e na terceira vez já recebia comunicado de advertência e era suspenso [...] Portanto a disciplina era melhor.

Ao identificar o afrouxamento da disciplina, ao mesmo tempo como indicador e como causa do estado de degradação da ferrovia, prenunciando o seu desaparecimento, o Sr. Valdomiro reforça o que já mencionamos antes a respeito da valorização do trabalho, como componente comum a todos os entrevistados. No seu relato, tal valorização ganha cores mais vivas quando ressalta a dedicação à empresa, que considerava, mais ainda do que se pode observar na fala de seus colegas, como uma grande família. Quando indagado a respeito de como se sentiu ao aposentar, ao se afastar da grande família, ele afirma:

> Depois de aposentado a vida não fica chata, não. Depois de aposentado é que a gente fica conhecendo o que a gente devia ter feito mais ainda, antes. A gente acha que o que trabalhou, o que a gente fez, acha que foi pouco. Devia ter continuado mais para a frente do ponto em que a gente parou. Mas no momento há coisas, dificuldades na vida do empregado, como a questão das promoções. Às vezes dava-se uma informação do empregado bom, chegava na hora, vinha para um outro, e o bom ficava para trás [...] Ninguém tomava responsabilidade. Só jogava nas costas da pessoa que estava na administração, junto com os operários. Eu pensei: ah! para passar aborrecimento, essas coisas, melhor sair. Mas se não fosse isso eu tinha ficado um pouco mais. *Porque não me incomodava de trabalhar*. E depois, a mulher também começou a ficar

doente, e eu achei que seria melhor me afastar para ajudar. Dava mais ajuda para ela como aposentado do que trabalhando. (grifos nossos)

Assim, se no rememorar do velho está sempre presente o sentimento de perda, para esses ex-alunos, orgulhosos do seu saber fazer com que ajudaram a construir um mundo em torno da ferrovia, tal sentimento ganha proporções bem maiores quando esse mundo desaparece, apagando os vestígios da materialidade das coisas que fizeram e que ocuparam quase todo o tempo de sua adolescência e de sua vida adulta. Não podendo mais contemplar a própria obra, que, desaparecendo, também deixa de ser objeto de contemplação de outros, aumentam as dificuldades que se impõem às tarefas da memória, dada a diminuição das ferramentas necessárias para tal. Buscando reter na memória aquilo que não ficou, o trabalhador, ao narrar a história da sua vida, faz aumentar as cores com que procura iluminar as coisas do tempo do fazer, atribuindo-lhes características de grandes feitos. "A memória é a capacidade épica por excelência", dizia Benjamin. No tom épico dos relatos, a luta do velho trabalhador para tentar proteger, do terreno do labor que tudo devora, a história da sua própria vida que, entretecida na memória do trabalho, se reapresenta no mundo das coisas, buscando um espaço no universo daquilo que fica, na forma de narrativa.

Para preservar os feitos de uma vida que se confunde com o trabalho, é preciso, também, preservar o mundo que esse trabalho construiu, o mundo da ferrovia que, desaparecendo, deixando de existir no mundo das coisas, exige, desses velhos, um esforço contínuo para não deixá-lo escapar, também, da memória. Com o cuidado próprio de quem guarda algo muito valioso, o Sr. Clóvis vai reconstruindo, com riqueza de detalhes, os espaços internos e externos da velha Paulista. Nos relatos da sua entrevista, a única que não foi gravada pelo autor deste trabalho, mas, por uma jovem aluna do curso de pedagogia de Rio Claro, filha de ferroviário, o velho marceneiro tece pacientemente a teia de sua narrativa, como alguém que confia à geração mais nova a guarda de um tesouro. O tom didático-pedagógico do relato que sugere, também, a imagem do antigo mestre preparando o jovem aprendiz na arte do ofício demonstra a preocupação com uma possível dificuldade por parte da ouvinte para reter e recontar a história para outro, tarefa certamente motivadora da sua fala e do esforço de sua memória. E como a história de sua vida confunde-se com a história do trabalho, ele começa a narrativa falando do pai. Do pai, também marceneiro e aposentado da Paulista, que trabalhava na serraria. E começa, ensinando: perguntando e respondendo: "Você sabe o que é uma serraria? Serraria, da Companhia Paulista era uma seção que recebia vagões com toras. Você sabe o que é uma tora? É uma árvore grossa, sem desdobrar [...] E tinha o guindaste. Sabe o que é um guindaste?...".

Com o Sr. Clóvis aprendemos, também, a restaurar o trabalho de pintura em madeira, com o banho de potássio. Mais do que isso, aprendemos a preparar um substituto para a soda cáustica:

> Na época da guerra não tinha soda, porque a soda cáustica vinha de fora. Nós, eu e a maior parte das famílias que trabalhavam aí, cozinhávamos com lenha. Então, tinha a cinza. A cinza, a gente punha num saquinho, levava na oficina e trocava com madeira. [...] Com aquela cinza eles faziam a tal de "dequada". Se você pegar a cinza, colocar numa lata com água, e enfiar a mão, queima como se fosse soda. Então, aquilo tirava casca, sujeira.

A narrativa do Sr. Clóvis é fotográfica. Nas descrições, carregadas de detalhes, das inúmeras seções, as oficinas vão ganhando vida e podemos sentir seu pulsar, ouvir as suas máquinas, distinguir as cores vivas no seu interior, e ver desfilar os personagens principais de um filme baseado em fatos reais. Na verdade, um filme da sua própria vida. Ele traz, novamente, ao mundo, as oficinas e também os trilhos. Vemos os carros sendo construídos e recuperados; sentimos o cheiro de verniz no passar da boneca, na madeira. Quem não consegue ver o garçom carregando a bandeja no carro-restaurante? E um doutor, "grandão", confortavelmente instalado no seu carro, de uso exclusivo, tomando o seu cafezinho na "cama com um florão, na frente da cabeceira, tudo entalhado em carvalho"? Os carros especiais para transportar doentes, o carrinho de louco, o "carro só para defunto"?

Quem nasceu no Brasil na era do automóvel e dos caminhões, ao ler as narrativas desses trabalhadores, certamente vai poder viajar nos carros cuidadosamente construídos ou conservados pelos velhos senhores das artes e dos ofícios ferroviários, sempre orgulhosos dos seus feitos. E vai acreditar nas palavras do Sr. Clóvis, quando afirma que, num tempo não tão distante, "tudo vinha pelos trilhos". Vai poder observar, também, quanto tempo de suas vidas foi gasto para buscar manter tudo nos trilhos. Para a maioria deles o tempo do fazer – reino da necessidade – tributo para viver o tempo livre – reino da liberdade – ocupa a maior parte de sua existência. Mesmo o Sr. Valdomiro, que ainda achava um pouco de espaço para a "diversão", observa, lamentando-se: "Tinha a minha diversão: ia me divertir, ia ao cinema, freqüentava baile. Mas, somando as horas que ficava trabalhando e as horas que ficava em casa, as horas de trabalho suplantavam as de folga". E nos parágrafos finais de sua narrativa ele, que pretendia até continuar trabalhando mais tempo, fala da sua "alegria porque ia tomar uma outra vida", revelando a satisfação de poder usufruir o tempo livre, o tempo do ócio, conquistado pelo trabalho e que não significa tempo do nada fazer, mas de um fazer não movido pela *necessidade*. Ou, de um tempo, como ele diz, "livre daqueles compromissos", pois "compromisso foi diferente":

> Eu me aposentei em 1967. A gente é como passarinho: se o senhor está com ele na gaiola ele canta, mas se o senhor soltar ele fica alegre. Para nós foi a mesma coisa. Quando consegui sair aposentado eu senti bastante alegria. Não porque não ia trabalhar mais. Eu senti alegria porque ia tomar uma outra vida. Já não tinha compromisso de todo dia cedo escutar o apito da oficina e ter que trabalhar, porque eu trabalhei tanto tempo e nunca, nunca fui buscar um atestado para não trabalhar, graças a Deus! Por isso que quando eu me vi livre, me achei satisfeito. E procurei gozar a vida. E não gozamos mais porque a mulher não ficou. Porque, senão, nós teríamos gozado mais ainda.
> [...] Quando se aposenta, só a gente passando para saber como é. Toma-se até uma satisfação de falar: *"olha, hoje eu sou livre"*. Não é verdade? Embora estivesse trabalhando – e a gente sabe que é preciso trabalhar para viver – quando se percebe que não precisa mais trabalhar,

que o dinheiro vem na mão, meu Deus do céu! É uma alegria imensa, é uma satisfação!

E o que eu mais fazia, no início da minha vida de aposentado, era passear. Ah! ia passear, ver tudo. Ia ver até exame de motorista. Ia passear, ia lá perto do cemitério, onde eles faziam exame para motorista. Passar o tempo, ler jornal, bater perna. Não tinha horário para dormir porque no outro dia não precisava levantar – levantava a hora que queria. Mas sempre arrumava alguma coisa: um parente vinha, pedia uma coisa, eu ia lá, fazia; outro pedia, ajudava. Ajudava um, ajudava outro e, graças a Deus, foi bem!

Eu me sentia satisfeito quando trabalhava e me senti mais satisfeito, ainda, quando me aposentei. Ah, quando me aposentei, *para mim foi uma liberdade*. Não por ter sido mal tratado, mas por me ver *livre daqueles compromissos*. Compromisso foi diferente... (grifos nossos)

REFERÊNCIAS BIBLIOGRÁFICAS

ANDERSON, P. Balanço do neoliberalismo. In: SADER, E.; GENTILI, P. (Org.) *Pós-neoliberalismo – as políticas sociais e o Estado democrático.* Rio de Janeiro: Paz e Terra, 1996.

ANTONACCI, M. A. M. *A vitória da razão* – O Instituto de Organização Racional do Trabalho de 1931 a 1945. São Paulo: FFLCH-USP, 1985 (mimeo).

ARENDT, H. *Entre o passado e o futuro.* São Paulo: Perspectiva, 1972.

_____. *A condição humana.* Rio de Janeiro: Forense/Edusp, 1981.

BELL, D. *O fim da ideologia.* Brasília: Editora Universidade de Brasília, 1980.

BENDIX, R. *Trabajo y autoridad en la industria.* Buenos Aires: Eudeba, 1966.

BENJAMIN, W. O narrador: observações acerca da obra de Nicolau Lescov. In: *Os Pensadores.* São Paulo: Abril Cultural, 1980.

BERNARDO, J. Depois do marxismo, o dilúvio? *Revista Educação & Sociedade,* Campinas, Cedes-Papirus, n.43, dezembro de 1992.

BOLOGNA, Í. Formação de pessoal para as estradas de ferro: a atuação do Centro Ferroviário de Ensino e Seleção Profissional, CFESP, 1940 (Entrevista concedida à *Folha da Manhã* em 14.8.1940).

BOSI, E. *Memória e sociedade* – lembranças de velhos. São Paulo: T. A. Queiroz Editor Ltda., 1979.

BRAVERMAN, H. *Trabalho e capital monopolista* – a degradação do trabalho no século XX. Rio de Janeiro: Zahar, 1977.

BRESCIANI, M. S. M. Lógica e dissonância – sociedade do trabalho: lei, disciplina e resistência operária. *Revista Brasileira de História* (ANPUH), n.11, set. 1985/fev. 1986, Marco Zero, 1986.

BRUNO, L. Educação, qualificação e desenvolvimento econômico. In: _____. (Org.) *Educação e trabalho no capitalismo contemporâneo*. São Paulo: Atlas, 1996.

BRYAN, N. *Senai: estrutura e funcionamento*. Campinas, 1984. Dissertação (Mestrado) – Faculdade de Educação, Universidade de Campinas.

_____. *Educação, trabalho e tecnologia*. Campinas, 1992. Tese (Doutorado) – Faculdade de Educação, Universidade de Campinas.

CAPELATO, M. H. *O Movimento de 1932* – a causa paulista. São Paulo: Brasiliense, 1981.

CARDOSO, I. de A. R. *A universidade da comunhão paulista*. São Paulo: Cortez, 1982.

CARVALHO, M. M. C. de. *A escola e a república*. São Paulo: Brasiliense, 1989.

COCCO, G. Neoliberalismo, sociedade civil e nova centralidade do trabalho. *Revista Praia Vermelha*, Rio de Janeiro, UFRJ-Escola de Serviço Social, v.I, n.2, 1º semestre de 1999.

DECCA, E. S. de. *1930 – O silêncio dos vencidos*. São Paulo: Brasiliense, 1981.

_____. A ciência da produção: fábrica despolitizada. *Revista Brasileira de História* (ANPUH), São Paulo, n.6, set. 1983, Marco Zero, 1984.

_____. *O nascimento das fábricas*. São Paulo: Brasiliense, 1982.

DECCA, M. A. G. *A vida fora das fábricas* – cotidiano operário em São Paulo (1920-1934). Rio de Janeiro: Paz e Terra, 1987.

DEMARTINI, Z. de B. F. (Coord.) *Velhos mestres das novas escolas*: um estudo das memórias de professores da 1ª República em S. Paulo. São Paulo, Ceru/Inep, 1984.

_____. Os alunos e o ensino na República Velha através das memórias de velhos professores. São Paulo, Fundação Carlos Chagas, *Cadernos de Pesquisa*, n.52, 1985.

ESTRADA DE FERRO SOROCABANA, Serviço de Ensino e Seleção Profissional. *Relatório referente aos anos de 1930 a 1933.* São Paulo, 1934.

FAUSTO, B. *Trabalho urbano e conflito social.* São Paulo: Difel, 1976.

FIORENTINO, T. A. Del. *Utopia e realidade* – O Brasil no começo do século XX, São Paulo: Cultrix/MEC, 1979.

FOUCAULT, M. *Microfísica do poder.* Rio de Janeiro: Graal, 1979.

_____. *Vigiar e punir.* Petrópolis: Vozes, 1977.

GORZ, A. O despotismo da fábrica e o seu futuro. In: ___. (Org.) *Divisão social do trabalho e modo de produção capitalista.* Porto: Escorpião, 1976.

_____. Técnica, técnicos e luta de classes. In: ___. (Org.) *Divisão social do trabalho e modo de produção capitalista.* Porto: Escorpião, 1976.

GRAMSCI, A. Americanismo e fordismo. In: *Maquiavel, a política e o Estado moderno.* Rio de Janeiro: Civilização Brasileira, 1978.

LAFARGUE, P. *O direito à preguiça.* São Paulo: Hucitec/Unesp, 1999.

LEFORT, C. O que é burocracia. In: CARDOSO, F. H.; MARTINS, C. E. *Política e sociedade.* São Paulo: Cia. Editora Nacional, 1983.

LENIN, V. I. *El desarrollo de la industria pesada y la eletrificación del país.* Moscou: Editorial Progresso, s. d.

LEVINE, R. M. *O regime de Vargas.* Rio de Janeiro: Nova Fronteira, 1980.

LOBATO, M. *A onda verde e o presidente negro.* São Paulo: Brasiliense, 1969.

LOCKE, J. Segundo tratado sobre o governo – ensaio relativo à verdadeira origem extensão e objetivo do governo civil. In: *Os pensadores.* São Paulo: Abril Cultural, 1978.

MAIER, C. S. Entre le taylorisme et la technocratie: ideólogies et conceptions de la produtivité industrielle dans l'Europe des années 1920. In: MURARD, L.; ZYLBERMAN, P. (Org.) *Le soldat du travail.* Paris: Recherches, 1978.

MANACORDA, M. A. *História da educação.* São Paulo: Cortez Editora, 1989.

MANCUSO, M. I. R. *A cidade na memória de seus velhos* – Estudo sobre São Carlos, Itirapina e arredores. São Paulo, 1998. Tese (Doutorado) – Faculdade de Filosofia, Letras e Ciências Humans, Universidade de São Paulo.

MANGE, R. O fator humano e o desperdício (Palestra proferida na Rádio Difusora de São Paulo, em 12.12.1938). *Revista IDORT*, SãoPaulo, 1938.

_____. *Curso de psicotécnica*. São Paulo, 1934 (mimeo).

_____. Parecer emitido no Inquérito de 1926. In: AZEVEDO, F. de. *A educação pública em São Paulo* – problemas e discussões – inquérito para *O Estado de S. Paulo*, em 1926. São Paulo: Cia. Editora Nacional, 1937.

MARCUSE, H. *Ideologia da sociedade industrial*. Rio de Janeiro: Zahar, 1967.

_____. *Eros e civilização*. Rio de Janeiro: Zahar, 1968.

_____. *O fim da utopia*. Rio de Janeiro: Paz e Terra, 1969.

_____. *Idéias sobre uma teoria crítica da sociedade*. São Paulo: Zahar, 1972.

MARGLIN, S. Origens e funções do parcelamento das tarefas. Para que servem os patrões? In: GORZ, A. (Org.) *Divisão social do trabalho e modo de produção capitalista*. Porto: Escorpião, 1976.

MARRACH, S. A. A. *Visão de mundo dos ferroviários aposentados*. São Paulo, 1983. Dissertação (Mestrado) – Pontifícia Universidade Católica.

MARSON, A. Viagem ao país de Taylor. *Cadernos do IFCH-Unicamp*, Campinas, março de 1995.

MARX, K. *O capital*. México: Fondo de Cultura Econômica, 1978. v.I e III.

MEDEIROS, M. M. de. *Estradas de ferro e ensino industrial* – um estudo de caso. Rio de Janeiro, 1980. Dissertação (Mestrado) – Fundação Getúlio Vargas.

MORAES, C. S. V. *A socialização da força de trabalho* – instrução popular e qualificação profissional no Estado de São Paulo – 1873 a 1934. São Paulo, 1990. Tese (Doutorado) – Faculdade de Filosofia, Letras e Ciências Humanas, Universidade de São Paulo.

_____. Ensino médio e qualificação profissional: uma perspectiva histórica. In: BRUNO, L. (Org.) *Educação e trabalho no capitalismo contemporâneo* – Leituras selecionadas. São Paulo: Atlas, 1996.

MUNAKATA, K. *A legislação trabalhista no Brasil*. São Paulo: Brasiliense, 1981.

NAGLE, J. *Educação e sociedade na Primeira República*. São Paulo: EPU/Edusp, 1974.

PALEWSKI, J. P. *A organização científica do trabalho*. São Paulo: Difusão Européia do Livro, 1971.

PERROT, M. Les problèmes de main-d'oeuvre industrielle. In: DAUMAS, M. (Dir.) *Histoire générale des techniques*. Paris: PUF, 1979. t.V.

QUERZOLA, J. Le chef d'orchestre à la main de fer. Léninisme et taylorisme. In: MURARD, L.; ZYLBERMAN, P. (Org.) *Le soldat du travail*. Paris: Recherches, 1978.

RAGO, M.; MOREIRA, E. F. P. *O que é taylorismo*. São Paulo: Brasiliense, 1984.

RIBEIRO, M. A. R. (Coord.) Caetano, Coraly Garé; Gitahy, M. Lucia Laire. *Trabalhadores urbanos e ensino profissional*. Campinas: Ünicamp, 1986 (Série Pesquisas)

SCHARTZMAN, S. et al. *Tempos de Capanema*. São Paulo: Paz e Terra/Edusp, 1984.

SEGNINI, L. R. P. *Ferrovia e ferroviários*. São Paulo: Cortez, 1982.

SENAI-SP. Roberto Mange e a formação profissional. In: *De homens e máquinas*. São Paulo: Senai, 1991. v.1.

_____ . *O giz & a graxa* – meio século de educação para o trabalho. Projeto Memória Senai-SP. São Paulo: Senai, 1992.

SENNETT, R. *O declínio do homem público* – as tiranias da intimidade. São Paulo: Companhia das Letras, 1995.

_____ . *A corrosão do caráter* – conseqüências pessoais do trabalho no novo capitalismo. Rio de Janeiro: Record, 2000.

SIMONSEN, R. O trabalho moderno. In: *A margem da profissão*. São Paulo: São Paulo Editora, 1932.

TAYLOR, F. W. *Princípios de administração científica*. São Paulo: Atlas, 1980.

TENCA, A. *Razão e vontade política*: O IDORT e a grande indústria nos anos 30. Campinas, 1987. Dissertação (Mestrado) – Universidade de Campinas.

THOMPSON, E. P. Tiempo, disciplina de trabajo y capitalismo industrial. In: *Tradicion revuelta y consciencia de classe*. Barcelona: Critica, 1979.

THOMPSON, P. Jugando a ser trabajadores cualificados. In: *Sociologia del trabajo*, Nueva Época, n.7, 1989.

TRAGTENBERG, M. *Burocracia e ideologia*. São Paulo: Ática, 1992.

VARGAS, N. Gênese e difusão do taylorismo no Brasil. In: *Ciências sociais hoje*. São Paulo: Cortez, 1985.

VIANNA, L. W. *Liberalismo e sindicato no Brasil*. Rio de Janeiro: Paz e Terra, 1976.

VIEIRA, E. *Estado e miséria social no Brasil – de Getúlio a Geisel*. São Paulo: Cortez, 1983.

_____ . *Democracia e política social*. São Paulo: Cortez: Autores Associados, 1992.

VOVELLE, M. *Ideologias e mentalidades*. São Paulo: Brasiliense, 1991.

WEINSTEIN, B. *(Re)formação da classe trabalhadora no Brasil (1920-1964)*. São Paulo: Cortez, 2000.

SOBRE O LIVRO

Formato: 14 x 21 cm
Mancha: 23,7 x 42,5 paicas
Tipologia: Horley Old Style 10,5/14
Papel: Offset 75 g/m² (miolo)
Cartão Supremo 250 g/m² (capa)
1ª edição: 2006

EQUIPE DE REALIZAÇÃO

Coordenação Geral
Marcos Keith Takahashi

Impressão e Acabamento
Assahi Gráfica e Editora.
Fone.:(11)4123-0455